Exito comercial

Prácticas administrativas y contextos culturales

Michael Scott Doyle
San Diego State University
T. Bruce Fryer
University of South Carolina, Columbia
Ronald Cere
Eastern Michigan University

Harcourt Brace Jovanovich College Publishers

Fort Worth Philadelphia San Diego
New York Orlando Austin San Antonio
Toronto Montreal London Sydney Tokyo

Publisher: Ted Bucholz
Senior Acquisitions Editor: Jim Harmon
Developmental Editor: Jeff Gilbreath
Project Editor: Katherine L. Vardy
Production Manager: Tad Gaither
Senior Photo/Permissions Editor: Molly Shepard
Design Supervisor: Serena L. Barnett
Illustrator: Irma Janicek
Text Design: Circa 86, Inc.
Cover Art: Circa 86, Inc.
Technical Art: Academy Artworks, Inc.
Compositor: World Composition Services

Literary and photo credits appear in the back of the book.

Address for editorial correspondence: Harcourt Brace Jovanovich, Inc., 301 Commerce St., Suite 3700, Fort Worth, Texas 76102

Address for orders: Harcourt Brace Jovanovich, Inc., 6277 Sea Harbor Drive, Orlando, Florida 32887. 1–800–782–4479, or 1–800–433–0001 (in Florida)

Printed in the United States of America

Doyle, Michael Scott.
Exito comercial: prácticas administrativas y contextos culturales / Michael Scott Doyle, T. Bruce Fryer, Ronald Cere.
p. cm.
Spanish and English.
Includes bibliographical reference and index.
ISBN 0–03–029618–8
1. Business communication. 2. Spanish language—Business Spanish.
3. Spanish language—Textbooks for foreign speakers—English.
4. International business enterprises—Cross-cultural studies.
5. Business—Terminology. I. Fryer, T. Bruce. II. Cere, Ronald.
III. Title.
HF5718.D69 1991
808'.066651061—dc20
90–45911
CIP

ISBN 0–03–029618–8
2 3 043 9 8 7 6 5 4 3 2

Harcourt Brace Jovanovich, Inc.
The Dryden Press
Saunders College Publishing

PREFACE

Exito comercial is designed to give intermediate and advanced students a solid foundation in business vocabulary, basic business and cultural concepts, and situational practice necessary to be successful in today's Spanish-speaking business world. It is assumed that students have already mastered the fundamentals of Spanish grammar and that they control the general vocabulary needed for communication.

Key business vocabulary which may be unfamiliar to students is presented in a list at the beginning of each chapter. It is then reinforced through introductory essays that deal with an essential aspect of business in domestic and global contexts. Because of the developmental nature of the text, students with a background in business or international studies will find that the essays reinforce their basic business knowledge. Both native speakers of Spanish as well as English-speaking students without prior knowledge of business will find the basic reading sections informative and useful.

Exito comercial is suitable for students in the following areas: business majors planning to deal with a rapidly growing number of Hispanic clients within the U.S.; international business or government majors; undergraduate liberal arts majors wishing to expand their awareness of the Spanish language or seeking positions with companies doing international business; and majors in science and technology fields planning to enter the expanding international business world opening up to American-based firms. In addition, business firms may wish to organize special language and culture training programs for their employees. This text can be used effectively in that capacity, since it can be adapted to specific needs. It can be used in a semester or a quarter system course that meets two or three days per week, in evening or Saturday sessions meeting once per week, or in intensive summer courses. In addition, an accompanying workbook entitled *Exito comercial: Cuaderno de correspondencia y documentos comerciales* may be used to supplement the basic text. The workbook provides models for and practice in writing business letters, memos, and other important business documents related to the content of the text, and follows the chapter sequencing of the basic text.

Contextual structure of the text

This text is uniquely tied together by a number of thematic threads which establish useful contexts for both teachers and students. The **business context** is established by the chapter organization and sequence. After a preliminary overview of commerce in a global economy, the text moves on to discuss the establishment of a business firm and its subsequent development. This involves the organization of a company structure, its need for banking and accounting processes, capital investment (property, plant, and equipment), office systems, personnel management, the production of goods and services, marketing, financial management, setting up an international operation, import-export functions, and a futuristic outlook for business in a global economy. The business context focuses on the role of the manager rather than on the operations performed by office staff. Spanish professors teaching a business course for the first time will find the text to be "user-friendly" because of its clear developmental sequencing throughout.

The **geographic context** is developed by the presentation in each chapter of a continental or hemispheric map (Europe or the Americas) as well as a specific map of one or two Spanish-speaking countries and an economic overview of each of these twenty-one nations. The discussion begins in Spain and moves on to the Americas: Mexico followed by Central America, South America, and the Caribbean. It concludes with the United States, included because of its large and growing Hispanic population. Throughout each section, the student will find useful information about the geography, demography, government, economy and commerce of each country.

The geographic information is integrated with the business content from the outset. Both these areas are in turn articulated with the **cultural context** which deals with the social and business-related cultural patterns of the Hispanic world. To the extent possible, these themes have been related directly to the business content in each chapter. For example, honor, success and forms of social interaction are presented in the chapters dealing with business organization and management, relations between men and women are addressed in the chapter on office management, and the impact of religion and holidays on business operations is discussed in the chapter on sales. Since cultural characteristics bear directly on the way international business is conducted, this cultural organization is an essential feature for the manager planning to do business with Spanish-speaking clients.

Instructional organization of the text

Exito comercial is divided into fourteen chapters, appendices, and a vocabulary section (Spanish to English as well as English to Spanish). In addition to the business, geographic, and cultural contexts described earlier, each chapter is divided into three distinct sections for instructional purposes.

I. Lectura comercial

This section consists of a basic reading outlining the business content for each chapter. Each reading is preceded by a pre-reading section and a vocabulary list of essential terms. The business reading is followed by activities designed to reinforce comprehension and increase language skills:

A. *¿Qué sabe Ud. de los negocios?* These questions, which are based on the readings, can be answered orally or in writing. They also serve as a pre-reading focus, together with the short vocabulary list.

B. *¿Qué recuerda Ud.?*. These true-false statements are designed to reinforce comprehension of the readings. Students are asked to explain in their own words why statements are true or false in order to further practice language skills and clarify their understanding of business concepts.

C. *Exploración de sus conocimientos y opiniones personales.* This section draws upon prior knowledge and experiences of the students and integrates with new information presented in the basic readings. It may be answered orally or in writing, and is intended to stimulate discussion.

D. *Ejercicios de vocabulario.* These more traditional exercises with a communicative twist provide further refinement and practice of business terminology and language skills.

1. *Traducción de términos.* Students translate English terms into Spanish and explain their meaning.
2. *Sinónimos o explicaciones.* Students provide equivalent Spanish terms for the ones listed in Spanish or define them through circumlocution. Linguistic brainstorming should be encouraged.
3. *Palabras relacionadas.* In order to explain how a pair of words are related, students are required to do more than simply define them. They must compare and contrast.
4. *Asociación.* Students provide other words which come to mind when Spanish terms presented in the chapter are mentioned. This is also a linguistic brainstorming activity which should lead to discussion.
5. *Llene los espacios con la palabra más apropiada de la lista.* This short reading passage requires students to fill in the appropriate vocabulary items listed in order to form a meaningful passage.
6. *Complete la oración.* Students give a logical completion to the beginning of phrases, basing their responses on material presented in the chapter.
7. *Traducción de oraciones.* Students translate sentences from English to Spanish using vocabulary presented in the chapter. This allows them to reproduce meaning through different forms, since there is seldom a single correct way to translate phrases or sentences. The exercise may be extended to include backtranslation (a common practice in the business world) whereby one student listens to or reads the translation made by another and then translates it back into the original language in order to verify the accuracy of the first version.

II. Una vista panorámica y actualidad económica

In each chapter, this section provides a data overview and a map of one or two Spanish-speaking countries. A narrative update is presented for each country, followed by exercises for reviewing both geographic literacy and the information in the update.

A. The data overview contains the following: geography (size, capital, principal cities), demography (population, rural/urban distribution, ethnic groups, age brackets), type of government, economy and commerce (Gross National Product, GNP/capita, inflation rate, natural resources, agricultural and industrial products, services, markets, imports/exports, transportation, and communication). An interesting research activity for students is to update the information in these dynamic categories by using sources such as those listed in Appendix G.

B. The brief update of each country is a reading followed by activities designed to increase language practice and to reinforce students' geographic and economic knowledge. It too should be further updated with student research in current events.

The follow-up activities include:

1. *¿Qué sabe Ud. de X país?*. Students discuss data provided in the overview. They should be encouraged to enhance and update the information through the use of magazines, newspapers, television, etc.
2. *Lectura cultural.* In these reading passages students explore the cultural contexts of the Hispanic world within which the business activities are likely to occur. They encounter in this section the richness of the Spanish-speaking world and the cultural diversity represented by each geographic area, and complete the exercises which follow.
3. *Asimilador cultural/Mini-Drama cultural.* In these narrative or dramatic passages based on the previous cultural/commercial readings students view a situation in which individuals from different cultural backgrounds interact. In most cases there is unacceptable behavior of some type which occurs due to some form of cross-cultural insensitivity. In a communicative adaptation of the cultural assimilator, students are asked to respond to questions about the flawed interaction. In some cases, the cross-cultural conflict is presented through a cultural mini-drama followed by similar questions and answers designed to elicit discussion.

III. Actividades comunicativas

This section provides communicatively-oriented activities designed to involve all students, regardless of their oral abilities. Each activity affords the opportunity to integrate in realistic settings the business, geographic, and cultural contexts presented and practiced previously. The extent to which students can function in these contexts is limited only by their linguistic and cultural knowledge, as it would be in real-life situations. Reactions and responses may be as diverse as there are students in the class, which adds to the richness of the classroom situation. In many instances there may be no *single* correct response, only one which may be deemed more appropriate. In all cases, the students should be encouraged to determine the options allowed by Hispanic society in culturally conditioned behavior; how variables such as age, sex, social class, and place of residence affect how people behave; how people might tend to react in critical business situations in Hispanic society; what images are associated with words and phrases beyond the dictionary definition; and the accuracy of generalizations regarding Hispanic cultures. These are particularly difficult issues to deal with at this or any other level of Spanish instruction, due to the wide diversity among Spanish-speaking countries. However, it is important that students look for basic similarities in behavior as well as differences. They need to identify research skills and sources necessary for locating and organizing materials about Hispanic societies as well as those facets of Hispanic culture and society which stimulate their intellectual curiosity.

The communicative activities in each chapter are the following:

A. *Al teléfono.* Each student is asked to pair up with another and to take an active part in this activity. Following a practice period, students may be asked to perform the activity for the entire class or to make an oral summary of the phone conversation that took place. They should be encouraged not to face one another during the phone call, so that they are required to focus on their listening comprehension. This activity may also be assigned as homework to be done outside of class, using real telephones in a more realistic setting.

B. *Situaciones para dramatizar.* As a point of departure, students read these culturally contextualized situations which are designed to be performed in small groups or in front of the class. This type of role-playing allows for variance and creativity in student performance, which reflects the different communication levels frequently encountered in the real world of international business.

C. *Ud. es el/la intérprete.* In these activities, a group of three students participates. One serves as a consecutive interpreter for the other two who read the parts of an English-speaker and a Spanish-speaker attempting to engage in conversation. The interpreter is asked to listen carefully and to provide a reasonable interpretation of what was said without looking at the script. In one part of the activity, the interpretation is from English to Spanish and in the other, from Spanish to English, as multilingual fluency is required in doing international business. Interpreting, as with written translation, is an activity both precise and flexible. There is almost always more than one acceptable rendition, which encourages students to be creative while maintaining accuracy.

D. *Caso práctico.* This activity represents the culmination of learning and practice for each chapter. Each case study requires that students synthesize and apply the business and cultural information learned. After studying the case at home, the questions and scenarios derived from it are to be answered, discussed, and resolved either in small groups or by the entire class. The case study technique has been widely used in business classes for many years. It provides the ultimate potential for using the language meaningfully due to the life-like scenarios which reflect potential situations in the future careers of students.

Vocabulario

A list of essential economic and business terms at the end of each chapter provides most of the vocabulary necessary for doing the exercises and activities. A much more extensive list of vocabulary (English to Spanish and Spanish to English) is provided at the end of the text for further reference.

Exito comercial strives throughout to synthesize the basic business knowledge, geographic literacy, and cross-cultural awareness that will be required of future managers if they are to achieve success in the global market. Many indicators suggest that David Carter, the president of Northfield Laboratories, is correct when he predicts that "by the year 2000 all business will be international business." With this in mind, *Exito comercial* attempts to foster and enhance the skills, creativity, leadership, and cooperative spirit of our future global managers.

ACKNOWLEDGMENTS

Many talented individuals have contributed their expertise and timely constructive criticism to this project. First and foremost, we are greatly indebted to Jeff Gilbreath, Katherine Vardy and Sharon Alexander at Harcourt Brace Jovanovich for their invaluable editorial assistance. We also wish to thank Drs. Antony C. Cherin, Theodore V. Higgs, and Susana D. Castillo at San Diego State University; Ruperto Chávarri at the University of New Orleans; Daniel González of Benedict College (S.C.); Jeffrey Arpan, Chris Korth, Isaac J. Lévy, John E. Logan, Allan Dickerman, Frank W. Medley, Jr., Ramona Lagos, Alejandro Bernal, and Ann González of the University of South Carolina. Thanks are also due to Javier Durán and Gabriella Sheldon.

We wish to express our gratitude to the Business Spanish students at San Diego State University, the University of South Carolina, and Eastern Michigan University for their input.

We are also grateful to the following reviewers for their comments and suggestions: Angelo Armendariz, University of Wisconsin, Eau Claire; Roberto Bravo, Texas Tech University; John Deveney, Oklahoma State University; Ralph Escandon, Pacific Union College; Giovanni Fontecchio, University of Southern Mississippi; Gene Forrest, Southern Methodist University; Robert K. Fritz, Ball State University; Phyllis Golding, Queens College; Bevan O. Haycock, New Mexico State University; Barbara Lotito, Specialist in Cross–Cultural Communications and Video; Manuel Ortuno, Baylor University; Donald Randolph, University of Miami, Coral Gables; Theodore Rose, University of Wisconsin, Madison; Joseph Schraibman, Washington University; Toby Tamarkin, Manchester Community College; and Christine Uber Grosse, Florida International University.

Finally, our special appreciation goes to Kenni Doyle and Peggy Fryer for their advice regarding geography, cartography, and mathematics (and for their almost limitless patience), and to Rachael Litonjua-Witt at San Diego State University for her help in working with computers. Any errors of fact or interpretation in this text are attributable solely to the authors.

M.S.D.
T.B.F.
R.C.

INDICE

CAPITULO 12 La importación y la exportación 236

CAPITULO 13 Las perspectivas para el futuro 260

APENDICES 284

VOCABULARIO 305

INDICE TEMATICO 333

La economía y el comercio

Commerce links all mankind in one common brotherhood of mutual dependence and interests.

James A. Garfield

La tierra que el hombre sabe, ésa es su madre.

Proverbio

La Plaza Venezuela, Caracas.

PEQUEÑO GLOSARIO DE TERMINOS IMPORTANTES

administración decisiones y acciones tomadas en la dirección de una empresa o cualquier organización

bienes (m) riqueza tangible, lo que posee una persona u organización

comercio negociación que incluye la compra, venta o cambio (permuta) de bienes con el objetivo de ganar dinero; comunicación y trato de unos pueblos o individuos con otros

contexto orden de composición o tejido de ciertas cosas; hilo de la historia o unión de cosas que se enlazan

demografía estudio científico de las poblaciones según su número, composición, distribución, desarrollo y otras características

distribución asignación a cada uno de lo que le corresponde

divisa dinero o moneda de un país; moneda extranjera

economía administración razonable de los bienes; el conjunto de actividades respecto a la producción y el consumo de riquezas; se caracteriza por la escasez de bienes y recursos y por la demanda y la oferta

economía política ciencia social que trata de bienes y de la producción y la riqueza pública de las naciones

escasez (f) falta de una cosa

éxito resultado feliz de un evento o un negocio

gerencia administración o dirección de los negocios

gerente (m/f) persona que dirige los negocios

industria conjunto de operaciones destinadas a transformar materias primas en productos útiles para los consumidores; se relaciona especialmente con la minería, la manufactura y la construcción

inflación desequilibrio económico caracterizado por la subida general de precios y que viene de la circulación excesiva de papel moneda

mano de obra recursos humanos disponibles para hacer el trabajo

mercado lugar público designado para vender, comprar o cambiar mercancías; país con el cual comercia otro país

población número de personas que componen un pueblo o una nación

práctica ejercicio de cualquier arte o profesión; un período para aprender un arte o una profesión

Producto Interior Bruto (PIB) suma de la riqueza nacional producida dentro del territorio nacional

Producto Nacional Bruto (PNB) suma de la riqueza total producida por una nación (PIB más las exportaciones e importaciones)

Producto Nacional Bruto per cápita PNB divido por el número de personas del país

recurso bienes o medios de subsistencia

servicio ayuda o atención concedida por una persona u organización
sucursal (f) oficina o edificio de una empresa situada fuera de la oficina central
trabajo fuerza humana aplicada a la producción de riqueza

ACTIVIDAD

Utilice el pequeño glosario y sus conocimientos personales para hacer los siguientes ejercicios.

1. ¿Qué diferencias hay entre economía y comercio? Busque las palabras «economizar» y «comerciar» en un diccionario. ¿Qué significan?
2. Explique las siguientes palabras en sus propias palabras y dé un ejemplo de cada una de ellas: bienes, distribución de recursos, escasez, inflación, mano de obra, mercado, trabajo.
3. Las industrias mineras, manufactureras y de construcción se dirigen hacia la producción tangible de bienes. ¿Cuáles son las diferencias entre estas industrias y el sector económico de servicios? ¿Qué diferencia hay entre un producto y un servicio?
4. Dé algunos ejemplos de «prácticas administrativas» del mundo comercial que Ud. ha observado. ¿Cuáles son algunas profesiones que exigen un período de práctica antes de certificarse? ¿Lo exige el mundo de los negocios?

Figura P-1 **Comparación de los continentes / superficie y población**

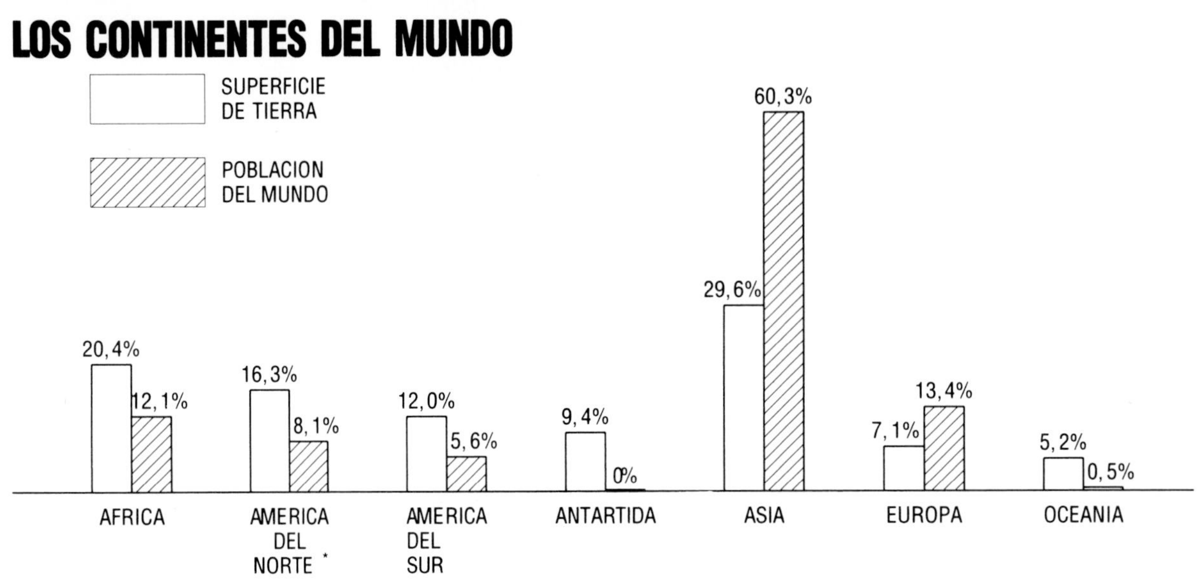

* Incluye México y Centroamérica

ACTIVIDAD

Utilice la Figura P-1 (pág. 4) para hacer los siguientes ejercicios.

1. ¿Cuáles son los cuatro continentes con el mayor porcentaje de superficie de la Tierra? ¿con el mayor porcentaje de la población mundial? ¿Cuáles son los dos continentes con un porcentaje de la población más grande que el de la superficie de la tierra?
2. Explique el PNB en sus propias palabras. ¿Qué revela una comparación del PNB per cápita de dos naciones? Dé un ejemplo.
3. Busque el PNB y la población de varios países en un almanaque mundial e indique el nivel del país según las siguientes categorías. Incluya a los Estados Unidos (EE.UU.) y los países de habla española.
   - **a.** PNB per cápita más de $10.000 (en dólares EE.UU.)
   - **b.** PNB per cápita entre $5.000 y $9.999
   - **c.** PNB per cápita entre $480 y $5.999
   - **d.** PNB per cápita menos de $480

4. ¿Cuál es el significado, en términos económicos actuales, del epígrafe «Commerce links all mankind in one common brotherhood of mutual dependence and interests»?

Figura P-2 **Población del mundo en millones / % del total mundial**

LA TASA DE CRECIMIENTO DE LA POBLACION

	1989	% del mundo	2000	% del mundo	Cambio 1989 - 2000
Africa	627	12,1%	880	14,3%	+40,4%
América del Norte*	420	8,1%	437	7,1%	+4,0%
América del Sur	290	5,6%	394	6,4%	+35,9%
Antártida	0	0,0%	0	0,0%	0,0%
Asia	3.124	60,3%	3.598	58,4%	+15,2%
Europa	693	13,4%	819	13,3%	+18,0%
Oceanía	25	0,5%	29	0,5%	+16,0%
	5.180	100%	6.157	100%	+18,9%

* Las poblaciones de América del Norte incluyen las de América Central

ACTIVIDAD

Haga los siguientes ejercicios sobre la tasa de crecimiento de la población mundial. Utilice la Figura P-2.

1. ¿Cómo se relacionan la tasa de crecimiento de población y la distribución de recursos?
2. ¿Cuáles son las regiones del mundo con más escasez de necesidades básicas: alimento (comida), vivienda (casa), e indumentaria (ropa)?
3. ¿Cuáles son las regiones del mundo de más rápido crecimiento de población? ¿Cuáles son las que crecen menos rápidamente?
4. Compare la tasa de crecimiento de la población de América del Norte con la de América del Sur. ¿En cuál de las dos regiones habrá más demanda de recursos y bienes y servicios en el siglo XXI?

LA LENGUA, LA CULTURA Y EL EXITO EN EL MUNDO DE LOS NEGOCIOS

ACTIVIDAD

Lea lo siguiente y conteste las preguntas.

Geográficamente el Oriente Medio se incluye como parte de Asia; México y Centroamérica con América del Norte, y se puede dividir la URSS entre Asia y Europa. Culturalmente se divide el mundo en otras regiones: la norteamericana, la sudamericana, la europea occidental, la soviética, la norafricana-asiática del sudoeste, la sudasiática, la asiática del sudeste, la asiática oriental, la africana y la australiana-neocelandesa-pacífica.

Además de los países de habla española mencionados en este texto, hay otros países en los cuales se habla español: Las Islas Filipinas en Asia, Guinea Ecuatorial en Africa y Belice en la América Central. Brasil, país de habla portuguesa, comparte sus orígenes en la Península Ibérica con los países de habla española.

Figura P-3 **Perfil de otros países donde se habla español**

	Brasil	Guinea Ecuatorial	Belice	Las Islas Filipinas
CAPITAL	Brasilia	Malabo	Belmopán	Manila
POBLACION 1989	141.302.000	389.000	179.400	59.660.000
POBLACION (1994, proyectada)	150.368.000	431.000	199.000	66.156.000
%RURAL/ %URBANA	26%/74%	65%/35%	48%/52%	58%/42%
PNB/CAPITA ($EE.UU.)	$1.640	$300	$1.250	$590
DIVISA	cruzado	franco	dólar	peso
LENGUAS	portugués	español (gobierno y comercio); fang	inglés español	filipino e inglés tagalo, chino español
TAMAÑO	8.511.965km^2	28.051 km^2	22.300 km^2	300.000 km^2
ANALFABETISMO	21,7%	45%	10%	12%

1. En el mundo de los negocios y el comercio, ¿es mejor dividir el mundo en regiones geográficas o culturales? Defienda su respuesta.
2. ¿Cuáles son las lenguas que se enseñan más frecuentemente en las escuelas de los EE.UU.? ¿Por qué piensa Ud. que es así?
3. ¿Cuáles han sido las lenguas comerciales más importantes del mundo en los últimos dos mil años? ¿A qué se debe su importancia?
4. ¿Cuáles son algunas lenguas importantes en el mundo actual de los negocios? ¿Qué lenguas se usan dentro de los EE.UU. para comerciar? En su opinión, ¿qué lenguas van a tener más importancia en el siglo XXI?
5. ¿En qué continentes se encuentran Brasil, Guinea Ecuatorial, Belice y las Islas Filipinas? ¿Por qué se incluyen en un texto de español comercial? Trate de conseguir más información sobre estos países y/o trate de entrevistar a un/una residente de cada país.

LECTURA

La importancia de la cultura en los negocios

La gente se comporta según las tradiciones y las normas de su sociedad o según los conceptos de familia, escuela, ciudad, región o país. Estas costumbres forman la base de todos los aspectos de la vida humana y, por supuesto, de la vida económica del área bajo consideración.

Desde la Segunda Guerra Mundial, la dominación económica de los Estados Unidos ha sido enorme por todas partes del mundo. En años más recientes, sin embargo, el Japón, Corea y otras naciones han adquirido más importancia que antes. Como resultado, se pueden anticipar más influencias culturales de estas regiones. El comercio internacional requerirá más inteligencia y perspicacia respecto a los idiomas y las distintas culturas para hacer los negocios con éxito.

Hay muchas anécdotas sobre los intentos fracasados del marketing* estadounidense en otras partes del mundo. Por ejemplo, en la década de los setenta la empresa estadounidense, General Motors, trató de vender su coche con la marca «Nova» en Hispanoamérica. El intento fracasó porque un carro que «no va», tal como lo anuncia su nombre de venta, obviamente carece de valor en los mercados de habla española. Como resultado, tuvieron que cambiar el nombre a «Caribe».

En los años setenta en la ciudad tradicional de Medellín, Colombia, en el Departamento de Antioquia, había una empresa llamada «Exito»

*Frecuentemente, en los países hispánicos, se usan términos ingleses como *marketing* para referirse a conceptos o expresiones comerciales o técnicos.

parecida a la compañía estadounidense, K-mart. La gerencia de esta empresa era colombiana y conocía bien las prácticas de marketing apropiadas para los clientes antioqueños. Estos eran gente muy conservadora que solía comerciar solamente con las empresas de esa región. No se fiaban de las empresas dirigidas por gerentes de otras áreas ni de otros países.

Cuando se abrió en la misma ciudad una nueva sucursal de la multinacional, Sears, Roebuck & Co., los antioqueños bromeaban que pronto Sears sería un «éxito». Estos usos de la palabra «éxito» representaban un juego de palabras. Cuando Sears no tuvo «éxito» comercial debido a la falta de aceptación de sus prácticas comerciales por la gente local, la empresa que llegó a ocupar el edificio pocos meses después fue un auténtico «Exito», dirigido por gerentes que habían sabido observar las normas comerciales vigentes de Medellín. ¿Pues quién conocerá mejor el mercado local que la gente de esa misma región? Es por eso que la investigación y la cooperación internacional son tan importantes en el mundo actual de los negocios.

Estos dos ejemplos demuestran que las compañías que ignoran el idioma y las normas culturales de un mercado particular tendrán dificultades en triunfar económicamente en ese lugar en el futuro. Otros problemas surgen a consecuencia de los estereotipos o reacciones inmediatas basadas en ideas preconcebidas sobre un grupo o mercado comercial.

ACTIVIDAD

Haga los siguientes ejercicios basados en la lectura.

1. ¿Qué es un estereotipo? ¿Cuáles son algunos ejemplos de estereotipos positivos y negativos que Ud. ha oído mencionar? ¿Piensa Ud. que tales generalizaciones tienen fundamento para mantenerse?
2. Explique el problema que encontró General Motors con la venta de su carro, «Nova», en Hispanoamérica. ¿Cómo ejemplifica un problema lingüístico o cultural?
3. Explique la dificultad de Sears con su sucursal en Medellín. ¿Por qué se convirtió en una anécdota lingüística?
4. ¿De qué maneras depende más que nunca el éxito comercial actual de la interdependencia entre naciones?

CAPITULO

La empresa

Keep thy shop and thy shop will keep thee.

English proverb

Lo que mucho vale, mucho cuesta.

Proverbio

Una empresa estatal—el correo. Madrid, España.

PREGUNTAS DE ORIENTACION

Al hacer la lectura comercial, piense Ud. en las respuestas a las siguientes preguntas.

- ¿Qué es una empresa?
- ¿Cómo se clasifican las empresas?
- ¿Cuáles son las características de la empresa pública? ¿privada? ¿mixta?
- ¿Cuáles son las distintas formas jurídicas de las empresas de lucro?
- ¿Quiénes son los dueños de las diferentes empresas privadas y cuáles son sus actividades y responsabilidades individuales y sociales?
- ¿Cómo se clasifican económica y legalmente las empresas comerciales e industriales?
- ¿Cómo se mide el tamaño de una empresa en EE.UU.?
- ¿Cómo se constituye una empresa?

BREVE VOCABULARIO UTIL

dueño/a *owner*
empresa *company, enterprise*
lucro *gain, profit*
responsabilidad social *company liability*
sociedad *company, firm*
_____ **anónima** *corporation*
_____ **colectiva o en nombre colectivo** *(joint) partnership*
_____ **comanditaria o en comandita** *silent partnership*
_____ **de capital** *capital company*
_____ **de responsabilidad limitada** *limited liability company*
_____ **mercantil** *commercial or trading company*
socio *partner*

LECTURA COMERCIAL

Organización y clasificación de la empresa comercial

En los países capitalistas, la empresa es la organización jurídica y social que dirige la mayor parte de la actividad económica. Reúne las fuerzas productivas (capital, materias primas, equipo, materiales, trabajadores) bajo la dirección, responsabilidad y control de uno o más empresarios para producir los bienes y servicios. Las empresas se clasifican según su

1. función social
2. forma jurídica
3. actividad
4. control legal
5. tamaño

FUNCION SOCIAL

En general, las empresas son públicas (estatales), privadas o mixtas. En los Estados Unidos predominan las privadas mientras que en los países hispánicos abundan las estatales. Las empresas o instituciones públicas suelen ser estatales, benéficas, educacionales o religiosas. Reciben sus fondos de fuentes públicas, privadas o estatales, pero no funcionan con fines lucrativos. Usan el dinero recibido para ofrecer servicios al público o para financiar sus propias operaciones. En la mayoría de los casos, quedan bajo el control de órganos especiales, como el Estado, y tienen ciertos privilegios económicos y legales. Las más típicas de estas instituciones son las agencias de gobierno, los ayuntamientos, los correos, las escuelas y universidades, y las iglesias y templos. Preciso es decir que en los países hispánicos hay empresas estatales que sí operan con fines lucrativos, pero remiten sus ingresos a la tesorería nacional o para realizar obras públicas o para financiar sus propias operaciones. Las más representativas de estas empresas son las compañías telefónicas, petroleras, aéreas, ferroviarias, etc., algunas de las cuales se han privatizado recientemente en países como México y Argentina por falta de capital y de una dirección más eficaz.

Las empresas mercantiles privadas, en cambio, son las que contribuyen a la producción y fomento de las economías capitalistas. Por lo general, suelen ser

1. privadas por función social
2. productoras, comerciales o de servicios por actividad económica
3. pequeñas, medianas, grandes o multinacionales por el volumen de operaciones

En la mayoría de los casos funcionan con fines de lucro. Su organización social y administrativa puede ser sencilla o compleja, según su tamaño, actividad y número de proprietarios y empleados. Se constituyen legalmente y tienen responsabilidad social, es decir, los dueños tienen que responder y satisfacer tanto al público como a sus acreedores y clientes respecto de la calidad, seguridad y utilidad de los servicios y bienes que producen y venden. Las empresas mixtas también ofrecen productos y servicios al público, pero son semi-privadas, o sea, están controladas tanto por el gobierno como por una o más empresas particulares. Usan los fondos recibidos de donativos y otras fuentes para vender o proporcionar algún bien material o servicio al público y a menudo operan con fines de lucro. Suelen figurar entre ellas las compañías de servicios públicos pero también incluyen algunas de comercio y de manufactura como la SEAT (Sociedad Española de Automóviles de Turismo), la cual, por ejemplo, está controlada tanto por el Volkswagenwerk alemán como por el gobierno español.

FORMA JURIDICA

Las empresas privadas tienen dos formas jurídicas: son individuales o sociales. La empresa individual pertenece a una sola persona que aporta el capital, dirige el negocio y recibe todo el beneficio comercial. Su operación y sus ganancias son generalmente pequeñas y su constitución y disolución, por los pocos requisitos legales exigidos, fáciles de lograr. Sin embargo, a pesar de la libertad de que goza, la responsabilidad del propietario es ilimitada y solidaria; es decir, el dueño puede perder todo su patrimonio o bienes materiales si fracasa en el negocio o puede acumular deudas que no logra solventar. Aunque numerosas, estas empresas (al menos en los EE.UU.) tienen corta vida debido a condiciones económicas hostiles y a la competencia de otras compañías más grandes. Algunas empresas individuales son las barberías, carnicerías, farmacias, florerías, etc.

Las empresas sociales o las sociedades son propiedad de un mínimo de dos personas que se llaman socios. Estos, generalmente con la ayuda de un abogado, se ponen de acuerdo acerca de la división del trabajo, los derechos sociales, las obligaciones empresariales y financieras, los modos de realizar las operaciones y los demás quehaceres de la firma. Su operación e ingresos, por el número de socios y el volumen de actividades, son más grandes que los de la empresa individual, y su gestión más compleja. La sociedad también tiene, por el número y la pericia del personal, una productividad administrativa superior a la de la empresa individual y ofrece más oportunidades salariales y de ascenso a sus empleados.

Existen varias formas jurídicas de sociedades mercantiles. Las más importantes son las de personas—la *Sociedad Colectiva* o *en Nombre Colectivo* (*S. en N. C.*) y la *Sociedad Comanditaria* o *en Comandita* (*S. en C.*)—y las de capital—la *Sociedad de Responsabilidad Limitada* (*S. de R. L.*) y la *Sociedad Anónima* (*S. A.*). En la sociedad anónima, también llamada corporación, los accionistas son los verdaderos proprietarios de la compañía y su responsabilidad es limitada sólo a las inversiones directas que han hecho en la empresa. La Tabla 1.1 resume las características de estas sociedades mercantiles.

ACTIVIDAD PARTICULAR

La actividad comercial de una empresa puede ser la de producir o comercializar bienes materiales o la de prestar uno o más servicios o puede ser una combinación de las tres posibilidades. La Tabla 1.2 resume la clasificación de la empresa según su actividad.

Tabla 1-1 Descripción y comparación de las sociedades mercantiles

ASUNTO	SOCIEDADES DE PERSONAS		SOCIEDADES DE CAPITAL	
Tipo de sociedad	Sociedad Colectiva o en Nombre Colectivo	Sociedad Comanditaria o en Comandita	Sociedad de Responsabilidad Limitada	Sociedad Anónima
Constitución legal	Requiere un abogado para precisar artículos de constitución		Requiere derechos de incorporación y ayuda legal	
Número y clases de propietarios	Al menos dos : llamados socios colectivos o activos que comparten derechos y obligaciones empresariales precisados contractualmente	Al menos dos : unos llamados socios colectivos o activos que dirigen la empresa, y otros, socios comanditarios, que sólo aportan capital	Menos de cincuenta socios colectivos o número fijado por ley mercantil del país	Al menos uno llamado accionista; número de accionistas puede ascender a miles
Responsabilidad social de propietarios	Ilimitada y solidaria con todos sus bienes personales	Socios colectivos responden ilimitada y solidariamente; comanditarios sólo con el capital aportado	Limitada al capital aportado por socios colectivos	Limitada al capital aportado por accionistas
Gestión (Gerencia)	Colectiva	En manos de socios colectivos	En manos de junta directiva nombrada o elegida por socios colectivos	
Razón social (Nombre de la empresa)	Determinada por socios		Determinada por socios colectivos	Determinada por accionistas
Financiamiento	Capital aportado por todos los socios		Mediante participaciones de cada socio	Mediante venta de acciones o bonos
Distribución de ganancias	Ganancias proporcionadas según contrato de constitución		Ganancias distribuidas a base de participaciones de cada socio	Ganancias distribuidas mediante dividendos
Ventajas	Mayor disponibilidad de capital y crédito que la empresa individual Interés personal y habilidades particulares de socios colectivos Facilidad de constituir empresa e interés en conservar empleados capacitados		Máxima disponibilidad de capital Responsabilidad social limitada Facilidad de extender empresa y transferir o ceder derechos de propiedad; tamaño y duración de empresa	
Desventajas	Responsabilidad ilimitada y solidaria de socios generales y colectivos Dificultad de administrar, disolver, transferir y ceder derechos propietarios Tamaño pequeño y breve duración		Restricciones legales respecto a monopolización; impuestos bastante altos	

Tabla 1-2 Clasificación de la empresa por actividad

PRODUCCION	COMERCIO	SERVICIOS
Industria extractiva: cobre, hierro, plomo, oro, etc.	Mayoristas: compran del productor para vender al minorista o directamente al consumidor	Banca y otros servicios financieros
Industria agropecuaria: cultivación de granos, frutos, etc. y ganadería (ganado mayor — vacas, mulas, caballos — y menor — cabras, etc.)	Minoristas o detallistas: venden directamente al consumidor o al usario	Públicos: seguridad, transporte, etc.
		Información: periódicos, radio, televisión, etc.
Industria constructora: casas y edificios		Educación
Industria transformadora: automóviles, comida, ropa, etc.		Asesoramiento: legal, técnico, etc.
		Asistencia social y servicios médicos
		Hostelería
		Secretariales

CONTROL LEGAL

Las leyes que rigen la actividad económica de un país pertenecen mayormente al derecho mercantil. Este «tiene por objeto regular las relaciones de los particulares como comerciantes, y de aquellas personas que sin ser comerciantes ejecutan actos de comercio, además de reglamentar los actos de comercio» (Alejandro Ramírez Valenzuela, *Derecho Civil,* 29). El código mercantil puede variar de región a región y de país a país y puede complementar los derechos o las leyes civiles que tratan temas tales como la discriminación en el trabajo, los problemas ambientales (por ejemplo, la contaminación del aire y del agua) y la estructuración ilegal de precios. Cuando surgen temas de derecho mercantil internacional, operan las leyes y los reglamentos acordados por los países firmantes en un convenio, pacto o tratado particular. Estos acuerdos abarcan tanto cuestiones de importación y exportación como asuntos financieros, industriales y económicos.

TAMAÑO

Aquí se refiere al volumen de las operaciones de una empresa. Esta puede ser pequeña, mediana, grande o multinacional. En los EE.UU., la empresa se considera pequeña si sus rentas anuales son menos de 150 millones de dólares, mediana si no alcanzan los 500 millones de dólares y grande si exceden los mil millones de dólares. Una empresa llega a ser multinacional no sólo al establecer filiales en otros países sino al concederles el mismo tratamiento que se destina a la casa matriz.

CONSTITUCION DE LA EMPRESA

La información referente a las distintas clases de empresas y las decisiones que tienen que tomar los futuros administradores sirven de base para uno de los pasos más importantes al emprender un negocio: la constitución de la empresa. Según los deseos y planes de los dueños y el tipo de compañía que piensan establecer, este proceso puede variar. Consta de los siguientes requisitos:

1. Nombrar a las personas interesadas en formar la empresa
2. Determinar la actividad comercial y los objetivos de la empresa
3. Decidir su forma jurídica
4. Establecer el número y la clase de propietarios
5. Seleccionar la razón social (el nombre) de la empresa
6. Fijar la organización de la empresa
7. Especificar la fuente, forma, cantidad, proporción y distribución del capital aportado y de las ganancias previstas
8. Detallar los derechos y obligaciones tanto de los propietarios como de los empleados
9. Constituir la compañía legalmente e inscribirla en el Registro Público de Comercio o en un documento oficial semejante
10. Disponer del terreno, edificios y equipo y contratar al personal necesario
11. Poner en marcha la empresa, haciendo todo lo necesario para facilitar la compraventa y satisfacer a los clientes

ACTIVIDADES

A. **¿Qué sabe Ud. de los negocios?** Vuelva Ud. a las preguntas de orientación que se hicieron al principio del capítulo y ahora contéstelas en oraciones completas en español.

B. **¿Qué recuerda Ud.?** Indique si las siguientes oraciones son verdaderas o falsas y explique por qué.

1. La empresa es la organización que dirige la mayor parte de la actividad económica en los países capitalistas.
2. Las empresas públicas obtienen sus fondos mediante las aportaciones de sus dueños.
3. En los países hispánicos hay empresas estatales con fines lucrativos.
4. Los socios comanditarios son los gerentes de una sociedad anónima.
5. La sociedad colectiva tiene el menor número de propietarios.
6. La empresa individual es la más numerosa pero la menos eficiente y lucrativa.
7. Las empresas multinacionales predominan en el mundo hispánico.
8. Todas las formas jurídicas comerciales implican una responsabilidad ilimitada y solidaria de los socios.

C. **Exploración de sus conocimientos y opiniones personales.** Haga los siguientes ejercicios, usando sus propios conocimientos y opiniones personales.

1. ¿Cuáles son las ventajas de las distintas empresas descritas en este capítulo? Explique.
2. ¿Qué propietarios tienen mayor responsabilidad social?
3. De las sociedades mercantiles, ¿cuál le parece la más eficaz en cuanto a la administración y a la competencia comercial? ¿Por qué?
4. Si Ud. tuviera que formar una empresa, ¿cuál elegiría? ¿Cuál sería la principal actividad y el tamaño? ¿Por qué?
5. ¿Cómo se relacionan los dichos al principio del capítulo con los temas tratados?

EJERCICIOS DE VOCABULARIO

Si hace falta para completar estos ejercicios, consulte la Lectura Comercial o la lista de vocabulario al final del capítulo.

A. Traduzca estos términos al español y explique su significado.

1. corporation
2. liability
3. partner
4. retailer
5. main office
6. state-controlled company
7. capital company
8. board of directors
9. limited liability
10. law

B. Dé algunos sinónimos o explicaciones de las siguientes palabras.

1. sociedad
2. acreedor
3. lucro
4. solidario
5. propietario
6. razón social
7. patrimonio
8. deuda

C. Explique de qué manera están relacionadas las siguientes palabras.

1. empleado/dueño
2. privada/pública
3. derecho/obligación
4. ganancia/pérdida
5. empresa mixta/empresa privada
6. pagar/invertir
7. limitado/ilimitado
8. empresa individual/ sociedad colectiva

D. ¿Qué palabras asocia Ud. con los siguientes vocablos?

1. patrimonio
2. empresa pública
3. estatal
4. negocio
5. empresa privada
6. libre comercio
7. desempleo
8. pericia

E. Llene los espacios con la palabra más apropiada de la lista.

negocios	socios	empresa
responsabilidad	acciones	sociedades
junta directiva	bonos	disponibilidad

Las ________ anónimas son menos frecuentes en el mundo hispánico de los ________ que en el de los Estados Unidos. A pesar de esto, tienen muchas ventajas como la ________ limitada y la ________ máxima de capital al emitir ________ y ________. Los accionistas o ________ son los dueños de la empresa pero es la ________ quien la dirige. No obstante los aspectos positivos de la sociedad anónima y aparte de sus ventajas comerciales, lo que más pueden rechazar los hispanos respecto a este tipo de ________ es la falta de relaciones amigables entre personas.

F. Complete las siguientes oraciones en sus propias palabras.

1. Las empresas se clasifican por...
2. Las formas jurídicas de las empresas privadas suelen ser...
3. Los dos tipos principales de sociedad mercantil son...
4. Los socios colectivos o generales y los socios comanditarios tienen, respectivamente,...
5. Las sociedades de capital se financian por...
6. Las sociedades limitadas y anónimas consiguen fondos por...
7. Algunas ventajas de las sociedades de personas son...
8. Algunas desventajas de las sociedades de personas son...

G. Traduzca las siguientes oraciones al español.

1. The sole proprietorship has great potential for individual satisfaction and profit but at the same time unlimited liability for the owner.
2. Joint partnerships have two types of partners—active and silent—, while limited companies and corporations have shareholders and a board of directors.
3. Active partners have joint and unlimited liability while silent partners, like shareholders, have only limited liability.
4. The financing and profits of partnerships are based on the owner's capital and the company's profits while those of capital companies are based also on shares, dividends, and interest on bonds.
5. In many Hispanic countries, government-run businesses have a profit motivation.

UNA VISTA PANORAMICA DE ESPAÑA

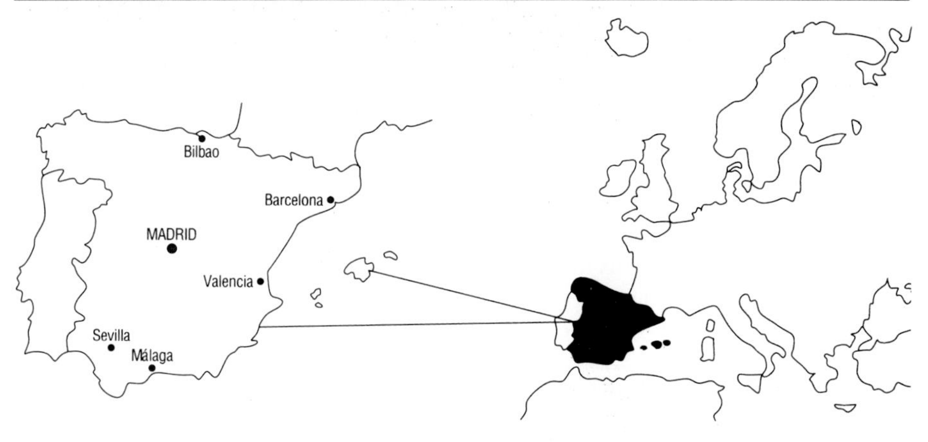

Nombre oficial

Reino de España

Geografía

Tamaño: 504.783 kilómetros cuadrados, casi dos veces el tamaño del estado de Oregon. Incluye las Islas Baleares, las Islas Canarias y otras posesiones en Africa. **Capital:** Madrid (con 5 millones de habitantes). **Ciudades principales:** Barcelona, Valencia, Sevilla, Zaragoza, Málaga, Bilbao.

Demografía

Población: Españoles, 39 millones en 1990, con proyecciones de 41 millones en el año 2000. **Población urbana/rural:** 76% urbana, 24% rural. **Grupos étnicos:** Mediterráneos, 75%; nórdicos, 25%. **Agrupación por edad:** 0–14 años, 25%; 15–29, 24%; 30–44, 19%; 45–59, 17%; más de 60, 15%. **Lenguas:** Castellano (oficial), catalán, gallego, vasco. **Analfabetismo:** 7%.

Gobierno

Monarquía constitucional con 17 autonomías.

Economía y comercio

Divisa: Peseta (Pta). **Producto Nacional Bruto** (*PNB en $EE.UU.*): $300 mil millones.* **PNB per cápita** (*en $EE.UU.*): $7.500. **Tasa media de inflación anual 1980–1986:** 11%. **Recursos naturales:** Carbón, lignito, hierro, uranio, mercurio, piritas, espato flúor, yeso, cinc, plomo, tungsteno, cobre, caolín, potasa, energía hidroeléctrica. **Agricultura:** 6%

*Vease Apéndice C (Large Numbers). Los números grandes en este libro se expresan según su equivalencia numérica en EE.UU. Por lo tanto, «one billion» equivale a «mil millones» en español.

del PIB, 15% de la mano de obra. Granos, frutas (cítricas y uvas), verduras, aceitunas, aceite de oliva, ganado mayor y menor. **Industria:** 32% del PIB, 25% de la mano de obra. Alimentos preparados, textiles, calzado, productos petroquímicos, acero, automóviles, bienes de consumo, aparatos electrónicos. **Servicios:** 62% del PIB, 60% de la mano de obra. **Exportaciones:** Frutas frescas y enlatadas, textiles, calzado, automóviles, productos ferrosos. **Mercados:** CEE, 60%; EE.UU., 10%. **Importaciones:** Semillas oleaginosas, petróleo, granos (maíz, sorgo, soja), productos químicos, maquinaria. **Transportes:** Buen sistema de carreteras (318.991 kilómetros; 56% pavimentados) y red ferroviaria (12.742 kilómetros; Red Nacional de Ferrocarriles Españoles—la RENFE, una compañía estatal) y 29 aeropuertos, con muy buen servicio nacional e internacional. Puertos principales: Barcelona, Valencia, Bilbao, Málaga. **Comunicaciones:** Más de 100 periódicos, un radio por cada cuatro personas, un televisor por cada tres personas y un teléfono por cada tres personas.

LA ACTUALIDAD ECONOMICA ESPAÑOLA

España es el más desarrollado de todos los países hispanohablantes y el más poderoso económicamente. Debido a una política comercial liberal de incentivos iniciada a partir de los años cincuenta, ha desarrollado una capacidad industrial y financiera casi semejante a la de los países más ricos del mundo. También entre los países hispanohablantes tiene uno de los productos nacionales brutos y rentas por persona más altos y es uno de los países líderes en varios sectores económicos.

Por otra parte, desde su ingreso en la Comunidad Económica Europea (CEE) en 1986, España ha reestructurado y modernizado su economía para hacerla más competitiva con los otros países de la CEE. Con la ayuda del gobierno y los sectores tanto económicos como políticos, ha invertido enormes fondos en proyectos de investigación y desarrollo para regenerar varias industrias y ya ha emprendido medidas notables para aumentar la producción de textiles, calzados, aparatos electrodomésticos, acero y construcción naval. También ha realizado con empresas y bancos extranjeros (General Motors, Chase Manhattan Bank, etc.) proyectos y negocios en participación y ha logrado algunas fusiones de empresas, como la que se efectuó entre SEAT y Volkswagenwerk, para crear industrias nuevas o desarrollar más otras ya existentes.

A pesar de estos logros, España todavía sufre de un alto índice de paro, de cierta inflación persistente y de una estructura laboral y financiera que necesita desarrollarse más. Ha agravado estas condiciones adversas su entrada al Mercado Común Europeo (MCE) lo cual, a pesar de haber fomentado la modernización de los modos de producción del país, ha contribuido al desempleo nacional y a una creciente competencia comercial dura y enajenadora. El terrorismo y el separatismo por parte de ciertos grupos radicales (principalmente vascos y catalanes) y un sistema anticuado de servicios públicos, también han dificultado un progreso mayor. El gobierno ha tratado de resolver estos problemas al

1. estabilizar la peseta e incluirse en el Sistema Monetario Europeo (SME)
2. liberalizar sus leyes arancelarias
3. privatizar sectores industriales y fomentar la inversión extranjera
4. defender acuerdos sindicales
5. conceder ciertos derechos de autonomía a las regiones del país
6. emprender reformas y mejoras en el sector de servicios públicos

Queda por ver si tal política dará los resultados esperados. Respecto a los asuntos extranjeros, aunque España se dirige cada vez más hacia Europa, sigue teniendo muy buenas relaciones con los Estados Unidos y otras aun más cordiales con los países hispanoamericanos, como lo indican los distintos tratados y pactos económicos, políticos y culturales firmados entre estas naciones.

ACTIVIDAD

¿Qué sabe Ud. de España? Haga los siguientes ejercicios.

1. ¿Cómo es España geográficamente? ¿Cuáles son sus países vecinos?
2. Describa la demografía española.
3. ¿Qué productos exportan e importan los españoles?
4. ¿Con qué países comercia España?
5. ¿Cuál es la divisa española? Busque su cambio actual con el dólar.
6. ¿En qué industrias o sectores económicos se destaca España?
7. ¿Qué problemas económicos recientes ha tenido España?
8. ¿Cuál cree Ud. que va a ser el futuro económico y político de España? ¿Con qué países mantendrá estrechas relaciones y por qué?
9. ¿Cómo han cambiado los datos presentados en la categoría de ECONOMIA Y COMERCIO? Búsquelos en un libro de consulta y póngalos más al día.

LECTURA CULTURAL

Independencia y familia

Históricamente el individuo hispánico ha rechazado la autoridad y los esfuerzos colectivos. En general se opone a cualquier tipo de sistema social, político y económico que intente limitar su derecho de vivir y pensar libremente. Se resiste a toda forma de autocracia y opresión, como lo demuestran las guerras independentistas de Hispanoamérica. Ha adoptado esta actitud independentista no sólo en cuanto a la política sino también con respecto a sus raíces geográficas y sociales.

En cada país hispánico los habitantes suelen estar ogullosos primero de su pueblo o ciudad, luego de su región—la patria chica—y, por fin, de su país. Esta actitud se ve tanto en las discusiones de temas políticos, económicos y culturales entre los ciudadanos de un mismo país o entre los de distintos países, como en los deportes y otras actividades competitivas.

Junto con el espíritu de independencia que caracteriza al individuo hispánico, la familia es una de las instituciones sociales más importan-

La familia extendida. México, D.F.

tes. De ella procede en gran medida su identidad y bienestar personales y su sentido de estabilidad y seguridad. La familia representa un apoyo para el individuo y reafirma su dignidad y posición en la sociedad. La familia une a todos los miembros, incluso a los parientes, y les hace sentir como parte de una unidad fuerte e íntima en la cual puede confiar. Esta unidad familiar incluye el concepto de la familia extendida y el compadrazgo. Con respecto al primero, no es raro que, por razones económicas, sociales o personales, los parientes de cierta familia—abuelos, tíos, primos—vivan una temporada o permanentemente con ésta en su casa. Es una costumbre común y aceptada y demuestra la solidaridad e intimidad de la familia hispánica.

De igual manera funciona el compadrazgo. Según este sistema, los padrinos—parientes o amigos de la familia—se comprometen a ayudar a los ahijados como si fueran hijos propios. Les dan dinero y otra ayuda para sus necesidades y a menudo regalos para sus cumpleaños, santos, comuniones, graduaciones, bodas y aniversarios. Si fallecen los padres naturales cuando los niños son jóvenes, los adoptan y los tratan como hijos suyos. A menudo, estas relaciones llevan a la práctica del nepotismo entre familiares y padrinos en el mundo comercial. Sin embargo, lo principal es lo personal y familiar, no lo puramente comercial. Por supuesto, no son así todas las relaciones familiares entre hispanos. Como en otros países, existen el divorcio y las familias de un solo padre. No obstante, la familia y la independencia son conceptos muy importantes para el hispano.

ACTIVIDADES

A. ¿QUE SABE UD. DE LA CULTURA?

1. ¿Cómo se manifiesta el individualismo hispánico y, en su opinión, cómo se distingue del estadounidense?
2. ¿Cómo se caracteriza la familia extendida en los países hispánicos? ¿Se caracteriza de igual modo en los EE.UU.? Explique.
3. ¿Cómo se manifiesta el individualismo y el concepto de la familia extendida en el mundo hispánico de los negocios? ¿Está Ud. de acuerdo con esta práctica? ¿También ocurre así en los EE.UU.? Explique.

B. MINI-DRAMA CULTURAL

Lea lo siguiente y haga el ejercicio a continuación.

Bob Thompson, nativo de Chico, California, y representante de Wines, Inc., está en Barcelona para tratar de comprar Puig y Roig, S. en N. C., una compañía que produce los mejores vinos blancos y cava (champán) de Cataluña. Bob estudió español en la universidad y lo habla bastante bien, pero nunca ha viajado al extranjero ni conoce a España ni a los españoles. Si logra adquirir la empresa española, Wines, la casa importadora y exportadora más grande de vinos blancos y cava en los EE.UU., tendrá más del 40% de la participación del mercado internacional. Bob discute el tema con el dueño de la empresa española, don Pablo Roig Muntaner.

BOB Si Ud. decide ser socio de Wines, no sólo controlaremos más del 40% del mercado internacional, sino que seremos la compañía de vinos blancos y cava más grande del mundo.

DON PABLO No sé si sería una buena idea asociarme con una empresa como Wines. Su compañía es muy grande y tiene sucursales por todas partes del mundo. Nosotros producimos vinos muy buenos y quizás nos convendría más una empresa más selectiva y no tan grande.

BOB Creo que Ud. no ve las ventajas que podemos ofrecerle en términos de tecnología, eficiencia, distribución, ganancias y expansión hacia nuevos mercados. Me parece que esto es más importante que el deseo de mantener el «status», sobre todo en un sector tan competitivo como éste.

DON PABLO No lo sé . . . Además, si vendiera la sociedad, no sé si mis socios, empleados y yo podríamos adaptarnos a la vida mercantil de una compañía tan grande como Wines. Aunque tenemos ciertos problemas en aumentar nuestras ventas y mercado, nos ha ido bien hasta ahora y no veo la necesidad de un cambio.

BOB Bueno, creo que se está perdiendo una oportunidad fabulosa y espero que cambie de opinión.

¿Cómo le explicaría Ud. a Bob la actitud de don Pablo? Defienda su respuesta.

1. Don Pablo es muy egoísta y sólo venderá su compañía si Bob le asegura el puesto de director de marketing.
2. Los catalanes son muy individualistas y no cambian de opinión aunque estén equivocados.
3. Don Pablo quiere mantener el «status» de Puig y Roig porque teme que el nuevo ambiente comercial de Wines sea demasiado grande e impersonal.

SINTESIS COMERCIAL Y CULTURAL

ACTIVIDADES COMUNICATIVAS

A. **Al teléfono.** Haga las siguientes llamadas telefónicas a otro/a estudiante de la clase. Cada persona deberá tomar un papel activo en la conversación.

1. Ud. y un/a amigo/a español/a quieren formar su propio negocio, pero no están seguros de qué clase de empresa les conviene más. Tienen poco capital pero muchos planes, energía y buena voluntad. Deciden llamar a un/a abogado/a para pedir su ayuda. Preparen Uds. dos o tres preguntas relacionadas con los requisitos para constituir una empresa y después, hagan la llamada.
2. Ud. y un/a amigo/a de habla española discuten por teléfono la posibilidad de formar una sociedad mercantil. Ud., como estadounidense, quiere establecer una sociedad anónima, mientras que su compañero/a prefiere la constitución colectiva. Cada uno de Uds. ofrece sus razones desde la perspectiva cultural apropiada.

B. **Situaciones para dramatizar.** Lea las siguientes situaciones y después haga el papel en español con otro/s estudiante/s, usando el supuesto como punto de partida. Cada persona deberá tomar un papel activo en la dramatización.

1. You are a businessman/woman from the U.S. meeting with a Spanish associate from Seville. Both of you have been talking for some time about setting up a business together. You discuss the following:
   a. The product/s or service/s you would like to sell
   b. The feasibility of selling these items in Spain as well as in the U.S.
2. You and your associate have agreed on the nature of your enterprise. You meet a second time.
   a. Discuss from different cultural perspectives the pros and cons of the various types of business organizations as described in Table 1-1 on page 13.
   b. Select and constitute the firm in which both of you would feel comfortable working.

Después de dramatizar ambas situaciones, discutan con la clase cómo ha influido en sus decisiones la información cultural de este capítulo.

C. Ud es el/la intérprete.

La Srta. Marilyn Davis, estadounidense, y el Sr. Javier Durán, español, discuten las ventajas y desventajas de la pequeña empresa mercantil. El Sr. Durán le explica a la Srta. Davis su opinión.

Haga Ud. el papel de interpréte entre estos dos individuos. Traduzca del español al inglés lo que leerá en voz alta otro/a estudiante. El/ella hará una pausa después de cada vírgula para permitir su traducción. Acuérdense los dos de usar un tono de diálogo natural.

SR. DURÁN Creo que la pequeña empresa es la mejor y la más eficaz de todas./ Crea un ambiente casi familiar sin que nadie pierda su individualismo ni dignidad/ y establece una interdependencia que beneficia no sólo a la compañía/sino a todos los dueños y empleados./ También ofrece la posibilidad de que todas las transacciones y negocios se realicen con personalismo y honor/ y que los productos y servicios que se ofrezcan sean de alta calidad./ Por supuesto, siempre habrá problemas de competencia y de producir y vender en menor escala,/pero esto es lo de menos./ Lo importante en el mundo de los negocios son las buenas relaciones y la cordialidad, ¿no le parece?

INTERPRETE ______________________________

D. Caso práctico. Lea el caso y conteste las preguntas a continuación.

Juan y José Cortés, hermanos de unos cincuenta años de edad y de origen gallego, son dueños de Grains Abroad, una sociedad en comandita estadounidense que cultiva y vende soja, mayormente para la exportación a España. Aunque hace casi veinte años que viven en Kankakee, Illinois, los Cortés todavía no se han acostumbrado a la manera de vivir y pensar de los estadounidenses. Ultimamente, el trabajo de cultivo y venta les tiene bastante cansados y deciden aceptar como socio a un amigo, Tom McDonald, estadounidense de treinta y ocho años y antiguo Jefe de Ventas de Grains Abroad. Tom habla un poco de español y ha pasado un mes en México como turista, pero no tiene ninguna otra experiencia en el mundo hispánico de los negocios.

Los tres hombres se reúnen para discutir su asociación. Durante la reunión Tom dice que quiere convertir la empresa en una sociedad anónima. La nueva constitución, según Tom, aportará a la firma más beneficios y limitará su responsabilidad social. Al mismo tiempo, extenderá y mejorará las operaciones empresariales y hará posible la producción de aceite de soja. Dice que la comercialización de este producto abrirá nuevos mercados nacionales e internacionales y aumentará las ventas de la compañía.

Los hermanos Cortés responden que no ven muy claro la necesidad de reorganizar la empresa. Sostienen que ésta ha funcionado bien en el pasado y que lo importante es conservar la presente organización y buena reputación de la firma. Además, dicen que el producir aceite de soja va en contra de su experiencia con el mercado español y que ampliar las operaciones no significa que éstas vayan a mejorarse. Tom no se deja convencer y opina que los Cortés no planean muy bien para el futuro y que son unos idealistas cuyos sentimientos se contraponen al buen sentido comercial.

Conteste las siguientes preguntas.

1. ¿Qué tipo de empresa es Grains Abroad? ¿Qué actividad realiza? ¿A qué mercados vende su producto?
2. ¿Qué clase de sociedad quiere establecer Tom? ¿Por qué? ¿Qué más sugiere hacer?
3. ¿Por qué cree Ud. que se oponen los hermanos Cortés a las propuestas de Tom, especialmente a la de producir aceite de soja?
4. ¿Qué conflicto de valores culturales se plantea entre los tres individuos?
5. ¿Cómo resolvería Ud. el conflicto entre Tom y los hermanos Cortés?

VOCABULARIO

abarcar *to encompass, include*
acción *share, stock*
accionista (m/f) *shareholder, stockholder*
acreedor/a *creditor*
activo *asset*
administrador/a *manager*
ahijado/a *godchild*
aportación *contribution*
asesoramiento *advising*
beneficio *profit*
benéfico/a *charitable*
bien de consumo (m) *consumer goods*
bolsa *securities exchange*
bono *bond*
casa matriz *home or main office*
cobrar *to charge, collect, cash*
comercialización *marketing, selling*
comerciante (m/f) *merchant*
comerciar *to trade*
comercio *business, commerce, trade*
compadrazgo *relationship between the godfather/godmother and the parents of the child*
compraventa *buying and selling*
convenir (ie) *to suit*
derecho *right, law*
_____ **mercantil** *business law*
desarrollo *development*
desempleo *unemployment*
detallista (m/f) *retailer*
deuda *debt*
dirección *management*
directivo (adj) *managerial*
directivo (n) *director, board member*
disponibilidad *availability*
divisa *national currency*
donativo *donation*
emitir *to issue*
empresa colectiva *partnership*
_____ **estatal** *state-controlled company*
_____ **individual** *sole proprietorship*
_____ **mediana** *mid-size company*
_____ **mercantil** *commercial company*

_____ **mixta** *company controlled by government and private enterprise*
_____ **pequeña** *small business*
_____ **privada** *private company*
_____ **productora** *manufacturer*
_____ **pública** *public company*
empresario/a *employer, manager*
estatal (adj.) *government-run*
estructuración de precios *pricing*
filial (f) *subsidiary, branch*
financiamiento *financing*
financiero *financial*
fomentar *to encourage, promote*
fondo *fund*
fusión de empresas *merger*
ganancia *earning, income, profit*
gasto *expense*
gestión *management (action)*
hostelería *hotel business management*
índice de paro (m) *unemployment rate*
ingreso *income, revenue*
inversión *investment*
invertir (ie) *to invest*
investigación y desarrollo *research and development*
junta directiva o de directores / consejo directivo *board of directors*
ley *law*
_____ **arancelaria (f)** *custom law*
_____ **mercantil (f)** *business law*
mano de obra *work force*
mayorista (m/f) *wholesaler*
minorista (m/f) *retailer*
minuta *summary, rough draft*
moneda *national currency, coin*
negocio en participación *joint venture*
obligación *liability, debt*
padrinos *godparents*
patria chica *home town, county or state*
patrimonio *wealth, estate*
pérdida *loss*
pericia *expertise*
perito *expert*
personal (m) *personnel*
propietario/a *owner*
quehacer (m) *task, duty*
razón social (f) *company name*
Registro Público de Comercio *Public Business Register*
renta *income, revenue*
socio/a activo/a o colectivo/a *active partner*
_____ **comanditario** *silent partner*
soler (ue) *to be or do frequently, to be in the habit of*
solidario (adj) *joint*
solventar *to settle (e.g. a debt)*
sucursal (f) *branch, subsidiary*
supuesto *supposition, hypothetical situation*
tasa de cambio *rate of exchange*
utilidad *usefulness, profit, benefit*

CAPITULO

La gerencia

Make sure you're right, then go ahead.

Davy Crockett

El jefe siempre tiene razón.

Dicho Popular

Una ejecutiva colombiana. Bogotá, Colombia.

PREGUNTAS DE ORIENTACION

Al hacer la lectura comercial, piense Ud. en las respuestas a las siguientes preguntas.

- ¿Qué es la gerencia?
- ¿Cuáles son las principales responsabilidades de un gerente y qué diferentes recursos debe tener en cuenta al desempeñarlas?
- ¿Por qué es tan importante la actividad de planear?
- ¿Qué habilidades especiales contribuyen al éxito del gerente?
- ¿Cómo se diferencia la perspectiva horizontal de la vertical en el concepto de la gerencia?
- ¿Qué es un organigrama?
- ¿Qué es la Administración por Objetivos (MBO)?
- ¿Qué factores especiales existen en la gerencia internacional?

BREVE VOCABULARIO UTIL

adiestramiento *training, instruction*
Administración por Objetivos *Management by Objectives*
capataz (m) *foreman*
desempeñar *to perform, carry out*
mando *management*
meta *goal*
organigrama (m) *organizational chart*
presupuesto *budget*
sueldo *salary*
trámite (m) *step, procedure*

LECTURA COMERCIAL

Requisitos y modelos administrativos

Después de constituir la empresa, el propietario, los socios y los administradores (directores o gerentes) tienen la responsabilidad de planear, coordinar, dirigir y controlar las actividades de las empresas, utilizando los diversos recursos humanos, financieros, materiales e informativos a su disposición. El paso inicial, la planificación, se ocupa de la futura situación deseada para la empresa y de cómo optimizar su logro. El segundo paso consiste en la organización y coordinación de los diferentes recursos necesarios para realizar el plan. El tercer paso comprende la dirección de las actividades que llevarán a cabo el plan. En esta fase es esencial la calidad del liderazgo, el cual puede ser autocrático o democrático. El ser un buen líder o jefe es el arte de lograr que los otros miembros de la organización cooperen para el éxito del plan y de la compañía. En el último paso, el gerente necesita evaluar y modificar (si hace falta) el progreso que se está haciendo hacia el cumplimiento del plan, para así asegurarse de que éste se cumpla dentro del plazo de tiempo fijado.

Las habilidades que contribuyen a la eficacia y el éxito del gerente o gestor son técnicas interpersonales, conceptuales, diagnósticas y analíticas. Las técnicas son aquéllas que se requieren para realizar actividades especializadas. Las interpersonales se refieren a la capacidad de comunicarse y relacionarse con otros y de lograr la cooperación entre individuos. Las conceptuales indican la capacidad de pensar en abstracto. Las habilidades diagnósticas permiten que el administrador reconozca, al igual que un médico, los síntomas o las causas probables de un problema. Las analíticas, en cambio, sirven para la identificación de los elementos claves de un problema, la relación entre los diversos elementos y la decisión de cuáles de ellos requieren mayor atención en un momento determinado para resolver la situación. La capacidad diagnóstica lleva a la comprensión, mientras que la analítica facilita una estrategia de qué hacer en una situación. Estas habilidades se consiguen y se perfeccionan por medio de la educación y la experiencia.

La clasificación de la gerencia comercial puede considerarse desde una perspectiva horizontal o vertical. En la horizontal se hallan los gerentes de alto, medio y bajo mando. Los de alto mando son los responsables de establecer las metas y la estrategia general de la empresa. Los de medio mando son, por lo general, los jefes o directores de departamentos o divisiones, y su principal responsabilidad es la de poner en práctica los planes proporcionados por el alto mando. Los de bajo mando, los supervisores y capataces, controlan y coordinan directamente las actividades de los empleados de mano de obra. Como se ve en la Figura 2-1, participan en la perspectiva vertical los diferentes gerentes de marketing, finanzas, operaciones, personal, administración, investigación y desarrollo y otros gerentes especializados. Estos se caracterizan por su función dentro de la compañía en lugar de por su nivel administrativo y aportan la información necesaria para que la empresa funcione como una unidad bien integrada a todos los niveles horizontales de la gerencia. (Véase la figura 2-1 en la página 32.)

Otra manera de representar la estructura administrativa es por medio de un organigrama. Este variará según el sector industrial y el tamaño de la empresa, pero el modelo en la Figura 2-2 (página 32) ofrece una idea de la estructura administrativa en cualquier sociedad anónima (S.A.), empezando por los accionistas (verdaderos propietarios de la compañía) hasta llegar a los supervisores y representantes del bajo mando.

Uno de los modelos más populares de cómo proceder en la gerencia es la Administración por Objetivos (*MBO, Management by Objectives*). Según este modelo, se busca una colaboración entre el gerente y el subordinado para proponer metas individuales que se determinan conformes con las metas generales de la empresa. Es decir, las metas generales se dividen en metas y responsabilidades asignadas a individuos o a grupos. Una ventaja de este sistema es que cada empleado tiene una idea clara de precisamente qué hay que hacer y para cuándo. Se evalúa y

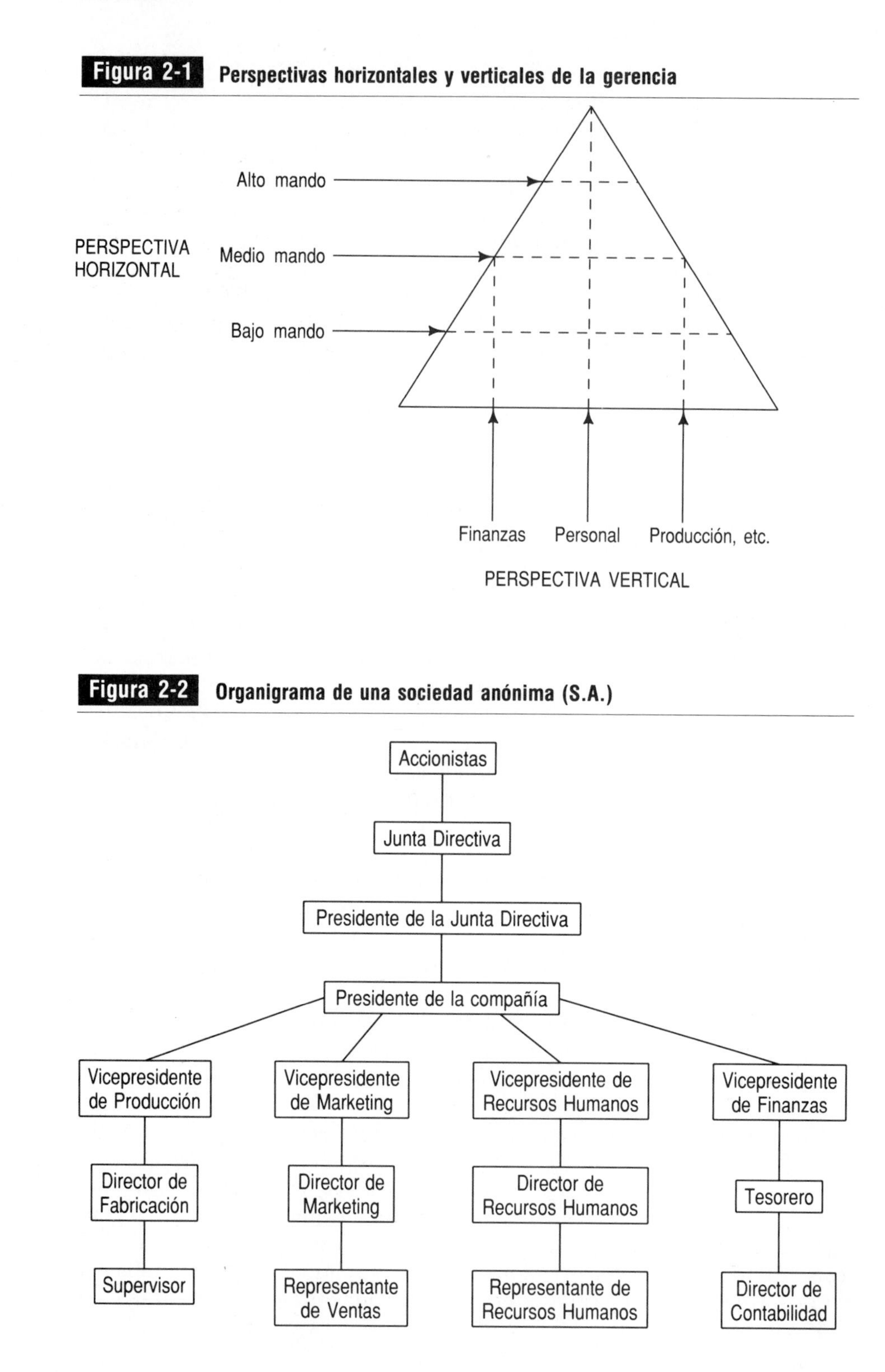

Figura 2-1 Perspectivas horizontales y verticales de la gerencia

Figura 2-2 Organigrama de una sociedad anónima (S.A.)

recompensa al empleado a base del cumplimiento de la meta acordada. Pero también hay una desventaja. Un programa de «MBO» puede resultar a veces en la falta de apoyo directo del alto mando, el cual ha delegado esta función a otros gerentes de medio o bajo mando. Irónicamente, esto puede producir un ambiente de trabajo en el cual la meta y su cumplimiento hacen olvidar al elemento humano, cuando el propósito original del «MBO» era prestar más atención al empleado como individuo.

La gerencia en el campo internacional presenta factores particulares que hay que considerar. Existe una mayor extensión geográfica de operaciones, lo cual puede dificultar la comunicación y el transporte. También hay que tener en cuenta que las diferentes lenguas, costumbres y leyes crean un nuevo contexto de operaciones. Las dimensiones comerciales y políticas muchas veces adquieren mayor complejidad. Un buen gerente comprenderá que la forma de proceder en un contexto cultural particular, como en el de los EE.UU., pocas veces será la más propicia para poner en práctica en otro contexto cultural. Lo que ha tenido éxito comercial en Baltimore, Minneapolis o Denver, no dará siempre el mismo resultado en México, San José, Valencia, Bogotá o Buenos Aires. Pero en cualquier contexto comercial, sea nacional o internacional, lo importante es recordar que el éxito de una empresa depende en primera y última instancia de la competencia y las habilidades de los que dirigen sus actividades—los gerentes.

ACTIVIDADES

A. **¿Qué sabe Ud. de los negocios?** Vuelva Ud. a las preguntas de orientación que se hicieron al principio del capítulo y ahora contéstelas en oraciones completas en español.

B. **¿Qué recuerda Ud.?** Indique si las siguientes oraciones son verdaderas o falsas y explique por qué.

1. La planificación y la organización son responsabilidades prescindibles para un gerente.
2. Un plan se refiere a la idea de una futura situación deseada y cómo mejor alcanzarla.
3. El liderazgo es en un extremo autocrático y en el otro práctico.
4. Ser buen líder es el arte de lograr que los otros miembros de la organización cooperen para el éxito común.
5. Las habilidades que contribuyen a la eficacia y el éxito de un gerente se perfeccionan sólo con la experiencia.
6. La capacidad analítica hace posible determinar una estrategia de «qué hacer» en una situación.
7. En principio, la Administración por Objetivos (MBO) no cuenta con el empleado como individuo.

C. Exploración de sus conocimientos y opiniones personales. Haga los siguientes ejercicios, usando sus propios conocimientos y opiniones personales.

1. Dé Ud. algunos ejemplos de recursos humanos, financieros, materiales e informativos.
2. ¿Cuáles podrían ser algunos resultados para una empresa que no practica la función de controlar?
3. ¿Cuál es más importante, la formación o la experiencia de un gerente? Justifique su respuesta.
4. ¿Por qué cree Ud. que la habilidad interpersonal es clave para un gerente? Dé algunos ejemplos en que la falta de esta habilidad ha llevado a resultados negativos.
5. ¿Cómo sería para Ud. el gerente o jefe ideal?
6. ¿Cuáles son algunos casos donde el no haber prestado atención a un nuevo contexto cultural ha llevado a problemas o fracasos en el campo del comercio internacional?
7. ¿Cómo se relacionan los dichos al principio del capítulo con los temas tratados?

EJERCICIOS DE VOCABULARIO

Si hace falta para completar estos ejercicios, consulte la Lectura Comercial o la lista de vocabulario al final del capítulo.

A. Traduzca estos términos al español y explique su significado.

1. manager
2. goal
3. training
4. finance
5. appointment
6. upper management
7. leadership
8. workers
9. key elements
10. resources

B. Dé algunos sinónimos o explicaciones de las siguientes palabras.

1. administración
2. organizar
3. desempeñar
4. gastos
5. plan
6. meta
7. trámite
8. cumplimiento

C. Explique de qué manera están relacionadas las siguientes palabras.

1. jefe/empleado
2. alto mando/bajo mando
3. democrático/autocrático
4. eficacia/ineficacia
5. éxito/fracaso
6. responsable/irresponsable
7. legal/ilegal
8. ventaja/desventaja

D. ¿Qué palabras asocia Ud. con los siguientes vocablos?

1. capataz
2. clave
3. recompensa
4. interventor
5. empleo
6. líder
7. plazo
8. guiar

E. Llene los espacios con la palabra más apropiada de la lista.

plazo	ventaja	bajo mando
lleven a cabo	realizarlo	éxito
clave	investigación y desarrollo	

La ________ para el ________ de este plan es poder ________ dentro del ________ estipulado. Una ________ es que ya se cuenta con los resultados del departamento de ________. Ahora es preciso que los empleados del ________ comprendan los objetivos y que ________ sus tareas para principios del mes entrante.

F. Complete las siguientes oraciones en sus propias palabras.

1. Los elementos claves para realizar un proyecto son...
2. Se necesita el apoyo del alto mando para...
3. El director de este departamento carece de...
4. El plan de recompensa que se le puede ofrecer...
5. Para que no fracase un plan, se necesita...

G. Traduzca las siguientes oraciones al español.

1. Managers are responsible for guiding the activities of a business.
2. A good manager strives to create good working conditions.
3. A manager attempts to reduce or remove obstacles to the successful performance of his or her employees.
4. It is best to avoid paralysis by analysis.
5. A good manager will recognize that everyone has personal feelings, attitudes, and needs.

UNA VISTA PANORAMICA DE MEXICO

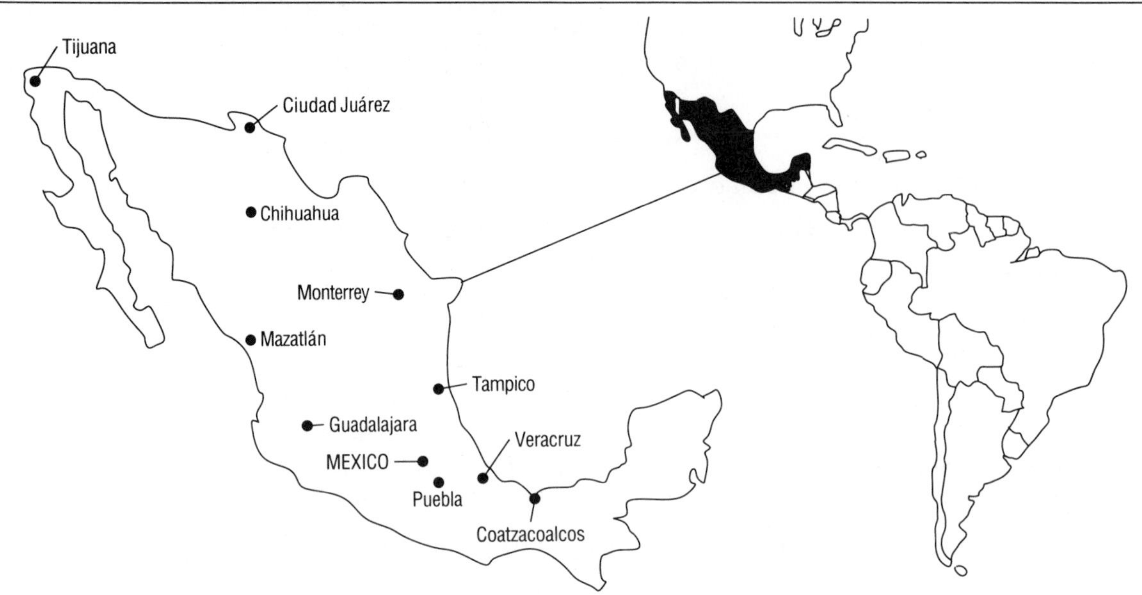

Nombre oficial

Estados Unidos Mexicanos

Geografía

Tamaño: 1.958.201 kilómetros cuadrados, tres veces el tamaño del estado de Texas. **Capital:** México, D.F. (Distrito Federal, con 18 millones de habitantes). **Ciudades principales:** Guadalajara, Monterrey, Puebla, Chihuahua, Veracruz, Tampico, Ciudad Juárez y Tijuana.

Demografía

Población: Mexicanos, 87 millones en 1990, con proyecciones de 107 millones en el año 2000. **Población urbana/rural:** 70% urbana, 30% rural. **Grupos étnicos:** Mestizo, 55%; indio, 29%; blanco europeo, 16%. **Agrupación por edad:** 0–14 años, 38%; 15–29, 31%; 30–44, 17%; 45–59, 9%; más de 60, 5%. **Lenguas:** Español, idiomas indígenas. **Analfabetismo:** 26%.

Gobierno

República Federal de 31 estados y el Distrito Federal.

Economía y comercio

Divisa: Peso ($Mex). **Producto Nacional Bruto** *(PNB en $EE.UU.):* $149 mil millones. **PNB per cápita** (*en $EE.UU.*): $1.850. **Tasa media de infla-**

ción anual 1980–1986: 64%. **Recursos naturales:** Petróleo, plata, cobre, oro, plomo, cinc, maderas. **Agricultura:** 9% del PIB, 24% de la mano de obra. Maíz, frijoles, algodón, azúcar, café. **Industria:** 39% del PIB, 17% de la mano de obra. Petróleo y sus derivados, siderurgia, productos químicos, productos electrónicos, textiles, minería, caucho, bebidas. **Servicios:** 54% del PIB, 59% de la mano de obra. **Exportaciones:** Petróleo y sus derivados, productos agrícolas (café, algodón, frutas). **Mercados:** EE.UU. 65%; Japón, 7%; CEE, 6%. **Importaciones:** Maquinaria pesada, vehículos, productos químicos. **Transportes:** Buen sistema de carreteras (233.712 kilómetros, 45% pavimentados), ferrocarriles (26.339 kilómetros) y 78 aeropuertos con buen servicio nacional e internacional. Puertos principales: Veracruz, Tampico, Mazatlán y Coatzacoalcos. **Comunicaciones:** 392 periódicos, un radio por cada tres personas, un televisor por cada nueve personas y un teléfono por cada nueve personas.

LA ACTUALIDAD ECONOMICA MEXICANA

Actualmente México dispone de la cuarta reserva mundial de depósitos de petróleo. Su economía depende de este recurso natural. A partir de 1982, cuando una superabundancia de petróleo en el mercado mundial llevó a una baja en su precio, México se ha enfrentado con graves problemas de deuda externa. Esto se debe a que en la década anterior México había fomentado su desarrollo económico nacional con grandes préstamos. Hoy en día su deuda inmensa consume entre un 35% y un 45% de los ingresos de exportación anual sólo para pagar el interés debido a los bancos y otros acreedores mundiales.

Otro elemento importante pero polémico en el desarrollo económico mexicano, es el reciente crecimiento espectacular de las maquiladoras, principalmente en la zona fronteriza con los Estados Unidos. Las maquiladoras son centros o fábricas de ensamblaje que permiten hasta un 100% de control a los inversionistas y empresas extranjeros, en lugar del tradicional 49% máximo. Entre las aproximadamente 1.500 maquiladoras situadas en los seis estados mexicanos más norteños, figuran las operaciones de algunas de las compañías más grandes del mundo: General Motors, Ford, Chrysler, General Electric, Zenith, Mattel, Sony, Hitachi y Canon. Estas operaciones en México ya empiezan a competir con las de Corea, Taiwán, China y Tailandia.

En 1989 las maquiladoras eran responsables de puestos de trabajo para unas 390 mil personas, casi un 2% de la mano de obra mexicana. La mayoría de ellos reciben el salario mínimo para este tipo de trabajo—unos 47 centavos (EE.UU.) por hora—lo cual es bastante más que el salario mínimo en el interior de México. La ventaja para las compañías extranjeras es que pueden ahorrar muchísimo en términos de los costos de la mano de obra.

Figura 2-3 **Distribución geográfica de las maquiladoras en México**

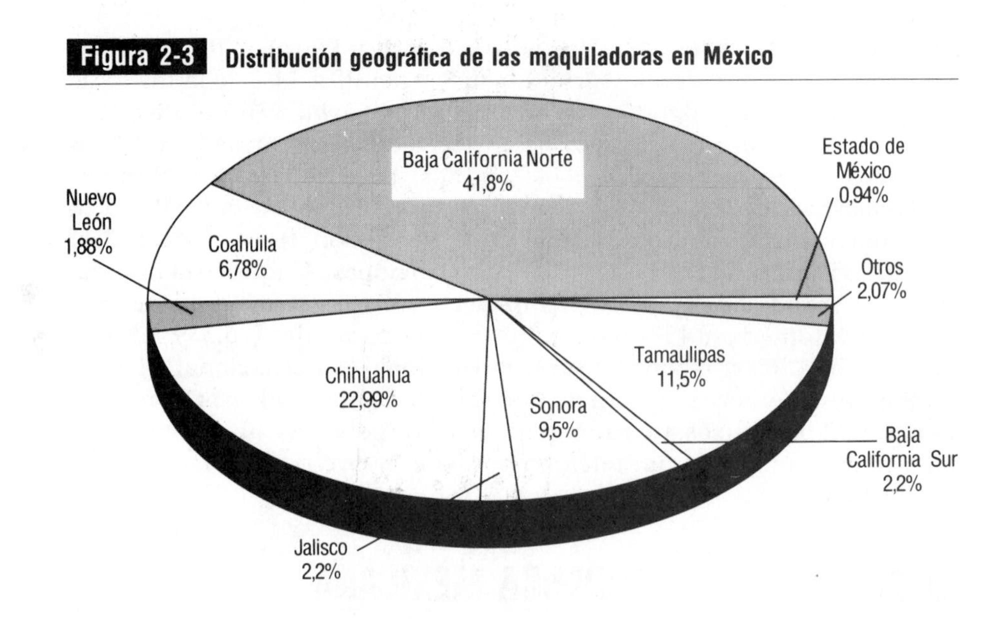

En los Estados Unidos, sin embargo, algunos sectores manufactureros opinan que la maquiladora les está quitando trabajos a los estadounidenses. Es decir, que resulta en una exportación de trabajos necesitados en este país, a pesar de que las estadísticas demuestran que no es así y que,

Figura 2-4 **Número de maquiladoras en México (1970–1990)**

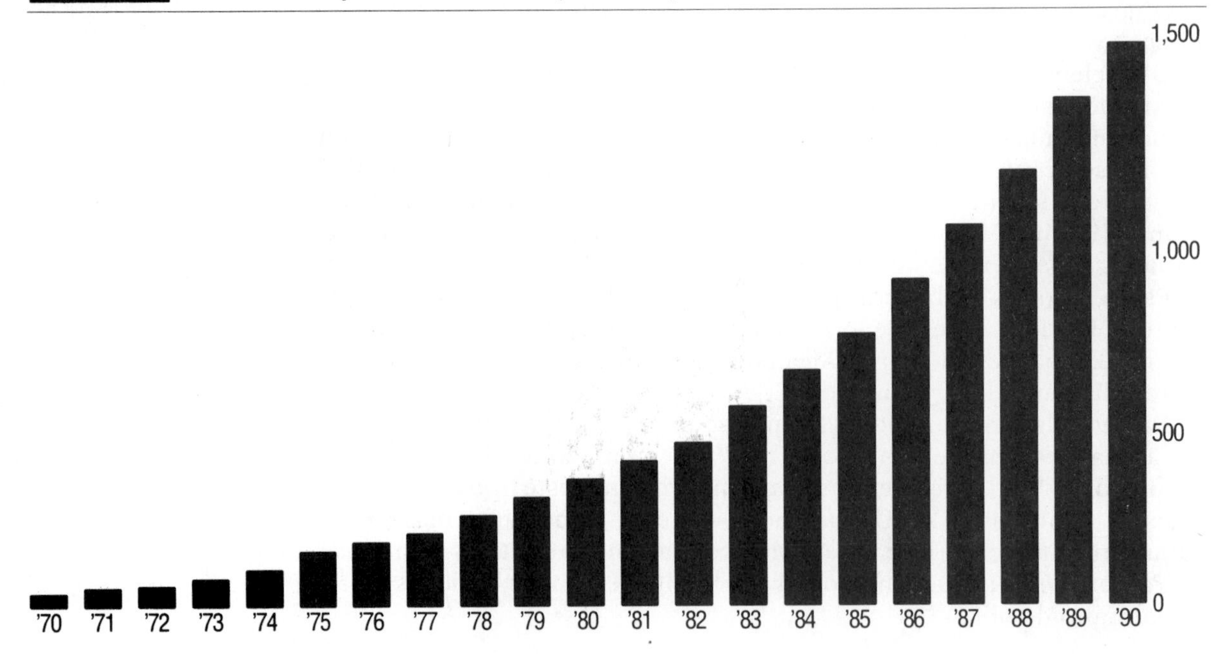

al contrario, las maquiladoras han creado a su vez nuevos puestos en los Estados Unidos relacionados con la maquiladora. Por otra parte, aunque la maquiladora sí ha brindado trabajo para muchos mexicanos que han emigrado del interior del país a la zona fronteriza, algunos investigadores mexicanos la critican porque se ha llenado este empleo con un gran porcentaje de mujeres. Pero esto también está cambiando: la proporción de 80 mujeres empleadas por cada 20 hombres de hace una década se ha convertido en una proporción de 65 por 35, y en Ciudad Juárez la proporción es de 55 mujeres por cada 45 hombres. También se critica en México que la maquiladora no haya resultado todavía en la transmisión de tecnología que se esperaba, aunque hoy en día existen más programas de adiestramiento para que los trabajadores mexicanos puedan asumir puestos administrativos.

En resumen, México tiene grandes recursos naturales, pero también grandes problemas económicos: la deuda externa (llamada «eterna» por algunos), la inflación y el desempleo. Complican estos problemas la corrupción gubernamental y la población creciente. Aunque podría ayudar en todo esto la inversión extranjera, esta posible fuente de ingresos y de empleos se ha inquietado por las restricciones legales impuestas por el gobierno mexicano, así como por la percibida inconsistencia en hacer cumplir con las leyes comerciales. Ultimamente México ha hecho planes para liberalizar su política oficial sobre la inversión extranjera, permitiendo en industrias selectas un mayor control extranjero sobre sus operaciones en México.

ACTIVIDAD

¿Qué sabe Ud. de México? Haga los siguientes ejercicios.

1. Describa la geografía de México.
2. Comente sobre la demografía mexicana.
3. ¿Qué efectos económicos puede tener la demografía de un país? ¿Cómo afecta a la economía mexicana?
4. ¿Por qué es tan importante para México su industria petrolera?
5. ¿Con qué países suele comerciar México?
6. ¿Cuál es la divisa de México? Busque su cambio actual con el dólar.
7. ¿Qué es una maquiladora? ¿Por qué son tan importantes las maquiladoras para la economía mexicana?
8. ¿Qué críticas se han hecho de la maquiladora en México? Comente.
9. ¿Cómo han cambiado los datos presentados en la categoría de ECONOMIA Y COMERCIO? Búsquelos en un libro de consulta y póngalos más al día.

LECTURA CULTURAL

Honor, éxito y trato social

La gran variedad social y cultural imposibilita que se hable con precisión definitiva de todas las diferencias y semejanzas entre el mundo hispánico y los EE.UU. en el campo de la gerencia comercial. No obstante, se pueden ofrecer algunas características que revelan un contraste cultural en la práctica administrativa.

En ambas culturas, la hispana y la estadounidense, es importante el individuo como tal. Para el hispano, el honor y el orgullo son muy estimados como atributos personales. Se valora el trato directo y personal. Es importante conocer a la persona con la cual se está haciendo el negocio, mientras que para el estadounidense pueden prevalecer los objetivos y los intereses puramente comerciales. También le puede parecer al hispano que el estadounidense mide demasiado el éxito personal en términos de ser el «*Número Uno*», mientras que para el hispano la medida del éxito es más amplia y su valor no consiste en ser siempre el primero en todo lo que se hace.

También hay normas de conducta social para el hispanoparlante. El hispano puede ser algo más formal en sus relaciones profesionales hasta que se haya establecido un trato más familiar. Este nivel de confianza muchas veces requiere tiempo y un repetido contacto entre individuos. La formalidad se refleja en la lengua con el uso inicial de la forma *usted,* especialmente en un primer encuentro entre personas de diferentes edades y responsabilidades (puestos, títulos, etc.) o de diferentes clases sociales. El uso de la forma *usted* indica cierta distancia que refleja el respeto hacia el otro. No es tan rápido ni culturalmente aceptable el llegar a la familiaridad de tutearse, como lo es en los Estados Unidos, donde «Mr.» o «Miss» se convierte más fácilmente en «Tom» o «Mary». En otras palabras, el tuteo prematuro puede perjudicar el trato comercial porque se puede interpretar como arrogancia o simplemente como falta de educación.

Estas características generales del trato individual tienen repercusiones en los estilos de la práctica administrativa. Por lo general, parece que la gerencia hispánica y su estructura son más formales que en los Estados Unidos. Si se considera que la gerencia varía entre lo democrático y lo autocrático, quizás la formalidad hispánica tienda más hacia un modelo autoritario del trabajo. Claro que esto también ocurre en los Estados Unidos, especialmente en las compañías de mayor tamaño, donde es necesario ejercer un buen control y coordinación sobre las diversas actividades de la empresa por medio de claras líneas de mando. Sin embargo, en los Estados Unidos hay una larga tradición democrática reconocida por todos los empleados de cualquier empresa. Para el hispano, en cambio, existe en general una larga tradición política e histórica de jerarquías dirigidas desde arriba. Esto, reunido con un trato más formal entre los individuos, quizás explique en parte la tendencia hacia lo que se puede percibir como una estructura más formal, burocrática y autocrática en el mundo hispánico.

ACTIVIDADES

A. ¿QUE SABE UD. DE LA CULTURA?

1. ¿Cómo describiría Ud. al estadounidense típico? ¿Cómo son diferentes los estadounidenses de Nueva York, Alabama, Michigan, Idaho y California?
2. ¿Piensa Ud. que el conocer a la persona con la cual se está haciendo el trato comercial es importante? ¿O es una consideración secundaria en las relaciones comerciales? Justifique su opinión.
3. ¿Qué opina Ud. de la tendencia estadounidense de medir el éxito en términos de ser el «Número Uno»? ¿Cómo mide Ud. su propio éxito? En el futuro, ¿cómo medirá su éxito profesional? ¿Piensa Ud. que su propia medida coincidirá con la de su jefe? ¿Qué ocurriría si no fuera así?
4. ¿Qué opina Ud. del trato formal y familiar en el mundo comercial? ¿Cuál de los dos es mejor para los negocios y por qué?
5. ¿Es Ud. partidario de la gerencia democrática o de la autocrática? Explique.

B. ASIMILADOR CULTURAL

Lea lo siguiente y conteste las preguntas a continuación.

J. T. Daniels, un estadounidense de 29 años de edad, está en Guadalajara, México, para concluir los trámites de un contrato con la compañía Alvarez-Gómez, S. A. Tiene consigo todos los papeles que hay que repasar y firmar con el Sr. Nicolás Alvarez Delgado, vicepresidente de la compañía. J. T. habla bastante bien el español, debido a sus tres años de estudios universitarios. Es el primer encuentro entre los dos. Al entrar en la oficina del vicepresidente, un señor de unos 50 años, J. T. lo saluda con una amplia y amistosa sonrisa, diciéndole:

—Hola, Nicolás, J. T. Daniels. Tengo aquí todos los papeles que tienes que firmar.

Al decir esto, empieza a sacar de su maletín una carpeta, dándosela al Sr. Alvarez. En ese mismo momento observa en el rostro del Sr. Alvarez una rápida mirada de sorpresa y de enojo. El Sr. Alvarez le ofrece a J. T. un asiento y le dice:

—Sí, Sr. Daniels, gracias por su visita hoy. Siéntese, por favor...

Conteste las siguientes preguntas.

1. ¿Por qué cree Ud. que se queda sorprendido y enojado por un momento el Sr. Alvarez cuando lo saluda J. T. Daniels?
2. ¿Qué cree Ud. que está pensando Alvarez cuando le ofrece un asiento a J.T.?
3. ¿Qué cree Ud. que serán las próximas palabras que dirá Nicolás Alvarez?
4. ¿Cómo hubiera iniciado Ud. este primer encuentro con el Sr. Alvarez? ¿Qué recomendaciones le habría dado Ud. a J. T. para que hubiera iniciado su trato con el Sr. Alvarez con más sensibilidad cultural?

SINTESIS COMERCIAL Y CULTURAL

ACTIVIDADES COMUNICATIVAS

A. **Al teléfono.** Haga las siguientes llamadas telefónicas a otro/a estudiante de la clase. Cada persona deberá tomar un papel activo en la conversación.

1. Usted es el/la recepcionista del Departamento de Recursos Humanos. Llame al/a la director/a para decirle que la nueva secretaria ejecutiva bilingüe desea concertar una entrevista para aclarar sus responsabilidades. El/la director/a le dirá la fecha y la hora que le convienen.
2. Usted es el/la Vicepresidente de Marketing de una compañía de textiles mexicana. Llame al Departamento de Recursos Humanos para informarse sobre el progreso que se está haciendo en contratar a dos nuevos representantes de ventas. El/la Director/a de Recursos Humanos le aclara la situación.
3. Usted es el/la presidente de una empresa estadounidense. Llame al/a la vicepresidente de la sucursal en México para preguntarle por qué bajó la cuota de producción el mes pasado. El/la vicepresidente le da varias justificaciones, basadas en problemas de personal y transporte.

B. **Situaciones para dramatizar.** Lea las siguientes situaciones y después haga el papel en español con otro/s estudiante/s, usando el supuesto como punto de partida. Cada persona deberá tomar un papel activo en la dramatización.

1. As a manager, you need to call a meeting to resolve a personnel problem in your division. Tell your secretary to send a memo with the following:

a. Date, time, and place of the meeting
b. Who is to attend: Mr. Ricardo Ausejo and Ms. Theresa Nash
c. The reason for the meeting: To clarify which of these two is in charge of the project they have been assigned.

2. You are now meeting with Ricardo Ausejo and Theresa Nash, two of your key employees who are having difficulties working together. Ricardo Ausejo is the older of the two, a member of Mexico's upper middle class with definite ideas of how things should be done. He resents his younger American colleague's new authority. Theresa Nash, on the other hand, thinks that Ausejo is trying to dominate her and limit her possibilities for promotion. The morale of the other workers is being adversely affected by the antagonistic relationship between the two. They are all wondering who is in charge.
   a. Acknowledge the many years of valuable service provided by the older employee.
   b. Comment on the new, needed skills that the younger employee brings to the division.
   c. Resolve the issue of who is in charge of the project which has been brought to a standstill by their differences. You may want to provide them with a rationale for your decision.

Después de dramatizar las situaciones, discuta con sus compañeros de clase la cuestión de autoridad, considerada desde el punto de vista hispánico y el estadounidense.

C. Ud. es el/la intérprete.

Thomas Davidson y Raúl García son dos gerentes que discuten sobre cómo organizar la estructura administrativa de una nueva sucursal estadounidense en Tijuana.

Haga Ud. el papel de intérprete entre estos dos individuos. Traduzca del inglés al español y del español al inglés, sin mirar el texto, el diálogo que leerán otros dos estudiantes en voz alta. Ellos harán una pausa después de cada vírgula para permitir su traducción. Acuérdense todos de usar un tono de diálogo natural.

SR. DAVIDSON Our upper level management/believes in a democratic management style./ We like all our employees to feel free to provide input/ on issues that affect them.

INTERPRETE ____

SR. GARCIA Sí, comprendo,/ pero mis colegas en Tijuana no se sienten cómodos/ cuando participa todo el mundo en lo que consideran ellos su responsabilidad./ Preferiríamos mantener una clara línea de autoridad./ Sin esto puede haber problemas de fijar responsabilidades/ cuando las cosas varían de un plan establecido.

INTERPRETE ________________________________

SR. DAVIDSON Yes, I don't mean that every employee will be knocking on upper management's door/ or that each employee will have an equal say with management when decisions are made./ We have found, though,/ that employees often provide valuable information/ that has been overlooked by management./ All we're interested in/ is that employees feel free to express their opinions./ This could be achieved through employee representatives/ or through an open line of communication with the supervisors./ We think it helps morale.

INTERPRETE ________________________________

SR. GARCIA Sí, creo que se puede crear este tipo de ambiente de trabajo./ Estoy de acuerdo que es necesario/ que los empleados se sientan como una parte importante de la empresa./ Siempre tienen más interés en lo que hacen/ si piensan que representa una participación de tipo personal./ Pero hay que tener en cuenta/ que una compañía y sus proyectos necesitan dirección/ y que esa dirección debe provenir de la gerencia./ El éxito depende de la cooperación de los empleados,/ pero a ellos les hace falta nuestro liderazgo.

INTERPRETE ________________________________

D. Caso práctico

Lea el caso y haga los ejercicios a continuación.

La compañía Fumacartones, Inc., produce unos cigarrillos de la mejor calidad en su fábrica en Tampa. El Sr. Julio Sánchez Gutiérrez, natural de Cuba, de 68 años, organizó la compañía como una familia extendida bajo su dirección paternal. Desde los primeros años de su fundación, la empresa ha mantenido su desarrollo y ha podido aumentar el número de empleados de 45 en 1947 a 78 en el año actual. Entre los 78 empleados hay 16 gerentes, secretarias y otros funcionarios de oficina.

Debido a los cambios recientes en las actitudes sociales y las leyes contra el uso de cigarrillos en muchos lugares públicos, en los aviones y en los restaurantes en los Estados Unidos, la venta de los productos de Fumacartones ha sufrido una baja en los últimos meses. Los sueldos y salarios constituyen el 75% de los costos anuales de Fumacartones. Un asesor independiente estadounidense le ha recomendado a Sánchez que la manera más fácil de reducir las pérdidas sería una reducción de personal a todos los niveles, especialmente entre los gerentes y las secretarias. Hacer esto, sin embargo, cambiaría el concepto familiar-paternal que siempre ha existido en la empresa. El viejo presidente está considerando las siguientes soluciones:

1. Podría cerrar la fábrica para reestructurar la organización. El vicepresidente, su sobrino Manuel Suriega, podría asumir el puesto de presidente. Sánchez Gutiérrez se «ascendería» a un nuevo puesto puramente honorífico de Presidente de la Junta Directiva, lo cual le pagaría menos, pero aumentaría su control. La reestructuración de gerentes y empleados sería un proceso complicado que podría presentar problemas legales de despido.
2. Podría eliminar algunos de los beneficios de los empleados: las vacaciones retribuidas de los gerentes, el pago por las horas extraordinarias de los trabajadores y las dos semanas de vacaciones navideñas (del 24 de diciembre hasta después del Día de Reyes[1]) que reciben todos los empleados. También se podría eliminar el aguinaldo.[2]
3. Podría aplazar el lanzamiento de una nueva campaña publicitaria para exportar sus productos a nuevos mercados en Centroamérica, el Caribe y España. Perder estos mercados, sin embargo, representaría otra considerable pérdida de ingresos.
4. Podría cancelar la compra de unas computadoras que se han pedido para las oficinas y el adiestramiento planeado para su utilización. Hace 40 años que las secretarias usan el mismo sistema de archivo, lo cual ha causado tantas demoras y problemas con las ventas y los pagos en el pasado. Esta cancelación resultaría en la probable pérdida de clientes.

Haga los siguientes ejercicios.

1. ¿Qué tipo de problema tiene el Sr. Sánchez Gutiérrez?
2. ¿Cómo refleja la empresa la tradición cultural del señor Sánchez?

[1]Día de Reyes, el 6 de enero, la Epifanía. Como la Navidad, es una ocasión para intercambiar regalos con los familiares.
[2]El aguinaldo es un regalo que se da en Navidad o en la fiesta de la Epifanía. En el mundo comercial representa un regalo de la empresa en forma de un pago extra para los empleados durante la Navidad. Es conocido en diversos países hispánicos también como «décimotercero», «bono», «extraordinaria», «prima» o «gratificación navideña».

3. Describa los procesos mentales que ha utilizado Sánchez al considerar diferentes soluciones.
4. ¿Cuáles serían los resultados de cada decisión posible?
5. ¿Cuál sería la decisión de Ud. si fuera el Presidente de Fumacartones? ¿Por qué?
6. Haga el papel de Sánchez Gutiérrez y discuta sus opciones con otros estudiantes que representarán cada grupo a continuación:
   a. Los otros gerentes
   b. Los obreros con muchas horas extraordinarias
   c. Los vendedores que reciben sus comisiones por el volumen de ventas
   d. Las secretarias y los funcionarios de oficina

VOCABULARIO

administración *administration, management*
administrador/a *manager*
aguinaldo *Christmas bonus*
alto mando *upper management*
aplazar *to postpone*
asesor *consultant, adviser*
bajo mando *first-line management*
carpeta *folder*
cita *appointment*
clave (f) *key, important element*
cumplimiento *fulfillment*
demora *delay*
desempeño *performance, fulfillment, a carrying out of (duties)*
desventaja *disadvantage*
dirección *management, board of directors, direction*
educación *manners, upbringing; schooling, education (in Latin America)*
eficacia *efficiency*
ensamblaje (m) *assembly*
finanzas *finance*
fomentar *to foster, encourage, promote*
formación *formation, education*
fracaso *failure*
funcionario /a *staff member, employee, official*
gerente (m/f) *manager*
gestor/a *manager, business representative*
guiar *to guide, direct*
imprescindible *indispensable*
interventor/a *comptroller, auditor*
inversionista (m/f) *investor*
jornal (m) *day's wages*
líder (m) *leader*
liderazgo *leadership*
llevar a cabo *to carry out, conclude*
maletín (m) *briefcase*
maquiladora *assembly plant, in-bond plant*
medio mando *middle management*
nombramiento *appointment (to a position)*
obrero/a *worker, blue-collar worker, laborer*
pauta *model, guideline*
plazo *time period, deadline*
prescindible *dispensable*
realizar *to accomplish, carry out, perform*
recompensa *compensation*
recurso *resource*
retribuido *compensated, repaid*
salario *wages, pay*
trato *treatment, manner of dealing with*
tutearse *to use the familiar form of address, to deal with someone on a first-name basis*
tuteo *the familiar form of address, to be on a first-name basis*
ventaja *advantage*

CAPITULO

Banca y contabilidad

The only way to keep score in business is to add up how much money you make.

Harry B. Helmsley

En la casa donde hay dinero, no debe haber más de un cajero.

Proverbio

Una contadora bancaria. Bogotá, Colombia.

PREGUNTAS DE ORIENTACION

Al hacer la lectura comercial, piense Ud. en las respuestas a las siguientes preguntas.

- ¿Qué es la banca?
- ¿Qué es un banco?
- ¿Cuáles son las principales funciones de un banco?
- ¿Qué clases de bancos hay?
- ¿Qué es una cuenta corriente y cuántas clases de cuenta corriente hay?
- ¿Qué es un cheque y cómo funciona?
- ¿Qué tipos de cheque hay?
- ¿Qué es la contabilidad? ¿la partida doble?
- ¿Cuáles son las principales etapas del proceso contable?
- ¿Qué datos proporcionan el estado de pérdidas y ganancias y el balance general?
- ¿Cuál es la ecuación fundamental de la contabilidad y qué información aporta?

BREVE VOCABULARIO UTIL

activo *asset, assets*
balance general (m) *balance sheet*
banca *banking (the banking industry)*
banco *bank (building)*
contabilidad *accounting*
cuenta *account*
_____**corriente** *checking account*
_____**de ahorros** *savings account*
cuentacorrentista (m/f) *current account holder*
estado *statement*
_____**de cuenta** *statement of account*
_____**de pérdidas y ganancias** *profit and loss or income statement*
partida doble *double-sided entry (accounting)*
pasivo *liability*

LECTURA COMERCIAL

Custodia y control del dinero

Una vez establecidos el tipo y la estructura administrativa de la empresa comercial, los gerentes se sirven de la banca y de la contabilidad para custodiar y controlar los fondos que tienen y para vigilar y asegurar su estado y solvencia financieros.

Banco y banca

El *banco* es el lugar físico (el edificio) donde se efectúan las transacciones bancarias. La *banca,* en cambio, representa «la situación básica del sistema crediticio, que realiza las funciones del sector público y privado, en base del ahorro-depósito... cumpliendo la función de intermediario financiero, apoyada en el proceso de transformación y creación de dinero» (Andrés Suárez, *Diccionario económico de la empresa,* pág. 48). Dentro de este sistema crediticio, los bancos prestan, cobran, cambian, transfieren y custodian dinero, a la vez que giran cheques, títulos de crédito y otros instrumentos bancarios (letras de cambio, pagarés, etc.). También sirven a menudo como instituciones inversionistas, proporcionan servicios de asesoramiento financiero y facilitan las transacciones tanto nacionales como internacionales. Para hacer todo esto existen diferentes tipos de bancos: privados y estatales, comerciales, hipotecarios, de ahorros y de crédito agrícola e industrial.

Fundamentales para las actividades bancarias son los depósitos y las cuentas corrientes y de ahorros. Los depósitos a la demanda o a la vista son los bienes o fondos entregados al banco para su custodia o transformación con la opción de que se pueden retirar cuando lo desee el cliente. Los depósitos a plazo fijo, en cambio, se refieren al dinero depositado por cierto plazo de tiempo y «pueden considerarse como un préstamo que el cliente efectúa a su banco» (Bernard y Colli, *Diccionario económico y financiero,* pág. 499). Requieren que el depositante no retire los fondos antes de la fecha de vencimiento señalada, so pena de perder los intereses devengados. Tanto para los depósitos a plazo fijo como para las cuentas que se describen a continuación, hay que dar identificación, depositar algún dinero y llenar y firmar los formularios y tarjetas apropiados.

La cuenta corriente es aquélla que se utiliza para pagar las obligaciones comerciales y financieras. Puede ser individual, conjunta (mancomunada) o a nombre de una empresa. Su principal instrumento de pago es el cheque, el cual se define como una orden de pago mediante la cual el cuentacorrentista (el girador o librador) autoriza que el banco (el girado o librado) pague de la cuenta corriente de ese cliente cierta cantidad de dinero a un beneficiario (el tenedor o portador). Al endosarlo, el tenedor (endosante) puede cobrar el importe en un banco o en otro lugar que le proporcione crédito o puede remitirlo a un tercero (otro beneficiario o endosatario). Hay varios tipos de cheque:

1. nominativo, el que se gira a nombre de una persona particular
2. al portador, el que puede ser cobrado por cualquier persona
3. bancario o de administración, el que gira un banco a otro banco

El cheque cuyo importe excede los fondos en una cuenta corriente se llama *cheque sin fondos* o *en descubierto.*

La cuenta de ahorros custodia el dinero depositado por personas o empresas a cambio de cierto interés devengado periódicamente, lo cual representa el precio del dinero depositado. Existen varias clases de cuentas de ahorros con tipos de interés variables y sus transacciones se realizan mediante formularios impresos en vez de cheques.

La contabilidad o contaduría

Los gerentes necesitan estar al tanto de la situación financiera de su empresa. Necesitan informarse de los ingresos y gastos y conocer el estado de sus ganancias y pérdidas. También necesitan poner por escrito todas las transacciones que emprenden en nombre de la firma. Para realizar estos fines se recurre a la contabilidad.

La contabilidad o contaduría se define como «el conjunto de conocimientos y funciones que se refieren a la creación, registro, clasificación, proceso, ordenación, interpretación y suministro de información fiable y significativa de una realidad económica para conseguir con ella unos objetivos determinados» (Suárez 94-95). Debido a su complejidad, tiene varias ramas—general, de costos, de impuestos, de presupuestos, de sistemas y de auditoría—y existen varias clases de contables o contadores profesionales—públicos titulados, fiscales, o privados—que lo ejercen. También tiene varios principios y sistemas, el más importante de los cuales es el de la *partida doble.* Según este sistema de control, para cada transacción comercial hay un deudor, un acreedor y una misma cantidad de dinero que cambia de manos. Cuando hay una transacción, se hace constar en los libros contables al asentarla dos veces y en dos

Figura 3-1 El cheque

HMNOS. UBICO. S.N.C.
Calle Verde 10
Tegucigalpa, Honduras

Núm. ______

105 325
125

BANCO HONDUREÑO
Avda. Mayo 25
Tegucigalpa, Honduras

Tegucigalpa, __________ 19 ____

Páguese por
este cheque a ______________________________

La cantidad de ______________________________

______________________________ *lempiras*

____

03452352 2474 22282462

lugares por convención: una vez como debe (débito) a la izquierda de la página contable y otra vez como haber (crédito) a la derecha de la página. Los asientos siempre deben igualarse en valor para reflejar la ecuación fundamental de la contabilidad:

$$\text{HABER} = \text{OBLIGACIONES} + \text{CAPITAL}$$

Este sistema ayuda a los gerentes a controlar y a entender la situación financiera de la empresa. El concepto se ve más claramente en el proceso contable, el cual consiste en tres etapas principales:

1. la recolección de datos referentes a las transacciones comerciales
2. el registro o asiento de éstas en los libros contables
3. la presentación e interpretación de la situación financiera de una empresa por medio de un análisis de los estados contables

La recolección de datos consiste en reunir y ordenar todos los documentos comerciales—facturas, pagarés, recibos—recibidos o emitidos por una empresa durante cierto período de actividad. Para poder ver todas las transacciones de la empresa y para entender cómo afectan a su situación financiera, se registra cada transacción en los libros contables, primero en el diario y luego en el libro mayor. En el diario se asienta cada transacción en la columna izquierda de la página (el debe) o en la columna derecha (el haber), según si es deudora o acreedora, respectivamente, y se data y se describe cada transacción. Generalmente, estos asientos sirven para verificar las transacciones diarias de una empresa. En el libro mayor se vuelven a clasificar y ordenar los asientos del diario en cuentas deudoras o acreedoras. Los asientos del debe y haber de cada cuenta se anotan en páginas distintas sin saldos, llamadas folios, o en una página sencilla con los saldos determinados. La figura 3-2 presenta un ejemplo del libro mayor.

Figura 3-2 **Páginas parciales de libro mayor**

DEBE		NOMBRE DE CUENTA			HABER
FECHA	ASIENTO DIARIO			ASIENTO DIARIO	FECHA

Este proceso sirve para aclarar la situación de la empresa y sus diferentes movimientos comerciales. También facilita la preparación de los distintos documentos financieros, entre ellos el balance de comprobación. Al final del año normal o fiscal, llamado *ejercicio*, se enumeran en el balance de comprobación las cuentas con sus saldos. Si la suma de los saldos deudores (debe) excede a la de los acreedores (haber), se dice que el balance tiene un saldo deudor, lo cual refleja una situación desfavorable para la empresa. Si los saldos acreedores son mayores, el balance tiene un saldo acreedor y una situación favorable.

Los datos proporcionados por el balance de comprobación ayudan en la preparación del estado de pérdidas y ganancias (véase la figura 3-3 en la página 53) y del balance general. El estado de pérdidas y ganancias, llamado también estado de explotación o de operación o de resultados, resume los ingresos y gastos de una empresa durante cierto período (cada tres, seis o doce meses). Si los ingresos exceden los gastos, hay ganancia; si no, hay pérdidas. Los socios, gerentes y analistas financieros usan este documento contable no sólo para calcular la rentabilidad de la empresa sino también para comprender y mejorar sus actividades comerciales.

El balance general (véase la figura 3-4 en la página 54), llamado también balance de situación o estado financiero, resume la situación financiera de una empresa. Valora y estructura sus bienes, derechos y obligaciones e indica el beneficio obtenido al final de un tiempo específico, llamado *período* (generalmente tres, seis o doce meses). En su forma más común, consta de activos, pasivos y capital. Los activos representan los bienes y derechos de una empresa e incluyen cuentas tales como caja y banco, cuentas por cobrar, títulos, terrenos, edificios, maquinaria, etc. Los *pasivos* representan las obligaciones y las deudas de una empresa e incluyen las cuentas por pagar así como las de acreedores y proveedores. El capital consiste en las aportaciones a la propia empresa e incluye el capital social (el de los socios) y las ganancias. Estos tres componentes del Balance se reúnen en la ecuación vista antes, la cual se puede expresar ahora como

ACTIVO = PASIVO + CAPITAL

Muchas empresas se sirven también de la auditoría para verificar el estado de sus cuentas y utilizan las computadoras para facilitar las operaciones contables. Aunque las firmas hispánicas a veces siguen métodos de contabilidad y procedimientos diferentes de los estadounidenses, todas las empresas e individuos, por ley o por interés propio, utilizan la contabilidad para conocer, comprender, controlar y mejorar su situación financiera.

Figura 3-3 **Estado de pérdidas y ganancias**

PRODUCTOS GUATEMALTECOS, S.A.

Estado de Pérdidas y Ganancias de 30/9/19__ a 31/12/19 __

(en quetzales)

VENTAS			
Ventas totales		8,000.000	
Menos: Rebajas y Devoluciones	65.000	65.000	
			7,935.000
COSTO DE VENTAS			
Inventario inicial		2,500.000	
Compras	5,000.000		
Más gastos de compras	80.000		
	5,080.000		
Menos: Rebajas y Devoluciones	80.000		
		5,000.000	
		7,500.000	
Menos: Inventario final		2,500.000	
Costo de ventas			5,000.000
Utilidad Bruta			2,935.000
GASTOS DE OPERACIONES			
Gastos de ventas (salarios, etc.)		500.000	
Gastos de administración (salarios, luz, etc.)		585.000	
Gastos financieros (intereses pagados, etc.)		100.000	
Utilidad de operaciones			1,185.000
			1,750.000
OTROS GASTOS			10.000
UTILIDAD INGRESO NETO			1,740.000

Figura 3-4 ¿Balance general o estado financiero?

PRODUCTOS HONDUREÑOS, S.A.
Balance General/Estado Financiero
el 31 de diciembre de 19 ___
(en lempiras)

ACTIVO			PASIVO		
Circulante			Circulante		
Cuentas financieras			Deudas a corto plazo		
Caja y bancos	120.000		Cuentas por pagar	475.000	
Títulos	30.000		Documentos por pagar	175.000	
		150.00			650.000
Deudores					
Efectos comerciales por cobrar	210.000				
Cuentas por cobrar	215.000				
		425.000			
Existencias	650.000	650.000			
Fijo			Fijo		
Terrenos	100.000		Deudas a largo plazo y bonos	300.000	
Edificios	200.000				
Mobiliario y equipo	125.000				300.000
Maquinaria	400.000				
	825.000	825.000			
Depreciación acumulada	(450.000)	(450.000)			
Diferido			Capital		
Gastos prepagados (seguro, alquiler, etc.)		25.000	Capital Social	500.000	
			Reservas	175.000	
					675.000
		1,625.000			1,625.000

ACTIVIDADES

A. **¿Qué sabe Ud. de los negocios?** Vuelva Ud. a las preguntas de orientación que se hicieron al principio de capítulo y ahora contéstelas en oraciones completas en español.

B. **¿Qué recuerda Ud?** Indique si las siguientes oraciones son verdaderas o falsas y explique por qué.

1. El banco es el girador de un cheque y la persona que lo cobra es el librado.
2. Cualquier persona puede cobrar un cheque nominativo.
3. Las transacciones de una empresa se asientan inicialmente en el libro mayor.
4. El debe y el haber son asientos que se hacen en el diario y el libro mayor, de derecha a izquierda, respectivamente.
5. El balance de comprobación y los otros estados contables se preparan sólo al final del año fiscal.
6. Para calcular el capital social de una empresa, se restan los pasivos de los activos.

C. **Exploración de sus conocimientos y opiniones personales.** Haga los siguientes ejercicios, usando sus propios conocimientos y opiniones personales.

1. ¿Qué cuenta/s bancaria/s tiene Ud.? ¿Para qué la/s usa?
2. ¿Qué cheques ha girado Ud? ¿Por qué?
3. ¿Ha pedido Ud. prestado o ha prestado dinero alguna vez? ¿A quién? ¿Por qué? ¿Bajo qué condiciones?
4. Si Ud. tuviera que analizar un negocio, ¿qué libros y estados contables necesitaría? ¿Por qué?
5. ¿Cómo se relacionan los dichos al principio del capítulo con los temas tratados?

EJERCICIOS DE VOCABULARIO

Si hace falta para completar estos ejercicios, consulte la Lectura Comercial o la lista de vocabulario al final del capítulo.

A. Traduzca estos términos al español y explique su significado.

1. accounting
2. double-sided entry
3. ledger
4. statement of account
5. time deposit
6. check
7. general journal
8. borrow
9. loan
10. checking account

B. Dé algunos sinónimos o explicaciones de las siguientes palabras.

1. cuentacorrentista
2. ejercicio
3. patrimonio
4. en descubierto
5. contaduría
6. girado
7. asiento
8. tenedor

C. Explique de qué manera están relacionadas las siguientes palabras.

1. activo/pasivo
2. cuenta por pagar/cuenta por cobrar
3. depositar/retirar
4. cheque nominativo/ cheque al portador
5. debe/haber
6. librador/librado
7. banco/banca
8. depósito a la demanda/ depósito a plazo

D. ¿Qué palabras asocia Ud. con los siguientes vocablos?

1. transferencia
2. prestamista
3. pagaré
4. mancomunado
5. ahorros
6. cobrar
7. endosatario
8. importe

E. Llene los espacios con la palabra más apropriada de la lista.

haber	cheques	cuenta
banco	depósito	estado de cuenta
saldo	debe	cuentacorrentista

Si un _________ quiere saber cuánto dinero tiene en su _________, necesita recibir de su _________ el _________. Este documento precisa el _________ y el _________ de cada transacción además del _________ final. Si no hay suficiente dinero para cobrar los _________, el cliente debe hacer un _________ inmediatamente para poder pagar sus deudas y así evitar problemas con sus acreedores.

F. Complete las siguientes oraciones en sus propias palabras.

1. Las funciones de un banco son...
2. Para cobrar un cheque, el portador necesita...
3. Las cuentas de ahorros sirven para...
4. La diferencia entre el diario y el libro mayor es que...
5. Una empresa tiene ganancias cuando...
6. El patrimonio o capital de una empresa se puede calcular...

G. Traduzca las siguientes oraciones el español.

1. Deposit sufficient money into the checking account to cover the amount of the check drawn.
2. Fill out all the information required by the check: the date, the amount in words and numbers, the name of the bearer and the drawer.
3. To cash a check at a bank or other place of business, the bearer must endorse it.
4. The bearer can also use the check to pay a third person who must endorse it again to receive the full amount.

UNA VISTA PANORAMICA DE GUATEMALA

Nombre oficial

República de Guatemala

Geografía

Tamaño: 108.780 kilómetros cuadrados, el tamaño del estado de Tennessee. **Capital:** Ciudad Guatemala (con 1,6 millones de habitantes). **Ciudades principales:** Quetzaltenango, Escuintla, Champerico.

Demografía

Población: Guatemaltecos, nueve millones en 1990, con proyecciones de doce millones en el año 2000. **Población urbana/rural:** 36% urbana, 64% rural. **Grupos étnicos:** Indio, 55%, mestizo, 42%, negro y blanco europeo, 3%. **Agrupación por edad:** 0–14 años, 46%; 15–29 años, 27%; 30–44 años, 14%; 45–59 años, 9%; más de 60, 4%. **Lenguas:** Español (oficial), lenguas indígenas. **Analfabetismo:** 52%.

Gobierno

República de 22 departamentos.

Economía y comercio

Divisa: El quetzal (Q). **Producto Nacional Bruto (PNB en $EE.UU.):** $12,7 mil millones. **PNB per cápita (en $EE.UU.):** $1.200. **Tasa media de inflación anual 1980–1986:** 11%. **Recursos naturales:** Petróleo, níquel, productos forestales. **Agricultura:** 26% del PIB, 58% de la mano de obra. Maíz, frijol, café, algodón, ganado mayor, banana, azúcar, productos forestales, arroz, cardamomo. **Industria:** 15% del PIB, 13% de la mano de obra. Comida y bebida, textiles, materiales para construcción, llantas, productos químicos. **Servicios:** 59% del PIB, 29% de la mano de obra. **Exportaciones:** Café, algodón, azúcar, carne, cardamomo, banana, petróleo. **Mercados:** EE.UU., 46%; países centroamericanos, 20%; Alemania (RFA), 10%; Japón, 4%. **Importaciones:** Productos petroquímicos y farmacéuticos, maquinaria industrial, automóviles, hierro y acero. **Transportes:** Carreteras (8.000 kilómetros, 16% pavimentados), ferrocarriles (866 kilómetros) y dos aeropuertos. Puertos principales: Champerico y San José. **Comunicaciones:** Nueve periódicos, un radio por cada 16 personas, un televisor por cada 18 personas y un teléfono por cada 63 personas.

LA ACTUALIDAD ECONOMICA GUATEMALTECA

Guatemala, un país poblado mayormente por indios y mestizos, es montañoso con un clima templado y semitropical. Su principal forma de vida económico-social es la agricultura. Esta constituye un cuarto del PIB y más de la mitad de la mano de obra guatemalteca y proporciona casi el 60% de la exportación nacional, destinada mayormente al Mercado Común Centroamericano (MCCA) y a EE.UU. El crecimiento y rentabilidad de la agricultura y, por tanto, del comercio relacionado con este sector, fueron espectaculares durante los años sesenta y setenta. Los bancos, empresas y gobiernos extranjeros invirtieron dinero en la economía y desarrollaron, aunque lentamente, las industrias de petróleo, tejidos, alimentos y turismo. Esto brindó empleo a miles de guatemaltecos y mejoró las condiciones de vida aunque de una manera desigual, beneficiando principalmente a las clases altas.

A partir de los años ochenta, sin embargo, esta situación económico-social empezó a deteriorarse. La recesión internacional y la lucha de clases entre ricos y pobres, además de la creciente deuda externa, no sólo hicieron disminuir la producción, las exportaciones, el capital y el crédito del país así como el número de trabajos, sino que pusieron en peligro la estabilidad política de Guatemala. El país, como muchos otros de la región, ha sufrido los efectos desastrosos de un ambiente de guerra civil. El gobierno y el sector privado han tratado de hacer frente a estos problemas mientras procuran mantener relaciones cordiales con los EE.UU. y los demás países acreedores pero han tenido poco éxito. La violación por parte del gobierno de los derechos humanos de sus propios ciudadanos y la falta de reformas más democráticas han impedido por el momento un mayor progreso económico-social y político.

UNA VISTA PANORAMICA DE HONDURAS

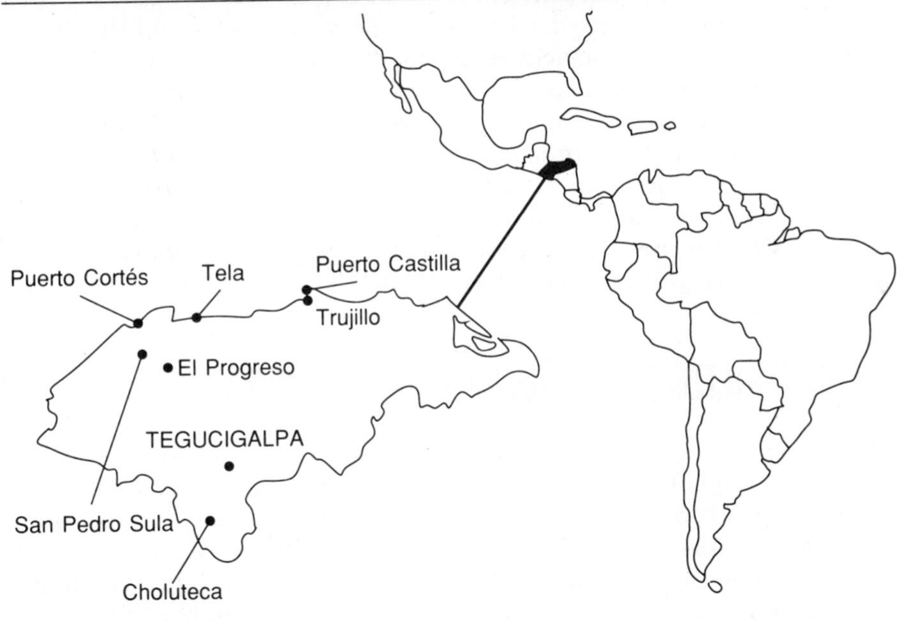

Nombre oficial

República de Honduras

Geografía

Tamaño: 112.088 kilómetros cuadrados, el tamaño del estado de Tennessee. **Capital:** Tegucigalpa (con 500.000 habitantes). **Ciudades principales:** San Pedro Sula, El Progreso, Choluteca.

Demografía

Población: Hondureños, cinco millones en 1990, con proyecciones de casi siete millones en el año 2000. **Población urbana/rural:** 41% urbana, 59% rural. **Grupos étnicos:** Mestizo, 90%; negro, 5%; indio, 4%; blanco europeo, 1%. **Agrupación por edad:** 0–14 años, 47%; 15–29, 27%; 30–44, 14%; 45–59, 8%; más de 60, 4%. **Lenguas:** Español (oficial), lenguas indígenas. **Analfabetismo:** 44%.

Gobierno

República de 18 departamentos.

Economía y comercio

Divisa: El lempira (L). **Producto Nacional Bruto (PNB en EE.UU.):** $3,4 mil millones. **PNB per cápita (en $EE.UU.):** $740. **Tasa media de inflación anual 1980–86:** 5%. **Recursos naturales:** Bosque, minerales, pescado. **Agricultura:** 29% del PIB, 58% de la mano de obra. Café, banana, maíz, frijol, ganado. **Industria:** 17% del PIB, 13% de la mano de obra. Textiles, productos de madera, cigarros. **Servicios:** 54% del PIB, 29% de la mano de obra. **Exportaciones:** Café, banana, carne de res, madera, metales y azúcar. **Mercados:** EE.UU. 50%; CEE, 25%; Japón, 11%. **Importaciones:** Productos manufacturados, maquinaria pesada y de transporte, productos petroquímicos. **Transportes:** Carreteras (17.431 kilómetros, 12% pavimentados), ferrocarriles (919 kilómetros) y cinco aeropuertos. Puertos principales: Puerto Cortés, Tela, Trujillo, Puerto Castilla. **Comunicaciones:** Siete periódicos, un radio por cada 15 personas, un televisor por cada 33 personas y un teléfono por cada 91 personas.

LA ACTUALIDAD ECONOMICA HONDUREÑA

Honduras, lo mismo que Guatemala, es un país montañoso con un clima variado y templado en el interior y subtropical en las costas. Económicamente, depende de la agricultura, pero esta dependencia es mayor que la guatemalteca por dedicar el país casi 30% del PIB, 58% de la mano de obra y 68% de las exportaciones a este sector. Se cultivan principalmente la banana y el café, pero la producción y rentas de ambos cultivos han bajado últimamente. En 1984, empezó a participar en la Iniciativa de la Cuenca del Caribe, un organismo creado para modernizar los países más subdesarrollados de la región. Debido a los proyectos de investigación y desarrollo subvencionados por esta iniciativa, Honduras ha podido aumentar la exportación de algunos productos secundarios como madera, fruta cítrica, frijoles y maíz.

El comercio y la industria no han experimentado ningún desarrollo comparable al de la agricultura. Honduras sigue exportando comestibles e importando materias primas y productos terminados. En realidad, a partir de los años ochenta, ha experimentado frecuentes períodos de descenso en todos los sectores económicos y es uno de los países menos desarrollados de Centroamérica. Esta situación se debe a varios factores pero en especial a la falta de capital, a la inestabilidad política y a una población cuyo índice de crecimiento es al más alto de las Américas (3,5%). Por otra parte, Honduras ha recibido ayuda financiera del exterior, principalmente de los EE.UU., y es el único país centroamericano que no ha devaluado su moneda nacional. Sin embargo, por tener los mismos problemas que los demás países de la región—deuda externa, desempleo, concentración de pobres en áreas rurales, analfabetismo, terrorismo—el desarrollo económico de Honduras continúa siendo muy lento.

ACTIVIDAD

¿Qué sabe Ud. de Guatemala y de Honduras? Haga los ejercicios.

1. Describa la geografía de Guatemala y de Honduras.
2. ¿Cómo se caracterizan demográficamente los dos países?
3. ¿Cuáles son las exportaciones principales de cada país? ¿y las principales importaciones?
4. ¿Con qué países suelen comerciar Guatemala y Honduras?
5. ¿Cuáles son las divisas de los dos países? Busque sus cambios actuales con el dólar.
6. ¿Cuáles son algunos de los problemas socio-económicos que necesitan resolver las dos naciones?
7. ¿Cómo han cambiado los datos presentados para cada país en la categoría de ECONOMIA Y COMERCIO? Búsquelos en un libro de consulta y póngalos más al día.

LECTURA CULTURAL

Préstamos, deuda y reembolso

En las últimas décadas, los países del Tercer Mundo han acumulado una deuda externa de más de un billón de dólares*. Según los informes del Banco Mundial, siete naciones hispanoamericanas figuran entre los

*Véase Apéndice C (Large Numbers). Los números grandes en este libro se expresan según su equivalencia numérica en EE.UU. Por lo tanto, «one trillion» equivale a «un billón». Se procede de este modo porque las cantidades de dinero se presentan según su valor en dólares.

países más endeudados: México, Argentina, Venezuela, Chile, Perú, Colombia y Ecuador. México tiene una deuda externa de unos ciento siete mil millones de dólares, lo cual representa más del 70% de su PNB. La de Argentina asciende a unos $60 mil millones (80% de su PNB); la de Venezuela, a unos $35 mil millones (61% de su PNB); la de Chile, $21 mil millones (123% de su PNB); la del Perú, $19 mil millones (86% de su PNB) y la del Ecuador llega a unos $11 mil millones de dólares (65% de su PNB).

Esta situación perjudica gravemente no sólo la estabilidad económica de estos países sino también el ambiente socio-político. Las diferentes medidas adoptadas para enfrentarse con la deuda—nuevos plazos de devolución, nuevos préstamos para pagar los préstamos que ya existen o la interrupción de los pagos—afectan a todo ciudadano y muchas veces aun más a los de las clases media y baja. Gran parte del presupuesto nacional se tiene que desviar de sectores económicos y sociales—del desarrollo industrial y tecnológico, de las escuelas y de otros servicios públicos—para hacer frente a la deuda. Como resultado, los diferentes gobiernos se hallan apurados al tener que satisfacer con el dinero que no tienen tanto las necesidades nacionales como las demandas de reembolso a los bancos y a otros organismos acreedores. En tales circunstancias, es imposible seguir con las normas de pronto pago a las cuales se habían acostumbrado los prestamistas en otras épocas.

El hecho es que el problema de la deuda externa no sólo afecta a los países menos industrializados, como los de Hispanoamérica. También se ha convertido en un gran problema para un país como Estados Unidos. En 1945 la deuda externa estadounidense ascendía ya a unos $258 mil millones, lo cual representaba un 4% de los gastos nacionales. Para 1988, había subido a más de $2,5 billones con un interés anual de $214 mil millones. En ese año, la deuda externa representó el 20% de los gastos nacionales y el 56% del PNB, lo cual se traduce en que cada estadounidense estaba contribuyendo con $10.500 para intentar liquidarla.

ACTIVIDADES

A. ¿QUE SABE UD. DE LA CULTURA?

1. Describa la situación de la deuda externa en Hispanoamérica.
2. ¿Por qué ha representado la deuda externa un problema grave para los países hispanoamericanos?
3. ¿La deuda externa representa un problema sólo para las naciones no industrializadas? Explique.
4. ¿Qué actitudes deberían adoptar los diferentes acreedores ante las dificultades que tienen ciertos países en pagar sus deudas externas?

B. MINI-DRAMA CULTURAL

Lea lo siguiente y conteste la pregunta.

Roberta O'Neil, estudiante de lengua y comercio en una universidad estadounidense, está haciendo su práctica profesional con Petroleras Guatemaltecas en Puerto Barrios cerca de la Bahía de Amatique en el noroeste del país. Después de una semana en esta ciudad, decide abrir una cuenta corriente y otra de ahorros para llevar a cabo varias transacciones personales y comerciales. Va al Banco Comercial y, al ver lo moderno del interior del banco, piensa que las costumbres bancarias guatemaltecas serán semejantes a las de su ciudad, Filadelfia. Va a la ventanilla de la primera cajera donde se entabla la siguiente conversación.

PRIMERA CAJERA Buenos días, señorita. ¿En qué puedo servirle?

O'NEIL Buenos días. Soy Roberta O'Neil y quisiera abrir una cuenta corriente y otra de ahorros.

CAJERA Lo siento, señorita. Aquí se sirve sólo a los que ya tienen cuentas. Tiene Ud. que pasar a la ventanilla cuatro.

O'NEILL Gracias. (Va a la ventanilla cuatro)

CAJERO Buenos días. ¿En qué puedo servirle?

O'NEIL Buenos días. Quisiera abrir una cuenta corriente y otra de ahorros.

CAJERO Ud. es estadounidense, ¿verdad?

O'NEIL Sí. Soy Roberta O'Neil de Filadelfia.

CAJERO Bienvenida a Guatemala. Espero que le guste nuestro país. Es muy bonito. En cuanto a las cuentas que desea abrir, tiene que pasar a la ventanilla seis.

ONEIL (Un poco irritada) Gracias.

CAJERA Buenos días, señorita. ¿En qué puedo servirle?

O'NEIL Quisiera abrir una cuenta corriente y otra de ahorros, pero me parece que es muy difícil hacerlo.

CAJERA No, señorita, es fácil. ¿Tiene Ud. su pasaporte y permiso para trabajar en Guatemala?

O'NEIL Sí, aquí los tiene.

CAJERA Gracias. Un momentito, por favor. (Se va y vuelve un rato después)

(Mientras espera O'Neil, viene un señor guatemalteco y se pone delante de ella, dándole a la cajera unos papeles. Además, saluda a la cajera y comienza a charlar con ella cordialmente. La cajera le sigue con interés el hilo de la conversación, preguntándole por la familia, el trabajo, etc.)

O'NEIL (Nerviosa) Perdone, señorita, pero es mi turno, ¿no?

GUATEMALTECO Ah, lo siento, señorita, pero pensaba que Ud. ya había terminado y que me tocaba a mí.

O'NEIL Bueno, todavía no he terminado.

GUATEMALTECO Pues, Amalia (dirigiéndose a la cajera), lo siento, pero tengo que irme a casa. Me está esperando toda la familia. Adiós, favor de saludar a tu papá. Nos vemos esta noche en casa de Tito y Carmen.

O'NEIL (A la misma cajera) ¿Qué le pasa a ese señor? ¡Qué mal educado!

CAJERA No, señorita, no lo es. Un poco de paciencia, por favor. Aquí tiene Ud. los papeles para abrir las cuentas que desea. Llénelos y pase a la ventanilla catorce. Adiós.

O'NEIL Gracias y adiós. (A sí misma) ¡Qué rara es la gente guatemalteca!

¿Qué tiene que aprender todavía la señorita O'Neil? Defienda su selección.

1. Los guatemaltecos son muy agresivos y mal educados.
2. Los guatemaltecos no respetan a los extranjeros.
3. En los bancos guatemaltecos no hay procedimientos fijos respecto de la realización de las transacciones bancarias.
4. Los guatemaltecos tienen otras normas de conducta bancarias que incluyen un trato más personal para efectuar las transacciones monetarias.

SINTESIS COMERCIAL Y CULTURAL

ACTIVIDADES COMUNICATIVAS

1. **Al teléfono.** Haga las siguientes llamadas telefónicas a otro/a estudiante de la clase. Cada persona deberá tomar un papel activo en la conversación.

    1. Ud. es representante de la sucursal de una firma estadounidense ubicada en Honduras y necesita información sobre las cuentas corrientes que ofrecen los bancos comerciales de este país a empresas como la suya. Llame a un banco y hable con alguien que le pueda informar sobre las cuentas corrientes que tienen, el tipo de interés que ofrecen, el servicio de pago de cuentas de luz y teléfono y los cheques que giran.
    2. La compañía estadounidense, para cuya sucursal guatemalteca Ud. va a trabajar por nueve meses, le va a pagar en quetzales. Durante su residencia en Centroamérica, Ud. quiere ahorrar dinero en un banco pero no sabe cuál sería más rentable—una cuenta de ahorros o un depósito a plazo fijo. Llame al banco y pida a la persona apropiada que le explique los beneficios de ambos tipos de ahorros. Pregúntele también sobre los trámites que hay que hacer para abrir una cuenta.
    3. Ud. es director/a de contabilidad de una firma estadounidense y necesita enterarse de la situación económica de la sucursal de ésta en Tegucigalpa. Llame a su contable en esa ciudad y pídale que le indique el estado de las ganancias y pérdidas así como el estado financiero de la firma para el año en curso.

B. **Situaciones para dramatizar.** Lea las siguientes situaciones y después haga el papel en español con otro/s estudiante/s, usando el supuesto como punto de partida. Cada persona deberá tomar un papel activo en la dramatización.

    1. You are a representative of the Inter-American Development Bank (Banco Interamericano de Desarrollo) which was founded to help finance economic development projects in the Americas. The bank has loaned the Guatemalan government several million dollars in notes (*pagarés*) to build needed housing in Quetzaltenango, the second largest city in that country. You are in Guatemala City because the government has not paid the first note which was due five months ago. You discuss the following with a representative of the Ministry of Finance:
        a. Reasons for the non-payment

b. Possible solutions to the problem (partial payment, rescheduling the loans, etc.)

In your discussion you come to realize that each of you has different views on borrowing, lending and repayment—yours more typically American (insistence on paying on time, etc.) and his/hers more typically Honduran (appealing somewhat to the lender's good will and understanding). Try to resolve the problem tactfully.

2. You are an auditor for a U.S. bank and are on assignment in Tegucigalpa to review the financial books and statements of its Honduran branch. After examining the necessary documents you discuss the following with the branch's chief accountant:

a. The need for bank employees to adhere to the parent bank's policies and practices on making the appropriate entries and keeping all journals and ledgers up to date.

b. The practice of giving preferential treatment for various bank transactions, especially to close friends or relatives.

During your conversation, you encounter resistance from the Honduran accountant who defends some of the very customs that you are questioning. Try to come to a mutually satisfactory agreement on procedure.

C. Ud. es el/la intérprete

Manuel Ubico Barrios, hombre de cincuenta años y recién llegado de Guatemala, entra en el banco donde trabaja Ud. para abrir una cuenta corriente. Habla muy poco inglés. Se acerca al escritorio de la directora, la Srta. Margaret Peters, y empieza a hablarle en este idioma. Peters, quien no habla español, no logra comprenderlo y le pide ayuda a Ud.

Traduzca del inglés al español y del español al inglés, sin mirar el texto escrito, el diálogo que leerán otros dos estudiantes en voz alta. Ellos harán una pausa después de cada vírgula para permitir su traducción. Acuérdense todos de usar un tono de diálogo natural.

SRTA. PETERS Please have a seat./ My name is Margaret Peters and this is ________ who will serve as our interpreter./ How may we help you?

INTERPRETE ____________________

SR. UBICO Buenos días. Gracias. Me llamo Manuel Ubico Barrios y quisiera abrir una cuenta corriente.

INTERPRETE ____________________

SRTA. PETERS Would you like an individual or a joint account?

INTERPRETE ____________________

SR. UBICO Una mancomunada, por favor, para mi esposa y para mí.

INTERPRETE ______________________________

SRTA. PETERS Fine. You will have to fill out this form/ and you and your wife will need to sign this card./ Then you must return everything to me./ How much do you wish to deposit?

INTERPRETE ______________________________

SR. UBICO Dos mil dólares./ ¿Cobra el banco por los cheques?

INTERPRETE ______________________________

SRTA. PETERS Yes and no. You pay ten cents for each check/ unless you keep a minimum balance of $250 in your account./ In that case, you pay nothing./ You will also receive 4% interest on your account.

INTERPRETE ______________________________

SR. UBICO ¿Puedo obtener cheques personalizados?

INTERPRETE ______________________________

SRTA. PETERS Yes. You can select one of these colors./ By the way, we should also inform you that the bank offers a wide range of services,/ from savings accounts and time deposits/ to various types of investments.

INTERPRETE ______________________________

SR. UBICO No tengo mucho dinero y tampoco soy muy inversionista./ Con tal que mi señora y yo tengamos lo suficiente para vivir cómodamente, no nos preocupa demasiado el dinero.

INTERPRETE ______________________________

SRTA. PETERS Very well. If we can be of further help, please let us know.

INTERPRETE ______________________________

D. Caso práctico. Lea el caso y conteste las preguntas a continuación.

Eagle Fidelity es uno de los bancos comerciales más grandes de EE.UU. A fines del último año fiscal, ya tenía más de cincuenta mil millones de dólares en activos y su estado financiero indicaba una tasa de crecimiento superior a la de los demás bancos de su clase. Debido a esta situación favorable, el alto mando de Eagle Fidelity decide extender sus operaciones y colocar parte de su capital en nuevas inversiones tanto dentro como fuera del país.

Para su expansión extranjera el alto mando elige a Honduras porque, a pesar de su deuda internacional, este país todavía tiene una de las monedas regionales más estables y ofrece unas inversiones muy lucrativas, especialmente en alimentos. Eagle Fidelity manda a dos gerentes a Tegucigalpa—uno de marketing y otro de contabilidad—para investigar la posibilidad de invertir capital en Alimentos Calidad, S. de R.L., una compañía que elabora comidas preparadas. Según los informes económicos más recientes, esta empresa ha tenido un éxito fenomenal en Centroamérica.

Al llegar a la capital, los gerentes estadounidenses procuran ver a los dueños de Alimentos. Al principio, tienen mucha dificultad en pasar la primera y segunda líneas de defensa: la recepcionista y la secretaria del director de finanzas. Dos días después, mediante una persona que tiene «enchufe» con Alimentos, logran ver a uno de sus dueños. Inmediatamente, tratan de discutir con él la inversión que proponen hacer, pero el hondureño prefiere hablar primero de la visita de ellos a su país. Así pasan una hora antes de llegar al tema de la reunión. Entonces, el dueño, algo interesado en la propuesta estadounidense, se pone a hablar efusivamente de su compañía y de sus éxitos comerciales. Hace constar, en particular, el ser primero en la producción y ventas de alimentos preparados en toda Centroamérica y el tener una planta y oficinas supermodernas. Todo esto impresiona mucho a los dos gerentes estadounidenses. Al ver la reacción positiva de éstos, el dueño se pone más entusiasmado y cordial. Cambia de actitud, sin embargo, cuando los estadounidenses piden ver el estado financiero de Alimentos. El dueño responde que esta información es privilegiada, pero que si ellos quisieran asegurarse de la solvencia de la compañía, podrían hablar con los acreedores de Alimentos, en especial el Banco Cariblántico. Entretanto, los tres hombres discuten y se ponen de acuerdo provisionalmente sobre un préstamo de veinte millones de lempiras a una tasa de interés anual del 14%, pagadero en un plazo de cinco años. Poco después, se despiden.

Más tarde los contables estadounidenses confirman que, pese a algunos estados financieros menos completos que los que suelen hacerse en los EE.UU., Alimentos, salvo un breve período de dificultad financiera, ha sido y sigue siendo una compañía muy rentable. Los representantes de Eagle Fidelity deciden que pueden hacer una de las siguientes recomendaciones al alto mando en Miami:

a. no emprender la inversión,

b. hacer una investigación más detallada de la empresa,

c. otorgar el préstamo discutido.

EJERCICIOS

1. ¿Cuál es el estado financiero de Eagle Fidelity?
2. ¿Por qué quiere invertir su capital en Honduras? ¿en Alimentos Calidad, S. de R.L.?
3. ¿Qué inconvenientes encuentran los representantes de Eagle Fidelity en Tegucigalpa? ¿Los resuelven todos?
4. ¿Cuál de las recomendaciones señaladas le haría Ud. al alto mando de Eagle Fidelity? ¿Por qué?

VOCABULARIO

a corto (largo, medio) plazo *in the short (long, mid-) term*
ahorros *savings*
asentar (ie) *to note, enter*
asesoramiento *advice, consultation*
asiento *entry*
auditoría *auditorship, auditing*
balance de comprobación (m) *trial balance*
banquero/a *banker*
billón *trillion in U.S. system*
bregar *to struggle*
caja *cash register*
_____ **de ahorros** *savings bank*
_____ **de seguridad** *safety deposit box*
cajero/a *cashier*
capital social (m) *capital stock*
cobrar *to cash, charge*
conjunto (adj) *joint*
contable (m/f); contador/a (s adj) *accountant, accounting*
_____ **fiscal** *government accountant*
_____ **público titulado** *certified public accountant*
contaduría *accounting*
costo de ventas *cost of goods sold*
cuenta *account*
_____ **conjunta** *joint account*
_____ **mancomunada** *joint account*
_____ **por cobrar** *account receivable*
_____ **por pagar** *account payable*
cheque *check*
_____ **al portador (m)** *check to the bearer*
_____ **bancario** *bank check*
_____ **de administración** *cashier's check*
_____ **en descubierto, sin fondos** *overdrawn check* (NSF: Insufficient funds)
_____ **nominativo** *check to a designated payee*
depositante (m/f) *depositor*
depositar *to deposit*
depósito *deposit*
_____ **a la demanda** *demand deposit*
_____ **a plazo fijo** *time deposit*
devengar *to yield, earn (interest)*
devolución *repayment*
diario *book of original entry, general journal*
ejercicio *accounting period, fiscal year*
enchufe (m) *"pull," influence*
endosante (m/f) *endorser*
endosar *to endorse*
endosatario/a *endorsee*
enterarse de *to find out*
estado *statement*
_____ **contable** *accounting statement*
_____ **de pérdidas y ganancias** *profit and loss statement*
_____ **financiero** *financial statement*
factura *invoice*
formulario *(printed) form*
girado/a *drawee*
girador/a *drawer of check or draft*
girar *to draw or issue*
hacer constar *to point out, indicate*
importe (m) *amount, price, cost*
librado/a *drawee*
librador/a *drawer*
librar *to draw or issue*
libro mayor *ledger*
mancomunado (adj) *joint*
obligaciones *liabilities*
otorgar *to give, grant*
pagaré (m) *promissory note (I.O.U.)*
pase (m) *entry (ledger)*

pasivo *liabilities*
_____ **circulante** *current liabilities*
_____ **fijo** *fixed liabilities*
pedir prestado *to borrow*
portador/a *bearer*
prestamista (m/f) *lender*
préstamo comercial *commercial loan*
prestatario/a *borrower*
presupuesto *budget*
recibo *receipt*
rentabilidad *profitability*
retirar *to withdraw*
saldo *balance*
so pena de *under penalty of*
tenedor/a *holder, bearer*
tipo *rate (of interest, exchange)*
tomar prestado *to borrow*

CAPITULO

El terreno, local y equipo

The best investment on earth is earth.

Louis Glickman

Generación va y generación viene: mas la tierra siempre permanece.

Proverbio

Un local popular—el Centro Colón. Madrid, España.

PREGUNTAS DE ORIENTACION

Al hacer la lectura comercial, piense Ud. en las respuestas a las siguientes preguntas.

- ¿Qué tipo de inversión representa la adquisición de terreno, local y equipo?
- ¿Qué factores entran en la decisión de dónde establecer una empresa o planta manufacturera?
- ¿Cuáles son algunas de las funciones de los corredores de bienes raíces?
- ¿Cuáles son algunas de las estipulaciones que se incluyen en un contrato de arrendamiento de local de negocio?
- ¿Cómo se diferencia el propósito del equipo y la maquinaria para una empresa del propósito de su inventario?
- ¿Qué es la depreciación?
- ¿Cómo funciona el método lineal para medir la depreciación de una máquina comercial o industrial?
- ¿Qué es la plusvalía?

BREVE VOCABULARIO UTIL

arrendamiento *lease, rent*
bienes raíces *real estate*
corredor/a *agent, broker*
equipo *equipment*
local (m) *location, establishment*
materia prima *raw material*
plusvalía *gain in value, appreciation*
seguro *insurance*
terreno *land, property*

LECTURA COMERCIAL

Las inversiones de capital a largo y a corto plazo

La adquisición de terreno, local y equipo representa una inversión de capital a largo plazo. Es decir, son propiedades físicas (no intangibles como una patente o marca registrada) de larga vida para usarse en la producción y venta de bienes y servicios.

Una de las decisiones más importantes para un negocio es dónde situarlo. Lerner y Baker explican que esta decisión debería tener presente los siguientes factores: el costo de adquisición de propiedad y edificios; la proximidad a los mercados; la estabilidad del mercado y el acceso a los recursos necesarios como la materia prima, la fuerza laboral y la energía que se necesitará para operar el negocio. También es importante considerar la estructura impositiva (los impuestos que se tendrán que pagar) y las regulaciones locales. Otros factores son la oportunidad de expansión que ofrece el local y la disponibilidad de servicios de policía y de bomberos. Para los empleados serán importantes los factores de vivienda, escuelas y acceso a los centros de compras. (*Theory and Problems of Introduction to Business,* 182).

Para tramitar la compraventa o el arrendamiento de un local, se acude generalmente a una agencia de bienes raíces o inmuebles. Intervienen en esta transacción los corredores, cuya función es reunir a compradores con vendedores. Los corredores ayudan con el financiamiento y la consecución de un préstamo hipotecario, así como con las cuestiones de primas de seguros (contra incendio, robo, etc.) y el traspaso del título de la propiedad, por lo cual reciben una comisión. El traspaso del título se realiza muchas veces con la asistencia de un abogado.

En general, después de asegurarse de que la propiedad está en buenas condiciones físicas y que el edificio o edificios servirán para las operaciones del negocio, se hace una oferta, y en caso de que sea aceptada, será necesario hacer un pago inicial. Si se desea arrendar un local en lugar de comprarlo, para así evitar un alto gasto inicial de fondos, se tendrá que firmar un contrato de arrendamiento de local de negocio, cuyo texto sería semejante al de la página 74.

Con la excepción del terreno comercial, todos los activos en forma de local y equipo tienen una vida limitada. Los edificios, el equipo y la maquinaria se desgastan gradualmente a lo largo de los años, a diferencia del inventario y otros artículos y materiales que se compran para la reventa al público o para ser agotados por el uso de la empresa a corto plazo. Según la actividad comercial de una empresa, un mismo elemento puede considerarse como parte del equipo o del inventario. Ejemplo de esto sería la compra de varias camionetas. Para un florista representarían parte del equipo necesario para el reparto de los pedidos; para un vendedor de automóviles, parte de su inventario.

El agotamiento de un activo se mide en términos de la depreciación del mismo. Bernard y Colli definen la depreciación como la «disminución de valor de un elemento del activo... debida al desgaste, a la obsolescencia o sencillamente a las variaciones de precio en el mercado del bien en cuestión» *(Diccionario económico y financiero, 500).* La depreciación es un concepto contable para propósitos impositivos. Aunque hay varios modos de medirla, el método lineal es el más fácil. Al usar este método (en general para máquinas y equipo que se desgastan uniformemente cada año) se calcula la depreciación de la siguiente manera: la base de depreciación dividida por la vida útil en años da por resultado el gasto anual de depreciación. La base de depreciación es el costo del equipo menos su valor de rescate. Por ejemplo, se compra una máquina por $21.000, con un valor de rescate de $1.000 después de una vida útil de cincos años. Su gasto de depreciación anual sería $4.000 ($20.000 dividido entre cinco años). La depreciación acumulada sería $4.000 para el primer año, $8.000 para el segundo, $12.000 para el tercero, etc., lo cual se podría interpretar también como una tasa anual de depreciación del 20% (100% dividido entre cinco años).

CONTRATO DE ARRENDAMIENTO

En Valencia, a doce de marzo de mil novecientos noventa: REUNIDOS, de una parte, DON JULIAN GARCIA, vecino de Valencia... el cual comparece en nombre propio, y de otra parte, DOÑA PILAR RAMIREZ... la cual comparece como representante legal de la empresa SERGIO BALLESTER SOCIEDAD ANONIMA, con sede en Valencia...

Todos los comparecientes con plena capacidad legal, y con el carácter que comparecen, libre y espontáneamente

MANIFIESTAN

PRIMERO. Que don Julián García es propietario de un local situado en planta baja, calle Balaguer esquina a calle San Andrés. SEGUNDO. Es del interés del mencionado propietario el arrendar el citado inmueble, y es interés de la entidad SERGIO BALLESTER SOCIEDAD ANONIMA el tomarlo en alquiler, por lo cual ambas partes llevan a cabo su interés, y en este acto y por medio del presente documento, DON JULIAN GARCIA arrienda la entidad a SERGIO BALLESTER SOCIEDAD ANONIMA, que acepta el arrendamiento del local indicado en la anterior manifestación y en base a las siguientes

ESTIPULACIONES

I. La renta convenida por ambas partes, del local objeto del presente contrato, es de UN MILLON DOSCIENTAS MIL PESETAS al año, pagaderas a 100.000 Ptas. cada mes, por anticipado, en el domicilio del propietario, del 1 al 5 de cada mes.
II. El plazo de duración de este contrato será de un año a contar desde la fecha del presente contrato, siendo prorrogado tácitamente a voluntad del arrendatario por mensualidades sucesivas.
III. En la renta pactada no se encuentra incluido el costo de ningún servicio ni suministro del local... los cuales son de cuenta de la firma arrendataria... electricidad, agua, teléfono, gas...
IV. Sobre la renta convenida... Se repercutirá el IVA que legalmente corresponda, siendo en el presente año el 12 por ciento.
V. En el supuesto de que haya pasado el plazo contractual del primer año, continuará vigente el presente contrato, la renta convenida será variada en más o menos cada DOCE MESES...
VI. El arrendatario reconoce que el estado del local está en perfectas condiciones de ocupación, no obstante, se compromete a realizar a sus expensas cuantas reparaciones fuere necesario introducir para poder destinarlo a su negocio, así como cualquier otra que fuere necesaria en el futuro para mantener el local en buen estado. Se autoriza a la entidad arrendataria para que... pueda realizar las reformas que estime necesario introducir para adaptar el local a sus necesidades, siempre y cuando no afecten a la estructura del local ni derechos de terceros, y obteniendo previamente los correspondientes permisos oficiales.
VII. El arrendatario hace entrega en este acto al propietario de CIENTO SETENTA Y CINCO MIL PESETAS, como fianza del presente contrato, y con base en lo previsto en la vigente Ley de Arrendamientos Urbanos, sirviendo el presente documento de formal y eficaz carta de pago.
Estando todas las partes conformes, firman seguidamente de conformidad, sujetándose todos ellos a la jurisdicción de los Tribunales de Valencia para interpretación o cumplimiento del presente contrato.*

CONFORMES: __________ __________

*Muestra de contrato proporcionada por el Sr. J. Ed Ramsey, Director de Ventas Internacionales de La Taylor-Ramsey Corporation en Lynchburg, Virginia.

En las inversiones de capital a largo plazo, el terreno comercial generalmente no sufre depreciación. Usualmente ocurre todo lo contrario, es decir, que el terreno experimenta una plusvalía, o sea, un aumento en su valor.

ACTIVIDADES

A. **¿Qué sabe Ud. de los negocios?** Vuelva Ud. a las preguntas de orientación que se hicieron al principio del capítulo y ahora contéstelas en oraciones completas en español.

B. **¿Qué recuerda Ud.?** Indique si las siguientes oraciones son verdaderas o falsas y explique por qué.

1. Toda empresa comercial requiere edificio y equipo para realizar sus operaciones.
2. La cobertura de seguro médico es un factor importante para los empleados en la cuestión de dónde establecer una empresa.
3. La naturaleza de una compañía o planta no es un elemento determinante en la decisión de dónde se establecerá.
4. Los corredores de bienes inmuebles sirven para reunir a compradores y banqueros.
5. Terreno, local y equipo son ejemplos de propiedades intangibles.
6. El terreno comercial tiene una vida limitada, al igual que los edificios y equipo.
7. La depreciación y la plusvalía son sinónimos.

C. **Exploración de sus conocimientos y opiniones personales.** Haga los siguientes ejercicios, usando sus propios conocimientos y opiniones.

1. ¿Qué otros factores, además de los ya mencionados en la lectura, podrían ser importantes para la gerencia al decidir dónde establecer una empresa o planta manufacturera? ¿para los empleados?
2. Dé algunos ejemplos en los cuales la naturaleza de una empresa comercial determinaría su local. Explique por qué.
3. ¿Qué elementos consideraría Ud. al decidir si un terreno y edificio están en buenas condiciones físicas?
4. ¿En qué circunstancias compraría Ud. un terreno o edificio comercial en lugar de arrendarlos?
5. Dé ejemplos de artículos y materiales que se agotan por el uso de una empresa a corto plazo.
6. ¿Qué es la plusvalía de un terreno y por qué ocurre?
7. ¿Cómo se relacionan los dichos al principio del capítulo con los temas tratados?

EJERCICIOS DE VOCABULARIO

Si hace falta para completar estos ejercicios, consulte la Lectura Comercial o la lista de vocabulario al final del capítulo.

A. Traduzca estos términos al español y explique su significado.

1. land
2. to rent
3. down payment
4. contract
5. insurance
6. funds
7. equipment
8. inventory
9. real estate
10. owner

B. Dé algunos sinónimos o explicaciones de las siguientas palabras.

1. agotar
2. inmueble
3. local
4. corredor
5. arrendar
6. arrendatario
7. mensualidad
8. traspaso

C. Explique de qué manera están relacionadas las siguientes palabras.

1. alquilar/comprar
2. depreciación/plusvalía
3. prima/seguro
4. equipo/inventario
5. desgastar/aumentar
6. inmueble/mueble
7. pago inicial/pago final
8. pagadero/pagado

D. ¿Qué palabras asocia Ud. con los siguientes vocablos?

1. IVA
2. renuevo
3. método lineal
4. depreciación
5. planta baja
6. corredor
7. alquiler
8. fondos

E. Llene los espacios con la palabra más apropiada de la lista.

pago inicial
corredor
pagadera
terreno
alquiler
inmuebles
mensualidad
requisitos

Un _________ de bienes _________ ayuda a sus clientes en la compra o el _________ de un local apropiado para las necesidades del cliente. Los _________ de un contrato de arrendamiento incluyen la _________ que habrá que pagar y la fecha cuando tal suma será _________. Para alguien interesado en un _________ situado en el centro de una ciudad, el _________ será más alto en general.

F. Complete las siguientes oraciones en sus propias palabras.

1. La depreciación se puede definir como...
2. El equipo de una empresa es un ejemplo de...
3. El valor de rescate de una máquina es...
4. Dos estipulaciones de un contrato de arrendamiento son...
5. Los corredores de bienes inmuebles ayudan con...

G. Traduzca las siguientes oraciones al español.

1. Location is a very important consideration in purchasing or leasing an office building.
2. When considering a possible location, proximity to one's customers and suppliers is also an important factor.
3. Real-estate agents receive a commission for assisting clients in the purchase or lease of land and buildings.
4. Instead of buying a building outright, many businesses rent office space in the beginning in order to avoid large cash outlays.
5. Land, unlike buildings and equipment, is not subject to depreciation. It is not considered to have a limited life in terms of commercial usefulness, and many times it actually gains in value.

UNA VISTA PANORAMICA DE EL SALVADOR

Nombre oficial

República de El Salvador

Geografía

Tamaño: 21.476 kilómetros cuadrados, el tamaño del estado de Massachusetts. **Capital:** San Salvador (con 1,4 millones de habitantes). **Ciudades principales:** Santa Ana, San Miguel.

Demografía

Población: Salvadoreños, cinco millones en 1990, con proyecciones de seis millones en el año 2000. **Población urbana/rural:** 43% urbana, 57% rural. **Grupos étnicos:** Mestizo, 89%; indio, 10%; blanco europeo, 1%. **Agrupación por edad:** 0–14 años, 45%; 15–29, 28%; 30–44, 14%; 45–59, 8%; más de 60, 5%. **Lenguas:** Español (oficial), náhuatl entre algunos grupos indígenas. **Analfabetismo:** 38%.

Gobierno

República de catorce departamentos.

Economía y comercio

Divisa: El colón (₡). **Producto Nacional Bruto (PNB en $EE.UU.):** $4 mil millones. **PNB per cápita (en $EE.UU.):** $820. **Tasa media de inflación anual 1980–1986:** 15%. **Recursos naturales:** Agricultura, madera y pesca. **Agricultura:** 20% del PIB, 43% de la mano de obra. Café, algodón, maíz, azúcar. **Industria:** 21% del PIB, 13% de la mano de obra. Comida y bebidas, textiles, calzado, productos químicos y petrolíferos. **Servicios:** 59% del PIB, 37% de la mano de obra. **Exportaciones:** Café, algodón, azúcar, camarones, productos químicos. **Mercados:** EE.UU., 35%; países centroamericanos, 22%; CEE, 12%; Japón, 3%. **Importaciones:** Maquinaria industrial, automóviles, petróleo, productos químicos y farmacéuticos. **Transportes:** Carreteras (12.164 kilómetros, 14% pavimentados), ferrocarriles (602 kilómetros) y un aeropuerto internacional. **Comunicaciones:** Cinco periódicos, un radio por cada cuatro personas, un televisor por cada doce personas y un teléfono por cada 39 personas.

LA ACTUALIDAD ECONOMICA SALVADOREÑA

El Salvador se ha enfrentado con muchos problemas económicos en años recientes. Es un país que depende esencialmente de las cosechas agrícolas, en particular del café y del algodón, lo cual da por resultado una economía nacional controlada en gran parte por los precios de estos productos en el mercado mundial. En 1984, El Salvador era el séptimo país mundial en exportación de café. No obstante, desde 1980 ha habido un creciente déficit en su balance comercial, a pesar de la asistencia económica prestada anualmente por EE.UU. El país ha sufrido desastres naturales como sequías y el terremoto de 1986. Hay un alto índice de paro (con un promedio de cerca del 30% en los últimos años) y una tasa de inflación que alcanzó un 35% en 1986.

Pero lo más importante—y el elemento más negativo—para la economía salvadoreña ha sido la guerra civil que empezó en 1980. Esta lucha sangrienta ha creado incertidumbres políticas, con la consecuencia de una gran reducción de créditos internacionales. Otro resultado de la guerra ha sido la considerable emigración del campo a la capital, debido a la despoblación forzosa por el ejército de áreas controladas por el movimiento revolucionario, Farabundo Martí. Esto ha contribuido al alto índice de paro en la nación, pues ha sido difícil dar empleo a todos los recién llegados de las zonas rurales. Desde 1979 se ha emprendido una extensa reforma agraria, cuyo efecto ha sido que más del 23% de la tierra cultivable se ha transferido a personas que antes la labraban sin ser propietarios de ella. Pero hasta que se termine la guerra, no se pueden esperar auténticas mejoras en el actual panorama económico salvadoreño.

UNA VISTA PANORAMICA DE COSTA RICA

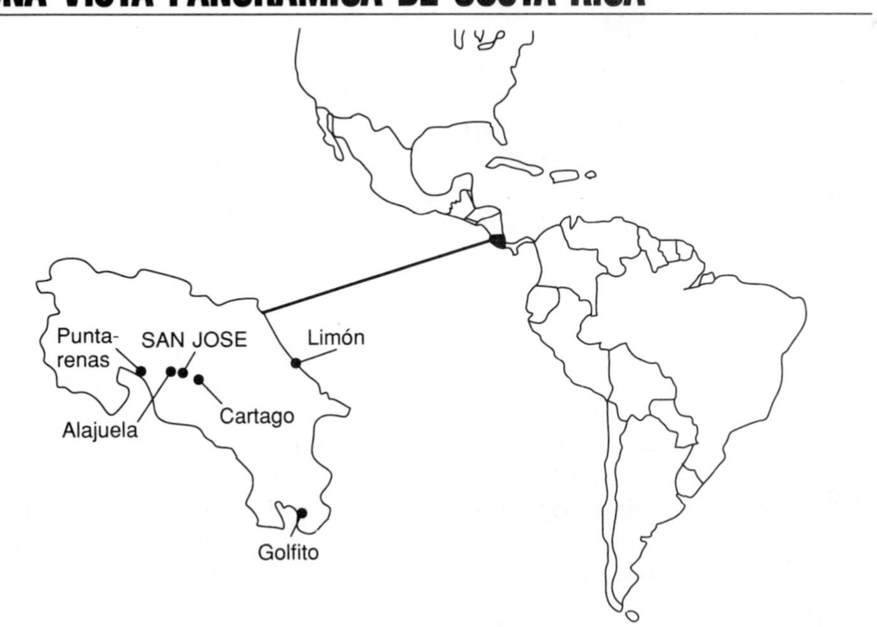

Nombre oficial

República de Costa Rica

Geografía

Tamaño: 50.900 kilómetros cuadrados, un poco menos grande que el estado de West Virginia. **Capital:** San José (con 800 mil habitantes). **Ciudades principales:** Alajuela, Cartago, Puerto Limón.

Demografía

Población: Costarricenses, 2,8 millones en 1990, con proyecciones de 3,6 millones en el año 2000. **Población urbana/rural:** 50% urbana, 50% rural. **Grupos étnicos:** Blanco europeo, 87%; mestizo, 7%; negro, 2%; chino, 2%; indio, 0,5%; otro, 1,5%. **Agrupación por edad:** 0–14 años, 37%; 15–29, 31%; 30–44, 17%; 45–59, 9%; más de 60, 6%. **Lenguas:** Español (oficial) y un dialecto del inglés de Jamaica cerca de Puerto Limón. **Analfabetismo:** 7%.

Gobierno

República democrática de siete provincias.

Economía y comercio

Divisa: El colón (₡). **Producto Nacional Bruto (PNB en $EE.UU.):** $3,79 mil millones. **PNB per cápita (en $EE.UU.):** $1.420. **Tasa media de inflación anual 1980–1986:** 32%. **Recursos naturales:** Agricultura, bosque, ganado, pesca, energía hidroeléctrica. **Agricultura:** 19% del PIB, 27% de la mano de obra. Café, banana, algodón, maíz, azúcar, carne de res. **Industria:** 26% del PIB, 25% de la mano de obra. Procesamiento de café y cacao, textiles y ropa, materiales de construcción, fertilizantes, cemento. **Servicios:** 55% del PIB, 48% de la mano de obra. **Exportaciones:** Café, banana, azúcar, carne de res, cacao. **Mercados:** EE.UU., 41%; MCC (Mercado Común Centroamericano), 12%; CEE, 9%. **Importaciones:** Petróleo y lubricantes, maquinaria industrial, vehículos de transporte, productos químicos, bienes manufacturados, comida. **Transportes:** Carreteras (35.313 kilómetros, 14% pavimentados), ferrocarriles (700 kilómetros), seis aeropuertos. Puertos principales: Limón, Puntarenas, Golfito. **Comunicaciones:** Cinco periódicos, un radio por cada trece personas, un televisor por cada seis personas y un teléfono por cada ocho personas.

LA ACTUALIDAD ECONOMICA COSTARRICENSE

Históricamente, la realidad socio-política de Costa Rica ha reflejado un contraste con la de sus vecinos. El país no tiene un ejército. Ha habido más oportunidades educativas y menos conflictos entre las diferentes clases sociales. Estos factores han permitido que en Costa Rica se lograra un alto nivel de vida en comparación con los otros países de la región: tiene el PNB más alto de Centroamérica, la mejor distribución de renta nacional y terreno por persona y una estabilidad socio-política poco común en el área. El gobierno se ha aprovechado de estas condiciones favorables así como de los préstamos conseguidos de varios países extranjeros y del Fondo Monetario Internacional (FMI) para desarrollar los sectores industriales, agrícolas y transportistas y para mejorar las comunicaciones y los servicios médicos.

Durante los años sesenta y setenta, la economía costarricense prosperó de tal modo que el Banco Mundial destacó al país como modelo para las demás naciones centroamericanas. Sin embargo, al entrar en la década de los ochenta, esta situación económica favorable empezó a deteriorarse cuando el presidente Carazo trató de buscar préstamos para evitar la devaluación del colón. Luego, en 1982 el presidente Monge heredó una grave deuda nacional, pero pudo cumplir con sus obligaciones con la ayuda del gobierno estadounidense. El famoso presidente costarricense, Oscar Arias Sánchez, trató de conseguir una paz duradera en la región (principalmente entre los sandinistas y los contras en Nicaragua) para que los conflictos en otros países no afectaran demasiado la economía y la infraestructura de su propia nación. Arias también logró diversificar las exportaciones costarricenses, lo cual se ha visto perjudicado por la caída de los precios de arroz, frijol y otros granos en el mercado mundial. El nuevo énfasis en la exportación de flores y frutas ha provocado huelgas entre los campesinos que trabajaban con las otras cosechas tradicionales. No hay duda de que el futuro económico costarricense depende en gran parte de una auténtica solución a los conflictos de toda la región centroamericana.

ACTIVIDAD

¿Qué sabe Ud. de El Salvador y de Costa Rica? Haga los siguientes ejercicios.

1. Describa la geografía de El Salvador y de Costa Rica.
2. Comente sobre la demografía de cada país.
3. ¿Cuáles son las exportaciones principales de El Salvador y de Costa Rica? ¿y las principales importaciones?
4. ¿Con qué países suelen comerciar El Salvador y Costa Rica?
5. ¿Cuáles son las divisas de los dos países? Busque sus cambios actuales con el dólar.

6. ¿Qué papel ha tenido la guerra en las economías de El Salvador y de Costa Rica?
7. ¿En qué se ha distinguido la situación de Costa Rica de la de los otros países centroamericanos?
8. ¿Cómo han cambiado los datos presentados para cada país en la categoría de ECONOMIA Y COMERCIO? Búsquelos en un libro de consulta y póngalos más al día.

LECTURA CULTURAL

El campo y la ciudad

Muchas naciones hispanohablantes se caracterizan por ser esencialmente países agrícolas, dependientes de su clima y tierra fértil para producir cultivos como café, azúcar, maíz, frijoles y algodón. Tradicionalmente, el campo ha representado una fuente imprescindible de ingresos puesto que constituye el fundamento de las exportaciones de estos países. Pero un alto porcentaje de los trabajadores rurales lleva una vida muy dura en el campo, muchas veces en condiciones de latifundio. Estas condiciones han empujado a muchas familias a la emigración hacia los centros urbanos en busca de una vida mejor. Pero al llegar a las ciudades, muchas veces hallan que las condiciones de vida y el paro son mucho peores que lo que acaban de dejar atrás en las zonas rurales. La gente llega mal preparada para enfrentarse con las dificultades y la competencia de la vida urbana. Además, su llegada tiende a agravar la presión ya ejercida por las grandes poblaciones urbanas sobre los limitados recursos naturales.

Tradicionalmente, la ciudad ha representado la civilización y el progreso en Hispanoamérica. El campo y la naturaleza, en cambio, se han asociado con la miseria y la barbarie. Esta oposición se ha manifestado como un tema importante en la literatura hispanoamericana, en forma del esfuerzo de la ciudad para asumir una ascendencia sobre el campo, simbólica del triunfo de la civilización sobre la barbarie. Este ideal, sin embargo, choca con la realidad histórica y económica de la importancia del campo. Naciones enteras deben su subsistencia al sector agrícola. El dilema que representa el eje campo-ciudad hasta ahora no ha encontrado solución, es decir, equilibrio vital y económico.

En cualquier parte del mundo son importantes para los trabajadores las cuestiones de buena vivienda y oportunidades educativas, tanto para sus hijos como para ellos mismos. Como en EE.UU., los que viven en los centros urbanos hispanoamericanos muchas veces alquilan un apartamento, porque el costo de comprar o construir una casa es prohibitivo. En cuanto a la educación, en los países hispánicos las mejores oportunidades sin duda se hallan en las grandes ciudades, donde hay más escuelas y donde se ubican las universidades. No existe el fenómeno, como en EE.UU., de las universidades situadas en pequeñas ciudades o en zonas rurales. Las naciones hispánicas requieren en general un promedio de seis a diez años de educación para sus ciudadanos, aunque hay ejemplos como el de Colombia, donde sólo el 28% completa el nivel primario. La educación comprende la escuela primaria, la secundaria y luego los institutos profesionales y las universidades. La universidad es un lujo y, como en los EE.UU., representa un medio para mejorar la vida económica y culturalmente.

En el futuro se espera una continuada emigración hispanoamericana del campo a la ciudad. Un buen ejemplo es la capital de México, donde se prevé que para el año 2000 habrá una población de 30 millones. Este crecimiento urbano es representativo de lo que pasará en muchos países hispánicos. Como consecuencia, habrá aún más necesidad de educar a esta nueva población urbana para que pueda participar con éxito en un futuro caracterizado por los rápidos cambios tecnológicos. Respecto a esto, y en contraste con el estadounidense, que parece orientarse más hacia este tipo de futuro, se puede decir que el hispano suele sentir mayor aprecio por su pasado y sus tradiciones. Un ejemplo de la actitud estadounidense es la facilidad con que se derrumban edificios antiguos para construir nuevos edificios, mientras que en los países hispanos se conservan más estos lazos con el pasado histórico, haciendo nuevas construcciones sin derrumbar con tanto afán los bellos logros arquitectónicos de ayer.

ACTIVIDADES

A. ¿QUE SABE UD. DE LA CULTURA?

1. Describa la relación entre el campo y la ciudad en Hispanoamérica. Compárela con la que existe en los EE.UU.
2. ¿Qué problemas representa la emigración del campo a la ciudad en Hispanoamérica? ¿Existe el mismo fenómeno en los EE.UU.? Comente.
3. Describa el sistema educativo en los países hispánicos. ¿En qué se distingue del sistema estadounidense?
4. ¿Qué opina Ud. de la educación como solución a la pobreza y a otros problemas socio-económicos?
5. ¿Qué cambios tecnológicos piensa Ud. que habrá en el mundo en la década de los noventa? ¿Cuáles serán de tipo comercial? ¿Qué efecto tendrán en nuestra vida?
6. ¿Es más importante para Ud. el pasado o el futuro? ¿Por qué? ¿Puede ignorar el mundo comercial el pasado al apresurarse para entrar en el siglo XXI?

B. ASIMILADOR CULTURAL

Lea lo siguiente y conteste las preguntas que están a continuación.

Carolyn Hunter, una ejecutiva de Atlanta, está en Barcelona visitando la nueva sucursal de su compañía, MacIntyre Corporation, la cual se dedica a la fabricación y venta de equipo de oficina. Está hablando con Ramón Casals Ramírez sobre el nuevo edificio de MacIntyre, situado en la vía Laietena al borde del Barrio Gótico, el antiguo centro de la ciudad. Al pasar por la puerta principal que los lleva a las oficinas del interior, Hunter le comenta a Casals que:

—Es muy bonito el edificio, casi pintoresco, pero es una lástima que no hayamos podido derrumbarlo para construir un edificio más moderno y eficiente, como los de Atlanta o los que he visto en la avenida Diagonal. Quizás pudiéramos, por lo menos, quitar las paredes del salón de entrada, para así abrir más el espacio interior, cambiando lo que existe ahora por un vidrio reflector que corriese de lado a lado.

Casals recorre con su vista las paredes del salón en cuestión, cuyo diseño data del siglo pasado. Una de las paredes es de mármol gris-blanco, la otra presenta un mural del plano del Barrio Gótico en el siglo XVI. Aclarándose la garganta, le empieza a contestar a Hunter que...

Conteste las siguientes preguntas.

1. ¿Cómo contestará Casals la propuesta de Hunter?
2. ¿Cuáles son los dos puntos de vista que están en conflicto en este encuentro?
3. ¿Cómo contestaría Ud. los comentarios de Carolyn Hunter?
4. ¿Piensa Ud. que es un error resistir los avances de la modernidad para guardar edificios antiguos, aunque sean ineficientes en su uso del espacio interior y en la conservación de energía?

SINTESIS COMERCIAL Y CULTURAL

ACTIVIDADES COMUNICATIVAS

A. Al teléfono. Haga las siguientes llamadas telefónicas a otro/a estudiante de la clase. Cada persona deberá tomar un papel activo en la conversación.

1. Ud. es uno de los socios de una pequeña empresa en busca de un nuevo local para sus operaciones. Llame a otro socio para decirle que ha encontrado un lugar perfecto para arrendamiento. Describa dónde está situado el edificio y por qué piensa Ud. que será un lugar ideal.

2. Ud. es un/a corredor/a de bienes raíces. Llame a un/a cliente para explicarle que ya no podrá alquilar el local que le interesaba. Exponga las razones y luego háblele de otra posibilidad atractiva.
3. Ud. es el/la propietario/a de un edificio cuyo alquiler no se recibió a primeros del mes, tal como fue convenido. Llame al/a la arrendatario/a y pídale la mensualidad.

B. Situaciones para dramatizar. Lea las siguientes situaciones y después haga el papel en español con otro/s estudiante/s, usando el supuesto como punto de partida. Cada persona deberá tomar parte activa en la dramatización.

1. You are from Chicago and are meeting with the two other co-owners of your business in San Salvador to discuss whether to purchase or lease three delivery trucks for the heavy office equipment you sell. Ask for their input on the following:
   a. What type of truck is needed?
   b. Is it better to buy or rent?
   c. What amounts of money are involved?
2. While meeting with your co-owners, you also want to discuss two options for a permanent location for the business, one downtown, the other eight miles outside the city of San Salvador. Ask them about the pros and cons of each location. María Jiménez, as you already know, will insist on the downtown location, despite its higher rent and the fact that the building is in worse condition than the one on the outskirts of the city.

Después de dramatizar la segunda situación, discuta con sus compañeros de clase las diferencias culturales (las hispánicas y las estadounidenses) que puede haber respecto al centro de ciudad como centro de operaciones comerciales. Al considerar esto, tenga presente el fenómeno popular del suburbio en los EE.UU.

C. Ud. es el/la intérprete.

La Sra. Martha Fromberg discute con el Sr. Joaquín Villanueva las condiciones de arrendamiento de un local de negocio.

Haga Ud. el papel de intérprete entre estos dos individuos. Traduzca del inglés al español y del español al inglés, sin mirar el texto, el diálogo que leerán otros dos estudiantes en voz alta. Ellos harán una pausa después de cada vírgula para permitir su traducción. Acuérdense todos de usar un tono de diálogo natural.

SRA. FROMBERG I want to go over the rent conditions one more time./ When can we move our staff into the building?/ How much is the advance deposit,/ and what will the monthly rent be?

SR. VILLANUEVA Muy bien./ El contrato lleva fecha vigente del 5 de marzo de este año./ El pago inicial será de $3.000/ y la mensualidad será $1.500 pagaderos del uno al cinco de cada mes.

INTERPRETE ____________________

SRA. FROMBERG The initial rent period is for one year./ Will it automatically renew itself for the following year?/ Also, do I understand correctly that the utilities are included in the rent?

INTERPRETE ____________________

SR. VILLANUEVA El contrato se vence anualmente./ Para continuar con el arrendamiento,/ hará falta firmar otro contrato en el último mes vigente del presente contrato,/ y así sucesivamente./ Respecto a los gastos del agua y la electricidad,/ no se incluyen en el alquiler.

INTERPRETE ____________________

SRA. FROMBERG Oh, I see. I misunderstood about the utilities,/ but that's no problem./ Also, I'd like to do some minor repairs in the reception area.

INTERPRETE ____________________

SR. VILLANUEVA De acuerdo. Eso está bien mientras se me avise de antemano/ y mientras no afecte la estructura del local/ y se obtengan previamente los correspondientes permisos oficiales.

INTERPRETE ____________________

D. Caso práctico. Lea el caso y haga los ejercicios a continuación.

Una compañía textil estadounidense, Penntext, que produce camisas, pantalones y chaquetas vaqueros y toallas, está considerando dos localidades centroamericanas para establecer una fábrica. Hasta ahora, todas sus operaciones se han ubicado en Pennsylvania. Pero últimamente los costos de producción han subido muchísimo en Pennsylvania, donde hay una fuerte presión del sindicato de trabajadores para seguir aumentando los sueldos y beneficios de los empleados de Penntext. También han subido los costos de importación del algodón que reciben en grandes cantidades de Centroamérica. Los dos países que se consideran como posibles sucursales de manufactura son El Salvador y Costa Rica. Situarse en cualquier país representaría un ahorro del 20% al 30% de los costos de producción en Pennsylvania. Los sueldos de los trabajadores serían mucho más bajos y la compañía estaría cerca de sus proveedores de algodón.

En San Salvador y en San José, Penntext ha encontrado dos plantas textiles que se podrían comprar por más o menos el mismo precio. La de San Salvador está a veinte kilómetros (unas doce millas) de la capital; está en buenas condiciones y ya tiene la maquinaria necesaria para realizar la producción deseada. La de San José está en el centro mismo de la ciudad y también tiene la maquinaria que se requiere, pero esta planta necesitaría algunas modificaciones y reparaciones antes de ponerse en marcha. Las máquinas son de la misma marca en ambos lugares, cada una con una vida útil de 15 años cuando se compraron nuevas. Las de San Salvador se compraron en 1985 por $10.000 cada una; las de San José en 1980 por un valor unitario de $8.000. Todas tienen un valor de rescate de $1.000 y se podrían incluir en la compra del local. La única diferencia es que las máquinas en San Salvador cuentan aún con una vida útil de once años, mientras que las de San José tienen una vida de cuatro, según los informes de los propietarios actuales.

Al considerar las dos opciones, la gerencia de Penntext ha discutido el efecto del traslado contemplado. Unos 150 trabajadores en Pennsylvania perderían sus puestos, aunque incluso si no se efectúa el traslado, probablemente habrá que despedir a bastantes trabajadores para cortar los gastos y asegurar las ganancias de la compañía. También, la actual situación política centroamericana inquieta a varios de los gerentes y supervisores estadounidenses que tendrían que mudarse a Centroamérica por un año o más para montar la operación. Se preocupan por su propia seguridad física y por la de sus familias si se trasladan con ellos. Las opciones son tres para Penntext: quedarse en Pennsylvania, trasladar una parte substancial de sus operaciones a San Salvador o efectuar el mismo traslado a San José.

Haga los siguientes ejercicios.

1. ¿Por qué está considerando la gerencia de Penntext un traslado de parte de sus operaciones a Centroamérica?
2. ¿Cuáles son las semejanzas y diferencias entre las dos localidades consideradas?
3. Si se efectúa el traslado a San Salvador o a San José, ¿existe la maquinaria de producción que se necesita o se tendrá que hacer inmediatamente una costosa inversión de capital para adquirirla?
4. ¿Cuántos años de vida útil tenía cada máquina cuando se compró nueva? ¿Cuántos años tiene aún en cada lugar? Usando el método lineal, ¿cuál ha sido el gasto anual de depreciación para cada máquina en San Salvador y en San José? ¿Cuánta

depreciación acumulada hay para las máquinas en cada lugar? Si fuera Ud. a comprar estas máquinas, ¿qué precio de oferta consideraría justo?

5. ¿Cuáles serán los efectos para los trabajadores en Pennsylvania si se hace el traslado a Centroamérica? ¿Y si no se hace el traslado?
6. ¿Qué opina Ud. del miedo que sienten algunos de los gerentes y supervisores estadounidenses por la actual situación política en Centroamérica? ¿Sería un factor importante para Ud. si Ud. fuera uno de ellos?
7. Justifique Ud. cada una de las tres opciones de Penntext:
   a) quedarse en Pennsylvania
   b) efectuar un traslado a San Salvador
   c) efectuar un traslado a San José
8. Si Ud. tuviera que tomar la decisión final, ¿qué opción escogería? Justifique su decisión.

VOCABULARIO

abastecedor/a *supplier*
agotamiento *depletion*
agotar *to deplete*
alquilar *to rent*
alquiler (m) *rent*
arrendar *to lease, rent*
arrendatario/a *lessee, tenant*
bienes inmuebles (m) *real estate*
bombero *fireman*
camioneta *van, pickup truck*
cobertura *coverage*
comparecer *to appear, make an appearance (e.g., in court)*
contraer *to incur, enter into an obligation*
contratante (m/f) *party entering into a contract*
contrato *contract*
chaqueta vaquero *cowboy jacket, denim jacket*
depreciación lineal *straight-line depreciation*
derrumbar *to tear down, demolish (a building)*
desgastar(se) *to wear out, deplete*
desgaste (m) *deterioration, damage, depletion*
eje (m) *axis*
fianza *downpayment, deposit*
inmueble (m) *real estate; a building*
inventario *inventory*
IVA (impuesto de valor añadido o agregado) *value-added tax*
latifundio *large landed estate*
logro *achievement*
mensualidad (f) *monthly payment, rent*
método lineal *straight-line method*
montar *to set up*
pagadero/a *payable*
pago inicial *downpayment, deposit*
_____ **por anticipado** *downpayment, payment in advance*
planta baja *ground floor (at street level)*
préstamo hipotecario *mortgage loan*
prima *premium*
renuevo *renewal*
reparación *repair*
reparto *delivery*
requisito *requirement*
rescate (m) *salvage (in reference to "salvage value")*
reventa *resale*
suministro *supply*
traslado *move (residence or job)*
traspaso *transfer (of title to property)*
ubicarse *to be located*
valor de rescate (m) *salvage value*
vencer *to fall due, mature, be payable (on a certain date)*
vigente (adj) *effective, in effect, in force*
vivienda *housing*

CAPITULO

La oficina

Technology means the systematic application of scientific or other organized knowledge to practical tasks.

John Kenneth Galbraith

Más vale resbalar con el pie que con la lengua.

Proverbio

Una oficina moderna. San Juan, Puerto Rico.

PREGUNTAS DE ORIENTACION

Al hacer la lectura comercial, piense Ud. en las respuestas a las siguientes preguntas.

- ¿Cómo es la oficina en la Figura 5-1 (pág. 91)?
- ¿Por qué es importante el concepto de «renovarse o morir» en el contexto comercial?
- ¿Cuáles son los pasos necesarios para el procesamiento de información en la oficina?
- ¿Para qué fines se utiliza la información en la oficina?
- ¿Qué componentes tiene una computadora y cuáles son algunos de sus accesorios?
- ¿Qué usos comerciales puede tener la computadora?
- ¿En qué se distingue la comunicación telefónica de la correspondencia escrita?
- ¿Qué otras máquinas se usan en la oficina moderna?
- ¿Por qué ocurre todavía la falta de comunicación en la oficina?

BREVE VOCABULARIO UTIL

almacenar *to store*
archivar *to file*
computadora *computer*
chisme (m) *gossip*
impresora *printer*
jerga *jargon*
nómina *payroll*
papeleo *paperwork*
red de comunicación (f) *communications network*
renovar(se) (ue) *to renew*

LECTURA COMERCIAL

Sistemas y equipo de la oficina moderna

Recientemente una empresa multinacional puso el siguiente anuncio en una revista comercial española:

> Imagine un mundo sin fronteras. Imagine una oficina sin problemas, donde máquinas y personas colaboren en perfecta armonía. Donde el futuro sea realidad.

Si se compara este concepto de la oficina moderna con el dibujo que se presenta a continuación (fig. 5-1, pág. 91), uno se da cuenta de las enormes innovaciones que han ocurrido en el diseño, la organización y el equipo de la oficina de hoy en día.

Los anticuados sistemas y equipos de trabajo que se usaban en las oficinas de hace muchos años ya no cumplen con las necesidades actuales. La empresa que no se prepara para la diversidad y la rapidez de los cambios tecnológicos y su efecto en la estructura y los valores sociales de los años noventa se dirige hacia un fracaso seguro. Con respecto al panorama comercial del futuro, hay que «renovarse o morir».

Una de las principales metas de tener una oficina es la de proveer un lugar físico y un ambiente necesarios para poder planear y realizar la administración más apropiada de una empresa o de cualquiera de sus funciones. Además de la planificación, también hace falta determinar la distribución de responsabilidades para el cumplimiento de las tareas dentro de la compañía. Después de planear y dividir el trabajo, hay que desarrollar la capacidad de recibir y procesar información; es decir, de seleccionar la más valiosa, registrar, adaptar, archivar y transformarla, siempre con en fin de poder tomar la mejor decisión comercial posible. Según el caso, los datos que se comunican pueden ser en forma de cifras, números o texto y la comunicación puede ser escrita u oral.

Figura 5-1

La comunicación de la empresa se hace entre la compañía y sus clientes (la comunicación externa) y/o entre los empleados mismos de la compañía (la comunicación interna). Por eso, es importante considerar no sólo el equipo y los sistemas de comunicación imprescindibles sino también los aspectos psicológicos y sociológicos que afectan a los que se están comunicando.

Consideremos primero las máquinas y los sistemas de comunicación que han sido el resultado de los avances tecnológicos. Estos han aumentado la cantidad de información y datos que las empresas pueden recibir, procesar o archivar y han acelerado la velocidad con la cual pueden hacerlo. También han podido reducir, en un sentido físico, la gran cantidad del odiado papeleo que se había acumulado durante las décadas anteriores. Hoy en día, por ejemplo, se pueden guardar miles de páginas de información en un solo disco de computadora. Por otra parte, la compatibilidad entre las diferentes redes de comunicación electrónica ha facilitado la flexibilidad de la comunicación inmediata entre estaciones de trabajo tanto dentro de la empresa misma como entre estas estaciones y otros lugares geográficos.

Entre las nuevas máquinas, la computadora (el *ordenador* en España) ha tenido una enorme influencia en el mundo comercial. Ha facilitado con rapidez y precisión el procesamiento de información cada vez más complicada y ha permitido su alojamiento en menos espacio. Esto ha hecho posible que la empresa se dedique a otros asuntos más creativos y productivos. Por supuesto, antes de comprar cualquier sistema de computación, hay que considerar el precio del equipo y su instalación, los objetivos deseados, los problemas que pueden resultar de una conversión al sistema electrónico y el costo de adiestrar a los empleados. Sin embargo, las ventajas de la computadora pesan más que los inconvenientes y el sistema puede ayudar a la empresa de las siguientes maneras:

1. Simplificar, acelerar y administrar la producción de nuevos materiales
2. Controlar el proceso industrial y mantener el inventario de los bienes en existencia
3. Ayudar al gerente a calcular los resultados de tomar ciertas decisiones
4. Preparar la nómina y las facturas

Las microcomputadoras y las computadoras portátiles han hecho más prácticas las conversiones de sistemas en las oficinas de las pequeñas empresas. Actualmente, es posible recibir y procesar información en las siguientes categorías: voz, textos, datos y gráficos. Lo más importante es conseguir o programar el software que se necesita, o sea, el conjunto lógico para el procesamiento de información. Este se usa con el hardware, o sea, el equipo físico, que incluye las máquinas de escribir electrónicas y las computadoras dedicadas a una sola tarea o a una variedad de funciones como el procesamiento de datos y textos, la hoja de cálculo, la esquematización y el correo electrónico (por medio de un «modem» telefónico). Al hacer entrar la información, se proyecta sobre un monitor o pantalla que permite repasar, modificar o corregir la información en el acto. La salida de información se consigue por medio de impresoras de tipo laser o de matriz de puntos. Si se necesitan más copias, se utiliza una fotocopiadora que combina una serie de pasos: separación, ordenación y engrapamiento. Otro desarrollo tecnológico ha sido la reprografía que permite el envío de documentos, dibujos u otros materiales visuales por medio del fax (o *telefax)*.

Las comunicaciones se han mejorado mucho mediante los satélites y la fibra óptica. Las decisiones tomadas sobre cómo comunicarse con un cliente determinan la calidad de la comunicación externa y de las relaciones públicas con los clientes de la empresa y la comunidad que la rodea. Hay que decidir si se va a comunicar un mensaje oral por teléfono o uno escrito por correo. La correspondencia es un modo de comunicación mucho más lento pero más formal, con la ventaja de que después existe el documento real que comprueba que se realizó la comunicación. En este sentido, es importantísimo que una empresa guarde copias de cualquier correspondencia que envíe a sus clientes. El teléfono, en cambio, se suele usar para las comunicaciones menos formales y cuando es importante lograr una comunicación inmediata. Las empresas a menudo confirman la comunicación telefónica con una carta que resume los temas tratados oralmente.

La convergencia de los dos subsistemas de la informática y las telecomunicaciones, le ofrece al gerente contemporáneo una nueva libertad de trabajar donde y cuando quiera. Es decir, las comunicaciones y otras tareas comerciales ya se pueden realizar fuera de la oficina tradicional, por ejemplo, en casa, en un carro o en un avión. El teléfono portátil, la computadora, la televisión por cable, el fax y el correo auditivo quizás lleguen a reemplazar la cita tradicional de cara a cara o el viaje de negocios. Incluso en los casos en que no es posible comunicarse telefónicamente con un cliente, existe el contestador automático para mandar y recibir información. Hay empleados que ya pasan varias horas por semana trabajando en casa con una computadora personal y en un futuro muy cercano podrían convertirse en teleconmutadores—es decir, personas que trabajan en casa y cuyo único contacto con la oficina central es por medio de teléfono o computadora. Como resultado de todo esto, las posibilidades de mejorar los aspectos humanos del trabajo, como la calidad del tiempo libre o el lugar de trabajo, son ilimitadas. Por ejemplo, los avances en la fibra óptica ya permiten controlar, por medio de una computadora centralizada, la temperatura, la humedad y hasta el olor de una oficina.

Pero a pesar de estos avances tecnológicos, la oficina de hoy aún necesita muebles muy parecidos a los que se usaban antes de la revolución informática. Se encuentran todavía el escritorio, el pupitre para la máquina de escribir, las sillas (fijas y giratorias), los sillones o butacas, los estantes para los libros o manuales y los archivos con carpetas. Tampoco han cambiado mucho los efectos que se guardan sobre el escritorio o dentro de sus cajones.

Tampoco han cambiado ciertos aspectos de la comunicación oral y escrita dentro de la oficina. Todavía existe la comunicación oral sumergida, es decir, el chisme y los rumores que circulan en las reuniones, en las charlas informales y por teléfono. La comunicación escrita incluye aún el memorándum, el tablón o tablero de anuncios, las cartas y otros documentos rutinarios. Además, todavía existe la posibilidad de una mala comunicación, sea escrita u oral, por varias razones:

1. la interpretación errónea que se le da a una comunicación a causa de la semántica o el significado de una palabra o símbolo
2. la diferencia entre niveles, por ejemplo, entre la gerencia y los funcionarios

Figura 5-2

3. la falta de una comunicación clara entre diferentes departamentos
4. la diferencia en el uso de la jerga profesional
5. la diferencia en la formación cultural o intelectual de los individuos y la existencia de los estereotipos
6. la competencia y la falta de confianza entre los empleados
7. la interpretación errónea de la comunicación visual: los gestos, las expresiones faciales y las posturas del cuerpo
8. la interpretación errónea del paralenguaje comunicado por la voz humana: el tono, el suspiro, el gruñido, etc.

ACTIVIDADES

A. **¿Qué sabe Ud. de los negocios?** Vuelva Ud. a las preguntas de orientación que se hicieron al principio del capítulo y ahora contéstelas en oraciones completas en español.

B. **¿Qué recuerda Ud.?** Indique si las siguientes declaraciones son verdaderas o falsas y explique por qué.

1. La oficina actual es muy parecida a la oficina de hace veinte años.
2. La manera de archivar la información no ha cambiado mucho.
3. La secretaria transforma información cuando escribe a máquina una carta dictada.
4. El uso de la computadora ha aumentado la cantidad de papeleo en la oficina.
5. El contestador automático es el avance tecnológico que ha tenido los mayores efectos en la oficina moderna.
6. La selección del hardware es más importante que la del software en un sistema para el procesamiento de información.
7. La fibra óptica puede controlar hasta el color de las paredes de la oficina.
8. Es posible perjudicas un acuerdo comercial por una mirada inapropiada.

C. **Exploración de sus conocimientos y opiniones personales.** Haga los siguientes ejercicios, usando sus propios conocimientos y opiniones personales.

1. ¿Qué diferencias hay entre la comunicación interna y la externa de una empresa? ¿Qué importancia tiene cada una?
2. ¿Cree Ud. que los avances tecnológicos han tenido un efecto positivo en la oficina? Explique.
3. ¿Qué máquinas considera Ud. imprescindibles en una oficina moderna? ¿Por qué?

4. ¿Cuáles pueden ser algunos efectos negativos del chisme en el ambiente de la oficina? ¿Cómo se puede eliminar o reducir el chisme en el trabajo?
5. ¿Cómo se relacionan los dichos al principio del capítulo con los temas tratados?

EJERCICIOS DE VOCABULARIO

Si hace falta para completar estos ejercicios, consulte la Lectura Comercial o la lista de vocabulario al final del capítulo.

A. Traduzca estos términos al español y explique su significado.

1. home office
2. bulletin board
3. system
4. facsimile machine
5. technology
6. paperwork
7. payroll
8. spreadsheet
9. gesture
10. word processor

B. Dé algunos sinónimos o explicaciones de las siguientes palabras.

1. almacenar
2. sucursal
3. ordenador
4. chisme
5. reprografía
6. renovarse
7. efectos de escritorio
8. muebles de oficina

C. Explique de qué manera están relacionadas las siguientes palabras.

1. oral/escrito
2. cifra/letra
3. software/hardware
4. archivar/perder
5. teléfono/contestador automático
6. comunicación interna/ comunicación externa
7. oficina central/ teleconmutador
8. hacer entrar/hacer salir

D. ¿Qué palabras asocia Ud. con los siguientes vocablos?

1. procesar
2. carpeta
3. fax
4. jerga
5. memorándum
6. red de comunicación
7. impresora
8. paralenguaje

E. Llene los espacios con la palabra más apropiada de la lista.

equipo	adiestramiento	comunicación
personal	negocios	computación
calculadora	máquina de escribir	

Los dos sistemas de ________ y ________ requieren ________ nuevo para estar al día en los ________. Además es importante que el ________ reciba el ________ necesario y que sepa utilizar más que la ________ y la ________ tradicionales.

F. Complete las siguientes oraciones en sus propias palabras.

1. La computadora sirve para...
2. Un teleconmutador es una persona que...
3. Todavía se usa la correspondencia escrita cuando...
4. La jerga de una industria particular se puede definir como...
5. La comunicación visual incluye...

G. Traduzca las siguientes oraciones al español.

1. Advances in technology make it possible to conduct business more quickly and efficiently.
2. Machines and people must work together in the modern office.
3. Some employees are afraid at first to use high-tech equipment.
4. Data processing and word processing are two important functions performed by computers.
5. Fiber optics is the technology that makes "intelligent" office buildings possible.

UNA VISTA PANORAMICA DE NICARAGUA

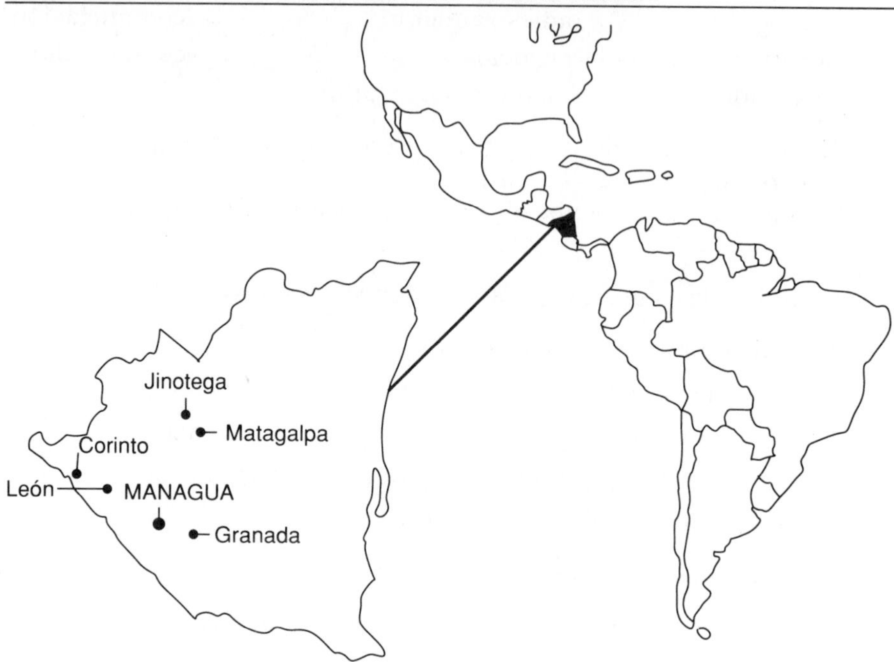

Nombre oficial

República de Nicaragua

Geografía

Tamaño: 148.100 kilómetros cuadrados, aproximadamente el tamaño del estado de Iowa. **Capital:** Managua (con un millón de habitantes). **Ciudades principales:** León, Granada, Jinotega, Matagalpa.

Demografía

Población: Nicaragüenses, 3,9 millones en 1990, con proyecciones de 5,4 millones en el año 2000. **Población urbana/rural:** 57% urbana, 43% rural. **Grupos étnicos:** Mestizo, 69%; blanco europeo, 14%; negro, 8%; zambo, 5%; indio, 4%. **Agrupación por edad:** 0–14 años, 47%; 15–29, 28%; 30–44, 14%; 45–59, 8%; más de 60, 3%. **Lenguas:** Español (oficial), inglés en la costa del Caribe. **Analfabetismo:** 34%.

Gobierno

República federal de dieciséis departamentos.

Economía y comercio

Divisa: El nuevo córdoba (C$). **Producto Nacional Bruto (PNB en $EE.UU.:** $2,5 mil millones. **PNB per cápita (en $EE.UU.):** $679. **Tasa media de inflación anual 1980–1986:** 617%. **Recursos naturales:** Agricultura, madera, ganado, pesca, oro. **Agricultura:** 23% del PIB, 45% de la mano de obra. Café, algodón, maíz, azúcar, carne de res. **Industria:** 32% del PIB, 16% de la mano de obra. Comida procesada, bebidas, textiles, petróleo, maquinaria, vehículos. **Servicios:** 45% del PIB, 39% de la mano de obra. **Exportaciones:** Café, algodón, azúcar, carne de res, banana, mariscos, oro. **Mercados:** CEE, 55%; COMECON, 30%; MCC, 8%. **Importaciones:** Productos químicos y farmacéuticos, petróleo, maquinaria, vehículos, comida. **Transportes:** Carreteras (14.997 kilómetros, 11% pavimentados), ferrocarriles (344 kilómetros), un aeropuerto internacional. Puertos principales: Corinto, Puerto Somoza, San Juan del Sur. **Comunicaciones:** Cuatro periódicos, un radio por cada 11 personas, un televisor por cada 20 personas y un teléfono por cada 64 personas.

LA ACTUALIDAD ECONOMICA NICARAGÜENSE

La economía de Nicaragua fue un desastre en la década de los ochenta, debido a los efectos de la revolución sandinista iniciada en 1979. La guerra civil de los ochenta dio por resultado una gran escasez de toda clase de bienes y artículos de primera necesidad, y hoy en día el consumidor nicaragüense todavía se fastidia al hacer largas colas en todas partes. Según muchos informes, el nivel de vida es incluso más bajo que durante la época de la dictadura de Anastasio Somoza: hay escuelas sin textos y hospitales sin medicinas. En 1988 hubo una tasa de inflación de más del veinte mil por ciento y para esa fecha el córdoba había perdido más del 99% de su valor en 1979. Hoy en día Nicaragua es el segundo país más pobre del Hemisferio Occidental, después de Haití.

La lucha entre sandinistas y «contras» (contra-revolucionarios), además de las grandes pérdidas en vidas humanas, representó un gasto enorme de 50% del presupuesto nacional durante los años ochenta. El embargo económico impuesto por EE.UU. en 1985 agravó la situación y empujó a Nicaragua a buscar más apoyo económico de la URSS. La prolongada crisis económica de Nicaragua se debe además a la política económica seguida por el gobierno sandinista. Se había creado una economía estatal que imponía controles sobre los precios de consumo, lo cual había conducido a un bajo nivel de producción. A la vez, México, Venezuela y otros países exportadores de petróleo, para demostrar su descontento con esa política económica, se resistieron a vender esta fuente energética a Nicaragua con los precios favorables de antes, hasta que se empezaran a resolver las grandes deudas ya acumuladas. En las elecciones de febrero de 1990, Violeta Chamorro fue elegida Presidenta de Nicaragua, lo cual fue un acontecimiento totalmente inesperado por el gobierno sandinista. No obstante, no habrá solución para los tremendos problemas económicos de Nicaragua mientras duren su ambiente de guerra civil y el embargo económico de los Estados Unidos.

UNA VISTA PANORAMICA DE PANAMA

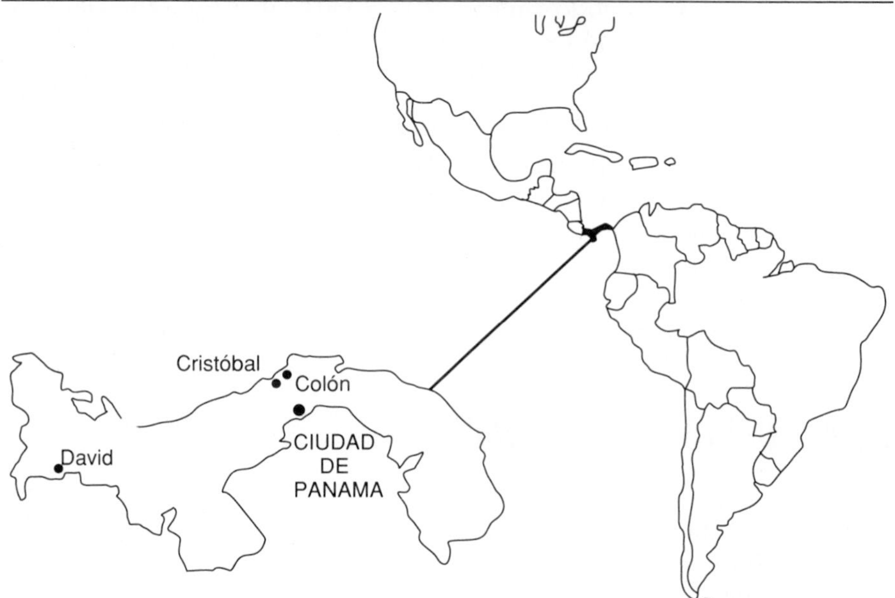

Nombre oficial

República de Panamá

Geografía

Tamaño: 78.046 kilómetros cuadrados, un poco más grande que el estado de West Virginia. **Capital:** Ciudad de Panamá (con 439.000 habitantes). **Ciudades principales:** Colón, David, San Miguelito.

Demografía

Población: Panameños, 2,42 millones en 1990, con proyecciones de 2,89 millones en el año 2000. **Población urbana/rural:** 53% urbana, 47% rural. **Grupos étnicos:** Mestizo/mulato, 60%; negro, 14%; blanco europeo, 12%; indio, 8%; otro 6%. **Agrupación por edad:** 0–14, 37%; 15–29, 30%, 30–44, 17%; 45–59, 10%; más de 60, 6%. **Lenguas:** Español (oficial); el inglés es la segunda lengua profesional y comercial. También hay varios dialectos indígenas. **Analfabetismo:** 18%.

Gobierno

República centralizada en la que el presidente tiene el poder ejecutivo. La Zona del Canal (1.432 kilómetros cuadrados) está bajo el control de los Estados Unidos hasta el año 2000.

Economía y comercio

Divisa: El balboa (B). No se emite papel moneda en Panamá sino que la moneda de curso legal es el dólar EE.UU. **Producto Nacional Bruto (PNB en $EE.UU.):** $5,2 mil millones. **PNB per cápita (en $EE.UU.): $2.330.** **Tasa media de inflación anual 1980–1986:** 5%. **Recursos naturales:** Lugar geográfico estratégico, cobre, madera. **Agricultura:** 10% del PIB, 27% de la mano de obra. Banana, arroz, azúcar, maíz, café. **Industria:** 15% del PIB, 16% de la mano de obra. Procesamiento de comida, bebidas, productos petroleros, materiales de construcción. **Servicios:** 75% del PIB, 57% de la mano de obra. **Exportaciones:** Banana, productos petroleros, camarones. **Mercados:** EE.UU., 67%; Puerto Rico, 13%; CEE, 8%; Costa Rica, 5%. **Importaciones:** Maquinaria, combustibles y lubricantes, artículos manufacturados. **Transportes:** Carreteras (9.964 kilómetros, 33% pavimentados), ferrocarriles (588 kilómetros), seis aeropuertos. Puertos principales: Cristóbal, el cual sirve a Colón, y Balboa, el cual sirve a la Ciudad de Panamá. **Comunicaciones:** Nueve periódicos, un radio por cada dos personas, un televisor por cada cinco personas y un teléfono por cada diez personas.

LA ACTUALIDAD ECONOMICA PANAMEÑA

La economía de Panamá ha dependido mucho del Canal de Panamá (construida en 1914) y de su posición estratégica geográfica. Desde 1970, Panamá se ha convertido en un centro financiero debido a ciertos factores: los buenos medios de comunicación y transporte disponibles; el uso de los dos idiomas principales del hemisferio, el español y el inglés; una fuerza laboral bien educada; una ausencia de controles gubernamentales sobre el cambio de dinero (lo cual, en su aspecto negativo, ha facilitado el lavado de dinero por los narcotraficantes); y unas leyes más liberales hacia las sucursales ultramarinas, es decir, hacia aquellas operaciones fuera del país de empresas establecidas dentro de Panamá que quedan exentas de impuestos panameños.

A mediados de los ochenta, el número de bancos en Panamá creció a más de 125. Durante la segunda mitad de la década, una serie de problemas políticos causados por las actividades cuestionables del General Manual Antonio Noriega provocó sanciones económicas contra el gobierno panameño por parte de EE.UU. Aunque este hecho no cambió ni las tarifas ni la cantidad de comercio en la zona de comercio libre, la segunda más grande del mundo después de Hong Kong, hubo una rápida salida de depósitos bancarios y una enorme pérdida de capital. Además, como el gobierno de Panamá no emite su propio papel moneda, el balboa tiene solamente un valor nominal. Por eso, cuando el gobierno de EE.UU. congeló los fondos panameños depositados en los bancos estadounidenses, el gobierno panameño se encontró en un estado financiero muy apurado.

Desde su construcción en 1914, EE.UU. ha mantenido el control de la Zona del Canal de Panamá, lo cual ha servido los intereses políticos y económicos estadounidenses. Por un lado, ha permitido que este país mantenga una presencia civil y militar en la región y, por otro, que utilice el canal como una importantísima vía de transporte comercial. Un acuerdo entre los EE.UU. y Panamá en 1979 garantiza la neutralidad permanente de la operación y la defensa de la Zona del Canal por parte de EE.UU. hasta el año 2000. A partir de esa fecha, Panamá asumirá el control completo de la administración y las operaciones del canal.

Hoy en día, Panamá todavía depende del dinero que aportan el canal, el turismo y los servicios relacionados con el canal. Hasta ahora, no ha sido necesario desarrollar más las técnicas modernas requeridas para la agricultura ni para más exportaciones de sus propios productos, pero hará falta desarrollarlas en el futuro.

ACTIVIDAD

¿Qué sabe Ud. de Nicaragua y de Panamá? Haga los siguientes ejercicios.

1. Describa la geografía de ambos países.
2. ¿Cómo es la demografía de estas naciones?
3. ¿Cuáles son las principales exportaciones e importaciones de Nicaragua y de Panamá?
4. ¿Con qué países suelen comerciar Nicaragua y Panamá?
5. ¿Cuál es la divisa de los países y a cuánto está su cambio con el dólar? ¿Qué moneda nacional se usa para las transacciones en Panamá?
6. ¿Cómo se caracteriza el comercio de Panamá en términos generales?
7. ¿Qué impacto ha tenido la política estadounidense hacia Panamá? Explique.
8. En términos políticos y económicos, ¿cómo se ha distinguido Nicaragua de los otros países centroamericanos?
9. ¿Cómo han cambiado los datos presentados para cada país bajo la categoría de ECONOMIA Y COMERCIO? Búsquelos en un libro de consulta y póngalos más al día.

LECTURA CULTURAL

El hombre, la mujer y el empleo

Durante la primera mitad de los años ochenta, la tasa de desarrollo económico de Hispanoamérica subió. Esto se debió en gran parte al crecimiento de la producción manufacturera y al aumento de las exportaciones de bienes de todas clases pero, en especial, de las materias primas y de los productos agrícolas. Brasil y México gozaron de la prosperidad más grande de todos los países latinoamericanos, debido al petróleo y a sus productos forestales, frutas frescas y productos pesqueros. Sólo Centroamérica experimentó un desarrollo menos favorable a causa de la guerras civiles y el énfasis en productos agrícolas para el consumo interno. En algunos países, el turismo ha sido muy importante.

A partir de 1987 esta realidad favorable empezó a deteriorarse. El desempleo y el subempleo empezaron a aumentar de nuevo. También, por falta de una buena educación general y de una capacitación técnica, muchas personas no estaban preparadas para desempeñar un gran número de los trabajos disponibles. Complicaron e intensificaron esta situación las siguientes circunstancias:

1. La urbanización de la población que encaminó la fuerza laboral del sector agropecuario hacia los sectores industriales y, en especial, hacia los de servicios, los cuales llegaron a ser y siguen siendo el sector económico de mayor crecimiento
2. La enorme entrada de las mujeres en la fuerza laboral, especialmente en México y Venezuela
3. La gran competencia entre hombres y mujeres debido a mejoras en el adiestramiento de éstas y la subsiguiente aparición de grupos y movimientos feministas que piden igualdad de derechos y trato en el trabajo y otros campos

El resultado ha sido que hoy en día en algunos casos la mujer tiene más oportunidades para conseguir un buen trabajo que el hombre, lo cual representa una nueva realidad social.

Históricamente el hombre y la mujer han tenido formación y papeles diferentes en el mundo hispánico. Por lo general, la mujer se criaba en un ambiente religioso en el cual tenía una gran importancia el marianismo o el culto de veneración hacia la Virgen María. En este contexto, la mujer no sólo aprendió a ser sumisa al hombre en todos los asuntos que afectaban lo moral, espiritual y casero, sino que aceptó y se instruyó en sus deberes y responsabilidades de ser madre. En verdad, su principal papel, hasta muy recientemente, era exclusivamente el de cuidar de la familia y de criar a los niños. Pero, con respecto a las grandes decisiones familiares—la educación de los hijos, las compras importantes (coches, viajes, etc.), etc.—la mujer cedía frente a su esposo y, fuera de casa, apenas tenía influencia por su falta de educación, preparación profesional y oportunidad. También carecía de derechos sociales como el voto electoral, del cual se ocupaban los hombres. Sin embargo, la mujer hispánica ha recibido históricamente ciertos derechos que no tenían otras mujeres del mundo. Un ejemplo es que, en la época colonial, ya se permitía que la mujer hispánica fuera dueña de su propio terreno.

El hombre, en cambio, ha tenido otra formación social, basada en el concepto del machismo. Por un lado, ha aprendido a ser generoso, digno, honrado y caballeresco. Por otro, ha procurado emular al famoso personaje literario, don Juan. Como éste, adopta una actitud y posición superiores hacia las mujeres y se dedica a probar y a manifestar su virilidad. Esta actitud machista ha influido mucho en las relaciones entre hombres y mujeres y explica en parte por qué les es muy difícil a muchos hombres hispanos aceptar a la mujer como jefa, gerente o ejecutiva.

La igualdad entre el hombre y la mujer en el lugar de trabajo no ha sido la norma hasta hoy en día, ni en los países hispánicos ni en los Estados Unidos. La tradición de desigualdad se conserva más entre las clases sociales bajas y en las regiones rurales que en las grandes ciudades, donde hay más mujeres bien educadas y adiestradas que antes. Con la entrada de más mujeres capacitadas en el campo del comercio, la decisión de escoger al «mejor hombre» para cierto trabajo o puesto administrativo se está convirtiendo en la búsqueda de la «mejor persona». A la vez, las restricciones legales hacen que el «enchufe» o la «palanca» de los lazos familiares o el nepotismo tengan menos importancia que antes, tanto en Estados Unidos como en los países hispánicos. Con estos cambios, se ve que la vida profesional en la oficina también está cambiando las estrategias, las convenciones, las reglas de conducta, los tabúes, los códigos de vestirse y los criterios del habla aceptables en el pasado. En el panorama del futuro, habrá importantes cambios al considerar elementos como los siguientes:

1. las cualidades positivas exigidas y aprendidas desde joven, como la firmeza, el espíritu competitivo y la capacidad de asumir el mando con autoridad y fuerza
2. la fuerza física y la capacidad intelectual
3. la preparación emocional y psicológica
4. la independencia y la capacidad de cooperación
5. la asignación de responsabilidades dentro de una empresa.

ACTIVIDADES

A. ¿QUE SABE UD. DE LA CULTURA?

1. ¿Qué factores contribuyeron al desarrollo económico de Hispanoamérica en los años ochenta?

2. ¿Qué acontecimientos reflejan posibles dificultades para la mano de obra en Hispanoamérica?
3. ¿Qué es el marianismo? ¿El machismo? ¿El nepotismo? ¿Qué efectos han tenido o pueden tener en la oficina donde uno trabaja?
4. ¿Hay igualdad de oportunidad para los hombres y las mujeres en el mundo de los negocios en los países hispánicos? ¿En los Estados Unidos? Explique.
5. Describa su propia formación académica y familiar. ¿Lo/la han preparado para hacerse gerente de un negocio?

B. ASIMILADOR CULTURAL

Lea lo siguiente y conteste la preguntas a continuación.

María Isabel Salazar, graduada de la universidad con una especialización en Administración y Finanzas, es la nueva ejecutiva del Departamento de Ventas en la empresa DeKorado que vende muebles para la sala de estar, el comedor y la recámara. Ella ha decidido que hacen falta algunos cambios en las estrategias de sus vendedores.

En la primera reunión con los tres vendedores, María Isabel discute con ellos sus expectativas. Uno de ellos, López Cárdenas de Santiago, uno de los primeros empleados de la empresa, se sienta en la silla inmediatamente delante de ella y la mira fijamente mientras escucha sus ideas.

—Es importante que lleguen Uds. puntualmente al trabajo y que atiendan inmediatamente a los clientes que pasen por la tienda. Me han informado que en el pasado, no ha sido así. Hay que mejorar este aspecto de nuestro servicio, ¿no les parece? Así que, empezando mañana...

Los otros dos vendedores con menos experiencia y años de servicio no dicen nada, pero Cárdenas de Santiago empieza a contestar la pregunta retórica hecha por la nueva ejecutiva:

—Bueno, señorita...

Conteste las siguientes preguntas.

1. ¿Qué diferencias puede haber entre las perspectivas de María Isabel y este vendedor?
2. ¿Qué va a decirle Cárdenas de Santiago a su nueva jefa?
3. ¿Por qué se callan los otros vendedores durante la conversación entre el señor Cárdenas y la nueva jefa?
4. ¿Qué opina Ud. del estilo gerencial de la nueva ejecutiva en su trato inicial con sus empleados? ¿Cómo habría iniciado Ud. este primer encuentro?

SINTESIS COMERCIAL Y CULTURAL

ACTIVIDADES COMUNICATIVAS

A. **Al teléfono.** Haga las siguientes llamadas telefónicas a otro/a estudiante de la clase. Cada persona deberá tomar un papel activo en la conversación.

1. Ud. es gerente de una oficina en la cual un sistema de computadoras recién instalado no ha funcionado muy bien. Llame a la persona que lo instaló y explique las complicaciones que hay (por ejemplo, que no aparece nada en el monitor, no funciona la impresora laser, etc.).
2. Ud. es un/a jefe/a de personal que acaba de recibir la queja de una secretaria de acoso sexual por el gerente de ventas. Llame al/a la vicepresidente/a para informarle sobre la situación.
3. Ud. es el/la gerente de una empresa que necesita mejorar su sistema de comunicaciones externas. Llame a un/a experto/a para explicarle sus necesidades y solicite su ayuda.

B. **Situaciones para dramatizar.** Lea las siguientes situaciones y después haga el papel en español con otro/s estudiante/s, usando el supuesto como punto de partida. Cada persona deberá tomar un papel activo en la dramatización.

1. You have been assigned to an office in Managua. Tell the person in charge what new furniture and office supplies you need: a swivel chair, a desk lamp, pencils, pens, paper clips, etc. The person in charge asks why you need these things and objects that some of them will be difficult to obtain. Convince him or her that you need them in order to do your work.
2. You are a sales representative of a computer firm and want to sell your products to a manufacturer who is intent on not using modern equipment. Explain the advantages of your system for the following:
   a. production control
   b. inventory maintainance
   c. payroll
   d. automatic billing

Después de dramatizar estas situaciones, discuta Ud. con sus compañeros de clase el tipo de equipo de oficina que se necesita según los objetivos de diferentes clases de empresa (producción, contabilidad, finanzas, administración de personal, seguros o naviera).

C. Ud. es el/la intérprete.

La señora Amy Cortés de Rivas, natural de Luisiana y esposa de un gerente panameño, hace una visita a la oficina de su marido. Al entrar en el edificio, intenta hablar con el conserje, Juan Cruz Escudero, sobre los cambios que se han hecho en la oficina de su esposo durante los últimos seis meses en Panamá.

Haga Ud. el papel de intérprete entre estos dos individuos. Traduzca del inglés al español y del español al inglés, sin mirar el texto, el diálogo que leerán otros dos estudiantes en voz alta. Ellos harán una pausa después de cada vírgula para permitir su traducción. Acuérdense todos de usar un tono de diálogo natural.

SRA. CORTÉS My husband tells me that morale has really improved in the office/ since the changes were made last March.

INTERPRETE ______________________________

SR. CRUZ Sí. señora, me parece que así es./ Todos parecen estar de mejor humor cuando llegan al trabajo./ Ya era hora de que se renovara un poco la oficina.

INTERPRETE ______________________________

SRA. CORTÉS Well, Juan, it certainly looks a lot nicer./ My husband's really pleased with the new lighting./ He says it helps the secretaries when they type or work with the adding machines./ I think it also helps him to read the contracts and balance sheets./ You know, his eyes aren't what they used to be.

INTERPRETE ______________________________

SR. CRUZ Sí, y el nuevo aire acondicionado les encantó a todos este verano pasado cuando hizo tanto calor./ También dicen que las nuevas computadoras han reducido mucho el papeleo que había antes./ Si viera Ud. lo rápido que son esas máquinas...

INTERPRETE ______________________________

SRA. CORTÉS I know, I've heard all about it./ It seems like the office staff is happier, too,/ because of the new paint job and the addition of a salad bar in the cafeteria./ That was my idea./ Have you eaten there yet?

INTERPRETE ______________________________

SR. CRUZ No, todavía no, señora, pero ya lo haré./ Dicen que las ensaladas son muy buenas./ Bueno, señora, que pase Ud. un buen día. Adiós.

INTERPRETE ______________________________

D. Caso práctico. Lea el caso y haga los ejercicios que están a continuación.

Faye Bornwell, nueva gerente de la empresa B & B Shipyards y directora de las sucursales fuera de Norfolk, Virginia, donde se ubica la casa matriz, acaba de llegar a Balboa. La Junta Directiva la ha mandado a Panamá para mejorar la eficiencia del personal de la oficina y de la fábrica y para tomar las decisiones necesarias para hacer frente a la crisis provocada por las sanciones estadounidenses contra el país.

Al llegar a la sucursal panameña, Bornwell se da cuenta de la informalidad y la falta de disciplina que caracterizan el ambiente de trabajo. Varios de los hombres, sin saber quién es ella, le hacen piropos («Dale, guapa,» «Por la gloria de Dios»), las recepcionistas no están en su lugar y hay un grupo de empleados al lado de la cafetera riéndose y chismeando sobre las huelgas contra el gobierno y la falta de dólares en la economía.

Enfadada, Bornwell pregunta por el Sr. Daniel Costa, el director de personal, y uno de los hombres que le habían hecho los piropos le contesta «aquí». Bornwell se presenta y le pide una reunión inmediata en su oficina, donde empieza por preguntarle sobre la situación que acaba de encontrar al llegar a la sucursal.

—Perdón, señorita, pero no sabíamos quién era usted . . .

Después de escuchar sus excusas, Bornwell le explica que ha decidido que hace falta ofrecer incentivos especiales para que los empleados tomen en serio sus recomendaciones de cómo conducirse en el trabajo: de llegar a tiempo, arreglar un horario fijo para los descansos, no chismear, no echarles piropos a las mujeres, etc. Mientras la escucha atentamente el Sr. Costa, entra su colega, Ruiz Carola Hoyos, el director de finanzas.

—Perdón, señorita Bornwell, me acabo de enterar de su llegada. Ruiz Carola Hoyos, a sus órdenes.

El director de finanzas tiene contactos dentro de la industria bancaria en Panamá que le han avisado sobre la posible vuelta de millones de dólares a los bancos de la nación y de un posible cambio en las exenciones tributarias para las multinacionales como B & B Shipyards. El se da cuenta de la gran importancia de esta información, pero no le dice nada a la nueva gerente.

Haga los siguientes ejercicios.

1. ¿Por qué ha ido Faye Bornwell a Balboa?
2. Describa su llegada a la sucursal.

3. ¿Qué quiere decir el lema, «Trabajo para vivir, no vivo para trabajar». ¿Cómo se aplica a la situación en la oficina de Balboa?
4. ¿Qué efecto tiene el uso del papel moneda en dólares en las calles de Panamá? ¿Qué impacto tuvieron las sanciones estadounidenses en la economía de Panamá?
5. ¿Por qué guarda los datos económicos más recientes el director de finanzas? ¿Cómo resultará la comunicación entre Bornwell y Carola Hoyos?
6. Si Ud. fuera Faye Bornwell, ¿cómo procedería durante el resto de su visita a Balboa?

VOCABULARIO

acoso sexual *sexual harassment*
agropecuario *agricultural*
archivo *filing cabinet*
auricular (m) *telephone receiver*
cajón (m) *drawer*
calculadora *calculator*
capacitar *to train*
carpeta *file folder*
casa matriz *home office*
cifra *number, digit, code*
comunicación sumergida *gossip*
conserje (m/f) *janitor*
contestador automático *answering machine*
correo auditivo *voice mail*
_____ electrónico *electronic mail*
chismear *to gossip*
efectos de escritorio *desk set, stationery*
empresa naviera *shipping company*
engrapador (m) *stapler*
engrapamiento *stapling*
enseres (m) *tools, equipment*
estante (m) *bookshelf*
fax (telefax) (m) *FAX, facsimile machine*
fibra óptica *fiber optics*
fotocopiadora *photocopier, copy machine*
gesto *gesture*
goma elástica *rubber band*
grapa *staple*
hoja de cálculo *spread sheet*
impresora de laser *laser printer*
_____ de matriz de puntos, matricial *dot matrix printer*
informática *computer science*
liga *rubber band*
máquina de escribir *typewriter*
mostrador para ensalada (m) *salad bar*
olor (m) *odor, smell, aroma*
ordenación *collating*
ordenador (m) *computer (Spain)*
palanca *"pull," influence*
paralenguaje (m) *paralanguage (gestures, tone of voice, posture)*
piropo *flirtatious remark*
portátil *portable*
presilla *paper clip*
procesador/a de textos (de palabras) *word processor*
procesamiento de datos *data processing*
_____ de textos (de palabras) *word processing*
registrar *to record*
reprografía *reprography, photocopying*
sede central (f) *home office*
sobre (m) *envelope*
subempleo *underemployment*
sucursal ultramarina (f) *overseas branch*
tablero de anuncios *bulletin board*
tablón *bulletin board*
teleconmutador/a *telecommuter*
ultramarino (adj) *offshore*
zambo *racially half Indian/half black*

CAPITULO

6 El personal y las relaciones laborales

A business that makes nothing but money is a poor kind of business.

Henry Ford

El presente siempre triunfa del ausente.

Proverbio

Una manifestación de obreros. Barcelona, España.

PREGUNTAS DE ORIENTACION

Al hacer la lectura comercial, piense Ud. en la respuestas a las siguientes preguntas.

- ¿Cuáles son algunos de los pasos importantes para el director de personal de una empresa al contratar a un nuevo empleado?
- ¿Cuáles son algunos factores que se consideran para determinar la remuneración de un empleado?
- ¿Cuáles son algunas de las formas de remuneración?
- ¿Cómo se diferencian la teoría del mercado y la del nivel de vida en la determinación de los salarios?
- ¿Cuáles son los objetivos del sindicato?
- ¿Cuáles son las ventajas y las desventajas de un convenio colectivo para los trabajadores?
- ¿Cuáles son algunas estrategias de los sindicatos en las negociaciones?
- ¿Qué métodos emplean los gerentes para tratar con los sindicatos?

BREVE VOCABULARIO UTIL

árbitro *arbiter*
cabildero *lobbyist*
carga *tax, load*
cargo *job, post*
cierre (m) *shut-down*
contratar *to hire*
esquirol (m) *strike breaker, scab*
huelga *strike*
huelguista (m/f) *striker*
sindicato *union*
trabajo a destajo *piecework*

LECTURA COMERCIAL

Contratación, pago y negociación laboral

Después de organizar la oficina y los sistemas de comunicación, el gerente encargado del personal de una empresa tiene que prepararse para contratar a las personas mejor preparadas para los distintos cargos de la compañía. Entre otras cosas, con otros gerentes de la empresa tiene que:

1. evaluar las necesidades presentes y futuras de la firma con respecto al tipo de personal que ésta requiere, precisando, cuando sea posible, las descripciones y responsabilidades de cada puesto de trabajo
2. reclutar a personas competentes, utilizando los diferentes medios publicitarios disponibles, en especial los anuncios. En éstos hay que incluir el tipo de empleo, las cualidades

requeridas para el trabajo y los procedimientos para solicitar el empleo y, quizás, alguna información más—salario, datos sobre la comunidad, etc.

3. revisar todas las solicitudes recibidas, incluso las cartas de referencias, eligiendo y entrevistando a los solicitantes más idóneos
4. contratar a los mejores candidatos, orientándolos en cuanto a los objetivos, la organización y la operación de la empresa, a la vez que explicándoles el horario y las relaciones laborales, los salarios y los aumentos, los beneficios, el ascenso, etc.
5. ayudar con el adiestramiento del nuevo personal con respecto a las tareas y las responsabilidades que deben cumplir
6. ayudar con la evaluación de los empleados con respecto a la realización de su trabajo.

Uno de los aspectos más importantes para el director de personal, también llamado hoy en día el gerente de recursos humanos, es determinar, con la ayuda del supervisor inmediato del nuevo empleado, el salario o el sueldo que se le va a ofrecer. Varios factores tienen que considerarse para determinar esta remuneración, entre los cuales se destacan:

1. el estado financiero de la empresa
2. el tipo de empleo
3. las habilidades necesarias para realizar el trabajo
4. la demanda de habilidades o conocimientos especiales del empleado
5. el salario general de la región en que se ubica la empresa
6. el costo de vida en la comunidad.

Generalmente el salario se determina por hora o por día, mientras que el sueldo se establece por semana, por mes o por año. Los dos representan un pago a cambio de una labor y de algo producido, sea éste un bien o un servicio.

Hay varias formas de remuneración. El sueldo se aplica a los trabajos intelectuales y de administración, de supervisión o de oficina. El salario se destina a los trabajos manuales o de taller. También se refiere al trabajo a destajo que se paga por cada unidad de trabajo; es decir, el que se basa en la cantidad producida. La comisión representa una cantidad específica de dinero o un porcentaje del precio por cada unidad vendida. Se limita generalmente a las ventas y no se refiere a la producción. Con el comisionista, muchas empresas establecen una cuenta de anticipos por cada vendedor contra la cual se cobran las comisiones realizadas.

Otra forma de pago es la prima por trabajo fuera de turno en que se paga más por el turno nocturno con sus horas menos atractivas y de rutina irregular. La última forma de remuneración la constituyen las cargas sociales que son los beneficios mayores como los seguros de salud, vida y jubilación y los seguros contra accidentes.

La teoría del mercado y la del nivel de vida representan dos puntos de vista distintos acerca de los sueldos. Según la primera, el sueldo se establece por medio de convenios colectivos entre los trabajadores y la gerencia. Los trabajadores son los vendedores de la mano de obra y representan la oferta mientras que la gerencia (los compradores) representa la demanda de la mano de obra. En la segunda, el sueldo debe asegurar que los trabajadores tengan un nivel de vida aceptable, satisfaciendo tanto las necesidades básicas como las oportunidades de educación, de ahorros y de recreo.

Sea cual fuere la teoría del pago, la forma de remuneración debe cumplir con ciertos requisitos y objetivos. En primer lugar, debe atraer a la empresa a trabajadores bien preparados. Debe satisfacer a los empleados y debe ser justo con todos ellos según la dificultad del trabajo y la habilidad requerida para realizarlo. Finalmente, debe aumentar la cantidad o mejorar la calidad de los productos elaborados o de los servicios proporcionados. En este último caso, se pueden ofrecer incentivos o beneficios adicionales por el trabajo bien hecho.

Con respecto a los asuntos y relaciones laborales, también existen diferencias notables. En algunas empresas no hay sindicatos y el empleado tiene que negociar directamente con su jefe o gerente los sueldos y los beneficios que recibirá. En las empresas sindicadas, donde se ponen límites al poder y a la autoridad gerenciales, el sindicato interviene en los asuntos laborales y negocia los contratos en nombre de los trabajadores, procurando conseguir los mejores salarios y condiciones de trabajo posibles. En estas negociaciones, el grupo colectivo casi siempre sale mejor que el individuo.

La negociación para llegar a un convenio colectivo puede ser un proceso largo y complicado. Los representantes del sindicato y los gerentes de la empresa se reúnen para discutir y resolver sus diferencias con respecto a toda una serie de asuntos laborales, desde los aumentos de salarios y beneficios hasta las mejoras físicas en la fábrica u oficina. El resultado ideal es un contrato que favorece tanto a la compañía como a los trabajadores. Cabe decir, sin embargo, que a veces las negociaciones no se concluyen tan positiva ni pacíficamente.

Cuando la gerencia y el sindicato no pueden resolver sus diferencias, los dos pueden recurrir a tácticas agresivas para lograr sus metas. Entre otras estrategias, el sindicato utiliza la huelga o el paro laboral a fin de paralizar la operación de la empresa. Los trabajadores no acuden al trabajo ni reciben sus salarios usuales, pero esperan recuperar más tarde este dinero y los antiguos derechos además de ciertos beneficios adicionales. También organizan piquetes laborales en los cuales los huelguistas y sus partidarios caminan alrededor de la fábrica u oficina donde se ubica la empresa y tratan de convencer a los demás trabajadores y al público de no trabajar o comerciar con la compañía. En las huelgas de larga duración donde predominan los malos sentimientos, los obreros o empleados recurren de vez en cuando al sabotaje, para causar daños físicos a la maquinaria o a la fábrica misma; o a la demora, que para la producción u obstaculiza la entrega de los servicios. También, para influir en el público así como para favorecer la causa trabajadora, los empleados pueden servirse del boicot, una táctica que se usa para convencer al público de que no trate o comercie con cierta empresa. Puede ser un boicot principal contra la fábrica misma del obrero o un boicot secundario contra el producto de otra fábrica.

Los gerentes, por otra parte, tienen sus propios métodos para tratar con los sindicatos. El cierre o la huelga patronal deja a los obreros sin trabajo hasta que éstos lleguen a un acuerdo con la empresa. En otros casos, la compañía contrata a empleados llamados *esquiroles* para obligar a los trabajadores contratados a volver al trabajo. A veces, procuran conseguir un mandato judicial que requiere que los obreros dejen de declararse en huelga. También utilizan la lista negra, aunque es ilegal, contra los trabajadores que fomentan problemas entre los otros empleados o contra los que forman sindicatos. Por otro lado, procuran disuadir a los obreros de que se afilien con los sindicatos mientras trabajan, o emplean a cabilderos para presionar al gobierno para que favorezca su causa. Todos estos métodos se emplean para beneficiar a la empresa.

Al negociar un contrato, si no es posible llegar a un acuerdo entre ambos grupos, es posible buscar otros remedios para solucionar las diferencias: la conciliación, la mediación o el arbitraje. En la conciliación, un conciliador trata de reunir a los dos grupos y repasa las quejas y las posibles soluciones, pero no hace recomendaciones ni tampoco tiene el poder de mandar que lleguen a un acuerdo. En la mediación, un mediador hace recomendaciones específicas para resolver el conflicto, pero no son obligatorias. En el arbitraje, en cambio, se emplea un árbitro para tomar una decisión obligatoria. Estos procedimientos se utilizan sólo en el caso de que haya algo que obstaculice completamente las negociaciones directas entre el sindicato y la gerencia.

ACTIVIDADES

A. **¿Qué sabe Ud. de los negocios?** Vuelva Ud. a las preguntas de orientación que se hicieron al principio del capítulo y ahora contéstelas en oraciones completas en español.

B. **¿Qué recuerda Ud.?** Indique si las siguientes oraciones son verdaderas o falsas y explique por qué.

1. El sueldo se determina por hora o por día.

2. La entrevista es el único factor que considera la gerencia al contratar a alguien que solicita un puesto.
3. Cualquier sistema de remuneración debe atraer a la empresa trabajadores bien preparados.
4. Los sindicatos laborales tratan de negociar contratos sobre salarios, horas de trabajo y condiciones de trabajo.
5. Hacer una lista negra es una estrategia laboral legal.
6. El cabildero es el que se encarga de organizar las funciones sociales de los sindicatos.

C. **Exploración de sus conocimientos y opiniones personales.** Haga los siguientes ejercicios, usando sus propios conocimientos y opiniones personales.

1. ¿Cuáles son los tipos de trabajos que reciben un salario? ¿un sueldo? ¿Cómo se determinan las diferencias?
2. Dé un ejemplo del pago a destajo. ¿Cómo se puede controlar la calidad en este tipo de trabajo?
3. Se dice que el sueldo y los beneficios adicionales son los costos que más afectan las ganancias de una empresa. ¿Cómo se pueden justificar estos costos?
4. ¿Cuáles son las causas principales de las huelgas y otras disputas entre la gerencia y los empleados?
5. Justifique el uso de esquiroles por los gerentes en caso de una huelga.
6. ¿Se debe permitir la huelga laboral en situaciones que pueden afectar negativamente la economía o la salud de un país? Defienda su opinión.
7. ¿Cómo se relacionan los dichos al principio del capítulo con los temas tratados?

EJERCICIOS DE VOCABULARIO

Si hace falta para completar estos ejercicios, consulte la Lectura Comercial o la lista de vocabulario al final del capítulo.

A. Traduzca estos términos al español y explique su significado.

1. interview
2. to hire
3. incentive
4. wage
5. salary
6. promotion
7. piecework
8. grievance procedures
9. lobbyist
10. commission merchant

B. Dé algunos sinónimos o explicaciones de las siguientas palabras.

1. convenio
2. boicot
3. remuneración
4. obrero
5. comisión
6. piquete laboral
7. evaluación
8. huelguista
9. mediación
10. cargo

C. Explique de qué manera están relacionadas las siguientes palabras.

1. cantidad/calidad
2. obligatorio/opcional
3. huelguista/esquirol
4. árbitro/mediador
5. obrero/gerente
6. sueldo/salario
7. teoría del mercado/ teoría de nivel de vida
8. boicot principal/boicot secundario
9. contratar/despedir
10. jubilación/principio

D. ¿Qué palabras asocia Ud. con los siguientes vocablos?

1. solicitud
2. currículum vitae
3. nivel de vida
4. sindicato
5. taller
6. cierre
7. sabotaje
8. horas extraordinarias

E. Llene los espacios con la palabra más apropiada de la lista.

sabotaje	convenio	despedir
demoras	piquetes laborales	huelga
mediador	huelga secundaria	

A veces los trabajadores declaran una ________ si el sindicato no puede llegar a un ________ con la gerencia. Luego forman ________ cerca del lugar de trabajo para prohibir la entrada a otros trabajadores. En las líneas aéreas hay ________ para limitar la salida de vuelos y los pilotos pueden declarar una ________. La gerencia puede ________ a los que rehusan trabajar. Si no llegan a un acuerdo después de todo esto, se debe buscar la ayuda de un ________ para resolver las diferencias. En casos extremos, los empleados causan más problemas con el uso del ________ para dañar el equipo.

F. Complete las siguientes oraciones en sus propias palabras.

1. Una de las tareas que tiene que realizar el jefe de personal es...
2. Cualquier sistema de pago debe...
3. La cantidad de dinero que representa la comisión se determina...

4. Se paga más por el trabajo fuera de turno porque...
5. Los beneficios mayores más comunes en una empresa son...

G. Traduzca las siguientes oraciones al español.

1. The hiring of employees requires serious planning by the personnel manager.
2. Salary level should be based on a balance between supply and demand.
3. The wages of manual laborers or shop employees are sometimes greater than the salaries of managers.
4. After retirement, it is sometimes difficult for workers to obtain health, accident, and life insurance benefits.
5. Arbitration results in a binding decision accepted by both sides.

UNA VISTA PANORAMICA DE VENEZUELA

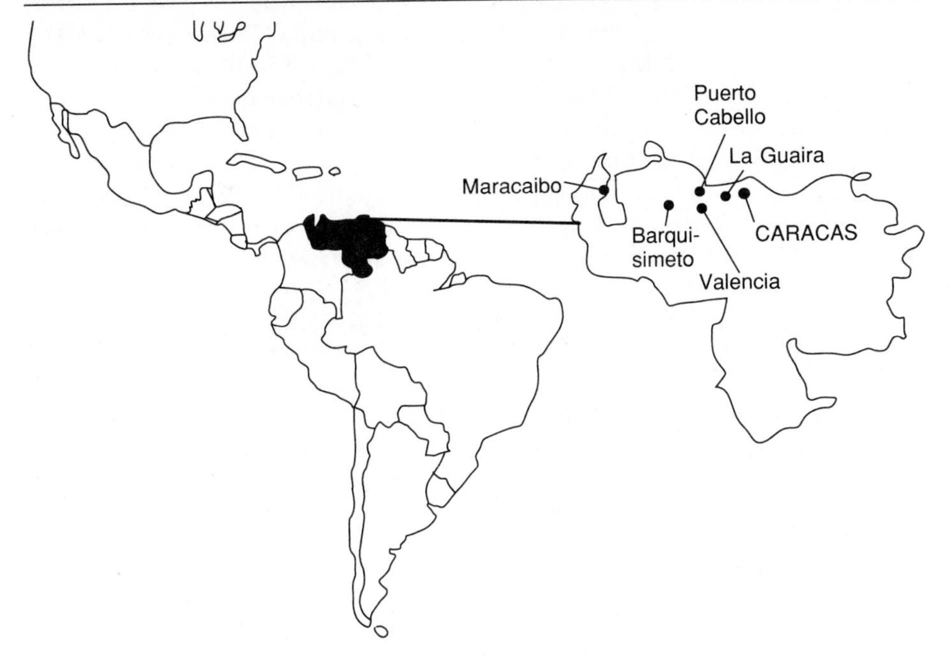

Nombre oficial

República de Venezuela

Geografía

Tamaño: 912.050 km. cuadrados, más de dos veces el tamaño de California. **Capital:** Caracas (con 4 millones de habitantes). **Ciudades principales:** Maracaibo, Valencia, Ciudad Guayana, Maracay, Barquisimeto.

Demografía

Población: Venezolanos, 19,7 millones en 1990, con proyecciones de 24,7 millones en el año 2000. **Población urbana/rural:** 86% urbana, 14% rural. **Grupos étnicos:** Mestizo, 69%; blanco europeo, 20%; negro, 9%; indio, 2%. **Agrupación por edad:** 0–14 años, 41%; 15–29, 29%; 30–44, 17%; 45–59, 9%; más de 60, 4%. **Lenguas:** Español. **Analfabetismo:** 12%.

Gobierno

República federal de veinte estados, un distrito federal y dos territorios nacionales.

Economía y comercio

Divisa: El bolívar (B). **Producto Nacional Bruto (PNB en $EE.UU.):** $57 mil millones. **PNB per cápita (en $EE.UU.):** $3.110. **Tasa media de inflación anual 1980–1986:** 8.7%. **Recursos naturales:** Petróleo, azufre, carbón, diamantes, gas natural, hierro, oro, bosque y pesca. **Agricultura:** 7% del PIB, 14% de la mano de obra. Azúcar, bananas, maíz, arroz, café, cacao. **Industria:** 31% del PIB, 26% de la mano de obra. Petróleo y sus derivados, productos petroquímicos, cemento, acero, fertilizantes. **Servicios:** 62% del PIB, 60% de la mano de obra. **Exportaciones:** Petróleo crudo y sus derivados, café, acero, cacao. **Mercados:** EE.UU., 41%; Antillas Holandesas, 17%; Alemania, 7%; Canadá, 5%; Italia, 4%. **Importaciones:** Maquinaria y vehículos de transporte, productos químicos, maquinaria eléctrica, hierro y acero, cereales. **Transportes:** Carreteras (100.571 kilómetros, 33% pavimentados), ferrocarriles (439 kilómetros, casi todos privados e industriales) y 39 aeropuertos. **Comunicaciones:** 61 periódicos, un radio por cada tres personas, un televisor por cada siete personas y un teléfono por cada once personas.

LA ACTUALIDAD ECONOMICA VENEZOLANA

Venezuela es uno de los mayores productores y exportadores de petróleo del mundo y fue uno de los fundadores de la Organización de Países Exportadores de Petróleo (OPEP). Su economía se basa en el petróleo: en 1985, el petróleo representó el 90% de la renta total de las exportaciones y el 61% de la renta estatal. El gobierno nacionalizó la industria en 1976 y desde entonces, se ha doblado el número de empleos relacionados con este sector y se ha cuadruplicado el valor de las rentas, a pesar de la disminución de la producción del petróleo crudo. Además, entre los países de la OPEP, Venezuela tiene la ventaja de exportar la tercera parte de su producción petrolera en forma de productos refinados. En 1985, exportó el 51% de su producción a los EE.UU. Venezuela también produce grandes cantidades de acero y de aluminio y ha fomentado en los últimos años la industria manufacturera.

La agricultura ha comenzado a ser otro sector importante de la economía venezolana, especialmente durante la presidencia de Jaime Lusinchi (1984–89). Produce en cantidades suficientes maíz, hortalizas, aves caseras y carne porcina y está tratando de aumentar las cosechas de soja y arroz.

El gobierno venezolano, igual que el de otros países hispanoamericanos, desempeña un papel importante en la economía nacional. Controla los servicios telefónicos y telegráficos y dirige las compañías públicas de agua. También controla una parte de la industria siderúrgica, casi toda la industria de aluminio, una de las líneas de aviación doméstica, la aerolínea internacional y una cadena de hoteles. En las últimas dos décadas, esta dirección económica gubernamental ha aumentado tanto que las compañías de petróleo y de electricidad ya son empresas estatales. En los años ochenta, Venezuela empezó una nueva política para eliminar el control de precios y reducir el proteccionismo. Además, ha tratado de diversificar su industria y reducir su dependencia del petróleo.

Carlos Andrés Pérez, quien sucedió a Lusinchi en 1989, trató de resolver la crisis financiera del país al suspender los pagos sobre el déficit de 26 mil millones de dólares. A la vez impuso un cargo adicional de derechos ad valorem sobre las importaciones. También ha tratado de desarrollar la economía nacional mediante la fusión de empresas y ha reducido los gastos gubernamentales. Estas medidas no se han realizado sin la oposición de varios grupos afectados. El sindicato venezolano más fuerte, la Confederación de Trabajadores Venezolanos, ha luchado por conseguir un aumento en los salarios para recuperar las pérdidas acumuladas durante la alta inflación de 1987–1989. Además, mientras Pérez negociaba con el FMI, el Banco Mundial y el Banco Interamericano de Desarrollo (BID) para conseguir nuevos fondos, hubo manifestaciones violentas contra sus programas de austeridad. Esta situación económica precaria ha perjudicado sus relaciones económicas con los demás países del Pacto Andino y de la región y ha contribuido a sus dificultades financieras.

Venezuela sigue con la necesidad de diversificar su economía, de tener más estabilidad en el mercado mundial del petróleo y de establecer una política comercial gubernamental favorable. No obstante estos contratiempos, Venezuela sigue teniendo un gobierno democrático desde los años cincuenta.

ACTIVIDAD

¿Qué sabe Ud. de Venezuela? Haga los siguientes ejercicios.

1. Describa Ud. la geografía de Venezuela.
2. ¿Cómo es la demografía venezolana?
3. ¿Cuál es la exportación principal de Venezuela? ¿y las exportaciones secundarias?
4. ¿Qué suele importar Venezuela? ¿Con qué países suele comerciar?
5. ¿Cuál es la divisa de Venezuela? Busque su cambio actual con el dólar.
6. ¿Cómo describiría Ud. el sector agrícola en Venezuela?
7. Compare el PNB de Venezuela con los países centroamericanos ya estudiados. ¿Qué diferencias hay y a qué se deben?
8. ¿Cómo es la participación del gobierno en los aspectos de la producción de bienes y servicios?
9. ¿Cómo han cambiado los datos presentados en la categoría de ECONOMIA Y COMERCIO? Búsquelos en un libro de consulta y póngalos más al día.

LECTURA CULTURAL

Actitudes hacia el trabajo

En su mayor parte, los estadounidenses han dado mucha importancia y valor al trabajo, desde la época colonial y debido a la influencia de la ética protestante en su modo de vida. Creen que la persona trabajadora y diligente no es sólo productiva sino que merece cierta consideración y respeto. Está haciendo algo valioso por lo cual recibirá cierto reconocimiento monetario y social. Además, esta idea de recibir reconocimiento o, mejor dicho, de tener éxito en algo, también es muy importante para los estadounidenses. Anima a que una persona aspire a seguir trabajando para recibir aún más reconocimiento por su éxito. El resultado es que en muchos países y culturas se opina que los estadounidenses están obsesionados por trabajar constantemente. Aun el sistema educativo refleja esta supuesta obsesión laboriosa al existir muchas escuelas técnicas, vocacionales y académicas que preparan a los estadounidenses para el éxito en el mundo del trabajo. Por otra parte, aunque muchos estadounidenses tienen carreras profesionales por su categoría social y remunerativa, también se respetan los oficios y trabajos mecánicos, en gran parte por el afán por lo práctico y los resultados «concretos» del trabajo.

Hasta cierto punto, los hispanos tienen otro concepto del trabajo. Siendo descendientes de una sociedad inicialmente aristocrática cuyos valores inculcaron desde el principio cierto desprecio cultural por el trabajo, en especial por el comercio y las artes mecánicas, los hispanos no tienen una larga tradición laboral. Desde la época colonial, el desempeñar un oficio como el de carpintero o ejercer la profesión de contable se consideraba despreciable y sin importancia. Este estigma prevaleció por siglos e infundió entre los mismos obreros y empleados cierto desdén por el trabajo. Los nobles adoptaron y siguieron diseminando esta actitud antilaboral ante las nuevas formas de vida capitalista y burguesa con su énfasis en el desarrollo de las artes mecánicas y las profesiones porque temieron perder su riqueza y poder.

Sólo al empezar a industrializarse los países hispánicos, han empezado a cambiar de opinión sus ciudadanos. Pero este cambio ha sido parcial y lento. Todavía persisten los antiguos valores aristocráticos, como lo demuestran los bajos sueldos obreros y la falta de empleados bien capacitados para emprender los distintos puestos técnicos, profesionales y administrativos. Esta situación antilaboral también se debe en parte al sistema educativo en estos países, pues no ha proporcionado una preparación técnica ni profesional adecuada para la nueva realidad socioeconómica y política hispánica. Tampoco ha cambiado la metodología pedagógica basada en la teoría y la memorización por otra fundada en la creatividad, la aplicación y la práctica. Ha habido algunos esfuerzos y programas iniciados por varios gobiernos hispánicos para mejorar las condiciones laborales e instruccionales, pero hasta ahora no han dado los resultados esperados ni requeridos, sobre todo en los países menos industrializados. Los obreros y otros empleados han trabajado duramente pero no han empezado a recibir, hasta muy recientemente, mucho reconocimiento monetario o social y muchas veces sólo lo han recibido mediante los movimientos sindicalistas y las huelgas violentas.

La realidad laboral de Venezuela presenta un ejemplo de las condiciones de trabajo en Hispanoamérica. El movimiento sindical es fuerte en Venezuela, a pesar de que sólo el 30% de la fuerza laboral está afiliado. En el sector industrial el porcentaje es mucho más alto. Se prohiben las huelgas y el cierre patronal. Antes de considerar estos medios, el grupo que protesta tiene que presentar un resumen de sus quejas al servicio de Revisión Laboral. Generalmente la conciliación resuelve las diferencias, pero si no tiene éxito esta junta, el gobierno puede imponer un laudo para resolver las diferencias. Además, muchas empresas evitan las huelgas con la oferta de beneficios adicionales.

El gobierno puede fijar un salario mínimo y lo ha mantenido desde 1986. Muchos contratos designan una semana laboral de 40 horas, cinco días por semana con una prima mínima del 25% por hora adicional. Los contratos frecuentemente fijan tasas más altas a las horas nocturnas, las horas extraordinarias y durante los días festivos. Otros beneficios adicionales que se incluyen son los siguientes:

1. las vacaciones y los días feriados, los cuales incluyen los domingos y nueve días legales de fiesta nacional

2. la participación en los beneficios (como el 10% de las ganancias anuales, las cuales se distribuyen en forma de gratificación navideña)
3. un impuesto para la formación técnica en que se paga el 2% de la nómina anual para su financiación
4. un seguro social y beneficios para la jubilación
5. el alojamiento gratis o a precios reducidos
6. el transporte a un precio mensual de B300 para los que ganan menos de B4.500 mensualmente
7. una cafetería donde se ofrecen almuerzos subvencionados si hay más de diez trabajadores
8. textos y becas escolares, servicios de medicina, seguro colectivo, programas deportivos o de recreo

También es posible que haya formas de indemnización por despido por antigüedad y en forma de auxilio de cesantía.

Los extranjeros que trabajan en Venezuela necesitan una visa y tarjeta de identidad emitidas por una oficina consular venezolana. Cada empresa tiene que mantener un mínimo de un 75% de sus empleados como ciudadanos de Venezuela.

ACTIVIDADES

A. ¿QUE SABE UD. DE LA CULTURA?

1. ¿Qué opina Ud. de la actitud estadounidense hacia el trabajo?
2. Describa la influencia que tuvo la época colonial en la actitud hispánica hacia el trabajo.
3. ¿Qué impacto tienen los sistemas de educación en el trabajo en los Estados Unidos e Hispanoamérica? Dé ejemplos.
4. ¿Cómo es la semana laboral en Venezuela? ¿Es igual en los EE.UU.?
5. ¿Cuáles son algunos de los beneficios adicionales ofrecidos a los trabajadores en Venezuela?
6. ¿Qué efecto tendrá la ley del 75% de empleados de nacionalidad venezolana en la contratación de gerentes para cualquier multinacional ubicada en Caracas?

B. ASIMILADOR CULTURAL

Lea lo siguiente y haga los ejercicios a continuación.

Frederick M. Lehmann, Vicepresidente del Departamento de Recursos Humanos de una empresa estadounidense, ha estado tratando de aumentar la producción de su fábrica en Valencia, Venezuela, sin éxito durante el último año. Ha sugerido que los obreros trabajen horas extra o los sábados, además de la semana laboral que va de lunes a viernes. La Confederación de Trabajadores ha rechazado esta oferta varias veces. Por fin, Lehmann ha invitado a Carlos Rómulo Gómez, un consultor venezolano para que le aconseje sobre la situación. Rómulo Gómez escucha las quejas del vicepresidente y luego le explica cómo influye el concepto de la familia en las decisiones de los trabajadores y por qué los incentivos económicos no funcionan muy bien en el ambiente venezolano. Le dice a Lehmann que el vivir bien en Venezuela también se relaciona con la posibilidad de estar con la familia lo más posible.

Lehmann escucha al consultor y le agradece los consejos. Esa misma tarde, el vicepresidente se reúne con el jefe del sindicato local, Juan Vicente Lecuna, y le presenta otro plan.

—Yo sé que los obreros quieren pasar más tiempo con su familia y que no quieren trabajar horas extra. Así que les ofrezco el siguiente compromiso. Si Uds. aceptan la idea de trabajar a destajo durante la semana, yo les pago un poco más a los que produzcan más. Además, si el 20% de los trabajadores aceptan una semana laboral de cuatro días durante la semana y el sábado como el quinto día laboral, yo les subo el pago el 10% a todos...

Vicente Lecuna hace una pausa antes de contestarle y le hace un gesto de «basta» con la mano...

EJERCICIOS

1. Explique el conflicto cultural entre Lehmann y los obreros venezolanos.
2. ¿Qué quiere decir el sindicalista con el gesto? ¿Va a aceptar la propuesta del Vicepresidente? ¿Por qué sí o por qué no?
3. ¿Qué efecto producirá la oferta de Lehmann en los trabajadores?
4. ¿Ha entendido bien Lehmann los consejos del consultor? ¿Qué habría hecho Ud. si fuera el vicepresidente?

SINTESIS COMERCIAL Y CULTURAL

ACTIVIDADES COMUNICATIVAS

A. **Al teléfono.** Haga las siguientes llamadas telefónicas a otro/a estudiante de la clase. Cada persona deberá tomar un papel activo en la conversación.

1. Ud. es gerente de un departamento de recursos humanos de una multinacional en Caracas. Hable con el/la jefe/a del sindicato—una persona tenaz—sobre los beneficios y discuta con él/ella la posibilidad de conseguir los otros beneficios adicionales que se han pedido.

2. Ud. es gerente general de una fábrica en Barquisimeto. Llame al/a la Director/a de Personal, un/a venezolano/a, sobre la posibilidad de contratar a más obreros para el mes entrante. Explíquele los detalles, como cuántos obreros se necesitan, el horario de trabajo, etc.
3. Ud. es vicepresidente de una empresa estadounidense en Miami. Su Director/a de Personal, natural de Venezuela, ha preparado una lista de preguntas que piensa usar en las entrevistas. Ha incluido preguntas sobre la edad, el estado civil y la nacionalidad del candidato. Trate de explicarle al/a la venezolano/a las consecuencias legales de hacer tales preguntas en los Estados Unidos y propóngale otras preguntas.

B. **Situaciones para dramatizar.** Lea las siguientes situaciones y después haga el papel en español con otro/s estudiante/s, usando el supuesto como punto de partida. Cada persona deberá tomar un papel activo en la dramatización.

1. You are the payroll supervisor (*supervisor/a de compensaciones*) and you need to obtain information concerning an employee who is moving to a new position in the plant. Ask the personnel office for the following information regarding the employee:
   a. seniority: based on time of service in years
   b. merit: determined by quality of work on the job
   c. guaranteed increase: wage position relative to the average salary in that range.
2. You are the development manager for executive training (*gerente de desarrollo y entrenamiento de ejecutivos*) for a multinational firm. You have identified the need for training and discuss with your boss specific advantages or disadvantages of the following options in order to meet the needs of the company:
   a. techniques for the presentation of information (lectures, films, programmed instruction, etc.)
   b. techniques for information processing (large group vs. small group discussions)
   c. simulation techniques (role playing, dramatization, situations, case studies).

C. **Ud. es el la intérprete.**

La Srta. Brown es la nueva Directora de Personal de una empresa estadounidense ubicada en Maracaibo y el señor Martínez es el jefe del sindicato que representa a los obreros de esta firma. Los dos hablan de la semana laboral de los trabajadores.

Haga Ud. el papel de intérprete entre estos dos individuos. Traduzca del inglés al español y del español al inglés, sin mirar el texto, el diálogo que leerán otros dos estudiantes en voz alta. Ellos harán una pausa después de cada vírgula para permitir su traducción. Acuérdense todos de usar un tono de diálogo natural.

SRTA. BROWN As you know, the maximum work week for salaried employees is 44 hours,/ or 40 hours at night./ For manual laborers it is 40 hours,/ or 36 hours at night,/ all with a minimum 25% premium for overtime.

INTERPRETE ______________________________

SR. MARTINEZ Sí, señorita, sabemos lo que la ley permite./ Pero nos gustaría negociar un contrato con una prima más grande/ para los pocos trabajadores que trabajarán las horas extra.

INTERPRETE ______________________________

SRTA. BROWN I don't know if that can be done./ We're trying to find ways to keep costs down/ while, at the same time, increasing production./ I'll take it to management to see if it's negotiable.

INTERPRETE ______________________________

SR. MARTINEZ Bueno, nos damos cuenta de las dificultades que hemos encontrado en el pasado/ con la aprobación de nuestras propuestas./ Además, sabemos que Uds. han empleado ciertos métodos para rechazarlas/ como el cierre patronal del agosto pasado/ y el uso de esquiroles para forzarnos a volver a trabajar./ También nos hemos enterado de una lista negra/ que se utilizó contra los trabajadores/ que buscaron empleo en otros lugares.

INTERPRETE ______________________________

SRTA. BROWN Well, Sr. Martínez, as you well know, those activities are illegal here/ and we deny the use of such tactics./ Your strike activities are also illegal/. Perhaps we should look for some satisfactory form of conciliation./ If that isn't posible,/ we will certainly submit to the decision of an arbiter/ after the process of arbitration is complete./ In the end, it's only a question of what's best/ in order to increase the productivity of our workers.

INTERPRETE ______________________________

SR. MARTINEZ Bueno, nosotros también nos preocupamos por el bienestar de nuestros socios.

INTERPRETE ______________________________

D. Caso práctico. Lea el caso y haga los ejercicios a continuación.

Alicia Embarcador, directora de una nueva agencia internacional de empleo, se reúne con su nuevo socio, Tom Cash, antiguo jefe de personal de una agencia estadounidense.

Ambos se especializan en colocar ejecutivos estadounidenses en Venezuela y altos gerentes venezolanos en Estados Unidos. Los dos creen que al unirse pueden determinar más fácilmente las necesidades de las empresas de ambos países. Están en Caracas para concluir su plan sobre el modo de proceder.

En cuanto al proceso de reclutamiento de personas y empresas interesadas en este servicio, deciden hacer una encuesta para determinar los puestos vacantes. Luego harán un análisis de los resultados para identificar las necesidades de las empresas en los dos países. Alicia sugiere que cada uno envíe una encuesta a personas en su propio país y que después intercambien los datos. Tom, en cambio, insiste en que hagan una encuesta común, comparando los mismos datos en ambos países. Los dos están de acuerdo respecto a los métodos de reclutamiento—pedir solicitudes directamente por correo, poner anuncios en los periódicos, conseguir referencias de los actuales patrones y empresas y hacer visitas a las universidades. Sin embargo, no pueden ponerse de acuerdo sobre el formulario para la encuesta. ¿Debería escribirse sólo en español o debería haber dos impresos de la misma solicitud, uno en inglés y el otro en español? Tampoco están de acuerdo sobre dónde deberían buscar solicitantes en los EE.UU. ¿Deberían restringir sus actividades a las áreas de habla española o deberían incluir a todas las regiones de los Estados Unidos?

Haga los siguientes ejercicios.

1. ¿Cuál es el propósito de la nueva agencia que dirige Alicia Embarcador?
2. ¿Cuáles son las ideas básicas de Embarcador y Cash sobre *el modo* de reclutar?
3. ¿Cuáles son las posibilidades para un acuerdo sobre *dónde* reclutar para esta agencia de colocación?
4. Discuta con sus compañeros de clase las consecuencias de tomar ciertas decisiones en la agencia:
   a. Embarcador y Cash deciden que cada uno de ellos se encargará de su propia encuesta en sus respectivos países, haciendo una en español para Venezuela y la otra en inglés para los Estados Unidos.

b. Deciden que los dos socios se encargarán de planear un solo formulario en una sola lengua para distribuir en los dos países.
c. Deciden que los dos se encargarán de planear un solo formulario bilingüe.
d. Deciden limitar la distribución a los Estados Unidos y solamente a las áreas de habla española en este país.

VOCABULARIO

ascenso *promotion*
aumento *salary, pay raise*
auxilio de cesantía *severance pay*
beneficio *benefit*
carga social *social contribution, benefit*
colocación *placement*
comisionista (m/f) *commission merchant, agent*
convenio *agreement*
cuenta de anticipos *advance account*
currículum vitae (c.v.) (m) *résumé*
decisión obligatoria *binding decision*
demora *delay*
derecho ad valorem sobre importaciones *value added tax on imports*
despedir *to fire, dismiss*
empresa de colocación o de empleo *placement agency*
encuesta *survey*
entrevista *interview*
estado civil *marital status*
horas extras o extraordinarias *overtime*
hortaliza *vegetable*
huelga patronal *lockout*
idóneo *suitable, competent*
inculcar *to instill*
indemnización por antigüedad *indemnity for years of service*
_____ **por despido** *severance pay*
jubilación *retirement*
juicio por faltas *grievance procedure*
laudo *decision, finding*
mandato judicial *injunction*
mediador/a *mediator*
nivel de vida (m) *standard of living*
obligatorio *binding*
partidario/a *supporter*
piquete laboral (m) *picket line*
prima *bonus, premium*
_____ **por trabajo fuera de turno** *shift premium*
reclutar *to recruit*
remuneración *remuneration, payment*
representante sindical (m/f) *union representative*
revisar *to review*
sabotaje (m) *sabotage*
salario *wage (hourly)*
seguro contra accidente *accident insurance*
_____ **de salud** *health insurance*
_____ **de vida** *life insurance*
solicitante (m/f) *applicant*
solicitar *to apply for*
solicitud (f) *application*
sueldo *salary (weekly or monthly)*
taller (m) *shop, workshop*
técnica de caso *case study*
_____ **de discusión en grupos** *group discussion*
_____ **de incidente** *situation technique*
_____ **de simulación** *simulation technique*
tenaz *tenacious, stubborn*
turno *shift*
_____ **diurno** *day shift*
_____ **nocturno** *night shift*

CAPITULO

7 Bienes y servicios

Good merchandise, even hidden, soon finds buyers.

Titus Maccius Plautus

El que siembra vientos, recoge tempestades.

Proverbio

Una fábrica de textiles. Medellín, Colombia.

PREGUNTAS DE ORIENTACION

Al hacer la lectura comercial, piense Ud. en las respuestas a las siguientes preguntas.

- ¿Cuáles son las dos preguntas básicas que los directores de una firma tienen que contestar sobre la producción?
- ¿En qué factores se basan sus decisiones?
- ¿Qué es un servicio y cómo se clasifica?
- ¿Cómo decide una empresa entre los servicios que va a proporcionar?
- ¿Qué es un producto y cómo se clasifica?
- ¿En qué consiste la gestión manufacturera?
- ¿Qué pasos toman los gerentes para determinar y crear los productos que van a fabricar?
- ¿Cuáles son las distintas políticas de compras?
- ¿En qué consiste la administración de materiales?
- ¿Cuáles son las distintas etapas de elaboración y control de productos?
- ¿Cuáles son las diferentes actividades que deben emprender los jefes de producción para mantener y mejorar la calidad de los bienes elaborados?

BREVE VOCABULARIO UTIL

análisis de costo-beneficio (m) *cost-benefit analysis*
bien (n) *good*
_____ **acabado** *finished good*
_____ **duradero** *durable good*
compra futura *forward buying*
_____ **inmediata** *hand-to-hand buying*
control de calidad (m) *quality control*
_____ **de fabricación (m)** *production control*
_____ **de flujo (m)** *flow control*
_____ **de orden (m)** *order control*
elaboración *manufacturing, processing*
horario *schedule*

LECTURA COMERCIAL

Productos y productividad

Además de los recursos humanos, los directores de una firma hacen frente a otros asuntos empresariales, entre ellos la actividad productora. Tienen que contestar dos preguntas básicas: ¿Qué van a producir y cómo van a producirlo? Determinan los materiales, procesos, capital, personal y medios de transporte que se van a utilizar, y luego, calculan el costo-beneficio de la actividad productora. Buscan maneras para controlar y mejorarla y participan en el proceso de compraventa. En todo, basan sus acciones y decisiones en los siguientes factores:

1. el estado financiero de la empresa
2. los estudios de mercados
3. los costos de producción y venta
4. la capacidad espacial y productora de la instalación
5. las habilidades profesionales y personales de los empleados y obreros
6. el horario y tiempo requeridos para llevar a cabo la producción

Todo esto varía según la actividad comercial, es decir, si es de servicios o de productos.

Servicios

A veces es difícil distinguir entre servicios y productos. Ambos resultan del trabajo y satisfacen ciertas necesidades de los clientes. También tienen un valor tanto social como económico y político y comprenden toda la actividad productora y la riqueza de un país. Se distinguen en que la producción de bienes materiales es algo tangible mientras que la de servicios es intangible. Por ejemplo, la instalación de un pozo de petróleo o de una lavadora es un servicio, mientras que el pozo, el petróleo y la lavadora mismos son productos. A menudo los bienes y los servicios se combinan, como en una compañía que fabrica y repara aparatos electrodomésticos.

En todos los países se ofrecen o se venden diariamente miles de servicios diferentes. Estos pueden ser profesionales (médicos, técnicos, financieros, legales), semi-profesionales (las reparaciones de auto o aparatos electrodomésticos), laborales (limpieza, jardinería), especiales (los de hostelería, viajes, recreo) o pueden ser de oficina (secretaría) o públicos (los de gobierno, seguridad, transporte). Se clasifican según los usos y modos de realización. Con respecto a los usos, pueden ser industriales o de consumo. Son industriales cuando se relacionan con la producción (el mantener y reparar las máquinas de una fábrica) y son de consumo cuando satisfacen alguna necesidad personal (el redactar un testamento o el vender alimentos, ropa, etc.).

En cuanto a su modo de realización los servicios pueden ser humanos o mecánicos o ambos a la vez. Son humanos cuando los emprende una persona como el contable que prepara las declaraciones de impuestos. Son mecánicos cuando los despacha una máquina o aparato como una lavadora o escalera automática. Frecuentemente el servicio es una combinación de los dos modos de ejecución—la persona que usa una computadora para preparar documentos comerciales. La calidad y la eficacia de cada servicio dependerán de la habilidad de la persona o de la fiabilidad de la máquina que lo ejecuta.

Por supuesto, decidir cuáles servicios se van a proporcionar requiere un análisis de costos y beneficios así como un estudio de mercado. Los análisis de costos y beneficios indican el punto donde los ingresos de una firma empiezan a superar los gastos. Este análisis no sólo ayuda a precisar la rentabilidad de la empresa, sino que aporta información para mejorar sus operaciones. Los estudios de mercado hacen lo mismo al proveer datos acerca de la conducta en la compra de los consumidores o usuarios. Describen las actitudes, necesidades, motivos e idiosincrasias de cierto grupo de consumidores y procuran explicar por qué se valen de unos servicios y no de otros. También analizan las condiciones económicas, sociopolíticas y tecnológicas en las cuales la empresa lleva a cabo sus actividades y dan información acerca del tipo, calidad, precio, presentación y distribución de los servicios que se ofrecen, analizando el posible triunfo en los mercados señalados.

Productos

Los productos son bienes tangibles de dos tipos: los de consumo y los industriales. Los de consumo son los que se venden al público general. Pueden ser artículos de primera necesidad (comida, bebida, ropa), bienes secundarios (aparatos electrodomésticos, muebles) o bienes especiales o de lujo (joyería fina, automóviles de prestigio). Los bienes industriales, en cambio, son los que se usan para elaborar productos. Pueden ser materias primas (hierro, cobre, plomo), bienes semiacabados (las piezas de una máquina o de un auto), bienes acabados (tornillos, martillos), bienes duraderos o de capital o de equipo (fábricas, computadoras) o bienes de abastecimiento (aceite para máquinas, papel para un periódico etc.). Ambos tipos de productos se elaboran bajo la dirección de los gerentes manufactureros.

Gestión manufacturera

La gestión manufacturera es una labor intensa y requiere la atención, pericia y cooperación de todos los directores. Consta de las siguientes tareas:

1. la determinación de los productos de fabricación
2. la selección y administración de los materiales de producción
3. la elaboración y control de los bienes producidos

Determinación de los productos de fabricación

Una de las primeras tareas que emprenden los gerentes manufactureros es determinar los productos que se van a elaborar. A base de estudios de mercados y análisis de costos y beneficios, procuran justificar la producción de ciertos bienes y tratan de buscar maneras para mejorarlos y distinguirlos de los de la competencia. Una parte importante de este proceso son los proyectos de investigación y desarrollo, la cual consta de las siguientes fases:

1. la conceptualización del producto por parte de los directores de ingeniería
2. la evaluación y selección de las ideas concebidas por parte de los ingenieros o técnicos conforme a los criterios de manufactura y comercialización
3. la presentación de las ideas elegidas a la alta gerencia
4. la aprobación por ésta de los productos ideados
5. la elaboración de los productos

Si la información obtenida de este proceso apoya los productos existentes o propuestos y si demuestra un costo-beneficio y venta favorables, los gerentes recomiendan su fabricación.

Selección y administración de los materiales de producción

La elaboración de productos consiste en la selección, compra y administración de materiales, máquinas y herramientas que necesita la firma para sus operaciones. Primero, los gerentes hacen periódicamente un inventario de la empresa. Revisan todos los materiales en existencia e inspeccionan los bienes muebles e inmuebles. Si la empresa carece de existencias, los gerentes de compras precisan la descripción, cantidad y fecha de entrega de cada artículo y procuran conseguir de sus abastecedores los mejores materiales. Según sus necesidades y estado financiero, se valen de una o más de las siguientes políticas:

1. *Compras inmediatas.* Son las que se realizan con frecuencia y en pequeñas cantidades, especialmente al fluctuar los precios. Sirven para evitar la acumulación de existencias a precios altos.
2. *Compras futuras.* Son las que se hacen en grandes cantidades pero con períodos de entrega más largos en anticipación de precios más estables.
3. *Compras especulativas.* Son las realizadas para anticipar una subida de precios o una falta de materiales para un plazo futuro.
4. *Compras por contrato.* Son las que se hacen con un solo proveedor para conseguir un trato favorable respecto de los precios y fechas de entrega.
5. *Compras por cotización sellada.* Son las que hacen llegar a ciertos vendedores las descripciones y cantidades de los

materiales deseados para recibir de uno de ellos la mejor oferta sellada.

6. *Compras recíprocas.* Son las que hace una firma al cliente y vice versa. Tienden a reducir el número de proveedores a la vez que suben los precios de los bienes y servicios vendidos. Representan una práctica abusiva y antieconómica que se usa para mantener una clientela permanente.

Después de elegir la política deseada, los gerentes de compras, mediante cartas de cotización y otros documentos comerciales afines, hacen los pedidos. Precisan todos los datos necesarios—marca, clase, tamaño, estilo, color, número, precio por unidad y precio total—e indican las condiciones de pago, embalaje y transporte. Cuando llegan los materiales, los gerentes necesitan administrarlos. Los inspeccionan de acuerdo con los datos especificados en los pedidos y notifican a los proveedores si hay cualquier avería, defecto o discrepancia en el encargo. Luego, asientan las compras de los materiales en los libros de contabilidad y anotan su localización desde la recepción hasta su transformación en productos acabados, un proceso llamado control de materiales. Después, emprenden el control de inventario, precisando el número de mercancías almacenadas, el nivel óptimo de materiales requeridos para la producción y los costos de inventario.

Una vez hecho el inventario, los gerentes de almacenaje y de tráfico guardan y transportan los bienes materiales tanto fuera como dentro de la fábrica. Averiguan el espacio disponible para las existencias así como su costo y localización y ayudan a despachar los pedidos.

Elaboración y control de los bienes de consumo e industriales

Después de hacer las compras y el inventario, los gerentes de producción se dedican a la elaboración y administración de los productos. La elaboración de bienes materiales consiste en los procesos de fabricación y de control. El proceso de fabricación se clasifica según su naturaleza, duración o carácter. El proceso por naturaleza puede ser

1. extractivo, la extracción de minerales y otras sustancias del agua o de la de tierra
2. analítico, la descomposición o conversión de materiales básicos en otros finales, como el petróleo bruto en gasolina o la tela en ropa
3. sintético, una combinación de elementos químicos o físicos para elaborar productos como el rayón o el automóvil.

Cuando se utiliza la línea de montaje en relación con la producción en masa, se llama proceso de ensamble.

La *producción por duración*, en cambio, tiene dos formas: *continua* o *intermitente.* En la primera, la producción es constante, mientras que en la segunda, la elaboración se realiza en diversos períodos de corta duración. La *producción por carácter* también es de dos clases: *estándar* u *ordenada.* Con respecto a la primera, se elabora toda clase de bienes para el público y de modo continuo. En la segunda, sólo se producen ciertos tipos de bienes en lotes pequeños para clientes particulares. Las firmas hispánicas se valen más de la producción intermitente y ordenada, y en EE.UU. se utiliza más la producción continua y estándar.

Mientras los gerentes de producción eligen el sistema de elaboración más adecuado, los de inspección inician el control de fabricación. Coordinan y supervisan la mano de obra, el equipo y los materiales y vigilan los distintos procesos de producción. Se sirven de dos formas para lograr sus fines: el *control de órdenes* y el *control de flujo.* Se utiliza el control de órdenes para pedidos individuales y el de flujo para la producción continua y la venta futura.

En cualquier sistema que se elija, los gerentes generalmente adoptan los siguientes pasos de operación:

1. *Planeación.* Analizan los pedidos y la disponibilidad de materiales y equipo y precisan los procesos y el tiempo para llevarlos a cabo.
2. *Ruta.* Determinan la vía y la secuencia de fabricación.
3. *Programación.* Fijan los horarios de producción.
4. *Ejecución del trabajo.* Comprueban la realización de cada etapa anterior lo más eficazmente posible.

Al mismo tiempo que realizan la producción, los gerentes manufactureros emprenden otras actividades administrativas:

1. *Mezcla de productos.* Determinan los productos que van a elaborar y los recursos y procedimientos que van a utilizar.
2. *Mantenimiento del equipo.* Deciden los métodos preventivos o reparativos para conservar el buen estado del equipo.
3. *Control de calidad e inspección.* Establecen los estándares de producción. Si éstos no se siguen o si se pone en venta un producto defectuoso que causa daños o heridas, tienen que indemnizar a la persona o entidad perjudicada (responsabilidad del productor).
4. *Mejoramiento de trabajo.* Realizan mejoras tecnológicas que facilitan los procesos de fabricación, el ambiente laboral y los procedimientos de control de producción.

ACTIVIDADES

A. **¿Qué sabe Ud. de los negocios?** Vuelva Ud. a las preguntas de orientación que se hicieron al principio del capítulo y ahora contéstelas en oraciones completas en español.

B. **¿Qué recuerda Ud.?** Indique si las siguientas oraciones son verdaderas o falsas y explique por qué.

1. El preparar un informe es un producto.
2. Los análisis de costos y beneficios y los estudios de mercado sólo sirven para tomar decisiones respecto a la elaboración de productos.
3. Se hace el inventario de una empresa para determinar el precio de los productos.
4. La costumbre de cierta farmacia de comprar diez cajas de aspirinas por semana es un ejemplo de compras futuras.
5. En el proceso sintético, los materiales son ensamblados frecuentemente a gran escala como sucede con la fabricación de automóviles.
6. La mezcla de productos y el control de calidad no son actividades gerenciales tan importantes como la fabricación misma.
7. El control de cantidad es la revisión detenida de productos según ciertos estándares de producción.

C. **Exploración de sus conocimientos y opiniones personales.** Haga los siguientes ejercicios, usando sus propios conocimientos y opiniones personales.

1. Algunos países hispánicos están llegando a ser economías de servicios. ¿Qué servicio proporcionaría Ud. al mundo hispánico si pudiera establecer su propia empresa? ¿Por qué?
2. ¿Piensa Ud. que es esencial hacer un análisis de costos y beneficios de un producto o servicio antes de fabricarlo o ponerlo en venta? Explique.
3. ¿Qué política de compras le parece mejor para una pequeña empresa? ¿mediana? ¿grande?
4. Si Ud. tuviera que elaborar cualquier producto, ¿qué pasos administrativos seguiría?
5. ¿Por qué cree Ud. que es necesario controlar el proceso manufacturero?
6. ¿Piensa Ud. que es más fácil dirigir una empresa de servicios o una de producción? Explique.
7. ¿Cómo se relacionan los dichos al principio del capítulo con los temas tratados?

EJERCICIOS DE VOCABULARIO

Si hace falta para completar estos ejercicios, consulte la Lectura Comercial o la lista de vocabulario al final del capítulo.

A. Traduzca estos términos al español y explique su significado.

1. supplies
2. routing
3. quality control
4. schedule
5. cost-benefit analysis
6. mass production
7. extractive process
8. storage
9. assembly line
10. goods

B. Dé algunos sinónimos o explicaciones de las siguientes palabras.

1. proveedor
2. cantidad
3. control
4. elaboración
5. productos terminados
6. bien duradero
7. planeación
8. herramienta

C. Explique en qué sentido están relacionadas las siguientes palabras.

1. producto/servicio
2. producción continua/ producción intermitente
3. producción estándar/ producción ordenada
4. compra immediata/ compra futura
5. proceso extractivo/ proceso sintético
6. control de órdenes/ control de flujo
7. bienes acabados/bienes semiacabados
8. indemnizado/perjudicado

D. ¿Qué palabras asocia Ud. con los siguientes vocablos?

1. despachar
2. proceso de ensamble
3. usuario
4. política de compras
5. embalaje
6. responsabilidad del productor
7. ingeniería
8. aparato electrodoméstico

E. Llene los espacios con la palabra más apropiada de la lista.

recuento	almacenaje	materiales
existencia	política de compras	fabricar
costo-beneficio	mejoramiento de trabajo	calidad

Los gerentes tienen que planear mucho antes de lanzar un producto al mercado. En primer lugar, tienen que hacer un análisis de ________ para averiguar la eficacia de ________ o manufacturar ciertos productos. Luego, tienen que establecer la ________ y comprar los ________ que necesitan para la fabricación. Después de tomar estas decisiones, deben ocuparse del inventario o __________ de los materiales en __________, de los medios de transporte y del __________ o el espacio necesario para guardar los bienes materiales. Eligen el proceso de producción apropiado, pero al mismo tiempo, se dedican a considerar el control de __________ y el __________ para asegurarse de que los productos estén bien hechos.

F. Complete las siguientes oraciones en sus propias palabras.

1. Las categorías de servicios pueden dividirse en...
2. Para averiguar si un producto o servicio es rentable, hay que...
3. Las etapas de administración de producción constan de...
4. Las etapas del control de producción son...
5. Para evitar problemas de responsibilidad del productor, los gerentes de producción necesitan...

G. Traduzca las siguientes oraciones al español.

1. Product management includes determining the goods to be made, selecting and managing the materials to be used, and manufacturing the products to be sold.
2. Cost-benefit analysis helps to decide which products should be made based on production costs, volume, and anticipated profit.
3. Several types of materials can be used in the manufacturing process: raw materials, unfinished goods, finished goods and capital goods and supplies.
4. Besides the various types of purchasing policies, managers must also take care of inventory and transportation.
5. Production itself is governed by planning, routing, scheduling, and performance control as well as by the specific processes of quality control and equipment maintenance.

UNA VISTA PANORAMICA DE COLOMBIA

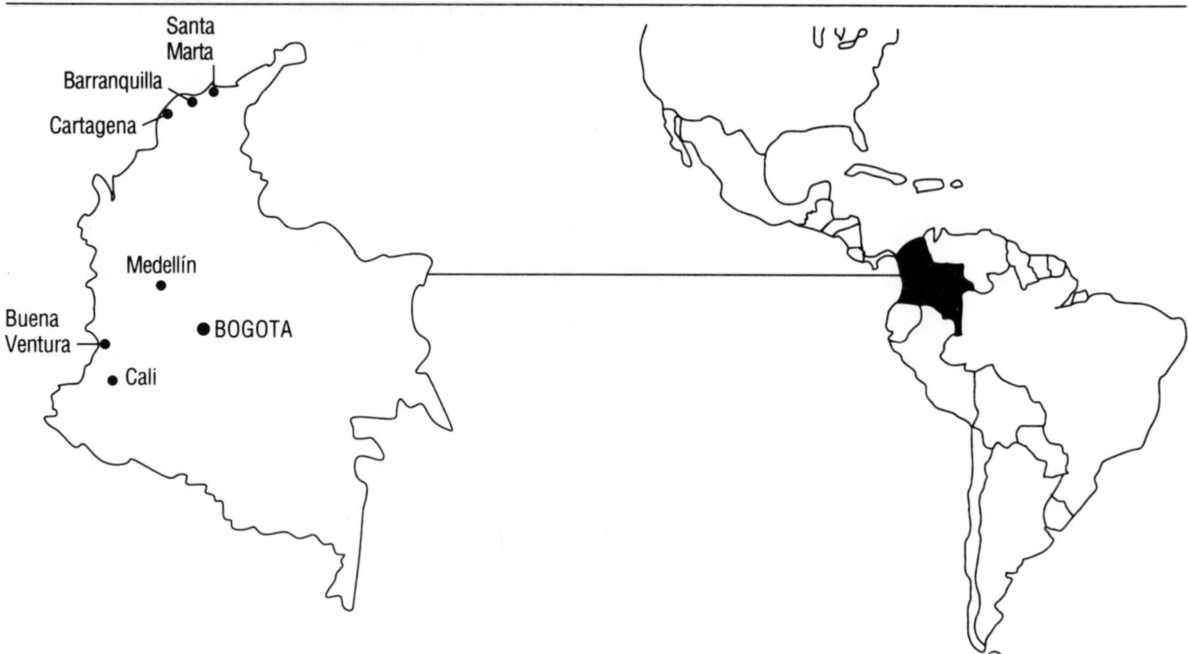

Nombre oficial

República de Colombia

Geografía

Tamaño: 1.141.748 kilómetros cuadrados, el tamaño de los estados de Tejas, Nuevo México y Arkansas. **Capital:** Bogotá (con 5,7 millones de habitantes). **Ciudades principales:** Medellín, Cali, Barranquilla.

Demografía

Población: Colombianos, 32 millones en 1990 con proyecciones de 36 millones en el año 2000. **Población urbana/rural:** 67% urbana, 33% rural. **Grupos étnicos:** Mestizo, 58%; blanco europeo, 20%; mulato, 14%; negro, 4%; zambo, 3%; indio, 1%. **Agrupación por edad:** 0–14 años, 36%; 15–29, 31%; 30–44, 17%; 45–59, 10%; más de 60, 6%. **Lenguas:** Español (oficial) e idiomas indígenas. **Analfabetismo:** 20%.

Gobierno

República de 23 departamentos, tres intendencias y cinco comisarías.

Economía y comercio

Divisa: El peso (Col$). **Producto Nacional Bruto (PBN en $EE.UU.):** $55 mil millones. **PNB per cápita (en $EE.UU.):** $1.500. **Tasa media de**

inflación anual 1980–1986: 23%. **Recursos naturales:** Carbón, petróleo, gas natural, esmeraldas, hierro, níquel, cobre, oro, plomo, caucho. **Agricultura:** 20% del PIB, 25% de la mano de obra. Café, banana, flores, algodón, azúcar, ganadería, arroz, maíz, tabaco, papas, soja, sorgo. **Industria:** 25% del PIB, 23% de la mano de obra. Textiles y vestidos, productos químicos y metálicos, cemento, cajas de cartón, resinas y manufacturas de plástico, bebidas. **Servicios:** 55% del PIB, 52% de la mano de obra. **Exportaciones:** Café, aceite pesado, banana, flores, productos químicos y farmacéuticos, algodón, ferroníquel, textiles y vestidos, carbón y coque, azúcar, cajas de cartón, impresos, cemento, resinas y manufacturas de plástico, esmeraldas. **Mercados:** EE.UU., 30%; CEE, 30%; Japón, 10%; Venezuela, 3%. **Importaciones:** Maquinaria pesada y de transporte, granos, productos químicos, mineros, metálicos y de papel, plásticos, caucho. **Transportes:** Sistema inadecuado de carreteras (110.000 kilómetros, 10% pavimentados), ferrocarriles (3.500 kilómetros) y 101 aeropuertos con buen servicio nacional e internacional. Puertos principales: Barranquilla, Cartagena, Santa Marta. **Comunicaciones:** Treinta periódicos, un radio por cada cuatro personas, un televisor por cada cinco personas y un teléfono por cada 13 personas.

LA ACTUALIDAD ECONOMICA COLOMBIANA

Colombia es el único país del continente sudamericano que tiene fronteras con los océanos Atlántico y Pacífico. Tiene tres zonas geográficas fértiles—la costa al oeste, la sierra en el centro y una llanura selvática en el este—y tiene climas diferentes—tropical en las costas y la llanura, primaveral y lluvioso en las montañas. Se cosechan en cada región distintos cultivos pero se destaca entre todos el café. Este es el principal producto del país y constituye más de la mitad del valor de las exportaciones y 5,5% del PIB. Colombia también es rico en minerales y produce 90% de las esmeraldas del mundo, 4% del níquel y 15% del ferroníquel, además de grandes cantidades de petróleo, carbón y gas natural. El sector extractivo está creciendo mucho más rápidamente que cualquier otro sector económico.

Muchas organizaciones y países han invertido o prestado capitales considerables para el desarrollo y la diversificación económicos de Colombia, lo cual explica la enorme deuda del país. No obstante, el desarrollo industrial ha sido más lento y desigual que el extractivo. Pese a los esfuerzos del Instituto de Fomento Industrial, una corporación financiera estatal, sólo algunas industrias—las de productos químicos, caucho, plásticos y papel—han podido crecer. Esto se debe tanto a la falta de capital y de personal técnico y gerencial como a los medios de producción y tecnología anticuados. Además, impiden el desarrollo económico del país la violencia que ha surgido a consecuencia de las guerras civiles y el narcotráfico. Estos han llegado a ser los problemas más graves.

Hacia finales de los años ochenta, los narcotraficantes llegaron a ser tan poderosos que le ofrecieron al gobierno colombiano liquidar la deuda nacional a cambio de una amnistía general para los carteles de narcotraficantes. Luego hicieron una declaración de guerra contra el gobierno por la cuestión de la extradición de los narcotraficantes a EE.UU. No obstante todo esto, Colombia ha sido históricamente una de las naciones hispanoamericanas más democráticas y ha intentado mantener buenas relaciones políticas y económicas con los EE.UU.

UNA VISTA PANORAMICA DEL ECUADOR

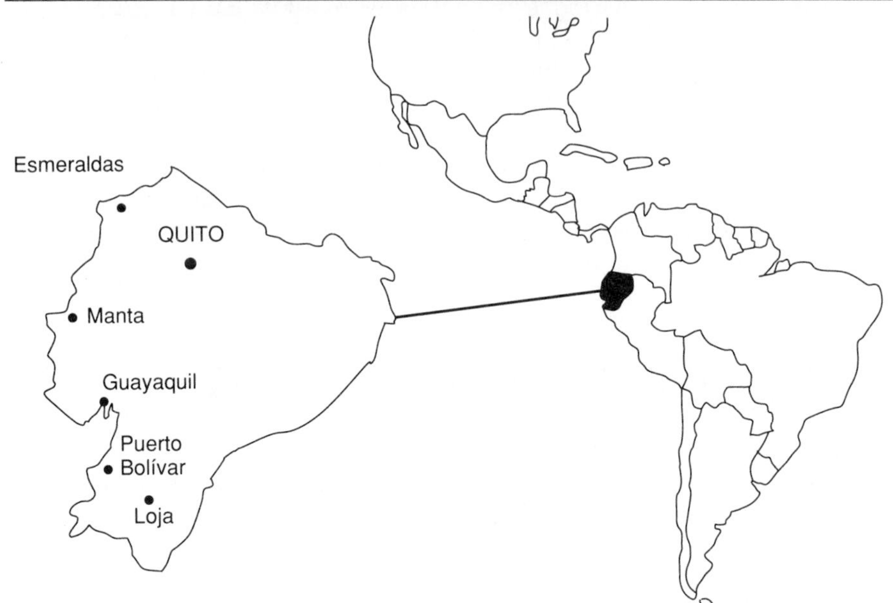

Nombre oficial

República del Ecuador

Geografía

Tamaño: 269.178 kilómetros cuadrados, aproximadamente el tamaño del estado de Colorado. **Capital:** Quito (con 1,2 millones de habitantes.) **Ciudades principales:** Guayaquil y Cuenca.

Demografía

Población: Ecuatorianos, once millones en 1990, con proyecciones de catorce millones en el año 2000. **Población urbana/rural:** 54% urbana, 46% rural. **Grupos étnicos:** Indio, 52%; mestizo, 40%; blanco europeo, 8%. **Agrupación por edad:** 0–14 años, 41%; 15–29, 28%; 30–44, 16%; 45–

59, 11%; más de 60, 4%. **Lenguas:** Español (oficial) y quechua. **Analfabetismo:** 10%.

Gobierno

República de 20 provincias.

Economía y comercio

Divisa: El sucre (S/.). **Producto Nacional Bruto (PNB en $EE.UU.):** $17 mil millones. **PNB per cápita (en $EE.UU.):** $1.500. **Tasa media de inflación anual 1980–1986:** 30%. **Recursos naturales:** Petróleo, pescado, camarones, madera, oro, piedra caliza. **Agricultura:** 15% del PIB, 25% de la mano de obra. Banana, café, papas, cacao, mariscos, azúcar, arroz, maíz y ganadería. **Industria:** 40% del PIB, 20% de la mano de obra. Comida, productos farmacéuticos y de madera, textiles. **Servicios:** 45% del PIB, 55% de la mano de obra. **Exportaciones:** Petróleo y sus derivados, camarones, banana, café, cacao. **Mercados:** EE.UU., 61%; Asociación Latinoamericana de Integración, 15%; Japón, 11%; CEE, 4%. **Importaciones:** Maquinaria agrícola e industrial, materias primas para usos industriales, productos agrícolas, petróleo, productos químicos, equipo de transporte y de comunicación. **Transportes:** Sistema inadecuado de carreteras (40.000 kilómetros, 20% pavimentados), ferrocarriles (1.300 kilómetros) y catorce aeropuertos. Puertos principales: Guayaquil, Manta, Esmeraldas y La Libertad. **Comunicaciones:** Siete periódicos, un radio por cada cuatro personas, un televisor por cada 17 personas y un teléfono por cada 28 personas.

LA ACTUALIDAD ECONOMICA ECUATORIANA

Ecuador tiene mucho en común con Colombia aunque se diferencia de este país en varios aspectos. Está dividido en tres regiones y zonas climáticas casi idénticas a las de su vecino del norte y produce cultivos y minerales suficientes para satisfacer las necesidades de su población. Esta, más indígena que la colombiana, es principalmente agrícola. Sin embargo, desde los años sesenta, los campesinos se han ido trasladando a las grandes ciudades en busca de una vida mejor. El resultado para estos recién llegados ha sido muchas veces la dura realidad del desempleo y pobreza urbanos.

Ecuador es uno de los países hispanoamericanos que ha procurado solventar su deuda internacional de más de diez mil millones de dólares. Esto lo ha intentado hacer mediante los ingresos de petróleo y productos agrícolas y pesqueros. El petróleo ha llegado a ser la exportación más importante del país y, a pesar de la caída de los precios petroleros mundiales, constituye casi el 15% del PIB, el 66% de las ganancias recibidas de la conversión de monedas extranjeras y el 50% de los ingresos presupuestarios del gobierno. Este recurso también ha favorecido al país con una balanza de pagos positiva durante los últimos años. Esta situación económica favorable, ayudada por una política comercial estable, ha estimulado la inversión directa de capital y tecnología extranjeros en el Ecuador y ha contribuido a su desarrollo general, aunque de modo desigual. Ha fomentado la industria pesquera y petrolera pero todavía no ha influido mucho en la manufacturera. Esta industria, lo mismo que la colombiana, sigue sufriendo por los altos costos de materiales y mano de obra así como por la falta de capital, crédito, técnicos y gerentes, además de las restricciones exportativas. No obstante estos problemas, las posibilidades económicas para un mayor desarrollo en el futuro parecen favorables.

ACTIVIDAD

¿Qué sabe Ud. de Colombia y del Ecuador? Haga los siguientes ejercicios.

1. Describa la geografía de Colombia y del Ecuador.
2. Compare la demografía de cada país.
3. ¿Cuáles son las principales exportaciones de Colombia y del Ecuador? ¿y las principales importaciones?
4. ¿Cuáles son las divisas de los dos países? Busque sus cambios actuales con el dólar.
5. ¿Cuál es la actualidad telecomunicativa y transportista de Colombia y del Ecuador?
6. ¿Cuáles son algunos de los problemas actuales con los cuales tienen que enfrentarse los ecuatorianos y colombianos?
7. ¿Piensa Ud. que el narcotráfico internacional es un problema de demanda o de oferta? ¿Qué recomendaciones haría Ud. para reducir el narcotráfico sin perjudicar más la estabilidad económica de un país como Colombia?
8. ¿Cómo han cambiado los datos presentados para cada país bajo la categoria de ECONOMIA Y COMERCIO? Búsquelos en un libro de consulta y póngalos más al día.

LECTURA CULTURAL

Actitudes hacia el tiempo y la tecnología

Hace algunos años un gerente de producción estadounidense que hablaba poco español, visitó un país sudamericano para negociar un tratado comercial de transmisión de tecnología petrolera. Concertó la cita para las diez de la mañana con el jefe de ingeniería de la empresa sudamericana y llegó a la oficina puntualmente. Esperó impacientemente más de una hora hasta que llegó el ingeniero. Este no notó la irritación del estadounidense y empezó a preguntarle amablemente sobre varias cosas, en especial de su viaje a Colombia. El estadounidense se irritó aún más y finalmente insistió en que trataran el asunto que les interesaba.

Después de un rato, sin embargo, ambos hombres se dieron cuenta de que no se comprendían muy bien. El gerente estadounidense usaba términos comerciales en inglés que el ingeniero desconocía. Este, aunque hablaba algo de inglés, no sabía precisar muy bien su falta de comprensión. De todos modos, el ingeniero quería continuar la discusión e invitó al estadounidense a quedarse a comer. El estadounidense miró su reloj y le contestó que tenía prisa para ir a otra cita. Los dos se despidieron sin llegar a un acuerdo.

En los EE.UU., debido a un alto nivel de desarrollo económico, hay una gran preocupación por el tiempo y la tecnología. En general, el estadounidense tiene fama de adherirse a todos los horarios, sean de trabajo o de diversión, y de esforzarse por ser puntual. También procura respetar los plazos fijados para cumplir con las obligaciones y se empeña en prepararse para situaciones imprevistas. Su orientación temporal es hacia el presente y el futuro; cree que con el tiempo y mediante sus propios esfuerzos puede controlar los eventos de su vida. Esta actitud futurista también se ve en su interés por las ciencias y la tecnología. El estadounidense cree que, al dedicar su tiempo, energía y recursos a la investigación y desarrollo científicos y tecnológicos, puede alcanzar sus metas futuras. Como señala la historia, el resultado han sido los muchos avances tecnológicos en los Estados Unidos y su uso no sólo por especialistas sino por el consumidor general.

En muchas partes del mundo hispánico, en cambio, y hasta muy recientemente, ha sido común tener conceptos y actitudes bastante diferentes de los estadounidenses con respecto al tiempo y la tecnología. La gente criada en cualquier sociedad principalmente agrícola, en la cual han predominado por siglos los ritmos lentos y cíclicos de la vida campestre, no da tanta importancia como el estadounidense actual ni a la puntualidad ni al futuro. Esto quizás explique en parte por qué ciertos hispanos han adoptado y siguen adoptando la actitud de que si hay cosas que hacer o asuntos que despachar, a menos que sean personales y urgentes, no corren tanta prisa para iniciar ni concluirlos. Históricamente, muchos países hispánicos tampoco se han preocupado tanto por emprender investigaciones o proyectos científicos y tecnológicos. Hay que señalar que esto se debe en parte al hecho de que muchos países más desarrollados no han querido proveer capacitación tecnológica a los países hispánicos en desarrollo, pues el hacerlo perjudicaría su ventaja competitiva. Quizás por estos motivos los países hispanoamericanos carecen de suficientes técnicos y científicos. En realidad, el no tener suficientes peritos es una de las razones por las cuales los países hispanoamericanos no se han industrializado tanto como las otras naciones occidentales y siguen contando mucho con técnicos extranjeros y tecnología importada. Ultimamente, debido a las reformas y programas estatales y a la ayuda financiera y tecnológica extranjera, esta situación está cambiando. Los países de habla española están adoptando ideas, actitudes y prácticas cada vez más modernas al desarrollar su capacidad económica. Esto, por otra parte, ha provocado cierta preocupación por la pérdida de actitudes y valores más tradicionales.

ACTIVIDADES

A. ¿QUE SABE UD. DE LA CULTURA?

1. Compare las actitudes tradicionales estadounidenses e hispánicas con respecto al tiempo y la tecnología, refiriéndose en especial a los distintos orígenes y sus características más notables. ¿Es verdad que existen notables diferencias? Explique con ejemplos.

Figura 7-1

2. ¿Qué factores están impidiendo un mayor desarrollo económico en los países hispánicos?
3. ¿Cómo ha influido la industrialización de los países hispánicos en su concepto del tiempo y de la tecnología?
4. Utilizando la información cultural de esta sección, ¿cómo resolvería Ud. el conflicto de la narración entre el hispano y el estadounidense que inicia esta sección?

B. MINI-DRAMA CULTURAL
Lea lo siguiente y conteste la pregunta.

Una gerente de producción de una compañía de ropa estadounidense, la Srta. Paula Taylor, acaba de llegar a Guayaquil. Está allí para visitar una fábrica de tejidos que pertenece a su firma y para tratar de solucionar algunos problemas relacionados con la baja producción. Se dice que las obreras no están alcanzando la producción debida ni están respetando los plazos fijados para entregar la ropa. Taylor tiene una cita a las once de la mañana con el gerente ecuatoriano de la fábrica y acude puntualmente. Su anfitrión, el señor Osvaldo Lara, no llega hasta las once y media pero no explica su demora. Taylor, ofendida por esta falta de puntualidad, quiere ir al grano del asunto, pero el señor Lara prefiere dedicar algún tiempo a las cortesías sociales. Cuando por fin empiezan a tratar el asunto que les toca, el señor Lara sugiere que hagan una visita a la fábrica. Lo que ve allí Taylor le escandaliza: obreras que, al parecer, no hacen nada, y máquinas y equipo que se quedan sin operar.

SRTA. TAYLOR Según los últimos informes, la fábrica no está alcanzando la cuota, y la productividad de las obreras deja mucho que desear.

SR. LARA Perdone, señorita Taylor, pero me parece que se equivoca usted. Hemos alcanzado todas las cuotas mensuales menos la última y las obreras sólo están descansando un rato.

SRTA. TAYLOR No sé... Parece que no están haciendo nada ni están respetando los plazos fijados para la producción. La firma está perdiendo dinero. ¿Qué les pasa? ¿No les gusta trabajar?

SR. LARA ¡Sí, señorita, cómo no! Les gusta trabajar y son muy diligentes, pero a veces hay que empujarlas un poco. Son del campo y...

SRTA. TAYLOR Ya, ya. Pero he oído que dejan muchos trabajos sin terminar y que llegan a la planta a cualquier hora.

SR. LARA Pues... no es cierto. Los trabajos los hacen todas y sólo tardan en llegar a la fábrica unos minutos. Son muy diligentes, de veras.

SRTA. TAYLOR Bueno, lo que nos interesa ver es que se planeen y se organicen mejor los trabajos y los horarios y que se respeten los plazos fijados y las cuotas establecidas por la casa matriz en Raleigh.

SR. LARA Claro que sí, señorita Taylor. Aquí estamos para servirle.

¿Qué es lo que todavía tiene que aprender la señorita Taylor? Defienda su selección.

1. A los hispanos les da vergüenza admitir que no hacen lo que deben.
2. Los hispanos son muy astutos y dicen sólo lo que quieren oír otras personas.
3. Los hispanos tienen una actitud más templada respecto al trabajo y su realización.
4. Los hispanos son muy perezosos y nunca ven la importancia de ser puntuales ni cumplidores en sus deberes.

SINTESIS COMERCIAL Y CULTURAL

ACTIVIDADES COMUNICATIVAS

A. Al teléfono. Haga las siguientes llamadas telefónicas a otro/a estudiante de la clase. Cada persona deberá tomar un papel activo en la conversación.

1. Ud. es el/la gerente de una empresa estadounidense que acaba de recibir del gobierno colombiano, como parte de un programa de mejoras agrícolas, un contrato para construir sistemas de drenaje e irrigación en las montañas de este país. Al ser también ingeniero civil, Ud. quiere discutir con su colega colombiano/a ciertos detalles acerca del proyecto como la topografía de la zona geográfica elegida. Llame al/a la ingeniero/a civil colombiano/a y concierte una cita, explicándole por qué.
2. Ud. es jefe/a de compras de una firma estadounidense de llantas que tiene un contrato de compras con un/a abastecedor/a colombiano/a de caucho que está de visita en su ciudad. Debido a la estabilidad del precio de esta materia prima, Ud. quiere cambiar la política actual de compras futuras. Llame al/a la abastecedor/a colombiano/a para discutir el asunto.

3. Ud. es jefe/a de control de producción de una compañía estadounidense de ropa que tiene una fábrica de tejidos en Quito. Se acaba de informar de una huelga que han declarado las obreras en esta plaza. Ellas se están quejando no sólo de los bajos salarios sino de los obsoletos y peligrosos modos de producción—especialmente de las antiguas y averiadas máquinas de coser que han lastimado a varias mujeres. Llame al/a la supervisor/a de la fábrica ecuatoriana y discuta con él/ella cómo se pueden solucionar estos problemas para así poner fin a la huelga.

B. Situaciones para dramatizar. Lea las siguientes situaciones y después haga el papel en español con otro/s estudiante/s, usando el supuesto como punto de partida. Cada persona deberá tomar un papel activo en la dramatización.

1. You are a purchasing manager for a new, small U.S. gasoline chain and are thinking of doing business with the Corporación Estatal Petrolera Ecuatoriana (CEPE), a consortium that produces most of the crude for Ecuador. Your current needs for oil are modest but may increase in the future. You need to decide on a purchasing policy and meet with the Ecuadorean representative of CEPE with whom you have been in contact and who is visiting the U.S. You discuss the following:
   a. the most appropriate purchasing policy
   b. the number and price of the barrels to be purchased
   c. the anticipated delivery schedule
2. You are a production manager of a U.S.-based clothing chain that has a plant in Barranquilla. Your firm asks you to discuss with Colombian plant officials who are in your country the following problems which have resulted in decreased output and sales:
   a. seemingly poor worker attitudes—little dedication, constant lateness, absenteeism, and disregard for production schedules
   b. a lack of quality control and a policy and mechanism to carry it out
   c. suggestions for improving each of the above problem areas using both tact and knowledge of cross-cultural differences

C. Ud es el/la intérprete.

El Sr. Dennis James es jefe de producción de una compañía estadounidense que vende papel. Está en Cali para ayudar al supervisor, el Sr. Pedro Rojas Restrepo, a organizar la nueva fábrica que acaba de mandar construir la firma estadounidense. El Sr. James no habla español muy bien y el Sr. Rojas habla muy poco inglés.

Haga Ud. el papel de intérprete entre estos dos individuos. Traduzca del inglés al español y del español al inglés, sin mirar el texto escrito, el diálogo que leerán otros dos estudiantes en voz alta. Ellos harán una pausa después de cada vírgula para permitir su traducción. Acuérdense todos de usar un tono de diálogo natural.

SR. ROJAS Buenos días, señor James. Espero no haber tardado mucho en llegar.

INTERPRETE ______________________________

SR. JAMES Well, I thought you had forgotten about our meeting. Let's get down to business.

INTERPRETE ______________________________

SR. ROJAS ¿No quiere Ud. tomar un café? Es el mejor del mundo. Por favor, tome una tacita.

INTERPRETE ______________________________

SR. JAMES No, thank you. I have several urgent things I need to discuss with you./ What are your current purchasing policies?

INTERPRETE ______________________________

SR. ROJAS Bueno, ya tenemos un contrato con Leñera, S. de R. L.,/ compañía de mi cuñado,/ para comprar toda la madera que necesitamos./ No sólo la compramos a un buen precio sino en buenas condiciones de pago.

INTERPRETE ______________________________

SR. JAMES That's great!/ Where are the purchase orders and who is taking care of the books?

INTERPRETE ______________________________

SR. ROJAS No se preocupe, señor James./ El Sr. Laureano Jiménez de Quesada, nuestro contable, se encarga de todo.

INTERPRETE ______________________________

SR. JAMES That may well be,/ but I need to examine the books and report to the main office.

INTERPRETE ______________________________

SR. ROJAS Muy bien, señor James, pero el señor Jiménez no estará hasta la semana que viene.

INTERPRETE ______________________________

SR. JAMES Okay, but make sure I get the books./ With regard to production, we recommend that you use flow control./ Also, please monitor each phase of production./ We want high quality as well as high production.

INTERPRETE ____________________

SR. ROJAS Nosotros tambíen, pero tenemos que discutir lo del control de flujo./ Pero, antes, tomemos aquella tacita de café.

INTERPRETE ____________________

D. Caso práctico. Lea el caso y haga los ejercicios que están a continuación.

Desde hace varios años, Ecuamec, una compañía ecuatoriana de tamaño mediano, ubicada en Cuenca, ha fabricado piezas de repuesto para maquinaria de textil con cierto éxito. Ultimamente, sin embargo, la alta gerencia de Ecuamec se ha visto obligada a buscar otras fuentes de ingresos a consecuencia de la intensa competencia de otras compañías del mismo sector. Decide entrar en el lucrativo negocio de producir piezas de repuesto para lavadoras y secadoras. Piensa que no será muy difícil añadir tal división a su firma, ya que antes hacían otros aparatos electrodomésticos parecidos.

Al lanzarse a la producción de las nuevas piezas de repuesto, la empresa empieza a tener problemas. Entre otras cosas, los gerentes de producción y de ventas descubren que necesitan materiales especiales—herramientas, máquinas, etc.—para manufacturar las nuevas piezas. Además, tienen que importarlos del extranjero. Esto significa un aumento de los costos de fabricación. También reconocen que con una mayor demanda ya no pueden contar con la política de compras inmediatas que han adoptado hasta ahora. Tendrán que cambiarla por una de compras futuras o por contrato. Este cambio de política, a su vez, plantea problemas de inventario y almacenaje que los jefes de la empresa no saben resolver.

Por otra parte, debido a la alta demanda de las piezas de repuesto de los aparatos electrodomésticos, los gerentes añaden al sistema de fabricación uno de producción en masa, pero no sin complicaciones. Parece que las máquinas importadas no se prestan muy bien al tipo de elaboración deseada por los jefes de producción. Los obreros, por otra parte, tienen mucha dificultad en usar los nuevos aparatos a causa de que los manuales de instrucción están escritos en japonés e inglés.

Lo más difícil para los supervisores de la planta, sin embargo, han sido los problemas de transporte y de mano de obra. Con respecto al primero, querían transportar los bienes acabados en tren pero éste no llega a todos los destinos deseados, mientras que el llevarlos en camión resulta demasiado caro y lento por las malas carreteras. En cuanto a la cuestión laboral, los obreros no se acostumbran al nuevo sistema de producción. Antes, se les asignaba la fabricación de cierto número de piezas y se les indicaba el tiempo, la calidad y la forma de producirlas. Después de recibir estas instrucciones, los obreros podían hacer lo que quisieran con tal que respetaran los plazos fijados para la entrega. Bajo el nuevo sistema de producción tienen que trabajar más constantemente y con menos tiempo libre. Además, los supervisores han impuesto un nuevo método de control de calidad que mide electrónicamente no sólo la productividad de cada obrero y cada máquina sino la duración y la calidad de los resultados de producción. Los obreros no están contentos con la nueva situación laboral y piensan declararse en huelga.

Conteste las siguientes preguntas.

1. ¿Qué tipo de empresa es Ecuamec? ¿Qué producía al principio y por qué se lanzó a la producción de piezas de repuesto de aparatos electrodomésticos?
2. ¿Cómo podían haber anticipado y, quizás, evitado los gerentes de Ecuamec el problema de los altos costos de producción? ¿Qué tipo de análisis deberían haber hecho? ¿Por qué?
3. ¿Qué opina Ud. del cambio de política de compras que realizó Ecuamec? ¿Qué les recomendaría Ud. a los gerentes con respecto a un sistema de inventario y almacenamiento?
4. ¿Qué es lo que deberían haber hecho los jefes de la empresa antes de comprar las nuevas máquinas de fabricación? ¿Cómo pueden resolver el problema de no tener maquinaria usable?
5. ¿Qué les sugeriría Ud. a los jefes con respecto al medio o medios de transporte que deben o pueden usar?

VOCABULARIO

abastecedor/a *supplier*
almacenaje (m) (almacenamiento) *storage*
anfitrión/a *host/hostess*
aparato electrodoméstico *electrical household appliance*
ausentismo *absenteeism*
avería *damage, breakdown*
averiado (adj) *damaged, broken down*
bienes (m) *goods*
_____ **de abastecimiento** *supplies*
_____ **de capital o de equipo** *capital goods*
_____ **de consumo** *consumer goods*
_____ **de lujo** *luxury goods*
_____ **especiales** *specialty goods*
_____ **industriales** *industrial goods*
_____ **semiacabados** *unfinished goods*
compra especulativa *speculative buying*
_____ **por contrato** *contract buying*
_____ **por cotización sellada** *auction (sealed bid) buying*
_____ **recíproca** *reciprocal buying*

conducta en la compra *buying behavior*
control de equipo *equipment control*
_____ **de fabricación** *production control*
_____ **de inventario** *inventory control*
_____ **de materiales** *materials control*
cuota *quota, capacity*
despachar *to send*
drenaje (m) *drainage*
embalaje (m) *packing, packaging*
emprender *to undertake, begin*
en existencia *in stock*
ensamblaje (m) *assembly*
ensamble (m) *assembly*
espacial (adj) *spatial, space-related*
existencia *stock*
fabricación *manufacturing*
fecha de entrega *delivery date*
fiabilidad (f) *reliability*
flete (m) *freightage, transportation charge*
género *good, merchandise*
gestión *management*
herramienta *tool*
línea de montaje *assembly line*
mantenimiento de equipo *equipment maintenance*
máquina de coser *sewing machine*
marca *brand*
mezcla de productos *product mix*
obsoleto *outmoded*
pedido *order, purchase order*
período de entrega *delivery time or schedule*
perjudicado (adj) *injured, damaged, jeopardized*
pieza de repuesto *spare part*
plaza *locale, location*
política de compras *purchasing policy*
proceso *process*
_____ **analítico** *analytic process*
_____ **de ensamble** *assembly process*
_____ **de fabricación** *manufacturing process*
_____ **extractivo** *extraction process*
_____ **sintético** *synthetic process*
producción continua *continuous production*
_____ **en masa o en serie** *mass production*
_____ **estándar** *standard production*
_____ **intermitente** *intermittent production*
_____ **ordenada o en pequeños lotes** *small-batch production*
_____ **por carácter** *character of production*
_____ **por duración** *time of production*
_____ **por naturaleza** *nature of production*
programación *scheduling*
proveedor/a *supplier*
proveer *to provide*
recuento *count*
redactar *to edit*
reparación *repair*
responsabilidad del productor (f) *product liability*
ruta *routing*
transmisión de tecnología *technology transfer*
usuario *user*
zambo *racially half Indian/half black*

CAPITULO

8 Marketing I

People will buy anything that's one to a customer.

Sinclair Lewis

Quien miente, ofende a la buena gente.

Proverbio

El nacionalismo en la publicidad. Lima, Perú.

PREGUNTAS DE ORIENTACION

Al hacer la lectura comercial, piense Ud. en las respuestas a las siguientes preguntas.

- ¿Qué es el marketing?
- ¿Son sinónimos el marketing y la publicidad? Explique.
- ¿Cuáles son los cuatro elementos fundamentales del marketing?
- ¿Cuáles son las funciones universales del marketing?
- ¿Cuáles de ellas se pueden excluir?
- ¿Qué consideraciones entran en la segmentación de un mercado?
- ¿Cuáles son las tres categorías principales del fomento de ventas? Dé ejemplos.
- ¿Cuáles son algunos medios publicitarios empleados en la venta en masa?
- ¿Qué factores especiales son importantes en el marketing internacional?

BREVE VOCABULARIO UTIL

anuncio *ad, advertisement*
ensayo *test, trial*
fomento de ventas *sales promotion*
lema (m) *slogan, motto*
marca *brand, trademark*
mercadeo *marketing*
promover *to promote*
publicidad *publicity, advertising*
sondeo *opinion poll*

LECTURA COMERCIAL

Segmentación del mercado y publicidad

Una vez que la empresa tenga disponibles los bienes o servicios que desea vender al público, hace falta entrar más plenamente en el aspecto comercial llamado marketing (o mercadeo, mercadología, mercadotecnia). Bernard y Colli definen el marketing como el «estudio del mercado orientado a describir las posibles salidas de la producción en un futuro inmediato o lejano teniendo en cuenta las necesidades actuales o futuras y las perspectivas de investigación y de adaptación de la empresa» *(Diccionario económico y financiero)*. En otras palabras, se trata de cómo hacer llegar el producto o servicio a manos del consumidor en el lugar y momento en que éste los desee adquirir, a un precio razonable para el cliente y lucrativo para la empresa. Es un proceso continuo que incluye todos los pasos entre la fabricación de una mercancía (o la oferta de un servicio) y su compra. Por eso, esencialmente toda decisión empresarial tiene en cuenta el marketing. Es mucho más que la mera publicidad, aunque a menudo se consideran erróneamente estos dos términos—marketing y publicidad—como sinónimos. De hecho, de cada dólar gastado por el consumidor en los Estados Unidos, aproximadamente 50 centavos van para cubrir los costos de producción. Los otros 50 centavos son para los costos de marketing: aproximadamente 45 centavos se destinan al transporte y almacenaje mientras que menos de cinco centavos se gastan en la publicidad.

En general, el marketing se caracteriza por una consideración de cuatro elementos fundamentales: el producto (o servicio), el precio, el lugar de disponibilidad y el fomento de ventas. Respecto al precio, es importante recordar que el precio mínimo (el *suelo*) siempre cubrirá los costos de producción y comercialización para que la empresa no pierda dinero de entrada; el máximo (el *techo*) será el que tolera el mercado—es decir, lo que el consumidor está dispuesto a pagar por una mercancía. Todo esto responde al concepto de utilidad de una mercancía. Para que exista esta utilidad, es necesario que un producto o servicio esté: (1) la forma deseada por el comprador (por ejemplo, el resultado de una producción o de una cosecha); (2) en un lugar apropiado (donde lo necesite y pueda adquirir el cliente); (3) en el momento deseado (para la fecha cuando la necesite el cliente) para que luego se facilite la posesión por parte del comprador. La mejor prueba de utilidad es la realización de la transacción comercial.

También hay que tener en cuenta una serie de funciones universales en el marketing: financiamiento, compra, venta, transporte, almacenaje, estandardización y clasificación (control de cantidad y calidad), riesgo e información. El financiamiento se refiere al dinero necesario para producir, transportar, almacenar, vender y comprar mercancías, mientras que el riesgo se refiere al hecho de que una empresa nunca está segura de que los consumidores compren sus mercancías, las cuales, además, pueden sufrir daños, pérdidas, robos o hacerse anticuadas y pasarse de moda. Todas estas funciones ayudan a realizar las utilidades de forma, lugar, tiempo y posesión. Aunque el número de intermediarios que se necesitan para desempeñar estas funciones puede variarse (muchas veces una sola persona o empresa realiza varias de ellas sin tener que contratar a otros intermediarios para hacerlo), no se pueden eliminar las funciones mismas, pues siempre están presentes en el marketing de alguna manera.

Hoy en día se acepta la teoría de que es el consumidor quien determina lo que se vende y se compra, basado en sus propias necesidades, en contraste con la antigua noción de que esto lo controlaban las necesidades o deseos del fabricante o vendedor. Para alcanzar al consumidor deseado, el director de marketing necesita investigar el mercado a base de observaciones directas y de pruebas y ensayos del producto o servicio para ver cómo reaccionan los presuntos compradores. También se usan encuestas y sondeos (en persona, por teléfono o por correo) para conocer mejor quién es el cliente y qué es lo que quiere. Estos constituyen los métodos primarios de recopilación de datos. Los métodos secundarios, más económicos para la compañía, incluirían un repaso de los datos ya existentes dentro de la empresa o la investigación de datos disponibles en fuentes fuera de la empresa. Por ejemplo, si uno quisiera saber el número de residentes hispánicos en los Estados Unidos, sería mucho más económico y rápido buscar los datos en una biblioteca o en una computadora que empezar a contar cabezas.

Los dos métodos aportan información que ayuda en el lanzamiento al mercado de un producto o servicio, el cual se distingue de los demás productos porque se dirige a un cliente en particular. En otras palabras, el mercado se divide en segmentos en los cuales se agrupa a individuos con necesidades y deseos semejantes, reduciendo así un mercado impreciso y genérico a uno específico. Al determinar un mercado particular, es útil considerar factores como la edad, el salario, el lugar geográfico, etc. En Hispanoamérica, por ejemplo, se han identificado cinco mercados principales, basándose tanto sobre una segmentación demográfico-social y cultural como regional: México, Brasil, el Caribe, la Hispanoamérica europea y la Hispanoamérica indígena (Marlene Rossman, *Marketing News*, Vol. 19, No. 21, 11 octubre 1985: 10). Todo esto ayuda en la identificación demográfica (¿cuántos? y ¿dónde?) y la psicográfica (¿quiénes? y ¿cómo son?). De este modo se presta tanta atención al individuo y su composición psicológica como al grupo (los elementos socio-antropológicos) y las maneras en que se interrelacionan los individuos y los grupos sociales (las consideraciones psico-sociológicas). Esto ayuda a entender cómo una misma conducta puede ser el resultado de diferentes motivaciones—por ejemplo, que no todo el mundo ve una misma película por las mismas razones.

Una vez que se precise el mercado de un producto, se puede crear una marca para ayudar al consumidor a reconocer la mercancía que ha puesto en venta la empresa. La marca es una palabra, un símbolo o un diseño (o una combinación de los tres elementos) que sirve para identificar el bien o servicio del vendedor y para distinguirlo de otros bienes o servicios. Para el cliente se debe convertir en algo familiar, conocido y seguro que muchas veces se asocia con la calidad particular que se busca en un producto: el sabor refrescante de una Pepsi o Coca-Cola, la seguridad del funcionamiento de una máquina IBM o Sony, el lujo de un Mercedes-Benz, etc. Para que la marca sea una marca comercial o de fábrica en los EE.UU., hace falta registrarla en el gobierno federal. La marca registrada sirve para proteger la identificación de un producto en todo el país o en el extranjero. Pero esta protección se perjudica si su propietario no defiende el uso exclusivo que estipula el nombre o símbolo seleccionado. Esto explica por qué la compañía Coca-Cola se asegura que pedir una «Coke» en los bares y restaurantes no dé por resultado en que se sirva indistintamente una Pepsi o Seven-Up en lugar de una Coca-Cola. De no ejercer este control necesario, «Coke» podría llegar a representar cualquier refresco gaseoso ofrecido en un establecimiento y perdería su vigor de ser una marca registrada, tal como ocurrió con el producto «aspirin».

Como se indicó antes, el fomento de ventas representa sólo un aspecto del marketing. Pero es una parte clave, pues llama la atención de los consumidores sobre los productos y servicios. No es suficiente sólo producir y distribuir un producto o servicio. Es necesario promoverlo. Es decir, informar a los presuntos clientes que existe, explicar su uso y cómo se diferencia de otros productos ya en el mercado, indicar el lugar, momento y precio de venta y animar al consumidor a que lo compre. Hay tres categorías de fomento de ventas: la venta personal, la promoción y la venta en masa. La venta personal ocurre cuando un vendedor le explica directamente a un cliente los beneficios de su producto. La promoción existe en forma de una oferta al consumidor: «Si compra Ud. cinco cajas, le daremos una sexta gratis». La venta en masa incluye los anuncios, la publicidad gratuita y las relaciones públicas.

Los anuncios representan una información sobre productos y servicios, dirigida al consumidor y pagada por el fabricante o negociante. Un producto o servicio se puede anunciar a nivel local, regional, nacional o internacional. En un solo día el ciudadano estadounidense típico percibe más de 1.200 anuncios publicitarios por diferentes medios de difusión: televisión, prensa, letreros, carteleras, tableros, catálogos, guías telefónicas, etc. Algunos de los productos más anunciados, por orden decreciente, son: alimentos, textiles, artículos para el hogar, automóviles, tabacos y refrescos. Los anuncios en general incluyen una descripción del producto, sus beneficios, y a veces un lema llamativo.

La publicidad gratuita ocurre cuando la empresa no paga por los medios difusivos utilizados sino sólo por el tiempo (sueldos y salarios) de su propio personal. Esto ocurre a veces cuando el nombre de un producto se menciona en una noticia periodística o en una entrevista televisada. Las relaciones públicas se distinguen de los anuncios y la publicidad en que se limitan a «crear o desarrollar un ambiente de simpatía e interés alrededor de una empresa» (Bernard y Colli). Representan un deseo de mejorar la imagen de la compañía en la comunidad, en la que la empresa, por ejemplo, patrocina un equipo de béisbol o fútbol, con los jugadores vistiendo camisetas que tienen el nombre de la compañía.

Es de suma importancia enfatizar que el marketing internacional requiere ciertas consideraciones especiales. Hace falta examinar la estructura sociocultural de un país y sus factores dinámicos: composición étnica, lengua, religión, valores y actitudes, educación, clases sociales, tecnología, instituciones, etc. El ambiente político y legal cobra una importancia crítica. Es necesario comprenderlo y anticipar los cambios que pueda haber. También pueden existir diferencias respecto a la estética y el simbolismo aceptables en otra cultura, lo mismo que tabúes que den por resultado la censura de ciertas cosas. Una empresa que tenga siempre en cuenta estos factores ya se dirige hacia el éxito en su fomento de ventas internacionales.

ACTIVIDADES

A. **¿Qué sabe Ud. de los negocios?** Vuelva Ud. a las preguntas de orientación que se hicieron al principio del capítulo y ahora contéstelas en oraciones completas en español.

B. **¿Qué recuerda Ud.?** Indique si las siguientes oraciones son verdaderas o falsas y explique por qué.

1. El marketing es una parte de los anuncios publicitarios.
2. La mayor parte de los gastos de marketing se dedican a los anuncios.
3. La utilidad de tiempo es igual a la de forma.
4. Las empresas comerciales siempre corren algún riesgo en el marketing de sus productos.
5. La sociología y la psicología son útiles para segmentar en grupos el mercado de un producto o servicio.
6. Una marca registrada nunca puede perder su valor protector para un producto.
7. El marketing internacional se caracteriza por una serie de factores no dinámicos.

C. **Exploración de sus conocimientos y opiniones personales.** Haga los siguientes ejercicios, usando sus propios conocimientos y opiniones personales.

1. ¿Por qué cree Ud. que hoy en día es el consumidor quien determina lo que se vende, en lugar del productor o vendedor?
2. ¿Qué otros factores consideraría Ud., además de los que se mencionan en la lectura (edad, salario, etc.), para dividir en segmentos un mercado?
3. ¿Qué opina Ud. de la segmentación que hace Rossman del mercado hispanoamericano? ¿Cómo haría Ud. esta segmentación?
4. Dé algunos ejemplos de marcas comerciales que Ud. conoce y comente lo que Ud. asocia con estas marcas.
5. ¿Qué anuncio publicitario le ha parecido a Ud. muy eficaz en los últimos años? ¿Por qué?
6. Dé algunos ejemplos de la publicidad gratuita y las relaciones públicas que Ud. conoce. Haga comentarios sobre su uso.
7. Además de los medios de difusión que se mencionan en la lectura, ¿qué otros medios difusivos existen para anunciar un

producto o servicio? Al comparar medios difusivos, ¿cuáles son algunas ventajas y desventajas de usar uno y no otro?

8. ¿Cómo se relacionan los dichos al principio del capítulo con los temas tratados?

EJERCICIOS DE VOCABULARIO

Si hace falta para completar estos ejercicios, consulte la Lectura Comercial o la lista de vocabulario al final del capítulo.

A. Traduzca estos términos al español y explique su significado.

1. marketing
2. opinion poll
3. advertisement
4. slogan
5. sign
6. advertising agency
7. registered trademark
8. taboo
9. middleman
10. to sponsor

B. Dé algunos sinónimos o explicaciones de las siguientes palabras.

1. patrocinar
2. venta en masa
3. marca de fábrica
4. promoción
5. consumidor
6. prensa
7. pasarse de moda
8. fiable
9. sondeo
10. utilidad

C. Explique de qué manera están relacionadas las siguientes palabras.

1. acertado/equivocado
2. centavo/dólar
3. fabricante/consumidor
4. tabú/norma
5. lema/marca
6. promover/ignorar
7. anuncio/relaciones públicas
8. venta personal/venta en masa
9. estar de moda/pasarse de moda
10. consumidor presunto/consumidor general

D. ¿Qué palabras asocia Ud. con los siguientes vocablos?

1. diseño
2. catálogo
3. encuesta
4. promoción
5. intermediario
6. letrero
7. marca
8. lanzamiento

E. Llene los espacios con la palabra más apropiada de la lista.

medios de difusión	catálogos	televisión
carteleras	anuncio	promover
consumidor	marca	venta en masa

Para ayudar a ________ un producto y para fijar la ________ comercial en la mente del ________, las agencias publicitarias usan diferentes ________. Poner un ________ en la prensa es un modo eficaz de alcanzar a un gran número de consumidores, pero requiere cierto nivel de alfabetización para su éxito. Las ________ también son una forma de ________, pues se dirigen a todo conductor de coche que los ve. Un consumidor puede recoger los ________ cuando está en una tienda, o se pueden enviar directamente a su casa, donde luego podrá repasar el contenido de sus páginas a gusto. La ________ es un medio publicitario más caro, pero permite combinar la palabra oral con la escrita para promover un producto en una situación viva, con colores, movimiento y música.

F. Complete las siguientes oraciones en sus propias palabras.

1. De cada dólar gastado por el consumidor en los Estados Unidos...
2. Los cuatro elementos que caracterizan la utilidad de una mercancía son...
3. Para identificar al consumidor presunto, el director de marketing necesita...
4. Los elementos socio-antropológicos de la segmentación del mercado se refieren a...
5. Una marca registrada sirve para...

G. Traduzca las siguientes oraciones al español.

1. Marketing is concerned with getting the right product to the right consumer at the right time and price.
2. Although marketing and advertising are often referred to as the same thing, advertising is in fact a small but extremely important part of marketing.
3. The universal functions of marketing—finance, buying, selling, transportation, storage, grading and classification, risk, and information—are always present in one form or another.
4. An important consideration in marketing is market segmentation, which groups consumers according to age, sex, education,

profession, income, social class, geographic location, ethnic composition, and other factors.

5. In international marketing it is important to bear in mind that things aren't always what they seem. One must learn to listen for the hidden voice of another culture, a voice which often subtly distinguishes that culture from one's own.

UNA VISTA PANORAMICA DEL PERU

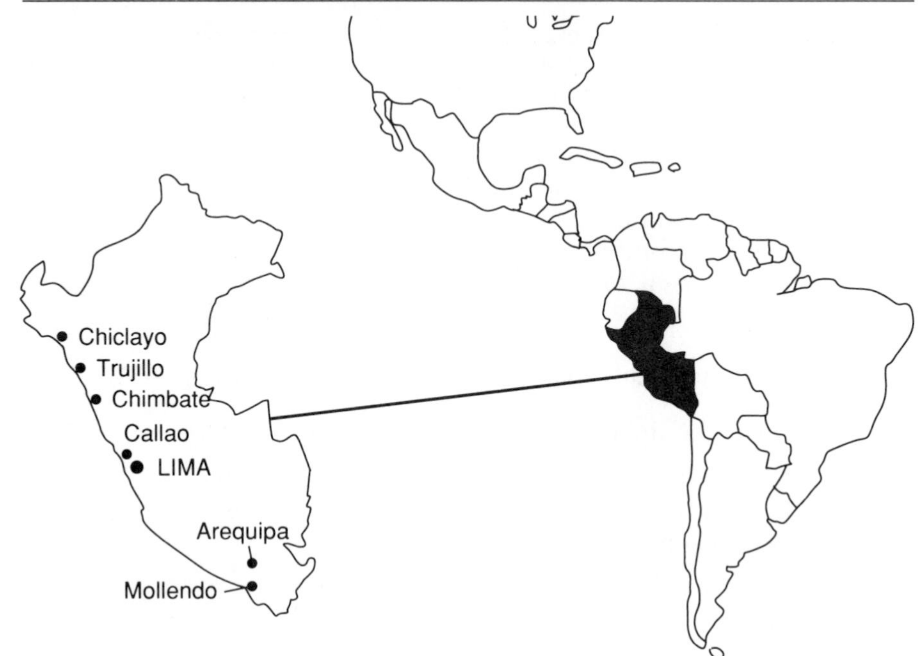

Nombre oficial

República del Perú

Geografía

Tamaño: 1.285 millones de kilómetros cuadrados, tres veces el tamaño del estado de California. **Capital:** Lima (con 4,3 millones de habitantes). **Ciudades principales:** Arequipa, Callao, Trujillo, Chiclayo.

Demografía

Población: Peruanos, 22,4 millones en 1990, con proyección de 29 millones en al año 2000. **Población urbana/rural:** 68% urbana, 32% rural. **Grupos étnicos:** Indio, 52%; mestizo, 32%; blanco europeo, 12%; otro, 4%. **Agrupación por edad:** 0–14 años, 41%; 15–29, 28%; 30–44, 16%; 45–

59, 10%; más de 60, 5%. **Lenguas:** Español y quechua (ambas oficiales). **Analfabetismo:** 22%.

Gobierno

República de 23 departamentos y una provincia constitucional.

Economía y comercio

Divisa: El inti (I/.). **Producto Nacional Bruto (PNB en $EE.UU.):** $22 mil millones. **PNB per cápita (en $EE.UU.):** $1.130. **Tasa media de inflación anual 1980–1986:** 100%. **Recursos naturales:** Minerales, metales, petróleo, madera y pesca. **Agricultura:** 11% del PIB, 35% de la mano de obra. Café, algodón, cacao, azúcar, maíz, pesca, ganado y lana. **Industria:** 38% del PIB, 16% de la mano de obra. Procesamiento de minerales, petróleo, harina de pescado, textiles, comida, ensamblaje de automóviles. **Servicios:** 51% del PIB, 49% de la mano de obra. **Exportaciones:** Petróleo, cobre, cinc, plomo, plata. **Mercados:** EE.UU., 35%; CEE, 18%; Japón, 10%; Taiwán, 3%. **Importaciones:** Maquinaria y equipo industrial, alimentos, trigo. **Transportes:** Carreteras (68.363 kilómetros, 11% pavimentados), ferrocarriles (3.451 kilómetros) y 22 aeropuertos. Puertos principales: Callao, Chimbate, Mollendo. **Comunicaciones:** 66 periódicos, un radio por cada cinco personas, un televisor por cada 13 personas y un teléfono por cada 33 personas.

LA ACTUALIDAD ECONOMICA PERUANA

Le deuda externa es uno de los principales problemas a que se ha enfrentado Perú en los últimos años. En 1985 el Presidente Alan García decidió limitar los pagos de los intereses sobre la deuda externa—la cual había llegado a unos $14 mil millones (en $EE.UU.)—al 10% de los ingresos nacionales recibidos por las exportaciones peruanas. En el momento de tomar esta decisión, la deuda externa representaba un 81% del PNB peruano. El resultado de la decisión ha sido que Perú ahora se halla en una postura conflictiva con la comunidad financiera internacional. El FMI ha rehusado hacer más préstamos al Perú y se corre el riesgo de que esto ocurra también con otros acreedores.

Otros dos problemas a que se enfrenta Perú son la inflación desbordada y el terrorismo. En la década de los ochenta Perú sufrió una tasa de inflación anual superior al 100%. Esta tasa ascendió a 1.720% en 1988 y se esperaba que subiera a 10.000% para el año 1989. El valor adquisitivo del inti bajó más del 50% en muy poco tiempo, una situación empeorada por el alto índice de desempleo y la escasez de artículos de primera necesidad. El terrorismo ha agravado los problemas del Perú. El Sendero Luminoso, una organización maoísta, inició una política violenta contra el gobierno en 1980. Entre 1980 y 1989 hubo más de 17.000 muertos debido al terrorismo, con un promedio de diez muertos diarios por razones políticas en 1989.

Aunque Perú se está polarizando entre la extrema derecha y la extrema izquierda, a pesar de los graves problemas mencionados antes, es un país rico en recursos naturales como plata, plomo, cinc, cobre, oro y hierro. También tiene yacimientos petrolíferos y gas natural y una riqueza natural en el renglón de la pesca. El futuro económico del Perú es incierto, pero existen los recursos y los deseos para solucionar las crisis de los últimos años.

UNA VISTA PANORAMICA DE BOLIVIA

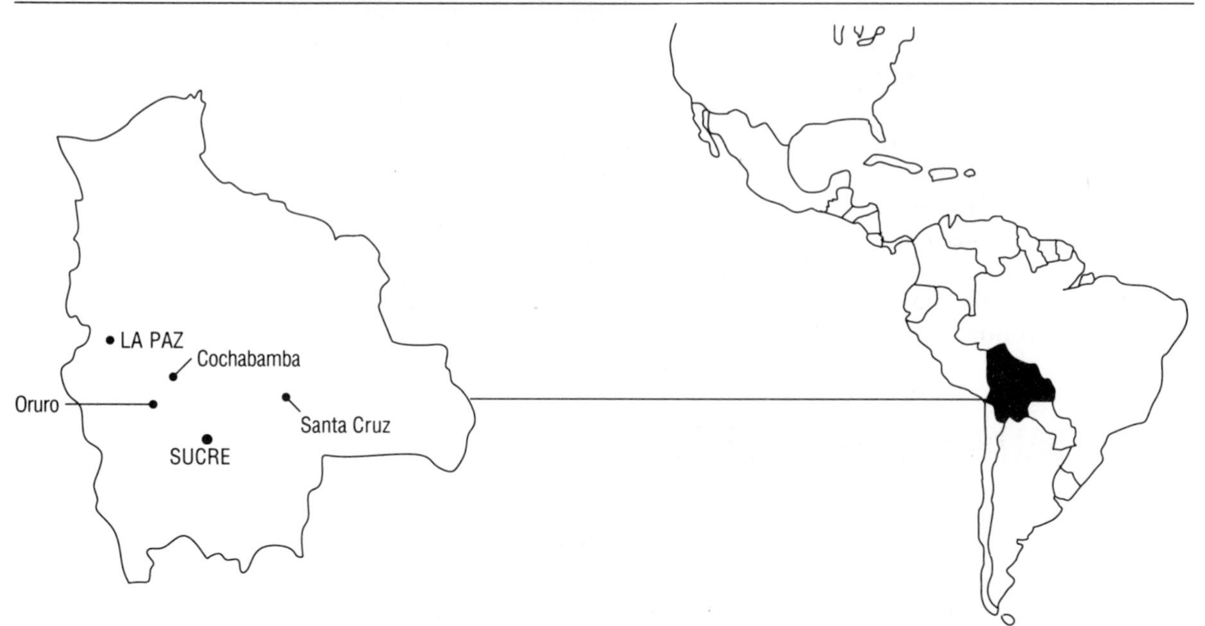

Nombre oficial

República de Bolivia

Geografía

Tamaño: 1.098.581 kilómetros cuadrados, el tamaño de los estados de California y Texas combinados. **Capital:** La Paz (administrativa, con 955 mil habitantes), Sucre (constitucional, con 470 mil habitantes). **Ciudades principales:** Santa Cruz, Cochabamba, Oruro, Sucre.

Demografía

Población: Bolivianos, 7,4 millones en 1990, con proyección de 9,7 millones en el año 2000. **Población urbana/rural:** 49% urbana, 51% rural. **Grupos étnicos:** Indio, 42%; mestizo, 31%; blanco europeo, 15%; otro, 12%. **Agrupación por edad:** 0–14 años, 43%; 15–29, 27%; 30–44, 16%; 45–59, 9%; más de 60, 5%. **Lenguas:** Español, quechua, aimará (todas oficiales). **Analfabetismo:** 37%.

Gobierno

República de 9 departamentos.

Economía y comercio

Divisa: Boliviano (Bs). **Producto Nacional Bruto (PNB en $EE.UU.):** $3.540 mil millones. **PNB per cápita (en $EE.UU.):** $540. **Tasa media de inflación anual 1980–1986:** 684%. **Recursos naturales:** Estaño, gas natural, petróleo, cinc, tungsteno, antimonio, plata, plomo, oro, hierro, bosque. **Agricultura:** 28% del PIB, 46% de la mano de obra. Papa, maíz, caña de azúcar, arroz, café, banana, trigo; ganado y madera. **Industria:** 23% del PIB, 20% de la mano de obra. Comida y bebidas, minería, textiles, petróleo, productos químicos. **Servicios:** 49% del PIB, 34% de la mano de obra. **Exportaciones:** Gas natural, estaño, cinc, plata, tungsteno. **Mercados:** Argentina, 54%; Europa, 16%; EE.UU., 15%; Chile, 4%; Perú, 3%. **Importaciones:** Maquinaria industrial, equipo de transporte, bienes de consumo, materia prima industrial. **Transportes:** Carreteras (40.987 kilómetros, 4% pavimentados), ferrocarriles (3.642 kilómetros) y 22 aeropuertos. **Comunicaciones:** Trece periódicos, un radio por cada dos personas, un televisor por cada 17 personas y un teléfono por cada 37 personas.

LA ACTUALIDAD ECONOMICA BOLIVIANA

Bolivia es un país rodeado de tierra—Brasil, Paraguay, Argentina, Chile y Perú—sin salida directa al océano, lo cual da por resultado costos más altos de transporte comercial. Con un PNB por persona de $540 EE.UU., sigue siendo uno de los países más pobres de Hispanoamérica. La década de los ochenta se marcó con un gravísimo problema inflacionario. Entre 1980 y 1986, por ejemplo, la tasa media de inflación anual se presentó oficialmente en un 684%. Pero en 1985 Bolivia alcanzó una tasa de hiperinflación anual de 25 mil por ciento, considerada la más alta del mundo para una economía en tiempo de paz. En 1980, el cambio oficial se registraba en 24 pesos por dólar; en 1988, el peso boliviano se cotizaba en más de dos millones por dólar. Artículos que habían costado 100 pesos en 1980, ya costaban más de la equivalencia de ocho millones de pesos en 1988. Para hacer frente a la hiperinflación, el gobierno decidió adoptar una nueva moneda nacional, el boliviano, en 1987, el cual representaba un corte de los seis ceros finales del antiguo peso (un bolívar equivaldría a un millón de pesos). También, para 1985 se había llegado a tal extremo, que todos los pagos comerciales se tenían que hacer en dinero efectivo y el precio se determinaba no por el cambio oficial cotizado sino por el tipo de cambio negro (cambio de contrabando o de estraperlo) vigente. Esta situación había sido agravada por una deuda externa de más de $3,7 mil millones ($EE.UU.), por la cual se declaró una moratoria en 1984 a la deuda debida a los bancos extranjeros. Pero con esta declaración, Bolivia perjudicó gravemente su situación con los acreedores internacionales. Para 1989 se había reducido la tasa de inflación anual del boliviano a un 20%, con el resultado de que la economía funcionaba muy por debajo de su capacidad y había un altísimo índice de desempleo.

Históricamente Bolivia ha dependido de la exportación de sus minerales, principalmente el estaño, para sus ingresos del mercado mundial. El problema en los últimos años ha sido que estos importantes ingresos han fluctuado con los precios de venta. En 1985, por ejemplo, el mercado internacional de estaño sufrió una crisis que dio por resultado una grave reducción de su producción en Bolivia y por consiguiente, una seria reducción de ingresos nacionales. A la vez, hubo una baja en la exportación boliviana de petróleo y gas natural. También, en los últimos años Bolivia ha sido uno de los principales países productores de la coca, lo cual ha dificultado sus relaciones con EE.UU. Sin embargo, sigue buscando soluciones a sus graves problemas económicos con la ayuda del Banco Mundial y la comunidad interamericana e internacional.

ACTIVIDAD

¿Qué sabe Ud. del Perú y de Bolivia? Haga los siguientes ejercicios.

1. Compare la geografía del Perú con la de Bolivia.
2. Describa la demografía de ambos países.
3. ¿Cuáles son las principales exportaciones de Perú y de Bolivia? ¿y las principales importaciones?
4. ¿Con qué países suelen comerciar Perú y Bolivia?
5. ¿Cuáles son las divisas de los dos países? Busque sus cambios actuales con el dólar.
6. ¿Qué problemas económicos y políticos ha tenido Perú en los últimos años?
7. ¿Qué problemas recientes ha tenido Bolivia con la inflación?
8. ¿De qué mineral ha dependido históricamente Bolivia para su exportación? ¿Qué problemas ha habido con esto?
9. ¿Cómo han cambiado los datos presentados para cada país bajo la categoría de ECONOMIA Y COMERCIO? Búsquelos en un libro de consulta y póngalos más al día.

LECTURA CULTURAL

Lengua, lenguaje y anuncios

En el mundo actual, según diferentes investigadores, hay entre tres y diez mil lenguas distintas, las cuales se pueden reducir a unas cien lenguas oficiales que se usan entre las aproximadamente 180 naciones del mundo. Esto sugiere que hay, por lo tanto, un mínimo de tres mil culturas distintas, consideración clave para la traducción y adaptación requeridas en los anuncios publicitarios interculturales.

Oscar Wilde observó agudamente que los Estados Unidos e Inglaterra son dos naciones separadas por una lengua común. Algunos ejemplos de lo acertado de esta penetrante exageración son los equivalentes léxicos de **elevator** y **lift** o **subway** y **tube.** También existe el ejemplo de un anuncio en Inglaterra que fomentaba la venta de una aspiradora de marca Electrolux, con el lema «Nothing sucks like an Electrolux», admisible en ese país pero risible en Estados Unidos.

La advertencia de Wilde también sirve, hasta cierto punto, para el español como lengua nacional de veintiún países (contando Puerto Rico). Por ejemplo, **autobús** en España es **camión** en México y **guagua** en Puerto Rico, mientras que **guagua** se refiere a **bebé** en Chile. Para algunos, **camión** se traduciría al inglés como **truck,** para otros como **bus,** dos vehículos totalmente diferentes. Además de emplear a veces diferentes vocablos para referirse a una misma cosa o un solo vocablo para referirse a cosas distintas, también hay países hispánicos donde se habla más de una lengua oficial, como el uso del español y el quechua en Perú y el español, el quechua y el aimará en Bolivia. Esto indica que a veces será aconsejable poner un anuncio oral en más de una sola lengua para alcanzar el mercado dentro de un solo país.

Ha habido bastantes errores en la promoción internacional de un producto. Un ejemplo es el auto de marca Nova que quiso vender General Motors hace unos años en los países hispanohablantes, sin considerar la fácil interpretación que se podría asociar con el producto de que «no va», es decir, que no funciona. El anuncio de Parker Pen en Hispanoamérica prometía que su nueva tinta evitaría los «embarazos» no deseados. En Bélgica y Francia, «body by Fisher» se tradujo al flamenco como «cadáver por Fisher» y «Schweppe's Tonic Water» se anunció en italiano como «agua del baño». Un detergente anunciado en Quebec prometía órganos genitales limpios y «Bran Buds» de Kellogg se tradujo al sueco como «granjero quemado.». En China, el anuncio de Pepsi-Cola, «Come Alive with Pepsi», se convirtió en «Pepsi resuscitará a sus antepasados de la tumba» mientras que Coca-Cola ya había experimentado con una traducción fonética de su marca en el mismo país, lo cual dio por resultado en « Muerda Ud. el renacuajo de cera». Fueron errores cómicos, a primera vista, y luego grotescos; pero fueron errores que, además de prestarse a burla, costaron tiempo y dinero.

El lenguaje de la publicidad—el modo de expresarse, los vocablos y el tono empleados, con atención a sus connotaciones culturales—tiene que ser preciso en su traducción y adaptación para evitar faltas garrafales. Además de caracterizarse los anuncios por palabras claves que identifican y describen el producto, con un juego de diseño y colores atractivos, casi siempre hay un lema que la compañía crea como punto de referencia y asociación para el consumidor. Para mujeres, L'Oreal se presenta como «Tu maquillaje secreto» mientras que Nivea Creme es «Todo lo que tu piel necesita para vivir». Anímale (de Suzanne de Lyon) pone solamente «Libérala», invitación que parece referirse tanto a la nueva fragancia anunciada como a la joven, seductora mujer semidesnuda pintada como una tigre. Para hombres, Sybaris (Eau de toilette de Puig), representa «La cultura del placer» y Aramis es «El impacto que perdura. La fragancia del hombre». UPS (United Parcel Service) es «Tan seguro como si lo llevara Ud. mismo». En el mundo de los automóviles, el Renault 19 es la «Fuerza emergente», el Ibiza II de Seat está «Hecho para su gente» y el Alfa Romeo se asocia con «La pasión de conducir». Nescafé es «Para amantes del café solo. Los que realmente aman el buen café». Y Marlboro, con su foto típica de un masculinísimo «cowboy» estadounidense, pide que el consumidor «Venga adonde está el sabor», mientras que la marca Camel le proporciona al consumidor «El sabor de la aventura».

La precisión de la palabra, el tono y el registro discursivo, junto con la imagen y la fuerza de asociación despertada en el consumidor, son algunos de los elementos claves para el éxito de las campañas publicitarias interculturales. Un producto o servicio no se vende sólo lingüísticamente sino culturalmente. Para realizar una campaña exitosa, hace falta acudir a agencias publicitarias y traductores profesionales que conocen a fondo los diferentes contextos culturales, pues en muy pocas ocasiones se logrará éxito con una traducción literal hecha por una persona inexperta en este campo.

ACTIVIDADES

A. ¿QUE SABE UD. DE LA CULTURA?

1. ¿Qué opina Ud. de la idea de que aprender una lengua también significa aprender una cultura?
2. Dé Ud. ejemplos de diferentes palabras en español empleadas en diferentes países hispanohablantes para referirse a una misma cosa. Dé ejemplos de una misma palabra que se refiere a distintas cosas según el país.
3. Además del español, ¿qué otras lenguas oficiales hay en las llamadas naciones hispanoparlantes? ¿Hay otras lenguas no oficiales que se emplean también? Dé ejemplos.

4. Comente Ud. sobre algunos de los ejemplos presentados del fracaso publicitario internacional. ¿Qué otros casos malogrados conoce Ud.?
5. ¿Qué es un lema? ¿Cuáles son algunos ejemplos de lemas en inglés que le han parecido buenos. ¿Cómo los traduciría al español?
6. ¿Piensa Ud. que a veces las compañías usan imágenes impropias para vender sus productos? Comente.

B. ASIMILADOR CULTURAL
Lea lo siguiente y haga los ejercicios a continuación.

Michael Dover, un joven californiano recientemente contratado por la Agencia Publicitaria Martí y Martí, S. L., en Miami, entra en la oficina de la directora, Lucinda Miller-Díaz, para entregarle su traducción de un anuncio que quiere usar en español un negociante regional. El texto en inglés es el siguiente: «Embarrassed by your old set of wheels? Got you singing the blues? Then switch your tune with a new pick-up from McEwan's, the good truck dealer». Su traducción dice «¿Embarazado por su conjunto de ruedas? ¿Le tiene cantando los azules? Entonces cambie su aire con una nueva troca de reparto de McEwan's, el buen traficante de trocas». Al repasarlo, Miller-Díaz se ríe en voz alta y luego mira hacia arriba, chascándose la lengua.

1. ¿Por qué reacciona de esta manera la Sra. Miller-Díaz?
2. ¿Qué problemas hay en la traducción?
3. Traduzca al inglés el sentido literal de la traducción que ha hecho Michael Dover al español. ¿Qué valor tiene este ejercicio de control llamado «retrotraducción», en el cual se vuelve a traducir lo traducido a la lengua original?
4. ¿Cómo traduciría Ud. al español el anuncio de McEwan's?

SINTESIS COMERCIAL Y CULTURAL

ACTIVIDADES COMUNICATIVAS

A. Al teléfono. Haga las siguientes llamadas telefónicas a otro/a estudiante de la clase. Cada persona deberá tomar un papel activo en la conversación.

1. Ud. está haciendo una encuesta telefónica para determinar el mercado que habrá para un nuevo contestador de teléfono automático con pantalla que permite ver a la persona con quien se habla. La persona que toma parte en la encuesta contesta las

preguntas que Ud. le hace sobre su edad, sexo, educación, profesión, salario, número de teléfonos en casa/oficina, uso diario del teléfono e interés en tener un producto como el nuevo Saludo Visual X-II.

2. Ud. es propietario/a de una pequeña empresa que se especializa en la venta de cerveza importada y le interesa poner un anuncio en la revista local, **Ciudad del Encanto**. Al preguntarle al/a la Director/a de Publicidad de la revista sobre los diferentes formatos y precios (¼ de página, ⅓ de página, ½ de página y página entera), el/ella le da la información pedida y Ud. se decide por uno de los formatos.
3. Ud. es director/a de la agencia publicitaria Palavisión. Acaba de recibir una llamada de uno/a de sus clientes más importantes quien le pide explicaciones de por qué, después de tres semanas, el anuncio diseñado y colocado por Ud. no ha dado por resultado más ventas de su nuevo producto, como Ud. le había prometido. También se queja del juego de colores usado en el anuncio porque es diferente de lo que él/ella esperaba. Ud. intenta calmarlo/la con sus explicaciones.

B. Situaciones para dramatizar. Lea las siguientes situaciones y después haga el papel en español con otro/s estudiante/s, usando el supuesto como punto de partida. Cada persona deberá tomar un papel activo en la dramatización.

1. You and your partner, co-owners of a successful electronics company in San Antonio, are meeting to discuss your mutual desire to enhance the image of your business in the community. You discuss various options:
   a. Sponsoring a basketball league
   b. Sponsoring a soccer team
   c. Sponsoring a youth center for boys and girls
   d. Creating tuition scholarships for the city high school to send one graduate a year to the state university
2. You have been sent by your boss in Lima to spend the day in the food section of a large department store handing out samples of a new American product—a yogurt for snacks, diet meals, or desserts—to shoppers. A teenager and an elderly person have stopped to listen to your explanation that the yogurt is the result of NASA's space technology, it comes in different flavors and is vitamin-fortified, low-calorie and all natural. A special feature is that it stays frozen without refrigeration, and has a little plastic spoon inside for immediate consumption. As the two people taste your samples and make comments, you promote the product further by telling them that if they buy a six-pack, they will also receive a free minipack of two extra yogurts.

C. Ud. es el/la intérprete.

El Sr. Jaime Vilá Chávarri, presidente de Lujo, una firma peruana que produce jabones de categoría, está en San Francisco para hablar con la Sra. Elaine Brownstein, Directora de Publicidad para la agencia Intermark. Vilá quiere saber cómo segmentará ella el mercado para sus jabones en los Estados Unidos y qué medios publicitarios piensa usar.

Haga Ud. el papel de intérprete entre estos dos individuos. Traduzca del inglés al español y del español al inglés, sin mirar el texto, el diálogo que leerán otros dos estudiantes en voz alta. Ellos harán una pausa después de cada vírgula para permitir su traducción. Acuérdense todos de usar un tono de diálogo natural.

SR. VILA — Los Estados Unidos representa un mercado importantísimo pero difícil para nuestro jabón./ El problema que veo es cómo dividir un mercado tan grande en segmentos apropiados/ para aprovechar al máximo nuestra penetración en el mercado estadounidense.

INTERPRETE — ________________________________

SRA. BROWNSTEIN — Well, we'll begin by trying to identify potential customers according to sex, age,/ education, occupation, and geographic region./ We'll also look at data regarding small towns vs. large cities./ We plan to test the product in places like Boston, Chicago, St. Louis, Denver, and San Francisco.

INTERPRETE — ________________________________

SR. VILA — Me parcece muy bien./ No sé si la cuestión de clase social será importante o no,/ pues en el Perú y otros mercados hispanoamericanos nuestro jabón,/ por ser algo más caro, se vende más entre los de la clase alta.

INTERPRETE — ________________________________

SRA. BROWNSTEIN — The cost shouldn't be prohibitive for anybody in the U.S./ I'm not sure that it's as much of a question of social class here./ Rather it's an appeal to taste,/ to those willing to spend a few extra cents to bathe with a fine, perfumed soap.

INTERPRETE — ________________________________

SR. VILA — ¿Qué medios publicitarios cree Ud. que se-

	rían los mejores para anunciar el jabón?
INTERPRETE	______________________________
SRA. BROWNSTEIN	I would suggest a series of popular magazines,/ such as *Fine Living* and *Woman Athlete.*/ Also flight magazines and catalogs from the companies that will carry the soap./ I'm thinking of a couple of TV ads as well,/ so that people can see the soap in color and being used by real people.
INTERPRETE	______________________________

D. **Caso práctico.** Lea el caso y haga los ejercicios que están a continuación.

La agencia publicitaria Worldmark, ubicada en Dallas, ha sido contratada por Ellison Computers para lanzar al mercado hispanoamericano su nueva computadora personal, la EC VII. Algunas características de la nueva computadora son que es la más fácil de usar (demostrado por sondeos y encuestas hechos en los Estados Unidos, donde ya ocupa el tercer lugar en el mercado); es portátil y pesa menos de tres kilos (la puede llevar hasta un niño de escuela); su pantalla representa en colores exactamente lo que aparece en una página de texto y permite el uso de un micrófono para dictar un texto oral en cuatro lenguas (inglés, español, francés y alemán) que luego se transforma instantáneamente en un texto escrito. Tiene un precio de venta muy competitivo: $1.000 por unidad. El lema en inglés es: «Finally, from the spoken to the written, with the ease of an EC VII». Suzanne Carter, la que está encargada de desarrollar este proyecto para Worldmark, ha decidido subcontratarle a Ud., un/a especialista en el marketing internacional, perito/a en cuestiones de Hispanoamérica.

Haga los siguientes ejercicios.

1. Haga una segmentación del mercado hispanoamericano, según las consideraciones apropiadas demográficas, psicográficas, socio-antropológicas y psico-sociales.
2. Prepare un anuncio publicitario en español con una breve descripción del producto y una traducción o creación nueva del lema. Incluya imágenes y colores apropiados.
3. Haga recomendaciones sobre los medios difusivos que se emplearán para atraer la atención de los presuntos consumidores hispanoamericanos.

Compare sus recomendaciones y resultados con los del resto de la clase.

VOCABULARIO

acertado *right, correct*
agencia *agency*
___ **de publicidad** *advertising agency*
___ **publicitaria** *advertising agency*
almacenaje (m) *storage*
anticuado *obsolete*
beca de matrícula *tuition scholarship*
cambio negro *black market exchange*
___ **de contrabando** *black market exchange*
cartelera *billboard*
cera *wax*
circular (f) *form letter*
compra *buying, purchasing*
consumidor/a *consumer*
___ **presunto** *potential consumer*
chascarse la lengua *to click one's tongue*
de entrada *from the outset, from the beginning*
diseño *design*
embarazo *pregnancy*
estaño *tin*
estar de moda *to be in fashion*
estraperlo *black market*
fabricante (m/f) *manufacturer*
falta garrafal *blunder, howler, horrendous mistake*
fiable *reliable*
folleto *pamphlet*
granjero/a *farmer*
gratuito/a *free (of cost)*
hacer gestiones *to take steps or measures*
intermediario/a *intermediary, middleman*
juego de colores *color combination*
lanzamiento *launching*
lenguaje (m) *language style or jargon*
letrero *sign*
___ **luminoso** *lighted, neon sign*
malogrado *ill-fated, failed*
marca comercial *trademark*
___ **de fábrica** *trademark*
___ **registrada** *registered trademark*
medio de difusión o difusivo *advertising medium*
___ **publicitario** *advertising medium*
mercado negro *black market*
mercadológico (adj) *related to marketing*
pantalla *TV or movie screen*
pasarse de moda *to go out of style or fashion*
patrocinar *to sponsor*
poner a prueba *to test*
prensa *the press*
presunto *presumed, anticipated, expected*
promoción de ventas *sales promotion*
prueba *proof, test, trial*
recopilación de datos *compilation of data, data summary*
refresco *soft drink, soda*
rehusar *to refuse*
relaciones públicas *public relations*
renacuajo *tadpole*
renglón (m) *line (of products)*
suelo *rock-bottom (price)*
techo *ceiling (price)*
utilidad (f) *utility*
valla *billboard*
venta en masa *mass selling*
___ **personal** *personal selling*
yacimiento *deposit (oil or gas)*

CAPITULO

9 Marketing II

A salesman is one who sells goods that won't come back to customers who will.

Anonymous

Vende caro y compra barato y no te faltará perdiz en el plato.

Proverbio

Abasteciendo una farmacia en Cali, Colombia.

PREGUNTAS DE ORIENTACION

Al hacer la lectura comercial, piense Ud. en las respuestas a las siguientes preguntas.

- ¿Cuáles son las funciones del marketing?
- ¿Cuáles son las diferencias entre el mayorista y el agente en términos generales?
- ¿Qué alternativas tiene el fabricante para comercializar sus productos?
- ¿Cuáles son las tres formas generales de fletar mercancías y ejemplos de cada una?
- ¿Qué factores se consideran para escoger el medio de transporte?
- ¿Cuáles son los tipos de almacén que se utilizan para la venta al detalle?
- ¿Cuál es el método más común que utilizan las empresas para enfrentarse al riesgo?
- ¿Qué tipo de seguro piensa Ud. que sería el más importante para una empresa?
- ¿Por qué?
- ¿Qué factores tiene que considerar el gerente al determinar los precios para el consumidor?
- ¿Cuál es el tipo de descuento más común?

BREVE VOCABULARIO UTIL

almacén (m) *store, warehouse*
almacenaje (m) *storage*
autopista de peaje (f) *toll road*
cabotaje (m) *coastal traffic, cabotage*
detallista (m/f) *retailer*
estructuración de precios *price setting*
fletador/a *shipper*
fletante (m/f) *charterer, owner of a transport*
transbordador (m) *ferry*

LECTURA COMERCIAL

La compraventa y otras funciones del marketing

Después de producir un producto o un servicio y planear la penetración en el mercado, la gerencia necesita realizar una serie de funciones continuas para poner el producto en las manos del cliente. Estas funciones incluyen:

1. la venta del producto y su distribución al cliente, sea éste el

mayorista, el agente, el detallista, el gobierno o el consumidor mismo
2. el transporte del producto u otros servicios que facilitan la entrega por medio de los varios canales de distribución
3. el almacenaje de los productos no utilizados inmediatamente
4. el control de riesgo
5. la estructuración de precios para competir en el mercado.

La venta del producto y su distribución

Los fabricantes de un producto o los promotores de una idea o servicio en muchos casos tienen que utilizar otros individuos o empresas que sirven de intermediarios en la entrega del producto al consumidor. Cada vez que se incluye otro intermediario, se aumenta el valor del producto o del servicio. Los objetivos de los intermediarios y del proceso de distribución son (1) la penetración del mercado y (2) la facilidad de adquisición de los productos o servicios.

El mayorista. En general, hay dos tipos de mayorista. Los *mayoristas comerciantes* son los que compran sus mercancías para revenderlas a los detallistas o minoristas o, a veces, directamente a los consumidores. Compran en grandes cantidades, toman posesión física y son los dueños de los bienes comprados. Su función varía de industria a industria y según su especialización. Hay mayoristas, como los ferreteros, que se dedican a la venta de toda gama de productos dentro de cierta clase de mercancías, mientras hay otros que se especializan en una marca específica de productos, por ejemplo, los vendedores de repuestos de automóviles. También hay especialistas como los siguientes:

1. el *mayorista de estanterías:* tiene sus propios estantes y los aprovisiona con productos como los que se usan para la belleza o la salud
2. el *proveedor directo:* vende bienes de los cuales tiene título pero trata de evitar su posesión física cuando sea posible; entrega las mercancías directamente según un convenio arreglado de antemano
3. el *mayorista sin almacén:* entrega mercancías en las cuales la rapidez es sumamente importante como en el caso de víveres y combustibles.

La segunda clase de mayorista es el *agente.* Este no es dueño de la propiedad que vende. Su única función es la venta de las mercancías de un productor. Además, es comisionista; es decir, recibe su remuneración por comisión, un porcentaje del precio de la venta total.

El detallista. Este vendedor les compra sus mercancías a los fabrican-

Una subasta es el método más eficaz de poner a la venta el ganado.

tes o a diversos mayoristas para vendérselas, a su vez, al consumidor individual. Se caracteriza por su especialización. Es fácil hacerse detallista pero también es común el fracaso debido a la excesiva competencia o al riesgo involucrado.

El fabricante puede escoger entre varios canales de distribución para sus productos. Puede vender directamente al consumidor, por medio del detallista o mayorista, o puede distribuir sus productos por un agente. En esta selección, siempre se deben considerar las siguientes condiciones del intermediario: su situación económica; su reputación y relaciones con los clientes; sus edificios, almacenes y medios de transporte; y las posibilidades de venta debido a las ventajas de distribución. El fabricante tiene que reconocer que un control exclusivo del mayorista sobre las ventas puede reducir su propia influencia en la determinación del precio de venta y reventa.

El transporte y el almacenaje

El desarrollo económico de EE.UU. se atribuye en gran parte a la existencia de los sistemas de transporte modernos. Sin ellos se impide la distribución de los productos y se limita el desarrollo económico de cualquier país. La importancia del transporte y el almacenaje se refleja en los costos. La combinación de estas dos funciones representa casi un 50% de los costos totales del marketing. Entre los tipos de fletadores se incluyen los siguientes:

1. *Los fletadores terrestres:* el camión, el ferrocarril y el oleoducto
2. *Los fletadores marítimos o fluviales:* el cabotaje, el cabotaje de petroleros, líneas exteriores de pasaje y carga en forma de buque o transbordador
3. *El fletador aéreo:* el avión

En el contrato transportista o conocimiento de embarque, el flete o el fletamento es el precio estipulado por el alquiler de un barco u otro vehículo o parte del mismo; el fletante o naviero es dueño del barco (o medio de transporte); y el fletador es el que entrega la carga que ha de transportarse.

Hay tres tipos de empresa de transporte: (1) *el transportista público,* el cual sirve a todo el mundo; (2) *el transportista por contrato,* el cual no es público, sino que comercia solamente con clientes especiales y para una industria en particular; y (3) *el transportista privado,* el cual trabaja para una empresa particular.

El medio de transporte tiene que corresponder a las necesidades de la empresa. Hay varios factores que influyen en las decisiones sobre el uso de un solo medio o de una combinación de ellos. Estos son el costo, la rapidez, la flexibilidad respecto a la extensión geográfica y la entrega de mercancías de gran volumen. El medio más económico es la vía navegable; el más rápido es el aéreo; el más flexible geográficamente es el camión; el que puede transportar mayor volumen es el buque. Aunque el ferrocarril no es el mejor transporte en ninguna de las categorías mencionadas, en muchos casos ofrece la mejor combinación de ventajas en cuanto a volumen, cierta rapidez y precio.

El transporte por oleoducto es rápido y económico cuando es necesario transportar fluidos, semifluidos y gases. El camión generalmente se emplea en los trayectos cortos a lugares no alcanzados por el ferrocarril. La tarifa no es tan alta como la de un vagón completo de ferrocarril. Las autopistas de buena calidad que permiten una entrega rápida de mercancías aumentan la rapidez y la flexibilidad y reducen el costo de la entrega. Algunos países cobran impuestos o construyen autopistas de peaje para mantener en buen estado las carreteras.

El almacenaje de mercancías siempre ha sido una función vital del marketing. Hay varios tipos de almacén que se adaptan a las necesidades de la empresa. Los más importantes son:

1. El almacén general, el cual ha existido desde tiempos antiguos para el abastecimiento y la venta de herramientas agrícolas, lencerías y víveres. Con la invención del camión y el mejoramiento de las carreteras, el almacén general está desapareciendo.

2. El almacén, el cual ofrece una variedad de artículos de calidad, por ejemplo, equipo para deportistas.
3. El gran almacén, el cual es el moderno almacén general con distintos departamentos, cada uno con su propio gerente o comprador especializado. Frecuentamente se encuentra en los centros comerciales o en las afueras de las ciudades.
4. El supermercado y el mercado de descuentos, los cuales consiguen sus mercancías por medio de alto volumen y, por eso, pueden reducir el precio al consumidor.
5. El detallista sin almacén, el cual comercia con el consumidor por venta domiciliaria, por correo, por teléfono o por computadora.
6. La concesión (o franquicia), la cual es una licencia o derecho otorgado a una persona para vender los productos o servicios de otra empresa en una zona particular. Este tipo de negocio ha alcanzado mucha fama en la industria de «la comida rápida» y hay muchas gasolineras y negociantes de automóviles que también funcionan así.
7. El centro comercial, el cual es un tipo de almacenaje al detalle más reciente en el que varios detallistas se reúnen en un edificio grande y en las afueras de una ciudad, accesibles por automóvil. Ofrece un gran surtido de artículos de calidad en sus propios almacenes o tiendas. A veces hay un supermercado, un banco y un cine en estos centros comerciales. También hay generalmente un gran almacén o un mercado de descuentos para atraer a los clientes.

El control de riesgos

En cuanto a la distribución y el transporte de mercancías o servicios, cada operación tiene la posibilidad de un siniestro. Esta incertidumbre de que algo malo suceda se llama *riesgo*. Los fabricantes y los intermediarios suelen protegerse contra el riesgo con *el seguro*, un contrato por el cual el riesgo lo asume una compañía de seguros por el pago de una prima. Entre los tipos de seguros más importantes para el comerciante se incluyen los siguientes: el seguro contra incendio, el de automóviles, de vida, de accidente y de salud, de responsibilidad civil, de falta de cumplimiento y de transporte.

La estructuración de precios

Al estructurar los precios, el gerente debe considerar bien varios factores:

1. el estado actual y futuro de la economía
2. la oferta y la demanda
3. la elasticidad de la demanda o de la oferta; es decir, el impacto del precio sobre la cantidad que se puede vender
4. la competencia y su impacto sobre los precios
5. el costo de producción
6. los objetivos de la gerencia que determinan la importancia del volumen de ventas, la participación en el mercado o la tasa de rendimiento
7. la situación financiera y comercial de la empresa, la cual espera alguna señal del líder de precios de la industria (generalmente la compañía más grande) de que éste vaya a subir o bajar los precios
8. los distribuidores, para que todos reciban un margen de beneficio adecuado
9. los reglamentos y las leyes estatales que controlan a los mercados.

El precio que se cotiza a los clientes es *el precio de catálogo*. La cantidad que paga el consumidor, es decir, *el precio de mercado*, puede igualar al precio de catálogo, aunque frecuentemente varía según los descuentos ofrecidos. El descuento por pronto pago es el más común. Especifica el número de días hasta el vencimiento de la factura (por ejemplo, 30 días) y el porcentaje del descuento (por ejemplo, 2%) si se paga la factura antes de cierto número de días (por ejemplo, diez). Se expresa de la siguiente manera: 2/10, neto 30. Con esto se indica un descuento del 2% si se paga la factura dentro de diez días, o el pago total dentro de 30 días. Si se tarda más de 30 días, habrá que pagar también los intereses sobre el total debido. Hay otros descuentos como la rebaja al revendedor, el descuento sobre cantidad, el descuento comercial, el descuento por promoción y la rebaja al comprador.

En fin, aun desde la producción misma, hasta la distribución y la última venta del producto al consumidor final, hay una serie de procesos importantes que necesitan investigación y análisis, planificación y ejecución y, sobre todo, coordinación e integración. La venta es una operación bastante difícil y compleja, pero de ella depende todo el éxito financiero en el mundo de los negocios.

ACTIVIDADES

A. **¿Qué sabe Ud. de los negocios?** Vuelva Ud. a las preguntas de orientación que se hicieron al principio del capítulo y ahora contéstelas en oraciones completas en español.

B. **¿Qué recuerda Ud.?** Indique si las siguientes declaraciones son verdaderas o falsas y explique por qué.

   1. El detallista vende en grandes cantidades.

2. Los agentes suelen ser dueños de la propiedad que venden.
3. El comisionista es un agente que toma posesión física de la propiedad que vende.
4. Es fácil tener éxito como detallista.
5. La mayor parte de los costos de distribución es para el almacenaje.
6. El precio de catálogo es el precio que generalmente paga el comprador.

C. **Exploración de sus conocimientos y opiniones personales.** Haga los siguientes ejercicios, usando sus propios conocimientos y opiniones personales.

1. Explique cómo llegan los siguientes productos al mercado: el jabón a la farmacia; los víveres al supermercado; el tabaco a la industria que lo transforma en cigarrillos.
2. ¿Qué efecto tienen las siguientes características de un intermediario: reputación, situación económica, edificios, almacenes y medios de transporte?
3. ¿Cuáles son las ventajas y desventajas de los varios medios de transporte para la distribución de mercancías?
4. Compare el cabotaje de petróleo y el oleoducto como medios de distribución.
5. ¿Qué tipo de seguro piensa Ud. que será el más importante para una empresa? ¿Por qué?
6. Describa la comercialización de un producto que Ud. prefiere comprar al detalle. Comience después de su producción y analice su distribución, transporte, almacenaje, seguro y precio.
7. ¿Cómo se relacionan los dichos que están al principio del capítulo con los temas tratados?

EJERCICIOS DE VOCABULARIO

Si hace falta para completar estos ejercicios, consulte la Lectura Comercial o la lista de vocabulario al final del capítulo.

A. Traduzca estos términos al español y explique su significado.

1. shipper
2. pipeline
3. agent
4. machine vending
5. franchise
6. coastal shipping
7. market penetration
8. merchant wholesaler
9. intermediary
10. shipowner

B. Dé algunos sinónimos o explicaciones de las siguientes palabras.

1. siniestro
2. entrega
3. almacenaje
4. autopista de peaje
5. descuento
6. intermediario
7. precio de catálogo
8. fletamento

C. Explique de qué manera están relacionadas las siguientes palabras.

1. transportista público/privado
2. centro comercial/almacén general
3. transporte/almacenaje
4. concesión/venta domiciliaria
5. detallista/mayorista
6. fatalista/optimista
7. proveedor directo/mayorista de estanterías
8. fletador terrestre/fletador marítimo

D. ¿Qué palabras asocia Ud. en general con los siguientes vocablos?

1. rapidez
2. carreteras
3. almacén
4. riesgo
5. seguro
6. transbordador
7. cliente
8. flete

E. Llene los espacios con la palabra más apropiada de la lista.

volumen	gerente	comercializar
distribución	costos fijos	investigación y desarrollo
mercado		

Hoy en día el ________ listo tiene que considerar muchas posibilidades para ________ sus productos industriales competitivamente. Los productos modernos requieren un alto ________ de operación, es decir, mayor cantidad, pero eso depende de los resultados de la ________ que se emplea en su planificación. Los costos de esto representan ________ que se tienen que recuperar en la venta del producto. Así que se trata de extender el área de ________. EE.UU. tiene un ________ interno muy amplio y por eso no ha necesitado exportar tanto como los países hispanoamericanos.

F. Complete las siguientes oraciones en sus propias palabras.

1. El agente que representa o al vendedor o al comprador es...
2. 3/15, neto 30 representa un descuento de...
3. En el comercio internacional, los fletadores importantes son...
4. El supermercado saca sus beneficios por...

5. Algunos ejemplos de la concesión comercial son...

G. Traduzca las siguientes oraciones al español.

1. In order to increase the volume of sales, a market manager has to do extensive study.
2. Merchant wholesalers usually assume physical possession and ownership of the goods they sell.
3. Agents and brokers avoid possession of merchandise as does the drop shipper (desk jobber).
4. Common carriers, contract carriers, and private carriers offer delivery services to different types of clients.
5. Successful marketing is a difficult operation requiring coordination and integration between different individuals and their activities.

UNA VISTA PANORAMICA DE CHILE

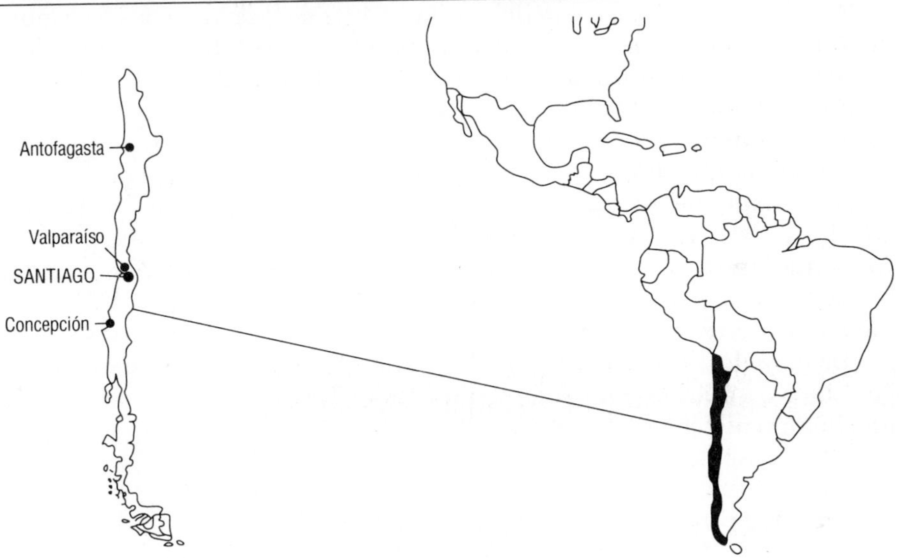

Nombre oficial

República de Chile

Geografía

Tamaño: 756.626 kilómetros cuadrados, un 10% más grande que Texas. **Capital:** Santiago (con 4,8 millones de habitantes). **Ciudades principales:**

Viña del Mar, Concepción, Valparaíso, Talcahuano, Temuco, Antofagasta, San Antonio.

Demografía

Población: Chilenos, trece millones en 1990, con proyecciones de 15,5 millones en el año 2000. **Población urbana/rural:** 84% urbana; 16% rural. **Grupos étnicos:** Mestizo, 66%; blanco europeo, 26%; indio, 8%. **Agrupación por edad:** 0–15, 31%; 15–29, 29%; 30–44, 20%; 45–59, 12%; más de 60, 8%. **Lenguas:** Español. **Analfabetismo:** 4%.

Gobierno

República de 12 regiones.

Economía y comercio

Divisa: El peso chileno ($Ch). **Producto Nacional Bruto (PNB en $EE.UU.):** $17 mil millones. **PNB per cápita (en $EE.UU.):** $1.430. **Tasa media de inflación anual 1980–1986:** 21%. **Recursos naturales:** Cobre (27% de los recursos de cobre del mundo y 40% de las ganancias de exportación mundial), molibdeno, carbón, petróleo, gas, oro, otros metales, agua, madera. **Agricultura:** 10% del PIB, 21% de la mano de obra. Cereales, cebollas, frijoles, papas, guisantes, frutas, especialmente uvas y melocotones. **Industria:** 35% del PIB, 21% de la mano de obra. Hierro, cobre, magnesio, molibdeno, plata, oro. **Servicios:** 55% del PIB, 58% de la mano de obra. **Exportaciones:** Cobre, frutas y legumbres, harina de pescado, papel y sus derivados. **Mercados:** EE.UU., 23%; CEE, 17%; Brasil, 6%. **Importaciones:** Bienes intermediarios, bienes consumibles, maquinaria, bienes capitales. **Transportes:** Carreteras (79.089 kilómetros, 12% pavimentados) ferrocarriles (8.107 mil kilómetros) y trece aeropuertos. Puertos principales: Valparaíso, Arica, Antofagasta. **Comunicaciones:** 66 periódicos, un radio por persona, un televisor por cada cinco personas y un teléfono por cada 16 personas.

LA ACTUALIDAD ECONOMICA CHILENA

A lo largo de su historia, Chile ha mantenido uno de los sistemas más democráticos y de libre comercio de Hispanoamérica. En cuanto al transporte terrestre, siempre ha tenido dificultades debido al terreno desigual de los Andes y el desierto, pero ha desarrollado uno de los mejores sistemas ferroviarios de Hispanoamérica. El puerto de Valparaíso es el más importante para las importaciones como lo son los de Antofagasta y San Antonio para las exportaciones. El transporte aéreo es muy importante por razones geográficas y la Línea de Aviación Nacional (LAN), es una de las mejores de Hispanoamérica.

Respecto a la economía, durante el siglo XIX Chile desarrolló una dependencia casi total de la industria de nitratos, la cual constituyó un 50% de la renta nacional. En las dos primeras décadas del siglo XX, la industria de nitratos decayó, pero la producción del cobre en los años treinta ayudó a apoyar la economía chilena. Después de la Segunda Guerra Mundial, hubo conflictos planteados por los intereses de los oficiales e industriales chilenos para establecer industrias estatales como CORFO (Corporación de Fomento) y los intereses de las grandes empresas multinacionales de los EE.UU.

En el campo político, Chile pudo evitar el caudillismo (la tiranía de un sólo líder) hasta 1973 cuando el General Augusto Pinochet Ugarte se hizo presidente después de un fuerte golpe de estado militar. Desde el comienzo de esta dictadura hasta 1989, hubo varios casos de violaciones de los derechos humanos por parte del gobierno de Pinochet. Sin embargo, bajo Pinochet, Chile estableció uno de los sistemas económicos de Hispanoamérica más orientados hacia el mercado libre. Había menos intervención gubernamental que en otras naciones. Por ejemplo, la estructuración de precios por el estado existía solamente para algunas mercancías básicas; había pocas restricciones sobre las inversiones extranjeras y no se ponían límites a las ganancias. Tampoco existían muchas restricciones sobre las exportaciones y se habían reducido los aranceles para permitir el libre comercio. Había un número reducido de reglamentos sobre la competencia y la organización de empresas y el gobierno había vendido muchas empresas estatales al sector privado.

Por otra parte, existían más controles sobre los bancos, la política monetaria y los sindicatos, especialmente en cuanto al paro. Los sindicatos podían negociar niveles salariales dentro de cierta escala. La economía sigue en aumento desde 1984. Hay menos desempleo y más poder adquisitivo, lo cual ayuda al mercado nacional, pero las exportaciones siguen siendo la actividad más importante en el desarrollo económico y técnico. En la primavera de 1989, al descubrirse cianuro en unas uvas exportadas a EE.UU, casi desaparecieron las exportaciones agrícolas chilenas.

La minería, la base de la economía chilena, sigue su expansión. La extracción de cobre está creciendo a pesar de los problemas internos de la compañía estatal, el mayor exportador del país. La producción de acero y molibdeno también va en aumento aunque la producción de oro y plata continúa igual.

Ha habido una inflación continua, pero los salarios siguen aumentando para suavizarla. Chile tuvo un excedente comercial en 1989 pero no tanto como en 1988. La deuda externa sigue siendo uno de los principales problemas de la economía chilena. El gobierno chileno ha procurado diversificar su producción y hay nuevas exportaciones de frutas, pescado, productos de madera y minerales. En un futuro próximo, sin embargo, la mayor cantidad de fondos recibidos será de capital extranjero por inversiones directas, conversión de deudas, créditos multilaterales y préstamos privados. Chile sigue buscando inversiones extranjeras. El intercambio de pagarés por pesos chilenos hace más atractivas estas inversiones. El gobierno sigue con un plan de privatización de empresas estatales. En 1988 se vendieron 17 empresas de CORFO y hubo una venta parcial de otras nueve. ENAP, la empresa de petróleo, se privatizó en un 30% y hay más planes para seguir con esta privatización en el futuro.

ACTIVIDAD

¿Qué sabe Ud. de Chile? Haga los siguientes ejercicios.

1. Describa la geografía de Chile.
2. Comente la demografía chilena.
3. ¿Qué productos han sido muy importantes en la economía de Chile en el siglo XX?
4. ¿Cuál es la divisa de Chile? Busque su cambio actual con el dólar.
5. ¿Cuáles son los principales elementos del sistema económico de Chile en los últimos años?
6. ¿Cuál fue la posición de Chile respecto a las inversiones extranjeras en los últimos años de la administración de Pinochet?
7. ¿Qué es la privatización? ¿Cómo se manifestó en Chile en los años ochenta?
8. ¿Cómo han cambiado los datos presentados bajo la categoría de ECONOMIA Y COMERCIO? Búsquelos en un libro de consulta y póngalos más al día.

LECTURAL CULTURAL

Religión y comercio

El imperio español influyó tanto en la operación de la economía hispanoamericana colonial que ésta se pareció más a un sistema feudal que a una economía capitalista del siglo XIX. Lo que hoy es la República de Chile se consideró anteriormente un área pobre y lejana en el Imperio Español. Las leyes obligaron a que las colonias importaran bienes de España en barcos españoles. Así que el contrabando llegó a tener una importancia exagerada desde el principio. Chile pudo comerciar con España solamente por medio de la flota española que llegaba a Panamá una vez por año. Los mercaderes chilenos que navegaban a Panamá por el antiguo Perú cruzaban el istmo de Panamá con mulas para obtener mercaderías en las ferias donde españoles controlaban los precios. Las dificultades de transporte y de capital prohibían que muchos intermediarios chilenos pudieran comerciar tan económicamente como los peruanos.

La política económica española no permitía la competencia comercial. España autorizó el monopolio y creó haciendas públicas para proveer comida, ropa y otros materiales de primera necesidad en Chile. La mano de obra consistía en esclavos, indios e inquilinos. Por esto, no hubo trabajo remunerado hasta el siglo XVIII. Tampoco existía un mercado abierto. La monarquía española controló todo el sector industrial hasta la Guerra de Independencia en el siglo XIX.

La estructuración de los precios la arreglaron unos cuantos comerciantes que querían establecer un monopolio. Uno de ellos, Antonio Núñez, llegó a Chile en el siglo XVI e hizo construir almacenes en Valparaíso. Comerció entre Santiago y Valparaíso con sus yernos, capitanes de los barcos. Formó una empresa pesquera en Santiago. Ofreció llevar pescado al cabildo de Santiago si éste estructuraba precios razonables durante un período de tres años. El cabildo consintió, pero antes de traer el primer pescado, Núñez subió el precio debido a los costos de los barcos y las redes de distribución. Núñez quería un monopolio con precios fijos, trabajo barato y mercados cautivos y protegidos por el gobierno.

Aparte de los impuestos sobre los indios, esclavos y pobres por parte del gobierno, la Iglesia quería mantener el *status quo*. Prometía una vida después de la muerte y defendía los intereses de los hacendados y los mercaderes ricos. A pesar de los intentos de varios individuos dentro de la Iglesia que intentaban defender los derechos de los pobres, la Iglesia emitió un mensaje de resignación o fatalismo hacia la vida. El gobierno controlaba la Iglesia y la usaba para promover los intereses del Estado. La Inquisición sirvió para limitar las tendencias revolucionarias del pueblo.

Entre los varios grupos religiosos del Chile colonial, se destacaban los jesuitas. Eran los más disciplinados, los más trabajadores y los de carácter moral y financiero más alto. Los hacendados ricos, las autoridades gubernamentales, los comerciantes y otros grupos religiosos se opusieron a los jesuitas y los expulsaron de Hispanoamérica en 1767.

En muchas de las otras órdenes religiosas había soborno y corrupción. Hasta la Guerra de Independencia, la Iglesia fue el banquero, la sociedad de contratación y quizás el hipotecario más grande de Hispanoamérica. En 1970, la Iglesia finalmente se despojó de sus bienes raíces y valores negociables en Chile. En las dos últimas décadas ha sido una voz contra la opresión. Se espera que haya una futura coordinación entre la Iglesia y las empresas para el mejoramiento de las condiciones sociales dentro del país.

En todos los países del mundo hispánico hay días de fiesta nacionales. En Chile son el Año Nuevo (el primero de enero); el Combate Naval de Iquique, el 21 de mayo; el Día de la Independencia, el 18 de septiembre; y el Día de la Raza, el 12 de octubre. Además, a causa de la gran influencia de la Iglesia en la vida económica del país e Hispanoamérica en general,

El caudillo chileno, Augusto Pinochet, recibe la santa comunión.

se nota una gran cantidad de días de fiesta religiosos en el calendario de Chile: Viernes Santo y las Pascuas; la Asunción (el 15 de agosto); el Día de Todos los Santos (el primero de noviembre); la Inmaculada Concepción (el 8 de diciembre) y la Navidad. No se celebran los días de los santos patrones en Chile como en muchos otros países hispánicos.

Durante los días de fiesta en muchas regiones de Hispanoamérica, hay mercados al aire libre donde se practica el regateo, un proceso de negociación de precio entre el vendedor y el comprador. Este proceso refleja la importancia del trato personal en los negocios en esta cultura. Otra manifestación de la importancia del trato personal es el uso menos frecuente del teléfono para concertar convenios. Este aparato se usa más frecuentemente en los EE.UU. para concluir un convenio comercial. Es decir, el proceso de negociación cara a cara, o el contacto personal, frecuentemente es más común en todos los niveles de comercio entre los hispanos.

ACTIVIDADES

A. ¿QUE SABE UD. DE LA CULTURA?

1. ¿Qué efecto tuvo el Imperio Español en la economía hispanoamericana colonial?

2. ¿Cómo controlaba España el comercio con sus colonias?
3. ¿Cómo se suministraban las necesidades básicas en las colonias hispanoamericanas?
4. ¿Cómo describiría Ud. el control que ejerció Antonio Núñez en el comercio colonial de Chile?
5. ¿Qué es el fatalismo? ¿Cómo influyó en el pensamiento español?
6. ¿Qué influencia tuvo la Iglesia Católica en la economía de Chile? ¿Y los jesuitas?
7. Los días festivos frecuentemente reflejan períodos de mayor comercio local. ¿Cuáles son las fechas comerciales importantes en Chile? ¿Existen tales días festivos en Estados Unidos?
8. ¿Qué es el regateo? Si Ud. ha regateado en un mercado, describa su experiencia. ¿Existe el regateo en Estados Unidos? Explique.

B. ASIMILADOR CULTURAL

Lea lo siguiente y conteste las preguntas a continuación.

Nuel South, un estudiante graduado de Administración de Empresas Internacionales, tiene su práctica profesional con una firma que se llama Laboratorios Fármaco en Valparaíso. Su Departamento de Producción ha elaborado una nueva cápsula para aspirinas que protege contra las inyecciones de veneno que han amenazado la industria en los últimos años. South habla muy bien el español.

Su supervisora de práctica, la Directora de Marketing de Fármaco, Julia Montt de Balmaceda, se encarga de la estandarización y estructuración de precios. La nueva cápsula es un poco más grande que la usual y contiene un 10% más de medicamentos. Julia quiere saber si los médicos y los farmacéuticos creen que sus pacientes van a comprar el nuevo producto a un precio más alto. Ella quiere que South visite personalmente a unos profesionales en las tres distintas regiones de Chile.

South ha seguido cursos de marketing en una universidad prestigiosa de los Estados Unidos. Montt lo selecciona por su habilidad lingüística y su don de gentes.

—Nuel, quiero que Ud. pase una semana en las provincias del norte cerca de Antofagasta, una semana en la Provincia de Magallanes en el sur y luego una semana aquí cerca de Santiago, investigando las opiniones de los médicos y los farmacéuticos sobre nuestra cápsula. Debe entrevistar personalmente a varios individuos en cada región. Durante la última semana, Ud. puede completar un informe sobre el asunto con los resultados de su investigación. Es importante saber lo que opinan los que tratan directamente con nuestros clientes.

—Pues, de acuerdo, señora. Es muy buena idea saber exactamente lo que opinan los distribuidores de nuestros productos. ¿Qué le parece esta idea? Si preparo una encuesta con la información necesaria, podríamos mandársela directamente a estos individuos en cada región con unas muestras para sus pacientes. Después de dos o tres semanas, puedo llamarlos por teléfono y pedirles fácilmente sus reacciones. Así podemos evitar la necesidad de que yo pase dos semanas fuera de la oficina. Hay otros proyectos que requieren mi atención inmediata. Debido al buen sistema de correo en Chile, las muestras llegarán rápidamente y sabremos si las características de la nueva cápsula son apropiadas.

Julia Montt reflexiona un momento antes de responder a los comentarios de su asistente estadounidense...

1. ¿Qué aspectos culturales y políticos en términos del poder y de la personalidad hispánica van a influir en la interacción entre Nuel South y su supervisora?
2. ¿Qué le va a decir la Directora de Marketing a su subordinado acerca de las comunicaciones impersonales?
3. ¿Por qué sugiere South su propio plan de investigación? ¿Qué efecto tendrá su plan en las personas con las cuales piensa comunicarse? ¿en su supervisora?
4. Si Ud. fuera Julia Montt, ¿qué habría hecho si South le hubiera sugerido su plan?

SINTESIS COMERCIAL Y CULTURAL

Actividades comunicativas

A. **Al teléfono.** Haga las siguientes llamadas telefónicas a otro/a estudiante de la clase. Cada persona deberá tomar un papel activo en la conversación.

1. Ud. es un/a mayorista sin almacén que lleva pan a los supermercados de Miami. Ud. habla con el/la gerente de un supermercado que se queja de los altos precios; le explica que los costos de entrega (la gasolina, el mantenimiento de los camiones, etc.) dan por resultado aumentos de precios.
2. Ud. es un/a mayorista de estanterías que quiere colocar bien su champú en los estantes de una farmacia en San Diego, California. El/la farmacéutico/a le comunica que a él/ella le parece que no hay suficiente espacio en los pasillos para sus mercancías en este momento. Trate de convencerlo/a que debería aceptar sus productos y descríbale como va Ud. a estructurar los precios y cuántas visitas por semana hará Ud. a la farmacia con sus mercaderías. Describa con más detalles su plan de colocación.

3. Usted es un/a proveedor/a directo/a chileno/a que acaba de recibir un pedido de maderas de un/a cliente en Viña del Mar. Llame al productor para informarle del pedido. El productor se aprovecha de esta oportunidad para quejarse del costo de transporte y manejo. Usted trata de convencerlo de que los costos están reducidos porque Ud. no es dueño de las mercancías, ni tampoco toma posesión. Mencione los casos de otros productores de maderas a los cuales Ud. ha dado el mismo servicio.

B. **Situaciones para dramatizar.** Lea las siguientes situaciones y después haga el papel en español con otro/s estudiante/s, usando el supuesto como punto de partida. Cada persona deberá tomar un papel activo en la dramatización.

1. You are a food distributor in Santiago planning a calendar for the entire fiscal year. You realize that you will need more help right before the holiday seasons. Discuss the needs you anticipate with one of your managers.
2. You work with a manager for a Chilean trucking firm which has been unable to deliver a large load of perishable fruit at the docks because of the ban on its latest export to the United States. Although your immediate supervisor is a bit pessimistic about what can be done, you don't want the fruit to go to waste. You are talking with a local priest about how the food can be made available to the people in his parish. The priest expresses his opinions to you about dispensing the food.

Después de dramatizar las situaciones, discuta con sus compañeros de clase cómo ha influido en sus decisiones la información cultural de esta lección.

C. **Ud. es el/la intérprete.**

El Sr. Mistral es el nuevo Director de Marketing para Minasal, una empresa de minería en Antofagasta. El habla con su asistente de práctica, la Srta. Chambers, sobre las posibilidades para el transporte de sus productos al sur de Chile. La Srta. Chambers no estudió mucho español en la universidad antes de hacer su práctica.

Haga Ud. el papel de intérprete entre estos dos individuos. Traduzca del inglés al español y del español al inglés, sin mirar el texto, el diálogo que leerán otros dos estudiantes en voz alta. Ellos harán una pausa después de cada vírgula para permitir su traducción. Acuérdense todos de usar un tono de diálogo natural.

SR. MISTRAL	Según lo que me dicen,/ esta empresa transporta sus productos al Sur de Chile por ferrocarril.

SRTA. CHAMBERS But the train isn't the most economical way to transport anything./ It would seem better to me/ to deliver the bulk materials through the port here in Antofogasta by coastal shipping/ and to send the rest of the materials by truck,/ particularly if the amount is less than a full train carload.

INTERPRETE ______________________________

SR. MISTRAL Ud. lleva poco tiempo en Chile/ y no se da cuenta de la mala calidad de algunas de nuestras carreteras./ En el caso de mercancías de gran volumen,/ no mandamos suficiente volumen para utilizar buques de transporte.

INTERPRETE ______________________________

SRTA. CHAMBERS Before we make a final decision,/ I would like to study the effects of cost, speed, and bulk delivery/ on the setting of prices to our consumers.

INTERPRETE ______________________________

SR. MISTRAL Bien. No se olvide de averiguar el costo de los seguros./ Las inseguridades del mercado y el transporte son factores de costo importantes.

INTERPRETE ______________________________

SRTA. CHAMBERS We will probably have to use a combination of means/ in order to meet the needs of our various products./ On the other hand, train delivery may offer the best combination./ By the way, do you use common carriers or contract carriers?

INTERPRETE ______________________________

SR. MISTRAL Por lo general, utilizamos nuestros propios transportistas privados.

INTERPRETE ______________________________

D. Caso práctico. Lea el caso y haga los ejercicios que están a continuación.

En el proceso del marketing, cada etapa añade al producto más valor, que el consumidor tiene que pagar. En la exportación de uvas chilenas a EE.UU. cada una de las siguientes etapas aumenta el precio: el transporte en camión de la finca al tren; el transporte en tren al puerto en Chile; el transporte en el barco, Almería Estrella, a los EE.UU.; los costos en el puerto de Filadelfia, Pensilvania; los servicios del distribuidor regional; los costos de diversos intermediarios; los costos de su llegada a la cadena del supermercado y los costos en las tiendas individuales hasta la llegada a las manos del consumidor.

Jaime Valdez, un productor de uvas en el valle central de Chile, recibe 5 centavos por libra de sus uvas que se venden a $1.60 al consumidor en el nordeste de los EE.UU. Un terrorista en Chile llama a los oficiales chilenos para comunicar que ha puesto inyecciones de cianuro en las uvas que se van a exportar. Cuando los inspectores de la Estación Terminal Marítima Tioga en Filadelfia descubren que hay dos uvas contaminadas entre las millones que se importan, hay una reacción enorme por todas partes de los EE.UU. y Chile. Un portavoz de la Asociación Nacional de Restaurantes Chilenos trata de evitar la prohibición que quiere imponer el gobierno estadounidense contra la importación de uvas chilenas. También trata de evitar una reacción exagerada entre los consumidores estadounidenses.

Haga los siguientes ejercicios.

1. ¿Cuál va a ser el impacto sobre Jaime Valdez y su familia en Chile?
2. ¿Qué otros mercados pueden utilizar los gerentes de los supermercados estadounidenses si no consiguen las uvas chilenas?
3. ¿Cómo va a comportarse una actriz de Hollywood dedicada a la prohibición de manzanas estadounidenses tratadas con una substancia química dañina cuando se dé cuenta del problema con la fruta chilena?
4. ¿Qué le van a decir los oficiales gubernamentales chilenos al Ministro de Relaciones Exteriores de los Estados Unidos para proteger esta importante industria chilena?
5. Si Ud. fuera el presidente de Chile y decidiera comer uvas delante de todos en la televisión, ¿qué efecto produciría este acto en la gente de Chile?
6. Discuta el problema como si Ud. y su compañero/a fueran las siguientes personas:
   a. Jaime Valdez / su esposa
   b. el/la gerente de un supermercado / un/a cliente preocupado/a que compró uvas antes del anuncio
   c. la actriz de Hollywood / Johnny Carson durante una entrevista con ella en su programa de televisón
   d. el Ministro de Relaciones Exteriores de Chile / el Ministro de Relaciones Exteriores de los EE.UU.

e. el presidente de Chile / un/a entrevistador/a en la televisión chilena
f. el presidente de Chile / sus asistentes gubernamentales

VOCABULARIO

agente de subasta (m/f) *auction agent*
_____ **de ventas** *selling agent*
almacén general (m) *general store*
_____ **de artículos de calidad** *specialty shop*
arancel (m) *tariff*
asistente de práctica (m/f) *student intern*
cabildo *town council*
centro comercial *shopping center*
cianuro *cyanide*
comerciante (m/f) *merchant*
_____ **al por mayor** *merchant wholesaler*
comisionista (m/f) *commision merchant or agent*
concesión *franchise*
conocimiento de embarque *bill of lading*
control de riesgo (m) *risk management*
convenio *agreement, pact*
conversión (capitalización) de deuda *debt-equity swaps*
corredor/a *broker*
costo *cost*
_____ **variable** *variable cost*
_____ **fijo** *fixed cost*
de gran volumen *bulky, bulk*
descuento *discount*
_____ **por promoción** *promotion allowance*
_____ **por pronto pago** *discount for quick payment*
_____ **sobre cantidad** *volume discount*
detallista sin almacén (m/f) *non-store retailer*
don de gentes (m) *ability to get along with people*
entrega *delivery*
estante (m) *rack, shelf*
excedente (m) *surplus, excess*
ferretero/a *hardware dealer*
fletador/a aéreo/a *air shipper*
_____ **fluvial** *inland water shipper*
_____ **marítimo/a** *maritime shipper, sea shipper*
fletamento (fletamiento) *freight (cargo or price of shipment)*
flete (m) *freight (cargo or price of shipment)*
franquicia *franchising*
gran almacén (m) *department store*
granel (m) (a granel) *in large volume or quantity, bulk*
hacendado/a *landowner*
inquilino/a *tenant*
intermediario/a *intermediary*
lencerías *linens*
margen de beneficio (m) *profit margin*
mayorista de estanterías (m/f) *rack jobber*
_____ **sin almacén** *truck wholesaler*
mercado al contado *cash market*
_____ **de descuentos** *discount store*
mercancías de gran volumen (a granel) *bulk material*
Ministro de Relaciones Exteriores *Secretary of State*
naviero/a *ship owner*
oleoducto *pipeline*
portavoz (m/f) *spokesperson*
práctica *internship*
precio *price*
_____ **de catálogo** *list price*
_____ **de mercado** *market price*
proveedor directo *drop shipper (desk jobber)*
rebaja *rebate, discount*
_____ **al comprador** *rebate to consumer*
_____ **al revendedor** *trade discount*
representante de fábrica (m/f) *manufacturer's agent*
riesgo *risk*
seguro *insurance*
_____ **contra incendio** *fire insurance*
_____ **de automóviles** *car insurance*
_____ **de falta de cumplimiento** *non-compliance (surety)*
_____ **de responsabilidad civil** *liability insurance*
siniestro *accident, catastrophe*
soborno *bribe, bribery*
subasta *auction*
surtido *assortment, selection*
tarifa por menos de un vagón completo *less than carload on train (l.c.l.)*
tasa de rendimiento *rate of return (on investment)*
transporte (m) *transportation*
transportista público *common carrier*
_____ **por contrato** *contract carrier*
_____ **privado** *private carrier*

trayecto corto *short haul or run*
_____ **largo** *long haul*
venta al por mayor *wholesaling*
_____ **al por menor (al detalle)** *retailing*
_____ **domiciliaria, por domicilio** *door to door salesman*
_____ **por correo** *mail order sales*
_____ **por máquina** *machine vending*
víveres (m) *foodstuff, provisions*

CAPITULO

10 Las finanzas

If you're not happy with the price of a particular stock, just wait a minute.

Anonymous

Lo que prestas a hombre de mala paga, escríbelo en el agua.

Proverbio

La bolsa de valores. México, D.F.

PREGUNTAS DE ORIENTACION

Al hacer la lectura comercial, piense Ud. en las respuestas a las siguientes preguntas.

- ¿Qué significa la palabra *finanzas*? ¿Qué origen etimológico tiene?
- Al referirse a fuentes financieras, ¿en qué se distinguen la autofinanciación y el financiamiento externo?
- ¿Qué es el financiamiento a corto plazo?
- ¿De qué diferentes fuentes puede proceder este tipo de financiación?
- ¿Cómo se consiguen los fondos de financiamiento externo a largo plazo?
- ¿Qué es la financiación por medio de obligaciones o bonos?
- ¿Qué es una acción?
- ¿Qué tipos de acciones hay y en qué se distinguen?
- ¿Qué es un dividendo?
- ¿Cómo funciona un dividendo diferido?
- ¿Qué es la bolsa de valores?
- ¿En qué se distinguen el riesgo sistemático y el no sistemático en el mundo de las finanzas?
- ¿Cómo funciona una cartera de acciones bien diversificadas para reducir el riesgo del inversionista?
- ¿Qué otros tipos de riesgo se presentan en el mundo financiero internacional?

BREVE VOCABULARIO UTIL

acción *stock*
_____ **ordinaria** *common stock*
_____ **preferente** *preferred stock*
bolsa de valores *stock market*
caja fuerte *safe*
cartera de acciones *stock portfolio*
fuente (f) *source*
hucha *piggy bank, money box*
inversionista (m/f) *investor*

LECTURA COMERCIAL

Financiamiento, inversionistas y bolsa

Consideremos por un momento la siguiente situación: un individuo tiene dinero y lo guarda en casa en una hucha o caja fuerte. Ese dinero carece de utilidad porque no se está usando para producir o adquirir nada. Tampoco crece, porque no devenga ningún interés. Al contrario, con el tiempo usualmente va perdiendo valor a causa de la inflación. Al mismo tiempo, hay una empresa que quiere atraer a más inversionistas. Es decir, quiere aumentar los fondos que necesita para extender y mejorar sus operaciones. Tanto aquel individuo como la compañía se podrían ayudar mutuamente. El individuo podría invertir parte de sus ahorros en las actividades de la empresa y la compañía, a su vez, podría usar este financiamiento para pagar sus proyectos. El beneficio para el individuo sería que aumentaría el valor potencial de su dinero con intereses o participación en las ganancias de la empresa. Con esta relación mutuamente beneficiosa, uno entra en el campo de las finanzas.

El vocablo *finanzas* viene etimológicamente del latín *finis* (frontera, extremo, fin) y se refiere a la idea de buen fin de una actividad comercial. *Financiar,* según Bernard y Colli, es «poner los medios para que al final de la operación las necesidades en recursos de dinero, medios de pago o valores estén cubiertos». Importante en esto es el factor del tiempo, pues, como explican Bernard y Colli, «el buen fin de un proyecto o una operación puede concentrarse al final de un largo período» (*Diccionario económico y fianciero*).

El dinero para los proyectos comerciales de una sociedad puede provenir de una autofinanciación o de una financiación externa. Si la fuente es autofinanciera, los fondos proceden de las reservas o de los beneficios de la empresa misma, es decir, de su capital propio. La financiación externa la constituyen otras personas o instituciones, generalmente en forma de préstamos a corto plazo, de préstamos a largo plazo, de bonos corporativos o de los aumentos de capital social que resultan de las aportaciones de los socios (los inversionistas que compran participación o acciones en la compañía). En general, las sociedades requieren de una combinación de ambas fuentes de financiamiento para satisfacer su demanda de fondos adicionales.

El financiamiento externo a corto plazo de una empresa se refiere a aquellos fondos vitales para financiar las operaciones de día en día, como el renuevo del inventario. En general, procede del crédito comercial, de los préstamos garantizados y de los préstamos no garantizados. El *crédito comercial* se recibe de empresas abastecedoras o suministradoras con las cuales se mantiene el trato comercial. Es una forma de préstamo concedido por los vendedores. Según este arreglo, el abastecedor manda la mercancía pedida, acompañada de una factura que indica los artículos enviados, su precio por unidad, su precio total y las condiciones del crédito y luego espera—se fía de—que el comprador pague la cantidad debida en el plazo de tiempo concertado. Los *préstamos garantizados* o *prendarios* son aquellos empréstitos bancarios respaldados por una garantía subsidiaria. En caso de falta de pago por parte del *prestatario,* el *prestamista* adquiere el derecho a propiedades o prendas de aquél por el valor del préstamo. Los *préstamos no garantizados* (*préstamos sin caución* o *a sola firma*), en cambio, se refieren a empréstitos cuya probabilidad de reintegro se basa únicamente en la buena reputación y la firma del prestatario.

La financiación a corto plazo normalmente es de duración de menos de un año, mientras que la de largo plazo dura más tiempo, generalmente cinco años, diez años o más. Los fondos de financiamiento externo a largo plazo generalmente se consiguen por la emisión de bonos de sociedad anónima o por la emisión y venta de acciones.

Una sociedad anónima que emite bonos solicita financiación por medio de obligaciones. *Bonos corporativos y obligaciones* son vocablos sinónimos: el primero se usa en los Estados Unidos y en muchos países hispanoamericanos; el segundo es derivado del uso francés y se emplea más en España. Servirse de bonos corporativos para el financiamiento comercial quiere decir que una sociedad está utilizando dinero prestado que eventualmente tendrá que devolver al inversionista (prestamista) con un interés devengado, el cual representa el precio del préstamo. En general, la fecha de vencimiento para un bono corporativo es de diez a treinta años. Al vencerse, la corporación se hace responsable de reembolsar el préstamo por su valor nominal (el principal o capital original invertido/prestado) más cualquier interés devengado. Los bonos u obligaciones de una sociedad pueden emitirse nominativos (a nombre del prestamista) o al portador (donde no figura el nombre del prestamista). En España, por ejemplo, se emiten al portador, mientras que en los Estados Unidos son nominativos. Otras clases de bonos que funcionan de manera semejante son los bonos de ahorro y los del estado o municipio.

La financiación externa a largo plazo de una sociedad anónima también se puede lograr con la emisión y venta de acciones. Con este tipo de financiamiento la empresa no se hace responsable del pago de un interés acumulado sobre un capital que tendrá que pagar, sino que la acción vendida representa la venta de una fracción del capital de la sociedad. En otras palabras, el inversionista que compra acciones se hace propietario parcial de la corporación. Las acciones, igual que los bonos, pueden ser nominativas o al portador. Las nominativas suelen llevar el nombre, domicilio y profesión del propietario y sólo se pueden transferir a otra persona por cesión registrada en los libros de la sociedad. Si son al portador, se pueden traspasar a otra persona por simple entrega.

Las acciones de una sociedad anónima pueden ser *ordinarias (comunes)* o *preferentes (preferidas, prioritarias, privilegiadas)*. Las ordinarias dan el derecho de recibir un dividendo variable declarado (una porción de los beneficios anunciados periódicamente por la Junta General de la sociedad) y el derecho de votar (de tener una voz en la gerencia de la sociedad) en la Junta General de Accionistas. Aunque la ventaja para la empresa es la aportación de nuevo capital, una desventaja es que el aumento del número de acciones ordinarias (del número de propietarios y sus votos) diluye el control corporativo de los organizadores originales. Las acciones preferentes, en cambio, generalmente carecen del derecho de votar pero sí tienen el derecho de recibir un dividendo, limitado a una cantidad fija y, si es posible para la campañía (pues su buena fama depende de ello), regular y continua. El inversionista se arriesga más al invertir en las acciones ordinarias que en las preferentes porque los beneficios que se reciben en forma de dividendo dependen más exclusivamente de las ganancias de la sociedad. Si las cosas no marchan bien para la empresa, es posible que se corten los dividendos por un período de tiempo. Pero si marchan muy bien, los tenedores de acciones ordinarias pueden recibir bastante más beneficios en forma de dividendos o alzas en el valor de las acciones. En el caso de un dividendo diferido, cuando se ha postergado para una fecha futura la distribución de beneficios a los accionistas, las acciones preferentes recuperan sus dividendos antes que las ordinarias. Otra diferencia entre los dos tipos de acciones es que la preferente, en caso de liquidación de la sociedad, tiene derecho prioritario a recuperar el dinero invertido. Sin embargo, los bonos corporativos (y otros acreedores) tienen la primera prioridad en el orden de compensación. La Tabla 10-1 resume, desde el punto de vista del individuo, las diferencias fundamentales entre las tres clases de inversión.

El intercambio y la compraventa de acciones—desde las de primera clase o más alta categoría hasta las que se cotizan por menos de un dólar—se gestionan en un mercado especial llamado la *bolsa de valores.* Una bolsa de valores, llamada *organized exchange* en los Estados Unidos, es un lugar fijo y comercialmente centralizado, como el New York Stock Exchange (NYSE). También existe en este país un mercado no organizado (*over-the-counter market [OTC]*), llamado de esa manera porque las acciones no son intercambiadas en una bolsa, sino que su transacción

Tabla 10-1 Comparación entre bonos, acciones ordinarias y acciones preferidas, desde el punto de vista del inversionista

TEMA	BONOS / OBLIGACIONES	ACCION ORDINARIA	ACCION PREFERENTE
Representación	Prestamista de fondos	Propietario de capital social	Propietario de capital social
Derecho de voto	Normalmente NO	Normalmente SI	Normalmente NO
Tipo de beneficio posible	Interés (hasta la fecha de vencimiento) y alza en el valor (precio) del bono	Dividendo (varía según las declaraciones de ganancias) y alza	Dividendo (en cantidad uniforme) y alza
Beneficio garantizado	SI, normalmente	NO	No (pero recibe su dividendo antes que los tenedores de acciones ordinarias)
Derecho a recompensa en caso de liquidación de la sociedad	Prioritario (junto con otros acreedores)	Tercero	Segundo
Riesgo	Menor	Más alto	Menor que para la acción ordinaria, pero más alto que para los bonos

se lleva a cabo por medio de corredores y agentes que no trabajan directamente en ninguna bolsa. Es un mercado en el cual la compraventa se efectúa por teléfono y por medio de computadoras.

Las bolsas de valores son importantes porque facilitan la participación de instituciones e individuos en las grandes sociedades anónimas. *Bolsa* o *mercado alcista* se refiere a un período de mercado con un aumento general de los precios cotizados. Es decir, que los inversionistas piensan que pagarán menos por sus acciones si las compran ahora en lugar de más tarde. El propósito es comprar la acción a un precio bajo para poder venderla luego a un precio más alto. *Bolsa* o *mercado bajista* es todo lo contrario, un período de reducción general en los precios cotizados. En esta situación, el vendedor de acciones piensa que ganará más dinero si las vende en este momento porque anticipa que van a bajar más sus precios en el futuro.

La consideración clave al invertir o especular en la bolsa de valores, especialmente en las acciones ordinarias, es que representan un riesgo para el inversionista. La cantidad y calidad del riesgo depende de que se considere la acción individualmente o como parte de una cartera de acciones diversificadas. El riesgo percibido se clasifica de dos maneras: (1) riesgo sistemático, el cual incluye factores que afectan a toda sociedad comercial, como la política económica de un país y las reformas impositivas y (2) riesgo no sistemático, el cual afecta solamente a una compañía en particular, como el suicidio del presidente de esa empresa o la declaración de huelga por parte de sus trabajadores. Desde el punto de vista de los inversionistas, entonces, el mundo de las finanzas trata de la administración del riesgo financiero y de cómo reducir al mínimo los riesgos personales involucrados. Para reducir el riesgo, se recurre a una cartera de acciones cuyo propósito es eliminar el riesgo no sistemático por medio de la diversificación de tipos de acciones tenidas. Esta cartera sirve de contrapeso a la conducta de cualquiera de las empresas individuales. Los investigadores han determinado que una cartera de acciones bien diversificadas se logra al tener al menos acciones de unas quince sociedades diferentes.

Al hablar de las finanzas internacionales, el riesgo presenta otros factores que necesita considerar el acreedor o inversionista. Existe el riesgo comercial en la posibilidad de insolvencia o incapacidad de pagar por parte de un comprador extranjero. Hay riesgo político en la forma de guerras, revoluciones, terrorismo, sabotaje y nacionalización o expropiación. También se enfrenta uno al riesgo de la fluctuación en el cambio de divisas, en el cual se mide el valor de una moneda nacional en términos de otra moneda nacional. Y, por último, siempre hay el riesgo representado por la inflación (la pérdida de valor) de una divisa nacional extranjera, problema que se ha presentado en la forma de hiperinflación en algunos países hispanoamericanos en los últimos años. Bolivia ha sido un ejemplo de una nación azotada por la hiperinflación en la década de los ochenta. Para 1985 su tasa de inflación anual había subido a un

25.000% y para 1987 los mismos artículos que habían costado 100 pesos en 1980 ya costaban más de ocho millones. En una situación de hiperinflación, se dificulta extender cualquier crédito comercial o tolerar demoras en el recibo de un pago porque, antes que se seque la tinta sobre la factura, la cantidad ofrecida como pago empieza a perder su valor original. Una espera de un mes o más en el pago de mercancías puede dar por resultado la completa anulación de ingresos reales por esos artículos. Incluso, irónicamente, se puede perder dinero en la venta. La hiperinflación requiere transacciones comerciales con pago inmediato en dinero efectivo para que luego se pueda invertir rápidamente ese dinero en cuentas que devenguen interés o cambiarlo por una moneda más estable.

ACTIVIDADES

A. **¿Qué sabe Ud. de los negocios?** Vuelva Ud. a las preguntas de orientación que se hicieron al principio del capítulo y ahora contéstelas en oraciones completas en español.

B. **¿Qué recuerda Ud.?** Indique si las siguientes declaraciones son verdaderas o falsas y explique por qué.

1. El dinero que no se invierte generalmente pierde valor.
2. La autofinanciación usa fuentes externas par satisfacer su demanda de fondos adicionales.
3. Un préstamo sin caución sólo requiere la buena fama y la firma del prestatario.
4. Los bonos corporativos indican que el/la inversionista es propietario/a parcial de una sociedad anónima.
5. Las acciones ordinarias son menos arriesgadas que las preferentes y sus dividendos son más limitados.
6. Los tenedores de acciones preferentes son los que reciben primero una recompensa en caso de liquidación de una compañía.
7. Para reducir el riesgo bursátil, se recomienda crear una cartera de acciones bien diversificadas.
8. El riesgo político no es un factor muy importante en las finanzas internacionales.

C. **Exploración de sus conocimientos y opiniones personales.** Haga los siguientes ejercicios, usando sus propios conocimientos y opiniones personales.

1. ¿Es necesario el crédito comercial para el financiamiento a corto plazo? Explique.
2. ¿Qué opina Ud. de los préstamos no garantizados? ¿Ha hecho Ud. alguna vez esta clase de préstamo? ¿Qué pasó?
3. Entre los bonos, las acciones ordinarias y las acciones preferentes, ¿cuál tipo de inversión prefiere Ud? ¿Por qué?

4. ¿Ha especulado Ud. alguna vez, o conoce a alguien que lo haya hecho, con inversiones en la bolsa de valores? ¿Cómo le salió?
5. ¿Qué piensa Ud. de la lógica de reducir el riesgo del inversionista con una cartera de acciones bien diversificadas? ¿Cuáles son algunas acciones que incluiría Ud. en la creación de su propia cartera?
6. ¿Cuáles son las divisas mundiales más fuertes en este momento? ¿Dónde está fuerte el dólar? ¿Dónde está débil?
7. ¿Cómo se relacionan los dichos al principio del capítulo con los temas tratados?

EJERCICIOS DE VOCABULARIO

Si hace falta para completar estos ejercicios, consulte la Lectura Comercial o la lista de vocabulario al final del capítulo.

A. Traduzca estos términos al español y explique su significado.

1. finance
2. bull market
3. loan
4. lender
5. supplier
6. stock portfolio
7. long-term
8. corporate bond
9. stock
10. dividend

B. Dé algunos sinónimos o explicaciones de las palabras que están a continuación.

1. capital
2. bolsa
3. financiación
4. acreedor
5. préstamo no garantizado
6. préstamo garantizado
7. bono
8. empréstito
9. acción común
10. acción preferente

C. Explique de qué manera están relacionadas las siguientes palabras.

1. devengar/perder
2. capital/interés
3. corto plazo/largo plazo
4. bono/acción
5. hucha/cuenta bancaria
6. préstamo a sola firma/ préstamo prendario
7. autofinanciación/ financiación externa
8. acción ordinaria/acción privilegiada
9. nominativo/al portador
10. prestamista/prestatario

D. ¿Qué palabras asocia Ud. con los siguientes vocablos?

1. bolsa
2. acción
3. obligaciones
4. vencimiento
5. beneficio
6. tenedor
7. riesgo
8. corredor

E. Llene los espacios con la palabra más apropiada de la lista.

dividendos	inversionista	común
cartera	preferida	bonos
interés	acciones	garantizado

Los ________ y las ________ ordinarias y preferentes representan diferentes ventajas y desventajas para el pequeño ________ individual. El tenedor de un bono corporativo devenga un ________ por su inversión, mientras que los diversos accionistas reciben ________. El beneficio es ________ para el tenedor de bonos pero no para el accionista. Entre los diferentes accionistas, el propietario de una acción ________ tendrá prioridad sobre el de una acción ________ en el pago de dividendos. El riesgo para el inversionista en acciones ordinarias se puede reducir por medio de una ________ bien diversificada.

F. Complete las siguientes oraciones en sus propias palabras.

1. El dinero guardado en casa en una hucha carece de utilidad porque...

2. La financiación externa de una sociedad anónima generalmente se consigue de...

3. Los préstamos garantizados son respaldados por...

4. Una cartera de acciones bien diversificadas reduce...

5. El riesgo financiero internacional se presenta en forma de...

G. Traduzca las siguientes oraciones al español.

1. To finance a company is to provide new or additional funds for its growth.

2. Short-term external financing can be in the form of commercial credit, secured loans, and unsecured loans.

3. Long-term external corporate financing is acquired through the issue of corporate bonds and stocks.

4. The holders of corporate bonds earn interest while stockholders earn dividends.

5. Risk for stockholders can be minimized by establishing a well-diversified portfolio.

UNA VISTA PANORAMICA DE PARAGUAY

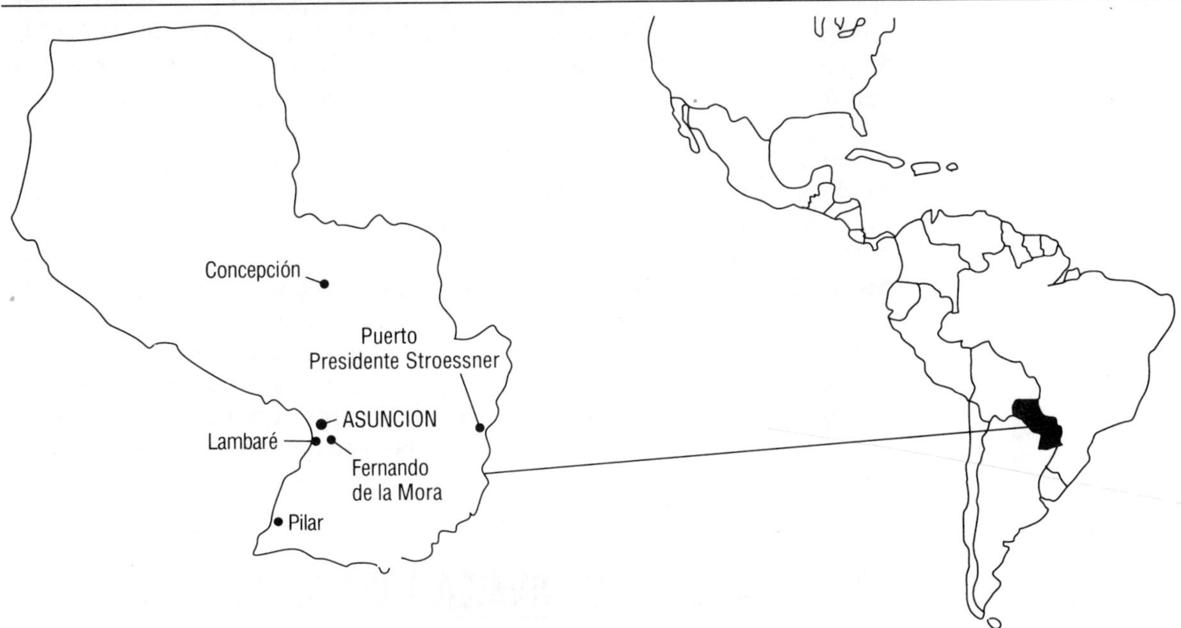

Nombre oficial

República del Paraguay

Geografía

Tamaño: 406.752 kilómetros cuadrados, el tamaño del estado de California. **Capital**: Asunción (con 600.000 habitantes). **Ciudades principales**: Lambaré, Fernando de la Mora.

Demografía

Población: Paraguayos, cuatro millones en 1990, con proyecciones de cinco millones en el año 2000. **Población urbana/rural**: 44% urbana, 56% rural. **Grupos étnicos**: Mestizo (español-guaraní), 91%; indio, 3%; alemán, 1,7%; otro, 4,3%. **Agrupación por edad**: 0–14 años, 41%; 15–29, 28%; 30–44, 15%; 45–59, 9%; más de 60, 7%. **Lenguas**: Español (oficial) y guaraní. **Analfabetismo**: 19%.

Gobierno

República de 19 departamentos.

Economía y comercio

Divisa: El guaraní (₲). **Producto Nacional Bruto (PNB en $EE.UU.):** $3,8 mil millones. **PNB per cápita (en $EE.UU.):** $1.000. **Tasa media de inflación anual 1980–1986:** 19%. **Recursos naturales:** Minerales, potencia hidroeléctrica, madera. **Agricultura:** 27% del PIB, 43% de la mano de obra. Soja, algodón, frijoles, caña de azúcar, yuca, trigo, batata, madera, ganado y pesca. **Industria:** 26% del PIB, 21% de la mano de obra. Azúcar, textiles, cemento, bebida, madera. **Servicios:** 47% del PIB, 36% de la mano de obra. **Exportaciones:** Algodón, soja, madera, tabaco. **Mercados:** Países Bajos, 18%; Brasil, 17%; Argentina, 15%; CEE, 7% y EE.UU., 5%. **Importaciones:** Petróleo, gasolina, lubricantes, maquinaria y motores, comida y bebida, hierro. **Transportes:** Carreteras (14.783 kilómetros, 13% pavimentados), ferrocarriles (441 kilómetros) y un aeropuerto internacional. **Comunicaciones:** Cuatro periódicos, un radio por cada seis personas, un televisor por cada once personas y un teléfono por cada 41 personas.

LA ACTUALIDAD ECONOMICA PARAGUAYA

Paraguay, como Bolivia, es una nación cercada de tierra, sin salida directa al mar, lo cual da por resultado costos de transporte más altos. También es una nación que carece de importantes recursos en minerales y petróleo. El golpe de estado en 1989 puso fin a la dictadura militar de 35 años del Presidente Alfredo Stroessner. El nuevo presidente, el General Andrés Rodríguez, parece no querer continuar con la dictadura como forma de gobierno, pues ha prometido elecciones presidenciales. Rodríguez, con su experiencia de hombre de negocios, también desea seguir una política económica de libre mercado en el cual se eliminarán muchos de los controles estatales, barreras y tarifas comerciales que habían alejado a inversionistas extranjeros durante la época de Stroessner. Asimismo, planea fomentar una industrialización más rápida para el Paraguay, otro tema de conflicto que había existido con su antecesor en el mandato. Clave en todo esto será el aprovecharse de la energía hidroeléctrica abundante y barata, como la que se ha facilitado por la presa Itaipú, un proyecto comercial conjunto con Brasil, terminado en 1981.

En 1986, una sequía dañó la producción agrícola de soja y algodón, los cuales constituyen un 70% de las exportaciones paraguayas. La producción total agrícola cayó en un 10% y, por ende, la producción industrial, íntimamente ligada con el procesamiento de materia prima agrícola, cayó en un 9%. Como resultado, las exportaciones totales se redujeron en un 10%, mientras que las importaciones subieron en un 12%, agravando así el saldo desfavorable. Todo esto dio por resultado una continuación de la recesión económica que había empezado en 1981.

Se ha proyectado que en en el año 1990 habrá una tasa de inflación del 40%, en comparación con el 32% en 1988. También se ha discutido en Paraguay la necesidad de renegociar la deuda externa, particularmente con los bancos brasileños, los cuales representan un cuarto de la deuda externa paraguaya. No obstante, Paraguay ha comenzado a recuperarse de los daños causados por la sequía y ha continuado con el progreso en otro importante proyecto hidroeléctrico conjunto con Argentina, el Yacyretá, el cual se completará en 1993. Esto, junto con los planes del General Rodríguez, apunta hacia importantes mejoras comerciales en la década de los noventa.

UNA VISTA PANORAMICA DE URUGUAY

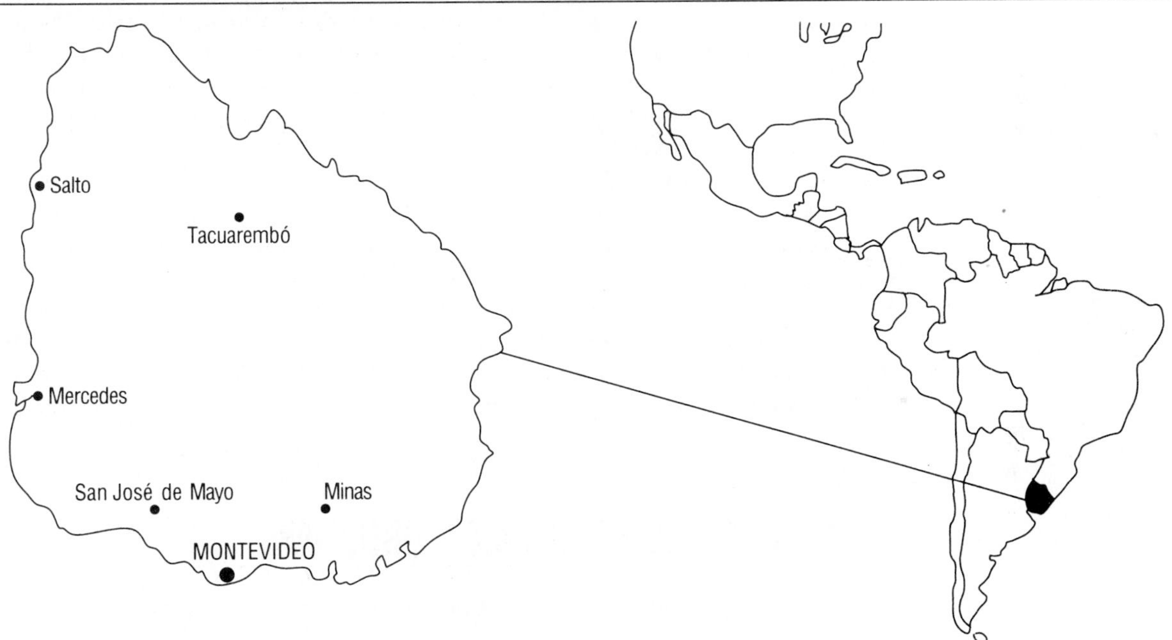

Nombre oficial

República Oriental del Uruguay

Geografía

Tamaño: 176.215 kilómetros cuadrados, el tamaño del estado de Washington. **Capital**: Montevideo (con 1,3 millones de habitantes). **Ciudades principales**: Mercedes, Minas, San José de Mayo, Salto, Tacuarembó.

Demografía

Población: Uruguayos, tres millones en 1990, con proyecciones de tres millones en el año 2000. **Población urbana/rural**: 85% urbana, 15% rural. **Grupos étnicos**: Blanco europeo (español-italiano), 89%; mestizo, 10%; otro, 1%. **Agrupación por edad**: 0–14 años, 27%; 15–29, 23%; 30–44, 18%; 45–59, 17%; más de 60, 15%. **Lenguas**: Español. **Analfabetismo**: 4%.

Gobierno

República de 19 departamentos.

Economía y comercio

Divisa: El peso (nuevo peso uruguayo, NUr$). **Producto Nacional Bruto (PNB en $EE.UU.)**: $5,2 mil millones. **PNB per cápita (en $EE.UU.)**: $1.860. **Tasa media de inflación anual 1980–1986**: 50%. **Recursos naturales**: Potencia hidroeléctrica, agricultura, madera y pesca. **Agricultura**: 12% del PIB, 16% de la mano de obra. Caña de azúcar, trigo, remolacha azucarera, arroz, papa, maíz, uva; ganado, pesca y madera. **Industria**: 33% del PIB, 29% de la mano de obra. Carne, lana y pieles, productos de cuero, metales, textiles, comida, cemento y vino. **Servicios**: 55% del PIB, 55% de la mano de obra. **Exportaciones**: Textiles, ganado, pieles, vegetales, comida y bebidas, tabaco. **Mercados**: Brasil, 27%; EE.UU., 12%; Alemania, 9%; Argentina, 8% y China, 6%. **Importaciones**: Productos minerales, productos químicos, maquinaria, aparatos electrodomésticos, textiles. **Transportes**: Carreteras (49.813 kilómetros, 20% pavimentados), ferrocarriles (2.991 kilómetros), un puerto principal (Montevideo) y siete aeropuertos. **Comunicaciones**: 21 periódicos, un radio por cada dos personas, un televisor por cada seis personas y un teléfono por cada siete personas.

LA ACTUALIDAD ECONOMICA URUGUAYA

La industria ganadera es la más importante del Uruguay, hecho reflejado en que Montevideo tiene uno de los frigoríficos más grandes del mundo. Las principales exportaciones nacionales son la carne de res, pieles y cueros, lana y textiles, pero existe un deseo oficial de diversificar más los artículos de exportación. Uruguay ha llegado a una serie de importantes acuerdos comerciales con sus dos vecinos gigantes—Argentina y Brasil—para el mutuo fomento comercial y la reducción de barreras y tarifas de intercambio entre ellos. Este comercio internacional, más los importantes mercados representados por los EE.UU. y la CEE, es de suma importancia para el bienestar económico del Uruguay, dado su mercado nacional limitado. Además, los acuerdos con Argentina y Brasil son atractivos para inversionistas extranjeros quienes consideran al Uruguay como buen punto de entrada para aquellos dos grandes mercados. El sector de manufacturas—textiles, carros, productos químicos y comida—es muy prometedor, como lo es también el desarrollo turístico en la zona atlántica.

La inflación del nuevo peso uruguayo ha sido un grave problema para el fomento económico nacional, con una tasa anual alrededor del 70% desde 1986. Aunque el desempleo (cerca de un 8%) no ha sido tan penoso como en otras partes de Hispanoamérica, sí lo ha sido el subempleo, donde muchos de los empleados desempeñan trabajos inferiores a su educación, experiencia y capacidad productiva. La deuda externa uruguaya figura entre las más altas por persona de Hispanoamérica, y Uruguay fue uno de los primeros países hispanoamericanos en renegociar su deuda con los bancos acreedores.

De 1973 a 1985 hubo una dictadura militar en el Uruguay. A partir de la restauración democrática en 1985, el tema de la amnistía por los abusos de derechos humanos por parte de los militares—tortura, asesinatos y desaparecidos—ha sido una de las cuestiones nacionales más debatidas. Ha habido un temor nacional popular de que, si no se ofrece esta amnistía, existe una auténtica posibilidad de sufrir otro golpe de estado militar, el cual repercutiría de manera negativa en el reciente fomento económico y comercial.

ACTIVIDADES

¿Qué sabe Ud. de Paraguay y de Uruguay? Haga los siguientes ejercicios.

1. Compare la geografía del Paraguay con la del Uruguay. ¿Cuáles son los países vecinos de cada nación?
2. Haga un resumen demográfico de ambos países.
3. ¿Cuáles son las principales exportaciones de Paraguay y Uruguay? ¿sus principales importaciones?
4. ¿Con qué países suelen comerciar Paraguay y Uruguay?
5. ¿Cuáles son las divisas de los dos países? Busque sus cambios actuales con el dólar.
6. ¿Qué efecto tuvo la sequía de 1986 en la economía paraguaya?
7. ¿Qué planes económicos y comerciales tiene el Paraguay para el futuro?
8. ¿Con qué problemas económicos se ha enfrentado el Uruguay en los últimos años? ¿Qué opina Ud. de la amnistía para los militares acusados de abusos de derechos humanos entre 1973 y 1985?
9. ¿Cómo han cambiado los datos presentados para cada país bajo la categoría de ECONOMIA Y COMERCIO? Búsquelos en un libro de consulta y póngalos más al día.

LECTURA CULTURAL

Dinero y riqueza

El dinero y la riqueza tienen una gran importancia cultural en los EE.UU. Desde sus orígenes, la actitud protestante estadounidense interpretó la producción y la acumulación de riquezas como seña de la bendición de Dios. Hoy en día, se percibe a los EE.UU.—tanto desde afuera como desde adentro—como el país materialista y consumidor por excelencia. Hay críticos que dicen que el dólar ya no sirve sólo para satisfacer las necesidades y los deseos de consumo, sino que se ha convertido en un símbolo social de prestigio y éxito. Es decir, que el mérito del individuo estadounidense y su posición social se miden por la cantidad de dinero alcanzado, ahorrado, invertido y gastado.

España e Hispanoamérica están de acuerdo con EE.UU. en que todo el mundo quiere vivir mejor; todos quieren tener más dinero para satisfacer sus necesidades y deseos. Pero en las culturas hispánicas, el dinero y la riqueza no han llegado a ocupar un lugar tan exaltado como en los EE.UU. Hay muchos más pobres—muchas más limitaciones sobre los apetitos de consumo—en Hispanoamérica que en EE.UU., especialmente en el grupo indio. Aunque existe un gran deseo y una indudable necesidad en los países hispánicos de atraer más dinero en forma de inversión extranjera, esto se tiempla por la cuestión de preservación de la autonomía económica nacional. No quieren que el dinero extranjero y la prosperidad tengan como precio la independencia nacional. Esto se demuestra en las restricciones impuestas a los inversionistas extranjeros y en las nacionalizaciones industriales. Los países en desarrollo quieren protegerse de la influencia y el control ejercidos por las naciones industriales y postindustriales como los EE.UU. y los países europeos. Modernizarse, industrializarse y desarrollarse, muchas veces entran en conflicto con las ideas nacionales sobre estabilidad, tradición y conservadurismo que existen en muchas partes de Hispanoamérica. Además, a nivel individual pueden prevalecer otras consideraciones, como la familia y las amistades, más que en EE.UU.

El célebre filósofo inglés, Francis Bacon (1561–1626), dijo que «El genio, la agudeza y espíritu de una nación se revelan en sus proverbios». Los siguientes proverbios iluminan un poco más las actitudes culturales de España e Hispanoamérica hacia el dinero y la riqueza. Por una parte, se dice que «pobreza no es vileza» y que «no hay mayor riqueza que el contentamiento». Pero por otra parte, se afirma la importancia del dinero: «las palabras del pobre nunca están escuchadas», «hombre sin dinero, pozo sin agua» y «con mucho dinero, todo es hacedero». Sobre los ahorros, se sostiene que «el que guarda, halla». De contraer deudas, se declara que «quien presta a un amigo, compra un enemigo». Respecto a la avaricia, se manifiesta que «al avaro siempre le falta». Y por último, hay dos refranes que se hallan también en muchas culturas mundiales: «el tiempo es dinero» y «el dinero es la raíz de todos los males».

ACTIVIDADES

A. ¿QUE SABE UD. DE LA CULTURA?

1. ¿Qué percepción tienen los estadounidenses del dinero y la riqueza? ¿Está Ud. de acuerdo con esta percepción? ¿Qué opina Ud. del dinero y la riqueza como símbolos sociales?
2. Resuma Ud. el conflicto de actitudes en Hispanoamérica sobre la necesidad de atraer capital extranjero.
3. ¿Qué consideraciones pueden prevalecer más que el dinero a nivel individual en la cultura hispánica? ¿Ocurre así en los EE.UU. también? Comente.
4. ¿Qué significan los proverbios sobre el dinero, presentados en la lectura? ¿Qué opina Ud. de ellos? Busque otros proverbios en español e inglés que se relacionen con el dinero.

B. ASIMILADOR CULTURAL

Lea lo siguiente y haga los ejercicios a continuación.

Patti Jameson es una joven estadounidense que lleva seis semanas trabajando en una compañía multinacional en Montevideo. Es muy dedicada, actitud demostrada por el hecho de que durante todo su tiempo en Montevideo ha trabajado unas doce horas diarias, seis días por semana. El fruto de su labor ha sido la compra de un nuevo televisor con pantalla grande y un equipo de estéreo lujoso. Esta tarde la han invitado tres de sus compañeros de trabajo uruguayos a salir con ellos para tomar un aperitivo y relajarse un poco. Ella les contesta:

—Gracias, pero hoy no puedo. Me faltan unas horas más de trabajo. Es que quiero comprarme un coche nuevo. Ya saben, «El tiempo es dinero». Pero, de todos modos, gracias, eh.

Sus compañeros se sonríen y se despiden, sacudiéndose la cabeza al decirle:

—Bien, bien. Sentimos que no vengas esta tarde con nosotros, pero la próxima vez no te nos escapas. Hasta luego.

Haga los ejercicios siguientes.

1. ¿Qué actitud refleja Patti Jameson hacia el dinero?
2. ¿Qué cree Ud. que estarán pensando sus compañeros de trabajo al salir sin ella?
3. Cite Ud. algunos proverbios que reflejen las actitudes de Patti y sus compañeros.
4. Basado en sus conocimientos interculturales, ¿qué le habría recomendado Ud. a Patti Jameson cuando recibió la invitación a salir? En las mismas circunstancias, ¿se habría quedado Ud. a trabajar o habría salido con sus compañeros de trabajo? ¿De qué modo piensa Ud. que la actitud de Patti Jameson hacia el

trabajo y el dinero puede afectar su relación con sus compañeros de trabajo?

SINTESIS COMERCIAL Y CULTURAL

ACTIVIDADES COMUNICATIVAS

A. Al teléfono. Haga las siguientes llamadas telefónicas a otro/a estudiante de la clase. Cada persona deberá tomar un papel activo en la conversación.

1. Ud. es propietario/a de una pequeña empresa que necesita un préstamo bancario a corto plazo. Llame a su banco para hablar con el/la director/a del Departamento de Préstamos sobre la posibilidad de un empréstito a sola firma.
2. Ud. es un/a proveedor/a que habla con un/a antiguo/a cliente suyo/a que le pide el envío inmediato de veinte cajas de mercancía bajo el crédito comercial de costumbre. Ud. le informa que el envío no se puede hacer hasta mañana y que no hay ningún problema con enviarle una factura con términos comerciales de 3/10, neto 30. Antes de colgar, le aclara el resto de la factura (descripción de lo pedido, precio por unidad y precio total).
3. Ud. quiere comprar algunas acciones ordinarias y llama a su corredor/a para pedirle su opinión sobre si debería invertir en más valores de primera clase (como IBM o General Motors) o arriesgarse un poco con la nueva emisión de valores de una pequeña pero agresiva compañía que explota minas de oro.

B. Situaciones para dramatizar. Lea las siguientes situaciones y después haga el papel en español con otro/s estudiante/s, usando el supuesto como punto de partida. Cada persona deberá tomar un papel activo en la dramatización.

1. You are making your first visit to a stockbroker to inquire about investing some of your savings. You and the broker begin to discuss your interest in stocks and bonds and the broker explains that speculating on the market always entails some risk for the investor. As you ask questions, the broker proceeds to explain that the risk is divided into systematic and unsystematic risk, and that your goal as an investor is to minimize the latter through a well-managed, diversified portfolio.
2. On a visit to your stockbroker, you ask him/her to clarify the major differences between investing in corporate bonds, common stock, and preferred stock. When the topic of stock divi-

dends comes up, you ask for further clarification regarding common and preferred stock.

C. Ud. es el/la intérprete.

Janet Vargas, natural de la Carolina del Norte y nueva Directora de Ventas para la sucursal de una empresa estadounidense en Asunción, habla con su agente de ventas de más experiencia, el Sr. Rafael Morales Oviedo, sobre la administración de ventas en esa parte de Hispanoamérica, especialmente con países vecinos como Brasil, Argentina y Bolivia. Vargas acaba de llegar de Seattle y se siente poco segura hablando español. Se sorprende al enterarse de que existen grandes diferencias en la gerencia de ventas en países con problemas inflacionarios.

Haga Ud. el papel de intérprete entre estos dos individuos. Traduzca del inglés al español y del español al inglés, sin mirar el texto, el diálogo que leerán otros dos estudiantes en voz alta. Ellos harán una pausa después de cada vírgula para permitir su traducción. Acuérdense todos de usar un tono de diálogo natural.

VARGAS I see here that we've had some large orders placed by some long-standing customers in Brazil, Argentina, and Bolivia./ They're all asking for commercial credit, which I suppose will be something along the lines of 2/10, net 30.

INTERPRETE ____________________

MORALES No señorita, lo siento, pero no se puede proceder de ese modo aquí./ Es demasiado arriesgado ofrecer un plazo de tiempo en un crédito comercial a causa de la alta inflación./ Siempre se intenta cobrar en dinero efectivo antes de enviar las mercancías porque,/ incluso antes de que se seque la tinta sobre un cheque de pago,/ el dinero ya ha empezado a perder su valor.

INTERPRETE ____________________

VARGAS Really? Back home the normal terms of sale usually include a discount for payment made in ten days,/ or the full amount is payable in thirty/, especially in dealing with known customers.

INTERPRETE ____________________

MORALES Sí, pero aquí se vive en una situación constante de hiperinflación/ y así se podría perder dinero en lugar de ganarlo./ Por eso, siempre se pide un pago inmediato en líquido.

VARGAS I knew inflation was a real problem/ and that several governments had gotten into trouble by printing too much money in order to pay for wage hikes, etc.,/ but I never imagined...

INTERPRETE ______________________________

MORALES Es penoso, pero cierto./ Incluso, aquí se dice que es más barato tomar un taxi que un autobús porque el taxi no se paga hasta el final del viaje./ Para entonces, la tarifa ya cuesta menos.

INTERPRETE ______________________________

D. **Caso práctico.** Lea el caso y haga los ejercicios que están a continuación.

La compañía multinacional estadounidense, Landev, Inc., produce y vende maquinaria agrícola. Sus oficinas centrales están en Atlanta y sus principales fábricas en Georgia y Kansas. Landev tiene interés en la posibilidad de establecer una fábrica y centro de distribución en el cono sur de Hispanoamérica, dado que muchos de sus mejores clientes internacionales—Argentina, Uruguay, Paraguay, Brasil, Bolivia y Chile—están en esa región.

Aunque la reciente baja del dólar en el cambio de divisas ha ayudado con la exportación de su maquinaria desde los EE.UU. a la región del cono sur, recientemente han subido los costos de salarios y sueldos y los de transporte, especialmente para la maquinaria pesada que exporta Landev. La sociedad considera que una buena opción sería montar parte de sus operaciones en Uruguay o Paraguay, dado el momento propicio político y económico que parece presentarse en aquellos dos países. Además, piensan que cualquiera de los dos países ofrecería un punto de entrada más directo a los grandes mercados de Argentina y Brasil.

Se ha formado un equipo de gerentes para hacer un estudio preliminar de las dos opciones. Entre los resultados de investigación preparatoria, se ha encontrado que en Paraguay la obligación contributaria para fabricantes extranjeros es del 32%, con un descuento del 50% durante un período inicial de cinco años. Uruguay, en cambio, mantiene una obligación impositiva del 59% para fabricantes extranjeros, pero hay un plazo libre de impuestos durante los primeros diez años de operación.

EJERCICOS

Ud. es parte del equipo de investigadores de Landev. Al buscar más datos preliminares sobre los riesgos involucrados en la reubicación de Landev en el Paraguay o el Uruguay, haga Ud. un resumen general comparando las ventajas y desventajas que representa cada país en función de:

1. riesgo político anticipado
2. riesgo de inflación (teniendo en cuenta las tasas medias anuales desde 1980 hasta 1986 y las tasas previstas)
3. facilidades de transporte (tanto nacionales como a los países vecinos, especialmente Argentina y Brasil)

Después de considerar estos factores, haga Ud. su recomendación sobre cuál país parece mejor, en este momento, para los planes de Landev.

VOCABULARIO

acción *stock*
acción común/ordinaria *common stock*
_____ **preferida/prioritaria/privilegiada** *preferred stock*
_____ **cotizada en menos de un dólar** *penny stock*
adjudicación de beneficios *awarding of percentage of investment earnings*
administración del riesgo *risk management*
al portador *to the bearer*
aportar *to contribute, furnish*
_____ **fondos** *to finance*
autofinanciación *self-financing*
bolsa de comercio *stock exchange, stock market*
_____ **alcista** *bull market, rising market*
_____ **bajista** *bear market, falling market*
bono de ahorro *savings bond*
_____ **del estado** *government bond, treasury bond*
_____ **de sociedad anónima/de corporación** *corporate bond*
bursátil (adj) *relating to stock exchange or securities market*
cambio de divisas *exchange rate*
cesión registrada *recorded transfer of securities*
corredor/a (de acciones o de bolsa) *stockbroker*
crédito comercial *commercial credit*
dividendo *dividend*
_____ **diferido** *deferred dividend*
emisión de acciones *issue of a security, stock, or bond; equity financing*
empréstito *loan*
financiación/financiamiento *financing*
_____ **externa/o** *external financing*
_____ **por medio de obligaciones** *debt financing*
financiar *to finance*
frigorífico *meat-packing plant*
garantía subsidiaria/de colateral *collateral guaranty or security*
intereses periódicos acumulados *periodic accrued interest*
liquidar *to settle, liquidate*
nominativo (adj) *bearing a person's name, registered (bond)*
obligación corporativa *corporate bond, debt financing*
_____ **contributaria** *tax liability*
postergar *to postpone*
prenda *security, pledge*
prendario (adj) *guaranteed*
prestador/a *lender*
préstamo *loan*
_____ **a sola firma** *unsecured loan, signature loan*
_____ **garantizado** *secured loan*
_____ **no garantizado** *unsecured loan*
_____ **prendario** *secured loan*
_____ **sin caución** *unsecured loan*
prestatario/a *borrower*
principal (m) *principal, capital*
reembolso *reimbursement, repayment*
reintegro *reimbursement, repayment*
reubicación *relocation*
saldo desfavorable *trade deficit, unfavorable balance of trade*
título *bond, security*
valor nominal (m) *face or nominal value*
valores (m) *securities, bonds, assets, valuables*
_____ **de primera clase/de más alta categoría** *blue chip stock*
_____ **no vendidos en la bolsa** *over-the-counter-market (OTC) securities*
vencimiento *maturity*

CAPITULO

11 La penetración del mercado internacional

He that travels much knows much.

Thomas Fuller

Quien a lejanas tierras va, si antes no mentía, mentirá.

Proverbio

Abordando un avión en el aeropuerto de Barcelona, España.

PREGUNTAS DE ORIENTACION

Al hacer la lectura comercial, piense Ud. en las respuestas a las siguientes preguntas.

- ¿Por qué penetran y fracasan muchas empresas en el mundo internacional de los negocios?
- ¿Cómo se pueden evitar tales fracasos?
- ¿Cuáles son los tres pasos principales de una estrategia de comercialización internacional?
- ¿En qué consiste el estudio y análisis económicos del mercado internacional?
- ¿De qué consta una investigación cultural del mercado internacional?
- ¿Cómo influye el aspecto económico-cultural en el mundo hispánico de los negocios? Dé ejemplos.
- ¿Cuáles son los tres métodos de penetrar en el mundo comercial de un país extranjero?
- ¿Qué elementos comprende un plan modelo de comercialización?
- ¿Cuáles son los distintos pasos que hay dar para realizarlo?

BREVE VOCABULARIO UTIL

arancelario (adj) *related to tariffs*
cámara de comercio *chamber of commerce*
comercialización *marketing, selling*
en ultramar *overseas*
licencia *license, licensing*
negociante (m/f) *business person*
pormenores (m) *details*
tarifa *tariff, rate, fare*
tipo de cambio *exchange rate*
traductor/a *translator*

LECTURA COMERCIAL

Al encuentro de mercados internacionales

En el libro *International Business Blunders*, los autores Ricks, Fu y Arpan describen una firma estadounidense que emprendió un negocio en participación en Sudamérica con un pequeño grupo de capitalistas de esa región. Los estadounidenses no consideraron la situación política del país sudamericano ni se dieron cuenta de que sus socios hispánicos iban a perder sus puestos de poder e influencia. Cinco años después de la constitución de la empresa, comenzaron a tener dificultades en conseguir los permisos para extraer y vender materias primas. Frecuentemente hubo problemas administrativos con el nuevo gobierno. Cuando los socios hispánicos perdieron el favor del nuevo régimen, la compañía empezó a perder ganancias. Así que, perdieron capital y horas de mano de obra.

Este episodio no es el único ocurrido en los países hispánicos ni en el mundo internacional de los negocios. Abundan casos semejantes de gerentes de empresas estadounidenses que no tuvieron éxito en los negocios en el extranjero. ¿A qué se deben estos fracasos? Se deben a varios factores pero principalmente al desconocimiento de los pormenores del comercio e industria internacionales y a la falta de sensibilidad hacia culturas diferentes.

Muchos gerentes de empresas estadounidenses, especialmente los gerentes de marketing y ventas, entran en el mundo internacional de los negocios tanto para ganar dinero como para extender sus operaciones. También se internacionalizan porque sus compañías quieren o se ven obligadas a ser más competitivas o porque necesitan reducir los gastos de comercialización o de producción. Lo que no saben ni comprenden muchas veces estos gerentes es cómo dirigir los negocios en el extranjero y cómo resolver los problemas que pueden surgir al emprenderlos. Les hace falta un plan de acción y necesitan una estrategia para comercializar y producir en ultramar. Este plan y estrategia constan de una investigación económica y cultural y de un estudio y análisis del mejor modo de segmentar la región mercantil o el sector industrial internacional señalado. Esta investigación y estudio constan de tres pasos principales.

PASO 1 Investigación de la región mercantil o del sector industrial internacional

La investigación de la región mercantil o del sector industrial internacional indicado consiste en dos tipos de estudios y análisis, uno económico y otro cultural, los cuales se complementan. El estudio y análisis económico abarca varios temas pero especialmente los siguientes: la demografía, las estadísticas y la actividad económica; la tecnología disponible; los sistemas de distribución, la conducta en la compra y los medios de publicidad. En el siguiente análisis, se exponen los aspectos más importantes de cada tema y algunas de las características correspondientes al mundo económico hispánico aunque, por supuesto, éstas pueden variarse de país en país. Esta información, junto a los datos proporcionados en cada capítulo de este libro sobre los países de habla española, dan una imagen bastante clara de las realidades económicas española e hispanoamericanas.

Como se ve, mediante el análisis económico (fig. 11–1, pág. 217), los gerentes no sólo pueden acumular datos e información acerca del mundo económico hispánico, sino que pueden llegar a conocer las oportunidades de comercialización y de producción que existen allí así como los problemas con que tienen que enfrentarse al emprenderlas.

En el estudio y análisis culturales, los gerentes vuelven a examinar la

Figura 11-1 Análisis económico del mundo hispánico

Demografía	Población joven; alto índice de natalidad; más mujeres que hombres; más rural en Centroamérica, el Caribe y al interior de Sudamérica; clase media en los países más urbanizados, pequeña clase alta; grandes clases media y baja
Estadísticas y actividad económica	PNB y renta por habitante generalmente bajos; sistemas arancelarios e impositivos a menudo rígidos; concentración de riqueza en pocas manos; economías agrícolas con alguna industrialización; grandes deudas internacionales; inestabilidad de divisas; altas tasas de inflación, desempleo y subempleo
Tecnología y sistema de pesas y medidas	Falta de técnicos y tecnología avanzados; uso del sistema métrico y escala centígrada
Sistema de distribución	Modos tradicionales de distribución (mayoristas, detallistas, agentes); mercados ambulantes en zonas rurales; bastante buena calidad y cantidad de modos de transporte
Conducta en la compra	Varía de clase en clase con mayores compras diarias de primera necesidad; más compradoras; uso del regateo en muchos lugares
Medios publicitarios	Periódicos, revistas, impresos, radio y televisión en zonas urbanas y países desarrollados; varían según el analfabetismo de la población

región internacional señalada. Procuran determinar hasta qué punto influyen la geografía, la historia, las instituciones sociales, las creencias, los conceptos, los valores, la estética, las condiciones de vida y el idioma de un país o región en los negocios y qué medidas se deben tomar para ajustarse a esta realidad cultural y servirse de ella. El siguiente análisis (fig. 11–2, pág. 218) resume algunos factores culturales generales del mundo hispánico que deben considerar los jefes de empresa.

Como el estudio y análisis económicos, la investigación cultural aporta mucha información sobre la situación actual del sector o región señalados. Describe la estructura, la organización y las características físicas, sociales, políticas y lingüísticas de dicha división y proporciona datos sobre su historia, sistema legal, arte e ideas. También indica directa o indirectamente las oportunidades comerciales e industriales que existen y los problemas que pueden surgir al realizarlas. En el caso del hispánico, la investigación cultural destaca la variedad geográfica,

Figura 11-2 Análisis cultural del mundo hispánico

Medio ambiente	Variedad topográfica y climática, abundancia de materias primas y vías navegables; falta de buen sistema de carreteras pavimentadas
Historia	Mezcla de civilizaciones (romana, árabe, mediterráneas, europeas, indígenas, africanas); conquista, independencia; guerras de independencia y guerras civiles; caciquismo; lento desarrollo industrial y económico-social
Elementos sociales	Heredados de romanos, árabes e indios; mezcla de razas; importancia e intimidad de familia nuclear y extendida; compadrazgo; nepotismo y «palanca»; papeles sexuales tradicionales (machismo)
Organización social	Gente sociable y gregaria; diferencias de clase social; importancia del *status* social
Enseñanza	Importancia de la enseñanza; buenos sistemas escolares y universitarios; sin embargo, alto índice de analfabetismo, especialmente en la clase baja e indígena
Sistema político y legal	En su mayor parte, repúblicas con dictaduras intermitentes; variedad de partidos; falta de estabilidad política; leyes y acuerdos comerciales a menudo rígidos
Creencias y filosofía	Mezcla y variedad de creencias (españolas, indígenas, africanas); conceptos tradicionales del honor y el tiempo; individualismo, personalismo y deseo de crear y mantener lazos sociales; predominio del catolicismo
Estética	Gran propensión a lo artístico, variedad de arte, literatura, música, danza y folklore basada en tradiciones españolas, indígenas y africanas
Condiciones de vida	Variedad de dietas alimenticias, vivienda y diversiones, según grupo étnico y clase social
Idioma	Predomina el español como lengua oficial, con cierta tendencia regionalista en el uso; variedad de lenguas indígenas (a veces sirven de lengua oficial también) y de otros idiomas europeos

social, política y lingüística de la región así como la importancia de conceptos como la familia, el honor, el status, y los papeles tradicionales de hombre y mujer. Al mismo tiempo, reluce cómo la abundancia de materias primas favorece la actividad agrícola y proyectos extractivos, mientras que el alto índice de analfabetismo impide entre otras cosas un mayor desarrollo industrial. Además, este análisis cultural, junto con la investigación económica—cuyas fuentes pueden ser cámaras de comercio, misiones comerciales, consulados, agentes, libros de consulta, revistas, etc.—da una vista panorámica no sólo del sector o región señalados, sino que trata de la cuestión de riesgo, cuestión que preocupa a todo gerente. El mundo hispánico, con su larga historia de agitación política que influye en todos los aspectos económicos, pero en especial en la estabilidad de las divisas nacionales y su tipo de cambio respecto a otras monedas nacionales, puede crear un riesgo para cualquier empresa o proyecto comercial e industrial. ¿Cómo pueden evitar los directores de una firma tal situación perjudicial? Pueden elaborar un plan de acción.

PASO 2 Elaboración de un plan de acción

Un plan de acción les proporcionará a los gerentes las estrategias que necesitan para penetrar con éxito los mercados internacionales. Para formularlo, los directores de la empresa, especialmente los jefes de marketing, fijan objetivos. Los basan tanto en la meta principal de la empresa—la producción de bienes y servicios para satisfacer las necesidades o los deseos de sus clientes con fines de lucro—como en los resultados de las investigaciones económicas y culturales. La penetración del mercado internacional en sí generalmente tiene tres formas: la exportación indirecta, la exportación directa y la producción y venta en el extranjero.

1. *Exportación indirecta.* Sucede cuando los productos o servicios de una empresa se venden en el exterior pero por esfuerzos de otros, por ejemplo, las compañías mercantiles o de exportación u otras firmas de producción o servicios.

2. *Exportación directa.* Ocurre cuando la empresa misma se empeña en la comercialización exterior. Ella emprende la investigación económico-cultural, la distribución y la estructuración de precios, a la vez que se pone en contacto con representantes extranjeros, los cuales pueden ser agentes, distribuidores independientes o vendedores de la empresa ubicados en el exterior.

3. *Producción y venta en el extranjero.* A diferencia de los métodos anteriores que se basan en bienes y servicios producidos en el país de origen, este tipo de exportación se basa en la venta de productos hechos en el extranjero. Por motivo de los altos costos de la producción nacional o del transporte, o debido a una política económica y leyes arancelarias desfavorables del país importador, muchas empresas manufacturan en el exterior para poder vender allí. Logran esto por los siguientes medios:

- **a.** plantas de ensamblaje
- **b.** contratos de fabricación en que otra compañía realiza la producción de los bienes
- **c.** licencias que permiten que las empresas extranjeras elaboren y vendan los bienes fabricados
- **d.** los negocios en participación, es decir, entre una empresa del país de origen y otra extranjera
- **e.** fusión con una empresa extranjera
- **f.** establecimiento de una fábrica que es propiedad exclusiva de la empresa matriz

Cada uno de estos modos de exportación tiene sus ventajas, especialmente con respecto a la comercialización y la venta. En los países hispánicos son muy comunes las licencias para producir y vender aunque el método que adopta una empresa depende tanto de su situación interna como de la del país extranjero.

Una vez fijados los objetivos de comercialización y adoptado un método de exportación, los gerentes elaboran un plan de acción. Un modelo de esta clase de plan se bosqueja a continuación.

Como indica el plan modelo de comercialización (fig. 11–3, pág. 221), la comercialización internacional es un proceso complejo debido a los distintos factores que tienen que estudiarse. Se complica aún más al tener en cuenta el factor manufacturero, el cual lleva consigo toda una serie de consideraciones técnicas y laborales. Cuando queda trazado el plan de acción, los jefes de marketing y de ventas pueden ponerlo en marcha.

PASO 3 Ejecución del plan de acción

La ejecución del plan de acción se realiza al cumplir los jefes de marketing y de ventas con los siguientes requisitos:

1. Estudiar y analizar los resultados de la investigación económico-cultural; poder comunicarse en la lengua oficial del país donde se piensa comerciar e informarse sobre sus características culturales.
2. Preparar y enviar todos los papeles y documentos necesarios para realizar las metas de comercialización.
3. Hacer contactos con los distribuidores, agentes, oficiales y otros intermediarios que pueden ayudar a lograr los objetivos.
4. Hacer los preparativos para viajar o vivir en el país.
   - **a.** Conseguir los documentos de estancia o residencia.
   - **b.** Conseguir las guías e informarse de la manera de vivir en el país.

Figura 11-3 **Plan modelo de comercialización**

I. Justificar la comercialización internacional
II. Examinar la situación general de la compañía
III. Identificar los mercados
IV. Hacer la investigación económico-cultural de los mercados
  A. Estudiar los aranceles aduaneros, los acuerdos, el tipo de cambio y el sistema de medidas
V. Volver a examinar los objetivos empresariales
VI. Elegir el modo de penetrar en los mercados
VII. Analizar los productos y los mercados
  A. Evaluar los productos según la perspectiva extranjera
    1. Identificar problemas y adaptación de productos
  B. Examinar los mercados
    1. Describir los mercados en que se venden los productos
      a. Investigar las características culturales y los motivos de compra de los usuarios
      b. Planear la distribución, los precios y la publicidad
    2. Evaluar a los competidores
    3. Calcular el tamaño de los mercados y el volumen de ventas
  C. Especificar la estrategia de comercialización
    1. Determinar los objetivos de comercialización
    2. Describir los productos que se venden
    3. Establecer los precios de los productos
    4. Precisar el tipo y los medios de promoción
    5. Indicar los medios de distribución
VIII. Preparar el presupuesto de comercialización
IX. Hacer recomendaciones

5. Emprender negociaciones para realizar las metas de comercialización
   a. Adoptar una actitud cortés y honrada.
   b. Comprender y respetar las diferencias culturales entre países.
   c. Estar bien preparado para las reuniones: tener los datos y consejeros y, si es preciso, usar un intérpete o traductor profesional.
   d. Controlar la discusión y persuadir con diplomacia; hacer concesiones.
   e. Firmar los contratos; ser flexible si hay cambios posteriores; hacer uso de abogados y otros especialistas.
6. Mantener buenas relaciones con la casa matriz así como con los habitantes, colegas y trabajadores del país.

ACTIVIDADES

A. **¿Qué sabe Ud. de los negocios?** Vuelva Ud. a las preguntas de orientación que se hicieron al principio del capítulo y ahora contéstelas en oraciones completas en español.

B. **¿Qué recuerda Ud.?** Indique si las siguientes oraciones son verdaderas o falsas y explique por qué.

1. Los grandes errores transculturales son muy frecuentes en el mundo internacional de los negocios.
2. Muchas compañías penetran en el mercado internacional para mejorar su capacidad de competir con otras empresas de la misma clase.
3. En el mundo hispánico generalmente se usa el mismo sistema de medidas que en EE.UU.
4. Lo que caracteriza a los países hispánicos es una homogeneidad geográfica, racial, social y artística así como una tendencia a personalizar las relaciones sociales.
5. Las investigaciones económico-culturales indican tanto las posibilidades como las dificultades de comercialización.
6. La exportación directa es el único método que se usa para penetrar en un mercado internacional.
7. Un aspecto importante de un plan modelo de acción es el estudio de la situación arancelaria y monetaria del país.
8. Si uno ya habla español, no es necesario tener un intermediario extranjero para facilitar los trámites de comercialización.

C. **Exploración de sus conocimientos y opiniones personales.** Haga los siguientes ejercicios, usando sus propios conocimientos y opiniones personales.

1. ¿Qué evitaría Ud. si quisiera comercializar en el extranjero?
2. ¿Qué elementos serían importantes para Ud. al buscar un puesto en una empresa internacional?
3. ¿Cómo realizaría Ud. un estudio económico-cultural de un país hispánico?
4. ¿Qué método usaría Ud. para penetrar en un mercado extranjero?
5. ¿Por qué cree Ud. que es necesario tener un plan de comercialización? Elija algún país hispánico y describa lo que tendría que hacer para llevar a cabo tal plan.
6. ¿Cómo se relacionan los dichos al principio del capítulo con los temas tratados?

EJERCICIOS DE VOCABULARIO

Si hace falta para completar estos ejercicios, consulte la Lectura Comercial o la lista de vocabulario al final del capítulo.

A. Traduzca estos términos al español y explique su significado.

1. competitiveness
2. cross-cultural
3. environment
4. consulate
5. details
6. license
7. chamber of commerce
8. trade fair
9. tariff
10. exchange rate

B. Dé algunos sinónimos o explicaciones de las siguientes palabras.

1. negociante
2. transcultural
3. competidor
4. en ultramar
5. consultor
6. traductor
7. medida
8. licencia
9. traba
10. índice de natalidad

C. Explique de qué manera están relacionadas las siguientes palabras.

1. agitación política/paz
2. riqueza/pobreza
3. libre comercio/traba
4. oferta/demanda
5. extranjero/nacional
6. perjudicial/beneficioso
7. competidor/socio
8. consulado/embajada
9. estancia/viaje
10. negociante/empleado

D. ¿Qué palabras asocia Ud. con los siguientes vocablos?

1. cámara de comercio
2. medio ambiente
3. muestra
4. medios de distribución
5. mercado ambulante
6. consultora
7. derecho arancelario
8. preparativo

E. Llene los espacios con la palabra más apropiada de la lista.

licencia	consulado	competidores
transculturales	comercialización	caciquismo
agitación política	guías	consultora

Una compañía en Atlanta quería comerciar en la Argentina, pero reconoció que sus ________ internacionales eran muy agresivos. Decidieron emplear a una ________ quien les dio varios consejos al respecto. Primero, les dijo que fueran al ________ argentino y que le pidieran toda clase de información acerca de la economía del país y los riesgos de ________. Luego les habló de los grandes errores ________ y les recomendó algunas ________ que les informarían sobre la vida y cultura del país. También trató algo la situación política, enfocándose en el ________ y la ________. Concluyó con algunas sugerencias en cuanto a los métodos de comerciar en la Argentina y dijo que los negocios en participación eran arriesgados pero la obtención de una ________, muchísimo menos.

F. Complete las siguientes oraciones en sus propias palabras.

1. Para comerciar en el extranjero, se puede exportar directamente o...
2. Los pasos estratégicos para la comercialización son...
3. El presupuesto de comercialización sirve para...
4. Para realizar la comercialización en un país hispánico hay que...
5. Las cámaras de comercio procuran...

G. Traduzca las siguientes oraciones al español.

1. International managers who want to do business with a Spanish-speaking country should know something about its history and culture.
2. They can inform themselves by reading guides and other books or by going to the country's embassy or consulate to talk with economic and cultural advisers.
3. They also need to plan and execute strategies that will enable their companies to penetrate foreign markets.
4. There are many ways to market abroad—through various types of media and publicity, trade fairs, etc.—and the preparations for such activities are extremely important.
5. If business people would follow these suggestions, they would contribute much to cross-cultural understanding as well as profit by it.

UNA VISTA PANORAMICA DE ARGENTINA

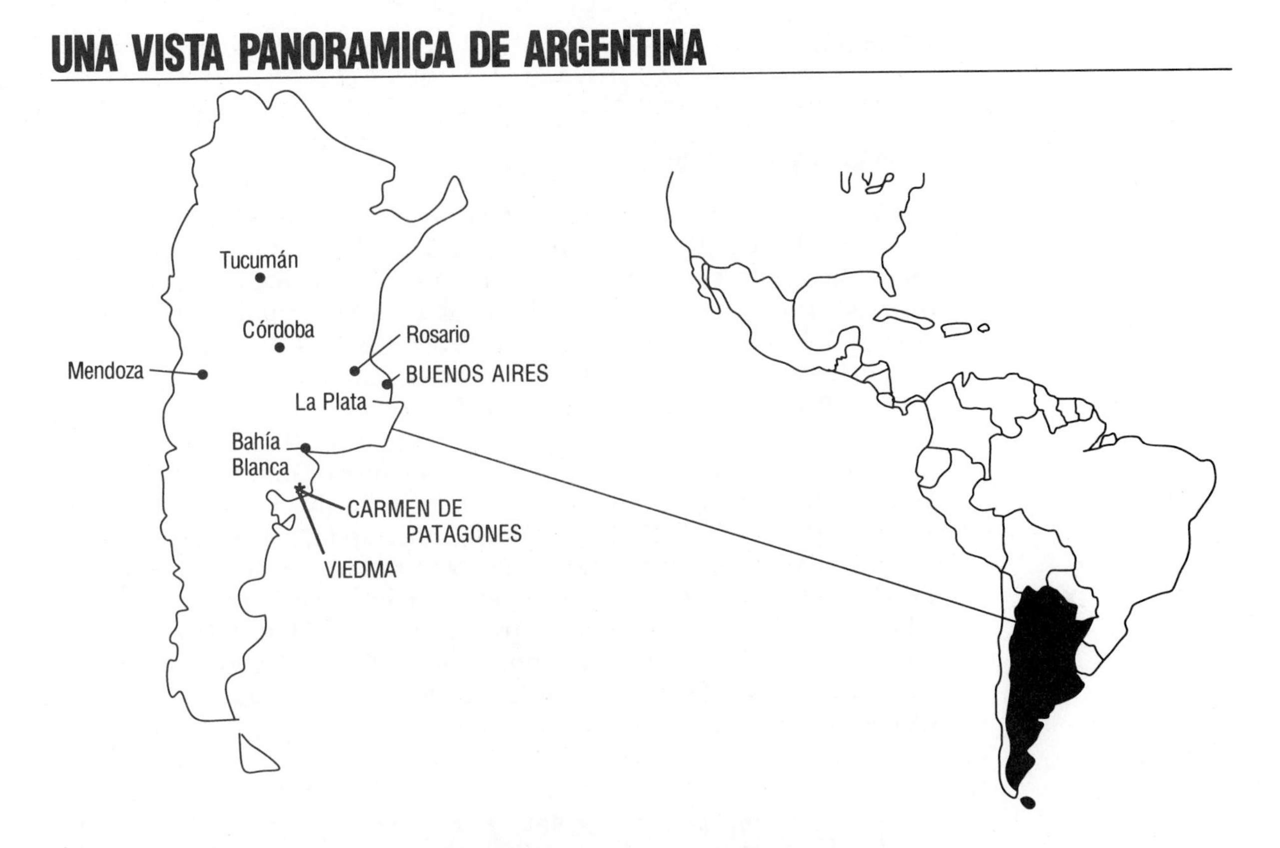

Nombre oficial

República Argentina

Geografía

Tamaño: 2.780.399 kilómetros cuadrados, casi dos veces más grande que el estado de Alaska. **Capital**: Buenos Aires (con 13,3 millones de habitantes). El senado argentino ha aprobado el traslado de la capital a las ciudades gemelas de Viedma y Carmen de Patagones en la Patagonia, una región al sur del país. **Ciudades principales**: Córdoba, Rosario, Mendoza, La Plata, Tucumán, Mar del Plata.

Demografía

Población: Argentinos, 33 millones en 1990, con proyecciones de 37 millones en el año 2000. **Población**: 85% urbana, 15% rural. **Grupos étnicos**: Blanco europeo (principalmente españoles e italianos), 85%; mestizo e indio, 15%. **Agrupación por edad**: 0–14 años, 31%; 15–29, 23%; 30–44, 19%; 45–59, 15%; más de 60, 12%. **Lenguas**: Español (oficial), inglés, italiano, alemán, francés. **Analfabetismo**: 5%.

Gobierno

República de 22 provincias.

Economía y comercio

Divisa: El austral (A). **Producto Nacional Bruto (PNB en $EE.UU.):** $75 mil millones. **PNB per cápita (en $EE.UU.):** $2.350. **Tasa media de inflación anual. 1980–1986:** 326%. **Recursos naturales:** Tierras fértiles, petróleo, antracita, gas natural, mineral de hierro, estaño, uranio, plata, cinc, plomo, bosque. **Agricultura:** 15% del PIB, 17% de la mano de obra. Carne de res, granos, semillas oleaginosas, caña de azúcar. **Industria:** 26% del PIB, 21% de la mano de obra. Elaboración de alimentos, productos químicos, maquinaria, vehículos de motor, textiles. **Servicios:** 59% del PIB, 62% de la mano de obra. **Exportaciones:** Granos, semillas oleaginosas, carne y otros alimentos, textiles, máquinas. **Mercados:** CEE, 17%; URSS, 14%; EE.UU., 12%; Brasil, 6%; Japón, 4%. **Importaciones:** Máquinas y aparatos electrodomésticos; productos químicos, petroquímicos y papeleros; bienes de equipo. **Transportes:** Carreteras (211,369 kilómetros, 27% pavimentados), ferrocarriles (34.172 kilómetros) y 63 aeropuertos. Puertos principales: Buenos Aires, La Plata, Rosario, Bahía Blanca. **Comunicaciones:** 227 periódicos, un radio por cada dos personas, un televisor por cada cinco personas y un teléfono por cada diez personas.

LA ACTUALIDAD ECONOMICA ARGENTINA

La población de la Argentina es en su mayor parte europea y urbana, con unos trece millones de habitantes residentes en Buenos Aires. Fue conquistada y luego dominada por los españoles durante casi tres siglos. Se independizó en 1816 y, a partir de ese año, fue dirigida ya por dictaduras militares ya por gobiernos civiles. El más conocido de todos los jefes de estado fue el coronel Juan Perón, quien gobernó dos veces (1946–1955 y 1973–1974). En verdad, la historia argentina ha sido caracterizada por las luchas, primero entre los hacendados provincianos y los comerciantes bonaerenses y, luego, entre éstos y las clases obreras. El hecho de que Argentina tenga una de las clases medias más grandes de toda Hispanoamérica se debe a varios factores pero en especial a las inmigraciones de profesionales, comerciantes y artesanos de Europa así como a las inversiones de capital extranjero. En su manera de vivir y pensar se ve la fuerte influencia cultural y, hasta cierto punto, aristocrática, de Francia, España e Italia: cierto formalismo y preocupación por el «status» social y una propensión por el arte, la música, la literatura, el buen vestir, los deportes y la buena vida. Este aburguesamiento ocurrió a mediados del siglo XIX y sustituyó a lo que tipificaba el país hasta entonces, es decir, la tradición gauchesca: vida, costumbres e ideología de los hombres que criaban el ganado mayor en la Pampa, algo parecido al «cowboy» de EE.UU.

Hasta 1940, la Argentina era uno de los países hispánicos más prósperos del mundo. Era quinta en vinicultura, sexta en el número de caballos y ganado, séptima en la elaboración de alimentos cárnicos y décima en otras treinta y nueve categorías nacionales, incluso los diseños industriales registrados, las marcas registradas, las inversiones extranjeras directas, los vehículos de motor, oleoductos y aeródromos. Gozaba de uno de los PNB y renta por habitante más altos de Hispanoamérica y su sector agrícola era uno de los más productivos y rentables en todo el Hemisferio Occidental. Además, su alto nivel de vida era la envidia de muchos países del mundo. A partir de la Segunda Guerra Mundial, sin embargo, esta situación empezó a cambiar, especialmente durante los años setenta y ochenta. Debido a varios factores—la mala administración de las empresas estatales, las cuales controlaban gran parte del sector industrial; la creciente deuda internacional, la inflación continua, la devaluación de la divisa, el cambio del peso al austral, la huida de capital y una política estatal que ha vacilado entre la reforma y la represión—la economía argentina experimentó bajas severas de producción, rentas y empleo en todos los sectores. La situación se empeoró tanto que en 1989 las clases media y baja se rebelaron y se entregaron a saquear y robar tiendas en busca de artículos de primera necesidad.

El gobierno actual está intentando cambiar esta situación al continuar la política económica de desarrollo y reforma iniciada desde hace varios años. Está tratando de privatizar varias empresas industriales y estatales y está procurando fomentar las inversiones directas extranjeras, la transmisión de tecnología y el adiestramiento de una nueva clase de gerentes comerciales e industriales. Sólo el futuro indicará si esta política efectuará las mejoras esperadas.

ACTIVIDAD

¿Qué sabe Ud. de la Argentina? Haga los siguientes ejercicios.

1. ¿Cuáles son algunas exportaciones e importaciones del país? ¿Con qué países suele comerciar?
2. ¿Cuál ha sido la historia política de la Argentina? ¿Quién fue uno de sus principales líderes?
3. ¿Qué distingue a la Argentina de otras naciones hispanoamericanas en términos sociales? ¿Cómo se caracteriza la clase media argentina?
4. Describa la situación económica del país antes y después de la Segunda Guerra Mundial.
5. ¿Cuál es la divisa argentina? Busque su cambio actual con el dólar.

6. ¿Cuáles fueron las causas del cambio económico negativo de la Argentina?
7. ¿Qué está haciendo el gobierno actual para regenerar la economía nacional?

LECTURA CULTURAL

El viaje de negocios al extranjero

Después de decidir qué quiere comerciar o fabricar en un país hispánico, la compañía manda a los gerentes más apropiados, generalmente los de marketing, ventas o producción, a hacer uno o más viajes allí. Hay varios trámites para realizar estos viajes. Primero, el gerente se prepara para el viaje. Compra una de las numerosas guías o libros de viajes para negociantes, y consulta con personas que han viajado o vivido allá. Luego, se comunica con la embajada, el consulado o la cámara de comercio del país, o se le pide información a un agente de viajes. Los representantes de estas organizaciones le informan sobre la documentación, los certificados médicos, los derechos arancelarios, la divisa, la ropa y los efectos personales que necesitará para el viaje. Además, le dan datos sobre hoteles, restaurantes, bancos, correos, medios de transporte, centros de compras, telecomunicaciones, servicios médicos y públicos, diversiones y sitios de recreo. También proporcionan información importante para los negocios—descripciones de la geografía, la política, la economía y las instituciones sociales del país hispánico a que se viaja—así como algunas indicaciones acerca de las horas laborales, los días de fiesta, las costumbres y otros detalles respecto de la vida en estos países.*

Aparte de los preparativos para el viaje y la estancia en el país hispánico, los gerentes extranjeros necesitan considerar el factor de riesgo. Como lo demuestra la historia, muchos países hispánicos sufren de cierta inestabilidad económica y política que pone en riesgo cualquier negocio que se emprenda. Para minimizar este peligro, en especial el de guerra, terrorismo, sabotaje y violencia, los jefes de empresa deben informarse sobre la actualidad social, política, y económica de estos países. Esta información la pueden conseguir de boletines tales como *Latin American Newsletters Ltd.* (publicado en Inglaterra) o revistas y periódicos de habla tanto española como inglesa: *Actualidad Económica* (España), *Negobancos* (México), *El Comercio* (Honduras), *El Tiempo* (Colombia), *Ultimas Noticias* (Venezuela), *Comercio* (Argentina) y *El Diario, La Prensa, Business America, Business Week, The New York Times* y el *Wall Street Journal* (EE.UU.). Al tener la información pertinente, y una vez despachados los demás trámites del viaje, incluso la llegada y la instalación en el país,

*Se citan algunos libros al respecto en la bibliografía al final de este libro, en particular las páginas 298–299 y 302–303.

los jefes de empresa finalmente se pueden dedicar a los negocios que los han llevado al extranjero.

ACTIVIDADES

A. ¿QUE SABE UD. DE LA CULTURA?

1. ¿Por qué piensa Ud. que es importante que los gerentes viajen al país con el cual quieren emprender negocios?
2. ¿Cómo pueden prepararse estos jefes de empresa para viajar al extranjero?
3. ¿Por qué tienen que considerar los gerentes el factor de riesgo antes de comerciar con un país extranjero? ¿Dónde pueden conseguir datos sobre el riesgo político de un país?
4. ¿Qué consejos les daría Ud. a los jefes de empresa presentes y futuros que piensan entablar relaciones comerciales con los pueblos hispánicos?

B. MINI-DRAMA CULTURAL

Lea lo siguiente y haga el ejercicio a continuación.

La alta gerencia de Tecno, una compañía estadounidense de tamaño pequeño que se especializa en la elaboración e instalación de sistemas informáticos para usos industriales y comerciales, quiere extender la base de sus operaciones y comerciar directamente en el extranjero. Se informa, mediante un estudio preliminar hecho por su división de marketing de que, a pesar de la crisis económica de la Argentina, este país ofrece buenas posibilidades de comercialización, en especial en el campo de la exportación. También se entera por uno de sus clientes actuales, el cual emprende negocios en Buenos Aires, que una firma mercantil privada de esta ciudad desea comerciar con una compañía como Tecno. Al considerar este «enchufe» como el mejor medio por el cual puede penetrar en el mercado argentino, Tecno le escribe a la firma bonaerense una carta de presentación en inglés. Adjunta un catálogo de sus productos y sugiere que los representantes de ambas compañías se reúnan para discutir una posible colaboración.

Pasan algunos meses y varias telecomunicaciones y las dos empresas deciden reunirse. Tecno manda a su jefe de marketing, Michelle Jones, una mujer de treinta y ocho años, quien habla un poco de español y ha hecho varios viajes turísticos a Hispanoamérica. Tecno se ocupa de los trámites del viaje y la estancia. Michelle lleva consigo el último modelo de computadora que vende Tecno, los informes estadísticos del mercado industrial y comercial de Buenos Aires, los contratos, y las licencias—todo lo que se cree necesario para realizar las negociaciones y firmar un acuerdo. Al día siguiente de llegar a la capital argentina, acude a la cita con Rafael Tanucci, el gerente de compras de la empresa bonaerense.

SR. TANUCCI Buenos días, señorita Jones. Bienvenida a Buenos Aires. ¿Qué tal el viaje y el Hotel Sheraton? Este es uno de los más lujosos de toda la ciudad y...

SRTA. JONES El viaje, bien, y el hotel también, gracias, pero nunca he visto tanta tensión ni tanta pobreza por las calles. Parece que mucha gente anda, ¿cómo se dice, *ragged*? (Riéndose.) ¿Víctimas de la inflación?

ST. TANUCCI Tiene que saber, señorita Jones, que estamos muy orgullosos de nuestra gente y que la situación económica está mejorando. Después de ver nuestra magnífica ciudad cosmopolita, Ud. cambiará de opinión y...

SRTA. JONES No lo sé. Sólo estaré aquí una semana para concluir nuestro negocio y después me voy. Hablando de negocios, ¿recibió Ud. nuestro catálogo con las descripciones de nuestros productos y la lista de precios?

SR. TANUCCI Sí, pero hay algunos problemas con las medidas. Sabe Ud. que usamos el sistema métrico y...

SRTA. JONES Sí, sí lo sé, pero si le puedo enseñar nuestro último modelo de computadora, ya verá que es una de las mejores que se vende últimamente y que satisfará todas sus necesidades comerciales. Las medidas son lo de menos. Siempre podemos ajustarlas a sus especificaciones. ¡No se puede imaginar cuántos problemas he tenido para hacer pasar esta computadora por la aduana! Parece que no se confía en nadie en este país.

SR. TANUCCI Si nos hubiera avisado que iba a traer consigo una nueva computadora, le habríamos podido ayudar con los trámites de la aduana. Bueno, aunque me gustaría ver su computadora, hoy no puedo. Lo siento. Se me había olvidado que tengo otra cita. Quizá Ud. pueda volver otro día para que charlemos más del tema. Mucho gusto en conocerle, Srta. Jones. Hasta muy pronto.

¿Por qué fracasó la Srta. Jones al tratar de entablar relaciones comerciales con el Sr. Tanucci? Defienda su selección.

1. A pesar de conocer bien la Argentina, la Srta. Jones se comportó de manera muy arrogante y era demasiado joven para emprender tal negocio.

2. Aunque conocía muy a fondo las necesidades de la empresa del Sr. Tanucci, la Srta. Jones estaba mal preparada para su entrevista con éste y apenas le dejó hablar.
3. Parece que ni Tecno ni la Srta. Jones han estudiado bastante la situación en la Argentina. Jones no se informó de ciertas realidades y costumbres mercantiles, las cuales habrían salido de una investigación más detallada.

SINTESIS COMERCIAL Y CULTURAL

ACTIVIDADES COMUNICATIVAS

A. **Al teléfono.** Haga las siguientes llamadas telefónicas a otro/a estudiante de la clase. Cada persona deberá tomar un papel activo.

1. Ud. es investigador/a de mercados internacionales y necesita información sobre las leyes arancelarias, el tipo de cambio y la situación económica de la Argentina así como sobre la cultura, los viajes y la estancia en este país. Llame al consulado argentino para informarse.
2. Ud. quiere concertar una cita con el/la jefe/a de compras de una firma argentina ubicada en Rosario, para presentarse y para discutir los trámites que Ud. necesita realizar para enviarle varias muestras de sus productos antes de viajar a este país. Llame a la compañía argentina y hable con la persona indicada.
3. Ud. recibe una llamada telefónica del agente comprador de una empresa argentina a consecuencia de la exposición de productos que la compañía de Ud. ha hecho en una feria comercial que tuvo lugar en Buenos Aires. El agente le pide su catálogo y la lista de precios y quiere que Ud. o su representante de ventas pase por la compañía para dejar otras muestras de sus productos.

B. **Situaciones para dramatizar.** Lea las siguientes situaciones y después haga el papel en español con otro/s estudiante/s, usando el supuesto como punto de partida.

1. You represent an import-export firm that trades on behalf of various industrial companies. You meet with a distributor from a certain Spanish-speaking country (select one) to discuss the following:
   a. The imports currently in demand in that country
   b. The current exchange rate and its forecast

c. The risk factors (any anticipated political developments) that might affect business.

2. You represent a consumer goods firm interested in licensing some of its products in a certain Spanish-speaking country (select one and refer to the import section of a country table in this text for possible products) and are scheduled to talk with the representative of a firm in that country about the following:
   a. The products to be made or sold
   b. The areas where these products will be marketed, the volume to be produced and/or sold, and the price
   c. The percentage or commission to be given to the licensing company as part of total sales

C. Ud. es el/la intérprete.

Susan Scott, vice-presidenta de una firma estadounidense que produce equipo telecomunicativo, está en Buenos Aires para realizar un negocio de venta que se viene discutiendo desde hace varios meses con el Sr. Osvaldo Pérez, funcionario de la Empresa Nacional de Telecomunicaciones (ENTEL). La compañía estatal quiere modernizar el sistema telecomunicativo del país y le interesa la línea de productos que ofrece Scott. Para el Sr. Pérez, sin embargo, todavía quedan muchos asuntos por discutir y se siente algo incómodo por no haber tenido nunca que tratar con una mujer de la alta posición de la Srta. Scott.

Haga Ud. el papel de intérprete entre estos dos individuos. Traduzca del inglés al español y del español al inglés, sin mirar el texto, el diálogo que leerán otros dos estudiantes en voz alta. Ellos harán una pausa después de cada vírgula para permitir su traducción.

SR. PEREZ Buenos días, Srta. Scott. Mucho gusto en conocerla y bienvenida a Buenos Aires.

INTERPRETE ______________________________

SRTA. SCOTT Hello, Mr. Pérez. I'm pleased to meet you. Thanks for your kind greetings.

INTERPRETE ______________________________

SR. PEREZ ¿Puedo ofrecerle algo, un vino, una taza de cafe? / Los vinos argentinos son muy buenos y el café no está nada mal./ Es del Brasil.

INTERPRETE ______________________________

SRTA. SCOTT A cup of coffee would be nice./ I know that Argentine wines are good, but I prefer to try them another time.

INTERPRETE ____________________

SR. PEREZ Muy bien. Aquí tiene su café.

INTERPRETE ____________________

SRTA. SCOTT The coffee is very good, but let's go on to something else./ Did you receive the information that you requested from us about the licensing agreement?

INTERPRETE ____________________

SR. PEREZ Sí. La recibí la semana pasada, pero no están muy claras algunas cosas./ En las discusiones iniciales le habíamos dicho a su firma que nos interesaba conseguir los derechos de patente/ para poder elaborar sus productos aquí en la Argentina./ A cambio de este arreglo, le daríamos cierto porcentaje de la venta total./ En su última correspondencia, sin embargo, nos han concedido sólo los derechos de marca registrada./ ¿Por qué han cambiado Uds. de idea?

INTERPRETE ____________________

SRTA. SCOTT Well, the production and marketing program that ENTEL has proposed seems very ambitious to us./ If you want to proceed with this program,/ it seems better to us to produce the machines in our country./ If supply exceeds demand, we will make another agreement,/ perhaps one for a joint venture.

INTERPRETE ____________________

SR. PEREZ No soy de su parecer,/ pero necesito pensar más en este asunto y consultarlo con mis colegas.

INTERPRETE ____________________

D. Caso práctico. Lea el caso y haga el ejercicio siguiente.

Amerimec, Inc. es una compañía estadounidense que elabora máquinas agrícolas y de transporte para el mercado internacional. Hace dos años que comercia en Hispanoamérica, especialmente en la Argentina, mediante una casa de exportación estadounidense y ha tenido bastante éxito. En realidad, hasta muy recientemente ha logrado vender en este país más máquinas que en cualquier otro lugar. Además, a pesar de la crisis económica argentina, el futuro del sector agrícola luce muy favorable.

En vista de esta situación positiva, los gerentes de Amerimec desean cambiar su estrategia de comercialización. En vez de exportar a la Argentina, quieren producir y vender directamente en este país. Este cambio de táctica se debe a los altos aranceles y costos de exportación, los cuales han influido negativamente en las economías de escala* y la estructuración de precios y han reducido su capacidad de competir en el mercado de maquinaria agrícola. Por otra parte, al tener su propia fábrica y división de ventas, Amerimec no sólo podrá incorporar la tecnología más reciente, sino que serán suyas todas las ganancias de la venta.

La alta gerencia de Amerimec emprende los trámites para montar su propia fábrica pero tiene problemas inicialmente. El gobierno se opone al plan de la firma estadounidense y le pone trabas que le impiden conseguir los permisos y materiales necesarios para construir la fábrica. El hecho es que el gobierno se ve presionado por los partidos izquierdistas, los cuales constituyen una fuerza potente en la política argentina, a adoptar una política más fuerte frente al llamado imperialismo estadounidense. La firma estadounidense también tiene problemas en conseguir el personal y los obreros argentinos necesarios para poner en marcha el negocio. Así que, en vez de proceder con los trámites de instalar su propia fábrica, los gerentes deciden comprar una compañía argentina de transporte y máquinas agrícolas la cual ha tenido problemas gerenciales y de comercialización y necesita capital. Al principio, esta estrategia de inversión y adquisición de control les parece muy lógica a los gerentes de Amerimec. Les solucionaría los problemas de tener que construir una fábrica y contratar a nuevos oficinistas y trabajadores. También anularía la oposición estatal, a la vez que aumentaría el control de Amerimec del mercado.

En cuanto abren las puertas de la sucursal argentina, sin embargo, los gerentes de Amerimec empiezan a tener problemas. En primer lugar, se enfrentan con los obreros que se oponen a la política laboral de la compañía. Los obreros dicen que la compañía sigue demasiado la política de la casa matriz en los EE.UU., especialmente con respecto al control de calidad que a los trabajadores les parece demasiado rígido. Cuando la compañía no cambia las reglas de las cuales se quejan los obreros (y que, en algunos casos, violan la ley nacional de trabajo), se declaran en huelga y se cierra la fábrica por varios meses. Luego, cuando se traen a Buenos Aires algunos técnicos estadounidenses para enseñar a los trabajadores a manejar las máquinas de producción, se descubre que ninguno de los técnicos sabe hablar español. En tercer lugar, los gerentes de Amerimec no pueden acostumbrarse a las fluctuaciones frenéticas tanto de los precios del mercado argentino como de la divisa, ni

*Las economías de escala se refieren a la disminución de los costos unitarios al aumentar el número de unidades producidas.

saben hacer frente a la hiperinflación o la cambiante situación política que se pone más caótica cada día. Si no fuera por los beneficios que esperan sacar del negocio, Amerimec liquidaría su empresa en la Argentina.

EJERCICIOS

Ud. es un/a consultor/a gerencial de una compañía estadounidense que se especializa en la gestión internacional, particularmente en Hispanoamérica. Discuta con sus colegas lo siguiente:

1. Las razones de las dificultades que tiene Amerimec en la Argentina
2. Algunas recomendaciones para mejorar la situación general de la empresa y sus operaciones en Argentina
3. Algunos consejos para los gerentes de Amerimec en el futuro con respecto a Hispanoamérica

VOCABULARIO

aburguesamiento *adoption of a bourgeois way of life*
aeródromo *airfield*
agitación política *political unrest*
ambiente (m) *environment*
arancel aduanero (m) *custom duty*
bonaerense (adj) *pertaining to Buenos Aires*
caciquismo *political bossism*
campaña *campaign*
capacidad para competir *competitiveness*
cárnico (adj) *related to meat*
competidor/a *competitor*
consulado *consulate*
consultor/a *consultant*
derechista (m/f) *rightist*
derecho arancelario *custom duty*
_____ de patente *patent royalty*
documentación *documentation, papers*
economías de escala *economies of scale*
embajada *embassy*
estancia *stay*
exposición *exhibit*
feria comercial *trade fair*
gauchesco *pertaining to the Argentine gauchos (cowboys)*
gerente de compras *purchasing manager or director*
hiperinflación *hyperinflation*
indicación *note, instruction*
índice de natalidad (m) *birth rate*
izquierdista (m/f) *leftist*
licenciar *to license*
medida *measurement*
medio ambiente *environment*
medio de distribución *means of distribution*
mercado ambulante *traveling market*
muestra *sample*
oferta y demanda *supply and demand*
perjudicial *prejudicial, harmful, detrimental*
poner en riesgo *to put at risk*
preparativo *preparation, plan*
telecomunicativo (adj) *telecommunication*
traba *hindrance, obstacle*
transcultural *cross-cultural*
vinicultura *wine growing, wine production*

CAPITULO

La importación y la exportación

There exists limitless opportunity in every industry. Where there is an open mind, there will always be a frontier.

Charles F. Kettering

No serás amado si de ti sólo tienes cuidado.

Proverbio

Un buque estadounidense descargando mercancías.

PREGUNTAS DE ORIENTACION

Al hacer la lectura comercial, piense Ud. en las respuestas a las siguientes preguntas.

- ¿Qué son la exportación y la importación?
- ¿Por qué se considera la exportación como una actividad económica positiva y la importación como algo negativo para el bien nacional?
- ¿Qué es el proteccionismo y cómo se practica?
- ¿Cuáles son algunos de los documentos utilizados por los individuos, instituciones y gobiernos en el comercio internacional?
- ¿Cómo representaría Ud. gráficamente los pasos básicos requeridos en la importación-exportación?
- ¿Qué es el flete y cómo intervienen el fletante y el fletador en el contrato de fletamento?
- ¿Qué quieren decir las siglas C.F., C.I.F., F.A.S. y F.O.B.?
- ¿Qué es un giro bancario y cómo funciona?
- ¿Qué es una carta de crédito y cómo funciona?
- ¿Por qué es preferible una carta de crédito irrevocable y a veces confirmada?
- ¿Por qué existen los mercados comunes y cuáles son algunos ejemplos de estas uniones económicas?

BREVE VOCABULARIO UTIL

autosuficiencia *self-sufficiency*
balanza comercial *balance of trade*
banco avisador *advising or notifying bank*
_____ **emisor** *bank of issue, issuing bank*
carta de crédito *letter of credit*
chantaje (m) *blackmail*
giro *bank draft*
manejo *handling*
valor añadido *value added*

LECTURA COMERCIAL

Intermediarios y prácticas del comercio internacional

El mundo actual es un gran mercado internacional en el cual las distintas naciones son innegable y económicamente interdependientes. La autosuficiencia económica de cualquier país es una mera ilusión y el aislamiento comercial perjudicará gravemente las posibilidades de su desarrollo. Los diferentes países se necesitan porque cada uno es deficiente en ciertos recursos naturales o en capacidad productora. La desigualdad de recursos y de capacidad productora entre las distintas naciones da por resultado el deseo y la necesidad de realizar el comercio internacional. Por ejemplo, los países que producen grandes cantidades de comida, minerales o petróleo exportan estos bienes a otros países. Muchas veces con la materia prima importada por un país se elaboran diversos productos—comidas enlatadas, componentes de acero industrial, gasolina—los cuales, a su vez, se exportan de nuevo al país originario. De este modo, se va estableciendo, modificando y confirmando la red de interdependencia económica que caracteriza el mundo actual. Aislarse de este gran mercado da por resultado que una nación no puede ofrecer a sus ciudadanos la variedad de productos y servicios de los que se goza en otros países. Hoy en día, por ejemplo, en EE.UU. el ciudadano típico no podría ver películas en su propia casa sin usar un vídeo hecho en Japón.

El comercio internacional se caracteriza por el doble movimiento de la importación y exportación. Bernard y Colli definen la importación como la «compra de productos originarios del extranjero a agentes situados fuera del territorio nacional». La exportación es el fenómeno inverso, la «venta de productos originarios del territorio nacional a agentes situados fuera de dicho territorio» (*Diccionario económico y financiero*). Estas actividades comerciales internacionales no sólo se refieren a materias primas y productos, sino que incluyen los servicios y la mano de obra, como la que importan los EE.UU. de México anualmente para ayudar en diversos sectores económicos como el agrícola o el textil.

Tradicionalmente las naciones han considerado la exportación como una actividad económica positiva. Exportar indica que sobran materias primas, productos y servicios que se pueden vender fuera del territorio nacional con el fin de obtener capital nuevo. Por eso, muchos países fomentan la exportación con incentivos especiales. En Hispanoamérica, por ejemplo, México, Argentina y Chile ofrecen exenciones de ciertos impuestos a sus exportadores, mientras que en Uruguay el gobierno no cobra impuestos por el valor añadido a los productos de exportación.

Hay dos principios importantes al considerar la exportación realizada por los distintos países: la ventaja absoluta y la ventaja comparativa. La ventaja absoluta significa que un país posee ciertos recursos no disponibles en suficiente cantidad en otros lugares. Tal país está en una excelente posición para abastecer a otras naciones, como ocurre con los países que exportan petróleo. La ventaja comparativa, en cambio, ocurre cuando varios países tienen la capacidad de producir los mismos géneros, lo cual da por resultado que cada nación intentará crear una ventaja competitiva para sí misma al dedicarse sólo a la producción de ciertos artículos que aporten mayor rentabilidad. Por ejemplo, un país capaz de producir zapatos, fruta y pescado limitaría sus actividades al más rentable de los tres productos.

En contraste con la exportación, la importación se ha interpretado tradicionalmente como una actividad económica negativa. Una de las razones que ofrecen Bernard y Colli es que la importación puede perjudicar la producción nacional y, por lo tanto, la inversión en las empresas nacionales. Para protegerse y fomentar la capacidad productora nacional, los diferentes países adoptan medidas proteccionistas contra la competencia extranjera. Estas medidas suelen ser en forma de aranceles aduaneros muy altos o restricciones cuantitativas sobre las importaciones, llamadas *cuotas* o *contingentes* de importación. En Argentina, por ejemplo, ciertos productos importados llevan un arancel equivalente al 100% de su valor. En Colombia hay un arancel del 80% sobre los textiles importados y en Venezuela los aranceles oscilan entre 60 y 80% para los productos terminados. En los EE.UU. se ha debatido si restringir o no el número de autos japoneses y la cantidad de hierro y zapatos importados. Lo irónico es que el proteccionismo muchas veces resulta en una reducida competencia nacional ante la productividad extranjera, pues sin una competencia directa con las empresas extranjeras, falta la presión necesaria para la innovación y el desarrollo de la industria nacional. El proteccionismo puede sofocar la creatividad y la eficiencia productora nacionales y reducir la variedad de productos que se ofrecen al consumidor. Este, además, generalmente tiene que pagar un precio más alto por los productos nacionales, puesto que ya no compiten con otros precios más bajos.

Otro aspecto negativo de la importación se relaciona con los artículos de primera necesidad. A menudo éstos no se pueden encontrar o producir en suficiente cantidad dentro del territorio nacional para la supervivencia de la población o el funcionamiento de la economía. Tienen que importarse del extranjero, como ocurre con la comida que necesitan ciertos países africanos o con el petróleo que requieren los países industriales. Esta dependencia económica puede amenazar la seguridad nacional de un país importador porque perjudica su capacidad de ser autosuficiente. Una nación que depende demasiado de otra nación halla disminuida su propia independencia nacional y corre el riesgo de un chantaje económico. Por último, un país que importa más de lo que exporta tendrá una balanza comercial negativa, es decir, que los egresos superarán los ingresos. La balanza comercial de una nación es un resumen anual de sus transacciones con otros países, lo cual se refleja en la siguiente ecuación:

EXPORTACIONES − IMPORTACIONES = SALDO POSITIVO
(EXCEDENTE)
O
SALDO NEGATIVO
(DEFICIT)

Si existe un saldo negativo, puede ser que la nación tenga que pagar lo debido con parte de sus reservas nacionales. El resultado puede ser una depreciación de la moneda nacional, lo cual perjudicaría gravemente el sistema monetario y la estabilidad económica del país. En 1986, México tuvo un saldo positivo (en millones de $EE.UU.) de $4.240, Argentina de $2.101, Colombia de $1.240 y Chile de $786; Costa Rica tuvo un déficit de $22 millones, Nicaragua de $523 y la República Dominicana de $715. En ese mismo año, los EE.UU. experimentaron un saldo negativo de $359.774 millones mientras que Japón gozó un excedente de $83.204 millones.

El proceso de la importación-exportación es bastante sencillo. Un vendedor y un comprador de distintos países necesitan o desean hacer negocios. El vendedor tiene que hacer llegar su producto o servicio al cliente extranjero, asegurándose a la vez de que recibirá el pago convenido. Sin embargo, al ser un proceso que se realiza a nivel internacional, generalmente participan más intermediarios individuales, institucionales y gubernamentales que en el comercio nacional y se requieren más documentos. Este es el caso especialmente con respecto a la importación, en la cual muchos países intentan controlar la entrada de mercancías extranjeras. El vendedor (exportador) y el comprador (importador) inician un proceso en el cual hay tres corrientes básicas: (1) el movimiento físico de la mercancía del exportador al importador, (2) los documentos requeridos (facturas, instrucciones para el embarque, hojas de ruta, etc.) que acompañan la mercancía y (3) los documentos financieros (la forma de pago) que se mueven en dirección contraria, del comprador al vendedor, mientras que la mercancía se va acercando a manos del comprador.

Figura 12-1 **El proceso de la importación-exportación**

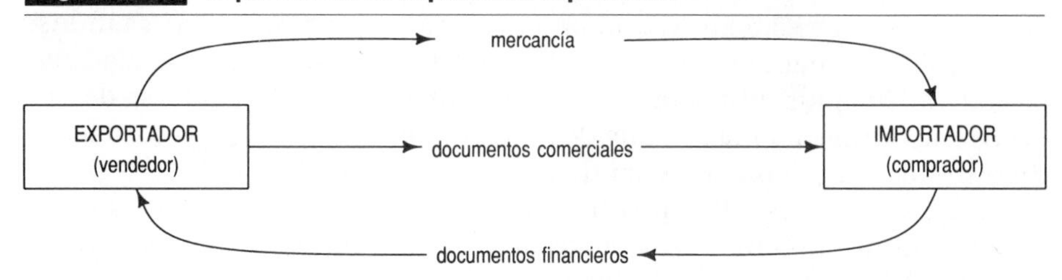

Cada nación tiene sus propias normas y reglamentos de importación y exportación. Por lo tanto, se recomienda que se utilicen los servicios de especialistas en el comercio internacional. Los documentos básicos que reflejan la participación de individuos, instituciones y gobiernos, desde el paso inicial hasta la conclusión de la transacción, son los siguientes:

1. *Solicitud de cotización de precios* del comprador al vendedor
2. *Cotización de precios* por el vendedor
3. *Carta de pedido* del comprador
4. *Factura comercial,* la descripción que hace el vendedor de las mercancías, su cantidad y valor unitario y total

5. *Licencia de importación,* pedida (cuando hace falta) por el comprador y su aprobación o denegación por parte de su gobierno. Algunos artículos—armas, narcóticos, oro, diamantes—muchas veces requieren un permiso especial.
6. *Licencia de exportación* para el vendedor. Algunos artículos—materiales nucleares, alta tecnología—requieren una autorización especial.
7. *Documentos comerciales, giros y cartas de crédito* efectuados por el comprador en forma de pago
8. *Seguros* para proteger el envío de la mercancía
9. *Documentos de embarque* para los medios transportistas
   a. *Conocimiento de embarque,* el contrato para el transporte (generalmente marítimo) de la mercancía con los términos de entrega de la carga en su destino final
      (1) Se usa la *carta de porte* para el transporte terrestre
      (2) Se usa la *guía aérea* para el transporte por avión
   b. *Certificado de origen,* lo cual comprueba que el producto exportado ha sido producido en el país de donde procede
   c. *Declaración de aduana,* documento usado para determinar el arancel que hay que pagar sobre la mercancía importada
   d. *Factura consular,* documento que exige el consulado del país importador, como prueba de que el vendedor ha presentado sus facturas comerciales
   e. *Declaración de exportación,* documento usado especialmente en EE.UU. para controlar la exportación de ciertas mercancías, como la alta tecnología
   f. *Certificado sanitario,* documento que da fe de la buena salud y la procedencia de plantas, animales vivos y comestibles

Se recomienda guardar siempre copias de todos los documentos en caso de que se necesite aclarar o comprobar algún detalle de la transacción.

Respecto al transporte de materias primas o mercancías, los medios pueden ser terrestres, marítimos, fluviales, aéreos o por tubería u oleoducto. El transporte internacional se caracteriza por las distancias más grandes que hay que recorrer y por un mayor número de estaciones o puertos y trasbordos de mercancía. Con todo esto crece el número de intermediarios y documentos. También hay mayor riesgo de daños, pérdidas o robos, por lo cual es importantísimo asegurar el envío con pólizas de seguro. Es común que el exportador se encargue del transporte de la mercancía hasta las aduanas extranjeras y que el importador se haga responsable del transporte de los artículos dentro de su propio país, pues conoce mucho mejor las opciones, normas y requisitos del transporte nacional.

Algunos términos importantes en el transporte internacional son los que se relacionan con el flete. El término *flete* se refiere tanto al precio

Tabla 12-1 Siglas utilizadas en el transporte comercial

Sigla	Explicación	Descripción
C.F.	Cost and freight (costo y flete)	Cotización de precio de la mercancía; incluye los costos de manejo y flete hasta el punto de entrega, usualmente el puerto aduanero del importador
C.I.F.	Cost, insurance, and freight (costo, seguro y flete)	Añade los costos de los seguros a la cotización C.F.
F.A.S.	Free alongside ship (franco al costado del barco o buque)	Aclara que el exportador (vendedor) corre con todos los gastos del transporte de la mercancía hasta el momento en que se ponga a disposición del importador (comprador) al lado del barco
F.O.B.	Free on board (franco a bordo [F.A.B.] o libre a bordo [L.A.B.]	Indica el punto desde el cual el importador deberá asumir el título de la mercancía y correr con los gastos de transporte

de alquiler de una nave u otro medio de transporte como a la carga que se transporta. *Fletar* es dar o tomar a flete (contratar) un buque y por extensión se aplica también a otros medios transportistas. En el contrato de *fletamento* (también *fletamiento*), el *fletante* es el naviero (o el propietario de algún medio de transporte) o el que lo representa, mientras que el *fletador* es el que entrega la carga que ha de transportarse.

Entre las siglas más importantes, usadas frecuentemente en inglés en los demás países del mundo, figuran las siguientes: C.F., C.I.F., F.A.S. y F.O.B. Se definen en la Tabla 12-1. Cuando la estipulación es simplemente F.O.B., se entiende que el vendedor sólo pagará los costos de transporte de una mercancía hasta colocarla a bordo de algún vehículo de transporte. A partir de ese momento, el comprador se encarga de los costos. Las condiciones estipuladas en el transporte F.O.B. son flexibles, puesto que el lugar de cambio de título y de responsabilidades puede variarse. Por ejemplo, si el vendedor desea pagar el flete para la conveniencia del cliente (suma incluida desde luego en el precio total de la venta), puede designarse el embarque «F.O.B. delivered». En este caso, el vendedor paga por el transporte hasta que la mercancía llegue a su destino final.

Una de las principales preocupaciones del exportador es cómo asegurarse de que el importador pagará el importe convenido en la transacción. A causa de este riesgo, existe cierta desconfianza hasta que se realicen numerosas transacciones a lo largo del tiempo. Para el vendedor siempre sería preferible recibir el pago en efectivo y por adelantado, mientras que para el comprador sería preferible demorar el pago lo más posible. La forma más común de resolver la cuestión de pago es acudir a intermediarios o instituciones financieros.

Las formas de pago más utilizadas son el giro bancario y la carta de crédito. El giro, un tipo especial de cheque, puede hacerse a la vista o a plazo. Si es a la vista, el girado o librado (el banco) se compromete a pagar al tenedor o portador (el vendedor que ha recibido el cheque) la cantidad indicada por el girador o librador (el comprador que paga por la mercancía). Este pago se efectúa en el momento en que el tenedor presenta el giro al girado—es decir, cuando el vendedor se presenta en el banco para cobrar o depositar el cheque. Un giro a plazo sólo se puede cobrar en un tiempo futuro señalado, por ejemplo, a los 60 días de recibir la mercancía o 90 días después de su embarque. Pero la forma más segura de efectuar el pago internacional es la carta de crédito emitida por el banco del comprador.

La carta de crédito es un documento que indica que el pago prometido por el importador está garantizado por un banco. Los pasos que constituyen esta forma de pago se resumen en la Figura 12-2:

1. El importador acuerda adquirir la mercancía del exportador, utilizando una carta de crédito como forma de pago.
2. El importador solicita la carta de crédito de su banco y firma el acuerdo de la carta de crédito del banco; el banco autoriza la solicitud y emite el documento.
3. El banco emisor (banco del importador) envía la carta de crédito al banco avisador (banco del exportador).
4. El banco avisador entrega la carta de crédito al exportador.
5. Al recibir la prueba de pago, el exportador embarca la mercancía.
6. El exportador prepara los documentos necesarios y los presenta en su banco, el cual los aprueba y le paga los fondos al exportador, según los términos de la carta de crédito.
7. El banco avisador envía los documentos al banco emisor; éste comprueba que todo está en orden y carga a la cuenta del importador y le envía los documentos y la notificación de haber cargado a su cuenta.
8. El importador recibe los documentos y recoge la mercancía que le entrega el transportista.

Figura 12-2 Uso de la carta de crédito

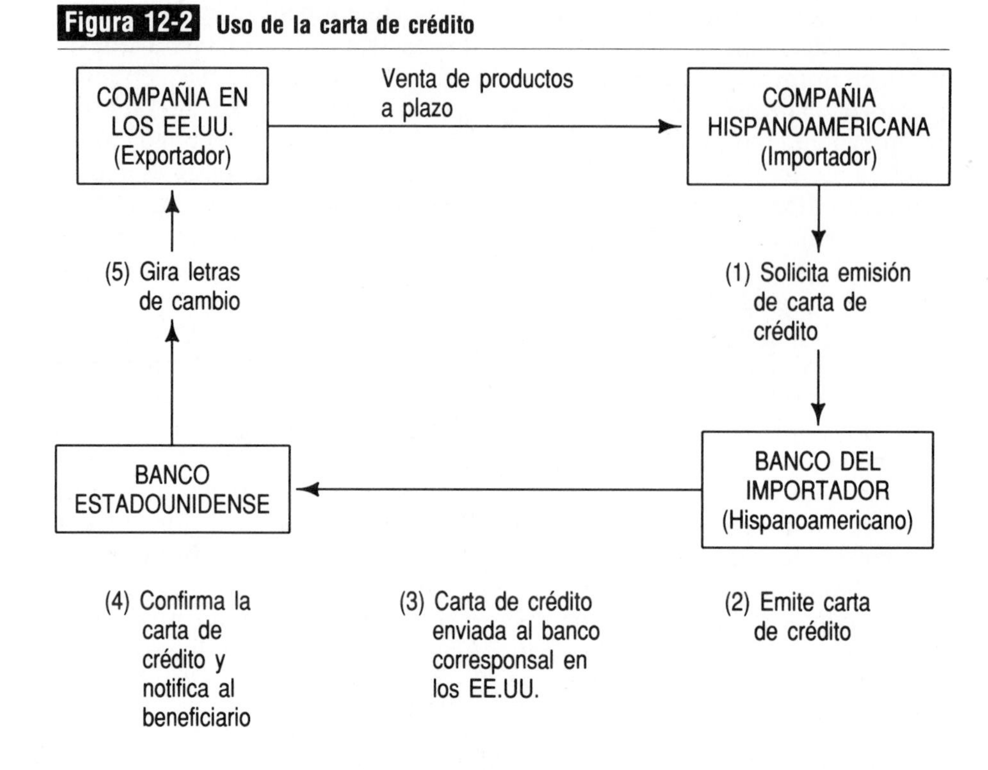

Las cartas de crédito pueden ser revocables, irrevocables o irrevocables y confirmadas. Las revocables son de escasa utilidad porque pueden ser anuladas por el comprador. La carta de crédito irrevocable no permite cambios en las condiciones estipuladas sin previa consulta entre comprador y vendedor. Si, además de ser irrevocable, la carta de crédito es irrevocable y confirmada, esto indica que la promesa del pago inicial está apoyada incluso por otro banco. El costo cobrado por los bancos al asumir la responsabilidad de pago por sus clientes puede variar, aunque es común cobrar un 0,5% de comisión del valor de la mercancía. Hoy en día, la carta de crédito facilita casi un 70% del comercio internacional.

Muchas naciones del mundo, habiendo reconocido la importancia del comercio internacional, han cooperado entre sí para crear mercados comunes cuyo propósito es fomentar y facilitar los negocios entre los países miembros y ayudarse a desarrollar su competencia ante otras potencias económicas. Ejemplos de esto son el Mercado Común Europeo (MCE), la Comunidad Económica Europea (CEE), el Mercado Común Centroamericano (MCCA: Guatemala, El Salvador, Honduras, Nicaragua y Costa Rica), el Mercado Común del Caribe (CARICOM), el Pacto Andino (Venezuela, Colombia, Ecuador, Perú y Bolivia), la Liga Arabe y el Consejo de Asistencia Económica Mutua (COMECON o CMEA, constituido por la Unión Soviética y otros países del bloque comunista).

ACTIVIDADES

A. **¿Qué sabe Ud. de los negocios?** Vuelva Ud. a las preguntas de orientación que se hicieron al principio del capítulo y ahora contéstelas en oraciones completas en español.

B. **¿Qué recuerda Ud.?** Indique si las siguientes oraciones son verdaderas o falsas y explique por qué.

1. El aislamiento de una nación del mercado global limita la oferta de bienes y servicios a sus ciudadanos.
2. Casi todos los vídeos en uso en los EE.UU. se manufacturan nacionalmente.
3. La importación de géneros se interpreta como algo bueno para el consumidor pero malo para el bienestar económico del país exportador.
4. Las cuotas de importación son un ejemplo de arancel aduanero.
5. El conocimiento de embarque es sinónimo de la Licencia de Importación.
6. «Flete pagado hasta el punto de destino» («F.O.B. delivered») estipula que el vendedor sólo pagará el transporte de la mercancía hasta colocarla a bordo de algún vehículo transportista.
7. Un giro a la vista se paga al tenedor 60 días después de que el comprador reciba las mercancías enviadas por el vendedor.
8. El Pacto Andino se designa con la sigla MCCA.

C. **Exploración de sus conocimientos y opiniones personales.** Haga los siguientes ejercicios, usando sus propios conocimientos y opiniones personales.

1. ¿Qué opina Ud. del concepto del mundo actual como un gran mercado global?
2. ¿Piensa Ud. que la autosuficiencia económica de una nación es posible hoy en día? ¿Puede ofrecer algún ejemplo de un país completamente autosuficiente? ¿relativamente autosuficiente?
3. ¿Qué opina Ud. de la práctica del proteccionismo? ¿Puede ofrecer Ud. algunos ejemplos del proteccionismo en EE.UU. o en otros países?
4. ¿Cree Ud. que una balanza comercial negativa es un problema que debe tratar urgentemente un país? Explique.
5. ¿Piensa Ud. que es necesario controlar el intercambio de ciertos artículos en el mercado internacional? ¿Cuáles serían algunos ejemplos y por qué?
6. Comente las ventajas o desventajas que percibe Ud. en diferentes medios de transporte para el comercio internacional.

7. ¿Qué opina Ud. de la creación de mercados comunes? ¿Es válido considerar a los EE.UU. como otro ejemplo de mercado común? Explique.
8. ¿Cómo se relacionan los dichos al principio del capítulo con los temas tratados?

EJERCICIOS DE VOCABULARIO

Si hace falta para completar estos ejercicios, consulte la Lectura Comercial o la lista de vocabulario al final del capítulo.

A. Traduzca estos términos al español y explique su significado.

1. self-sufficiency
2. flow
3. handling
4. absolute advantage
5. comparative advantage
6. quota
7. deficit
8. transfer
9. freight
10. to subsidize

B. Dé algunos sinónimos o explicaciones de las siguientes palabras.

1. exportador
2. importador
3. sigla
4. egreso
5. cuota
6. arancel
7. embarque
8. amparar
9. carga
10. apoyar

C. Explique de qué manera están relacionadas las siguientes palabras.

1. exportación/importación
2. fletador/fletante
3. revocable/irrevocable
4. excedente/déficit
5. marítimo/fluvial
6. banco emisor/banco avisador
7. punto de embarque/punto de entrega
8. giro a la vista/giro a plazo
9. ventaja absoluta/ventaja comparativa
10. F.O.B./F.O.B. «punto de destino»

D. ¿Qué palabras asocia Ud. con los siguientes vocablos?

1. red
2. contingente
3. nave
4. aduana
5. fletamiento
6. proteccionismo
7. valor añadido
8. importación

E. Llene los espacios con la palabra más apropiada de la lista.

mercancías	carta de pedido	comestibles
cotización de precios	licencia de importación	
certificado sanitario	conocimiento de embarque	

La exportación de cualquier mercancía requiere varios pasos administrativos y documentos especiales. Primero, el comprador solicita una ________ que le envía el vendedor. Después de recibirla, el comprador le envía una ________ al vendedor. Para efectuar la transacción, se obtiene una ________ y otra de exportación. El envío de las ________ se reflejará en un ________. Para ciertos artículos—como los animales vivos, los ________ y las plantas—hará falta obtener un ________.

F. Complete las siguientes oraciones con sus propias palabras.

1. El proteccionismo es una medida que...
2. Una balanza comercial negativa indica que...
3. Un certificado sanitario se requiere cuando...
4. Cuando se estipula que el envío de un pedido se efectuará C.I.F....
5. Un giro a plazo se paga al tenedor...

G. Traduzca las siguientes oraciones al español.

1. Today's world is best described as a global economy of interdependent nations.
2. International trade is achieved through the processes of import and export.
3. Although international trade involves more intermediaries and paperwork than domestic trade, the basic principal of commerce is still in effect: A seller and a buyer want to exchange goods and services for a price.
4. A nation's balance of trade is measured primarily in terms of its import-export activity. If imports are greater than exports, a negative trade balance is recorded for that year.
5. Exporters gain confidence over time in the ability of their clients to make full and timely payment for the goods and services sold and delivered.

UNA VISTA PANORAMICA DE LA REPUBLICA DOMINICANA

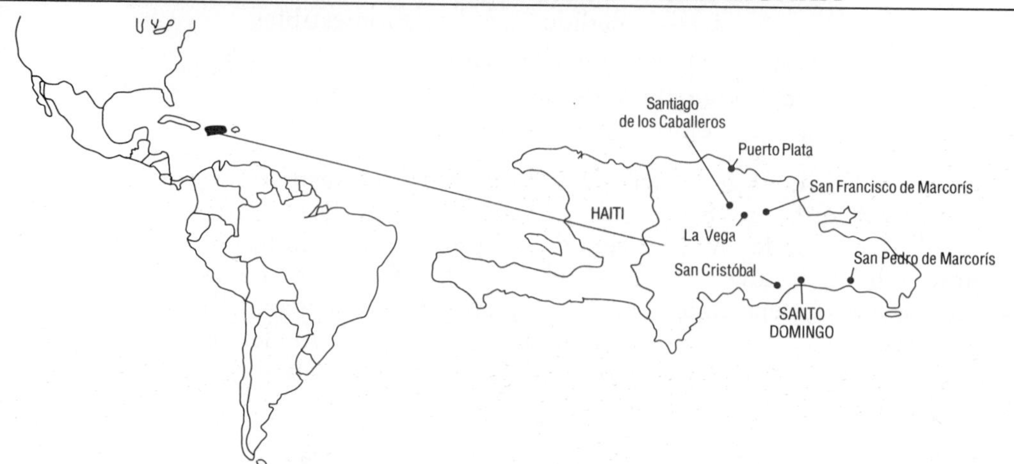

Nombre oficial

República Dominicana

Geografía

Tamaño: 48.442 kilómetros cuadrados, el tamaño de los estados de Vermont y New Hampshire combinados. **Capital**: Santo Domingo (con 1,7 millones de habitantes). **Ciudades principales**: Santiago de los Caballeros, San Cristóbal, La Vega y San Francisco de Marcorís.

Demografía

Población: Dominicanos, siete millones en 1990, con proyecciones de nueve millones en el año 2000. **Población urbana/rural**: 56% urbana, 44% rural. **Grupos étnicos**: Mulato, 75%; blanco europeo, 15%; negro, 10%. **Agrupación por edad**: 0–14 años, 41%; 15–29, 31%; 30–44, 15%; 45–59, 9%; más de 60, 4%. **Lenguas**: Español. **Analfabetismo**: 32%.

Gobierno

República democrática de treinta provincias.

Economía y comercio

Divisa: El peso [dominicano] (RD$). **Producto Nacional Bruto (PNB en $EE.UU.):** $5,5 mil millones. **PNB per cápita (en $EE.UU.):** $710. **Tasa media de inflación anual 1980–1986:** 16%. **Recursos naturales:** Níquel, oro, plata, bosque. **Agricultura:** 17% del PIB, 46% de la mano de obra. Azúcar, cacao, café, tabaco, arroz, plátano, carne de res, flores. **Industria:**

30% del PIB, 15% de la mano de obra. Refinamiento del azúcar, productos farmacéuticos, cemento, textiles. **Servicios**: 53% del PIB, 39% de la mano de obra. **Exportaciones**: Azúcar crudo, café, oro, plata, níquel, cacao, tabaco, carne de res. **Mercados**: EE.UU., 72%; Países Bajos, 7%; Puerto Rico, 5%. **Importaciones**: Petróleo y sus derivados, comidas, maquinaria, hierro, acero, medicinas. **Transportes**: Carreteras (17.362 kilómetros, 29% pavimentados), ferrocarriles (1.600 kilómetros) y tres aeropuertos. Puertos principales: Santo Domingo, San Pedro de Marcorís y Puerto Plata. **Comunicaciones**: Nueve periódicos, un radio por cada ocho personas, un televisor por cada 16 personas y un teléfono por cada 34 personas.

LA ACTUALIDAD ECONOMICA DOMINICANA

La República Dominicana, la democracia más grande del Caribe, ocupa las dos terceras partes orientales de la isla de Santo Domingo. El otro tercio occidental de la isla, la segunda en tamaño de las islas antillanas, la ocupa Haití, la nación más pobre del hemisferio. La República Dominicana es un país esencialmente agrícola y este sector representa casi el 50% de la mano de obra.

En 1986, Joaquín Balaguer asumió la presidencia del país por quinta vez en su carrera política. El nuevo presidente tuvo que enfrentarse con una serie de problemas económicos que continúan hasta el presente: la inflación, el déficit comercial, altos tipos de interés para los préstamos y una crisis de energía representada por los altos precios del pretróleo importado. Todo esto ha contribuido a la inestabilidad del peso dominicano. Poco después de instalarse como presidente, Balaguer suspendió el pago de la deuda externa, ya que los intereses debidos sobre los préstamos consumían un 70% de los ingresos de la exportación nacional. A la vez, se ha reducido la extracción de oro, recurso importante para la economía dominicana. También ha continuado la emigración ilegal de haitianos a la República Dominicana, en busca de trabajos y mejores oportunidades económicas.

El gobierno dominicano mantiene relaciones amistosas con los EE.UU., el cual constituye casi toda la inversión privada extranjera en el país. Contribuye a esta relación cordial el hecho que más de un millón de dominicanos viven en los EE.UU., principalmente en Nueva York. En 1987, los EE.UU. redujeron la cuota de importación de azúcar dominicana de 302 mil toneladas a 160 mil, cortando los ingresos previstos de unos $133 millones de dólares a unos $76 millones. La reacción de la República Dominicana fue el anuncio de que buscaría otros compradores, como la Unión Soviética. Para tratar con los problemas económicos del país, Balaguer acordó con Cuba permutar el excedente de café dominicano por cemento cubano, un acuerdo inicial que se planea ensanchar en el futuro. Dada la situación económica actual, se prevé que en el futuro la República Dominicana se dedicará más al desarrollo del sector turístico, a la creación de más maquiladoras (como en México y Guatemala) y a los servicios. No obstante, el azúcar seguirá siendo clave para la economía dominicana, con el inconveniente de que este producto siempre está a merced de los precios fluctuantes del mercado mundial.

UNA VISTA PANORAMICA DE CUBA

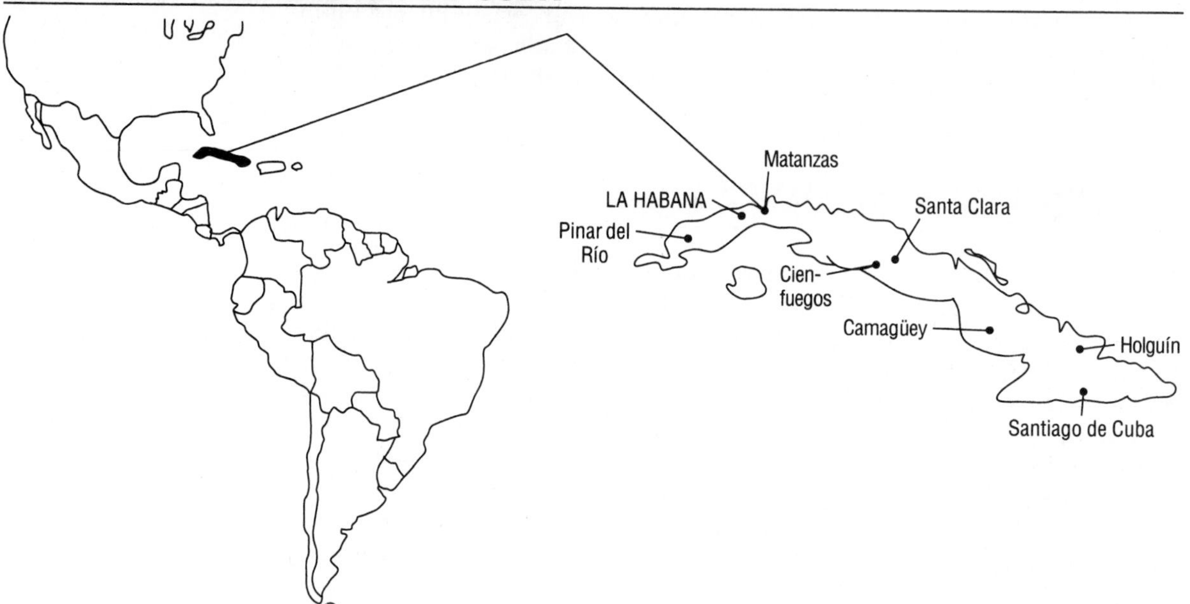

Nombre oficial

República de Cuba

Geografía

Tamaño: 110.860 kilómetros cuadrados, un poco menos grande que el estado de Pennsylvania. **Capital**: La Habana (con 600 mil habitantes) **Ciudades principales**: Santiago de Cuba, Camagüey, Santa Clara, Holguín, Pinar del Río, Matanzas, Cienfuegos.

Demografía

Población: Cubanos, once millones en 1990, con proyecciones de once millones en el año 2000. **Población urbana/rural**: 71% urbana, 29% rural. **Grupos étnicos**: Español, 66%; mulato, 22%; negro, 12%. **Agrupación por edad**: 0–14 años, 26%; 15–29, 30%; 30–44, 20%; 45–59, 13%; más de 60, 11%. **Lenguas**: Español. **Analfabetismo**: 10%.

Gobierno

República socialista de catorce provincias.

Economía y comercio

Divisa: El peso. **Producto Nacional Bruto (PNB en $EE.UU.)**: $26,9 mil millones. **PNB per cápita (en $EE.UU.)**: $2.238. **Tasa media de inflación anual 1980–1986**: No disponible en los informes del Banco Mundial. **Recursos naturales**: Cobalto, níquel, hierro, cobre, manganeso, sal, bosques y pesca. **Agricultura**: 14% del Producto Social Bruto (equivalencia del PIB), 20% de la mano de obra. Azúcar, café, tabaco, fruta cítrica y tropical, arroz, frijoles, carne de res, vegetales, madera y pescado. **Industria**: 43% del PSB, 22% de la mano de obra. Refinamiento de azúcar, procesamiento de comidas, refinamiento de petróleo, cemento, textiles, productos de madera, productos químicos, cigarrillos y puros. **Servicios**: 43% del PSB, 58% de la mano de obra. **Exportaciones**: Azúcar y sus derivados (constituyen un 75% de las exportaciones cubanas), reexportación de petróleo, pescado, tabaco, ron. **Mercados**: URSS y otros países comunistas como Bulgaria y China. **Importaciones**: Maquinaria, petróleo, lubricantes, equipos de transporte, comidas y bebidas. **Transportes**: Carreteras (34 mil kilómetros, 30% pavimentados), ferrocarriles (5.196 kilómetros) y 50 aeropuertos. Puertos principales: La Habana, Matanzas, Cienfuegos, Santiago de Cuba. **Comunicaciones**: 17 periódicos, un radio por cada tres personas, un televisor por cada cinco personas y un teléfono por cada 19 personas.

LA ACTUALIDAD ECONOMICA CUBANA

Cuba es la más grande de las Islas Antillanas y se sitúa a unos 145 kilómetros (90 millas) al sur de Cayo Hueso, Florida. Durante gran parte de su historia, Cuba fue uno de los países más prósperos de Hispanoamérica. Pero desde la revolución de 1959, cuando tomó el poder Fidel Castro y hubo un éxodo de muchos cubanos profesionales a EE.UU., ha crecido muy poco su capacidad productora. Esto se debe principalmente a un exceso de control gubernamental, a la mala administración económica y a los altos gastos representados por las aventuras globales de las fuerzas armadas cubanas. A partir del régimen de Castro, la isla se convirtió en una economía centralmente planeada, cerrada a la participación en los grandes mercados libres del mundo, particularmente el de los EE.UU.

El azúcar ha sido tradicionalmente clave para la economía cubana y lo sigue siendo. A pesar de que la producción de azúcar y sus derivados ha crecido muy lentamente desde 1970, cuando Castro inició una fuerte campaña para fomentar su productividad, Cuba continúa siendo el mayor exportador mundial de azúcar. Esta industria ha sido subvencionada durante muchos años por la Unión Soviética. Cuba exporta anualmente unas cuatro millones de toneladas de azúcar a la URSS y unas dos millones de toneladas a países no comunistas. El problema, como siempre para los países que dependen demasiado de un solo producto, es que Cuba se halla como rehén ante las fluctuaciones del precio mundial del azúcar. También, siempre existe la posibilidad de sufrir una mala cosecha, como la que ocurrió en 1986 cuando empezó una sequía prolongada.

La URSS juega un papel sumamente importante en la economía cubana actual. Antes de Castro, más del 50% del comercio exterior cubano se realizaba con los EE.UU., con el cual ya no se mantienen relaciones comerciales (por el largo embargo impuesto por el gobierno estadounidense). Pero para 1970, el 70% ya se efectuaba con la URSS y otros países comunistas. Desde 1961, Cuba ha recibido más de treinta mil millones de dólares en asistencia económica de la URSS, cantidad que asciende a más de cuarenta mil millones si se toma en consideración la asistencia militar. Esto se traduce en una ayuda diaria de unos once millones de dólares. Hoy en día Cuba importa el 98% de su petróleo, la mayor parte del cual proviene de la URSS y de Venezuela. La Unión Soviética permite que Cuba luego reexporte el petróleo que no ha consumido, actividad que responde a un 42% de los ingresos cubanos obtenidos a base de sus exportaciones. En años recientes, sin embargo, la URSS ha reducido su subvención a la economía cubana, obligando a que la isla busque otros remedios para su situación económica precaria.

Entre los principales problemas a los que se enfrenta Cuba, se destacan los siguientes:

1. la necesidad de modernizar y mecanizar la industria azucarera
2. la urgencia de aumentar la productividad de los trabajadores y de reducir el ausentismo
3. la necesidad de aumentar la disponibilidad de mano de obra (para lo cual se han ido incorporando más mujeres en la fuerza de trabajo)
4. la necesidad de producir más arroz y frijoles, dos productos principales que no se han mantenido en proporción con los aumentos de población
5. la urgencia de fomentar el desarrollo de otros sectores económicos, además del azúcar.

También se necesita reducir la deuda externa, la cual había llegado a unos cinco mil millones de dólares en 1986. Hace falta explotar más las grandes reservas de níquel (Cuba es el cuarto país mundial en este recurso) y hace falta continuar con el fomento del turismo (en 1986 hubo más de 194.500 turistas extranjeros en la isla).

En los últimos años Castro ha iniciado una lucha contra la corrupción, la ineficiencia y el desperdicio de recursos que han perjudicado el bienestar nacional cubano. Pero este esfuerzo tomará tiempo para realizar las mejoras deseadas. Mientras tanto, se seguirán racionando muchos artículos—entre ellos comida y ropa—y continuarán los mercados negros basados en el trueque, actividad que Castro ha intentado eliminar. Por todas estas razones, y dado que el azúcar continuará como el producto clave en la economía cubana, es poco prometedor el panorama del futuro inmediato.

ACTIVIDAD

¿Qué sabe Ud. de la República Dominicana y de Cuba? Haga los siguientes ejercicios.

1. Compare la geografía de la República Dominicana con la de Cuba.
2. Haga una reseña demográfica de cada país.
3. ¿Cuáles son las principales exportaciones de la República Dominicana y de Cuba? ¿y sus principales importaciones?
4. ¿Qué países representan los mercados más importantes para la República Dominicana y Cuba?
5. ¿Cuáles son las divisas de los dos países? Busque sus cambios actuales con el dólar.
6. Describa el impacto que ha tenido la cuota de importación impuesta por EE.UU. en la importación del azúcar dominicano.
7. ¿Qué importancia tiene el azúcar en la economía cubana? ¿Subvenciona este producto algún país extranjero? Explique.
8. ¿Qué papel juega la reexportación de petróleo soviético en la economía de Cuba?
9. ¿Cómo han cambiado los datos presentados para cada país bajo la categoría de ECONOMIA Y COMERCIO? Búsquelos en un libro de consulta y póngalos más al día.

LECTURA CULTURAL

El ambiente legal de la importación y exportación

El ambiente legal del comercio internacional es bastante más complicado que el de los negocios nacionales. Esto se debe a que cada nación tiene sus propias leyes y éstas no son casi nunca compatibles entre distintos países. Lo importante para toda persona que participe en los negocios internacionales es conocer las leyes comerciales en vigor en el país con el cual se están realizando las transacciones comerciales o buscar los consejos de un especialista o un buen abogado internacional.

Vern Terpstra (*The Cultural Environment of International Business*) nos indica que las leyes de un país se pueden interpretar como una dimensión de su cultura. Reflejan las actitudes y normas culturales de una nación y sirven como reglas de conducta aceptable impuestas o por alguna autoridad (la legislatura nacional) o por las costumbres de los ciudadanos. En este sentido más amplio, no se trata sólo de las leyes inscritas en algún código. Puede ser que las directivas gubernamentales y las prácticas y los tabúes sociales también alcancen fuerza de ley. La persona de negocios internacionales tiene que estar atenta a todo factor que pueda constituir las leyes de una nación. Casi todas las leyes comerciales de los distintos países son diferentes en alguna medida y afectan de algún modo todos los temas tratados en este texto, desde la estructura y ubicación de una empresa hasta las consideraciones de los recursos humanos, los bienes y servicios proporcionados, la inversión, los impuestos, etc.

Existe la ley internacional y sus instituciones, como las Naciones Unidas y la Corte Mundial, pero estos organismos, aunque gozan de gran prestigio, carecen de la autoridad necesaria para hacer cumplir con las leyes internacionales. Una nación no puede hacer que otra nación cumpla forzosamente con una ley internacional. Esto explica, en parte, por qué los vendedores de bienes y servicios en el mercado internacional requieren un largo trato comercial con sus clientes antes de concederles la misma confianza mantenida con los mejores clientes nacionales. Si el

La sede central de las Naciones Unidas, Nueva York.

comprador extranjero no cumple con un pago prometido, es muy difícil demandarlo en su propio país, donde las leyes nacionales del vendedor no se reconocen. No obstante, el aumento del comercio internacional y del número de empresas multinacionales, transnacionales y supranacionales,* más el crecimiento de fenómenos como la inversión internacional y los tiburones corporativos, apuntan hacia un papel más urgente de la ley internacional. Las diferentes naciones que participan en el comercio global tendrán que aceptar un código mutuamente aplicable; es decir, una serie de leyes internacionales que regirán por encima de las leyes nacionales. Hasta el momento, no existe ningún organismo internacional que corresponda en la práctica a las legislaturas de los distintos estados soberanos. El FMI, una agencia de las Naciones Unidas, y el GATT (General Agreement on Tariffs and Trade) son pasos positivos hacia un sistema de leyes internacionales para el comercio. Ambos organismos pueden sancionar a los países miembros que no cumplan con los acuerdos que han sido aceptados entre los miembros. Pero todavía hace falta una ley comercial auténticamente internacional.

ACTIVIDADES

A. ¿QUE SABE UD. DE LA CULTURA?

1. Para tener fuerza de ley, ¿hace falta que una norma de conducta esté inscrita en algún código nacional?
2. ¿Existe la ley internacional? Explique.
3. ¿Cómo se distinguen las empresas multinacionales, transnacionales y supranacionales?
4. ¿Qué son el FMI y el GATT? ¿Qué representan en el panorama de la ley internacional?

B. ASIMILADOR CULTURAL

Lea lo siguiente y conteste las preguntas que están a continuación.

Richard McCaffery, presidente de una empresa mediana en Connecticut que importa café y azúcar directamente de la República Dominicana, está preocupado porque no ha llegado su último pedido de varias toneladas de café y azúcar. Decide llamar por teléfono a su abastecedor dominicano, Aurelio Salazar Buendía, para pedirle una explicación. Al comunicarse, Salazar se disculpa y le dice a McCaffery que también estaba a punto de llamarlo a Connecticut. Le explica que hace varios días se perdió toda la mercancía en una inundación la cual destruyó la carretera y arrastró el camión que

*La empresa multinacional es aquélla que desarrolla sus actividades comerciales por medio de filiales en diferentes países. La transnacional se caracteriza por una administración compartida por representantes de varias nacionalidades. La supranacional es aquélla que verdaderamente ha superado toda vinculación nacional.

llevaba el café y el azúcar. También le explica que ahora será imposible enviarle el pedido hasta dentro de dos meses, pues primero hay que reparar la carretera, la única que conecta sus operaciones con el puerto de embarque marítimo. A la vez, Salazar le agradece a McCaffery el pago recibido por el café y azúcar, lo cual ha usado para solventar varias cuentas pendientes.

—No se preocupe, Sr. McCaffery, que dentro de dos meses, cuando se arregle todo esto, Ud. tendrá su café y azúcar.

Después de oír esto, McCaffery se pone furioso y le grita por el auricular:

—¿Que no me preocupe? ¡Que no me preocupe! ¡Tengo clientes que me amenazan con llevar su dinero a otro lugar si no les entrego a tiempo su café y azúcar! ¡¿Qué no me preocupe?! ¡No, Ud. es el que tiene que preocuparse porque lo voy a demandar aquí en una corte por el dinero y los clientes que voy a perder!

EJERCICIOS

1. ¿Cree Ud. que McCaffery podrá llevar a cabo su amenaza de demandar a Salazar en una corte en Connecticut? Explique.
2. ¿Cómo solucionaría Ud. la situación presentada arriba?

SINTESIS COMERCIAL Y CULTURAL

ACTIVIDADES COMUNICATIVAS

A. **Al teléfono.** Haga las siguientes llamadas telefónicas a otro/a estudiante de la clase. Cada persona deberá tomar un papel activo en la conversación.

1. Ud. es un dominicano que exporta café a todas partes del mundo. Está al teléfono con un/a cliente paraguayo/a para aclarar si el embarque de un pedido se debe hacer C.F. o C.I.F. y si debe ser F.O.B. o «F.O.B. punto de destino». Cada uno de Uds. trata de negociar los términos más ventajosos para su propia empresa.
2. Ud. es Director/a de Ventas de una fábrica ubicada en Houston. Llame a un/a cliente mexicano/a en Veracruz para discutir el modo de transporte más eficiente de unos artículos que él/ella desea comprar. El/ella le informa que necesita recibir las mercancías dentro de dos semanas. A base de esta información, Uds. llegan a un acuerdo sobre el medio transportista que se utilizará.
3. Ud. es un/a comprador/a dominicano/a que importa maquinaria y repuestos agrícolas de los EE.UU. Llame a su abastecedor/

a en la Carolina del Sur para preguntarle cuándo se efectuó el envío del último pedido y si se hizo por vía aérea, como lo habían acordado. Pregúntele también si ya recibió el giro bancario que se le envió la semana pasada. El/la abastecedor/a le contesta que todo está en orden y que ha recibido el pago pero que, por un error, se embarcó el pedido por vía marítima. Esto presenta problemas para Ud. Explíquele por qué y trate de resolverlos.

B. **Situaciones para dramatizar.** Lea las siguientes situaciones y después haga el papel en español con otro/s estudiante/s, usando el supuesto como punto de partida. Cada persona deberá tomar un papel activo en la dramatización.

1. You are the vice president of a mid-sized American firm that is interested in exporting its products to Latin America. Since you have no experience with foreign customers, you have arranged a meeting with an export specialist to ask what is involved.
2. You are a businessperson in Cuba and form part of an official committee created to study whether or not Cuba should seek to renew its trade with the United States. Your position is that it should. Other members of the committee, however, view this as a threat to what has been accomplished in Cuba since the revolution: some Cubans will again become wealthier than others, Cuba might become dependent on the U.S., etc. Persuade your colleagues to accept your reasons for wanting to resume trade.

C. **Ud. es el/la intérprete.**

El Sr. Víctor Martínez, dominicano cuya empresa exporta azúcar a los EE.UU., está en Nueva Orleáns para finalizar con la Srta. Vicky Simms, agente compradora de una compañía estadounidense, los términos de venta de treinta toneladas de azúcar crudo.

Haga Ud. el papel de intérprete entre estos dos individuos. Traduzca del inglés al español y del español al inglés, sin mirar el texto, el diálogo que leerán otros dos estudiantes en voz alta. Ellos harán una pausa después de cada vírgula para permitir su traducción. Acuérdense todos de usar un tono de diálogo natural.

SR. MARTINEZ De acuerdo con nuestras conversaciones telefónicas,/ le enviaremos las treinta toneladas de azúcar crudo/ por vía marítima a principios del mes entrante./ Uds. deberán recibir el azúcar para el día ocho.

INTERPRETE ______________________________

SRTA. SIMMS Good. Our bank will issue a letter of credit/ which should reach you by your return to the Dominican Republic next week./ As we've agreed, delivery will be made C.I.F., F.O.B. delivered.

INTERPRETE ______________________________

SR. MARTINEZ Bien. El precio de venta incluirá el flete y los seguros hasta el puerto de Nueva Orleáns./ Uds. saben que también les podemos ofrecer más azúcar, por si tuvieran interés...

INTERPRETE ______________________________

SRTS. SIMMS Believe me, we'd like to buy more sugar from you,/ but Washington has recently imposed a quota on sugar from the Dominican Republic./ The 300 or so tons allowed last year have been reduced to about 150 this year.

INTERPRETE ______________________________

SR. MARTINEZ Sí, ya lo sé. Es una mala noticia para nosotros,/ ya que vendíamos tanto azúcar a los Estados Unidos./ Bueno, supongo que el único remedio será empezar a buscar nuevos clientes en otros países/ para negociar la buena cosecha que hemos tenido este año.

INTERPRETE ______________________________

D. Caso práctico. Lea el caso y haga el ejercicio que está a continuación.

En los últimos años se ha agravado la crisis económica en Cuba. Esto se debe en parte a los siguientes factores:

1. La dependencia de un solo producto—el azúcar
2. Los métodos de producción y la maquinaria industrial anticuados
3. La escasez de mano de obra, la baja productividad (debido en parte a la falta de incentivos) y el ausentismo
4. La baja en la cosecha de ciertos comestibles—arroz y frijoles—, lo cual ha dado por resultado la necesidad de importar comida
5. Los gastos militares que han perjudicado el desarrollo de diversos sectores económicos
6. La dependencia cubana de la ayuda económica proporcionada por la URSS, la cual ha empezado a reducir su subvención a la isla

Haga el siguiente ejercicio.

El gobierno cubano ha formado una comisión nacional de sus mejores especialistas para buscar soluciones a las dificultades económicas de la isla. Ud. forma parte de esta comisión, compuesta de tres o cuatro compañeros/as de clase. Preparen una serie de recomendaciones de acciones que ayudarían a aliviar la crisis económica de Cuba tanto en un futuro inmediato como a largo plazo.

VOCABULARIO

a bordo *on board*
Acuerdo General sobre Aranceles y Comercio (AGAAC) *General Agreement on Tariffs and Trade (GATT)*
amparar *to protect, cover*
apoyar *to support, guarantee, back up*
carga *cargo*
cargador/a *loader*
carta de crédito irrevocable *irrevocable letter of credit*
_____ **irrevocable y confirmada** *confirmed irrevocable letter of credit*
_____ **revocable** *revocable letter of credit*
carta de pedido *order*
_____ **de porte terrestre** *bill of lading, railway bill, freight bill*
Cayo Hueso *Key West (Florida)*
certificado de origen *proof of origin*
_____ **sanitario** *sanitary certificate, health certificate*
C.F. (Costo y flete) *Cost and Freight*
C.I.F. (Costo, seguro y flete) *Cost, Insurance, and Freight*
código *code (i.e., of laws)*
comestible (m) *food*
conocimiento de embarque *bill of lading*
contingente (m) *import quota*
declaración de aduana *customs declaration*
_____ **de exportación** *export declaration*
demandar *to sue*
directiva *guideline*
documento de embarque *shipping document*
egreso *expenditure, outlay, disbursement*
embarque (m) *shipment*
emitir *to issue*
estado soberano *sovereign state*
exención *exemption*
factura consular *consular invoice*
F.A.S. (libre o franco al costado del buque) *free alongside ship*
filial (adj/f n)) *subsidiary*
fletador/a *freighter, charterer*
fletamento (fletamiento) *charter*
fletante (m/f) *charterer, affreighter*
fletar *to charter, hire*
flete (pagado hasta el) punto de destino *F.O.B. delivered*
flujo *flow*
fluvial (adj) *fluvial, river-related*
F.O.B. libre o franco a bordo (L.A.B. o F.A.B.) *free on board*
giro a la vista *sight draft*
_____ **a plazo** *time draft*
guía aérea *air waybill*
hacer cumplir *to enforce*
hoja de ruta *route sheet, waybill*
inscrito *inscribed, written*
licencia de exportación *export permit*
_____ **de importación** *import permit*
marítimo/a *maritime, sea*
nave (f) *ship*
OPEP (Organización de Países Exportadores de Petróleo) *Organization of Petroleum Exporting Countries (OPEC)*
originario *originating in, coming from*
permutar *to exchange, barter, swap*
Producto Social Bruto (PSB) *gross national product as measured in socialist countries*
punto de embarque *loading point*
_____ **de entrega** *delivery point*
puro *cigar*
red (f) *network*
reexportación *re-export*
refinamiento de azúcar *sugar refining*
rehén (m) *hostage*
sigla *abbreviation*
subvencionar *to subsidize*
tiburón (corporativo) *corporate raider*
trasbordo *transfer*
trueque (m) *barter, exchange*
ventaja absoluta *absolute advantage*
_____ **comparativa** *comparative advantage*
vídeo *VCR or videocassette*
vinculación *association, link*

CAPITULO

13 Las perspectivas para el futuro

You can never plan the future by the past.

Edmund Burke

Caminemos pisando la senda de nuestra inmensa felicidad.

Himno Nacional de la Guinea Ecuatorial

Se necesitará toda clase de personal para el comercio internacional del futuro.

PREGUNTAS DE ORIENTACION

Al hacer la lectura comercial, piense Ud. en las respuestas a las siguientes preguntas.

- ¿Cuáles son los cuatro aspectos del nuevo mundo comercial e industrial que deberá tener en cuenta el gerente del futuro?
- ¿Cuáles son las tres etapas económicas de los dos últimos siglos?
- ¿Qué importancia tendrá el dólar en el mundo del futuro? ¿el oro?
- ¿Qué influencia han tenido el AGAAC y el FMI? ¿Y en el futuro?
- ¿Qué es la migración? ¿Qué importancia podrá tener en la demografía mundial del futuro?
- ¿Qué es el espíritu emprendedor? ¿la estética laboral? ¿Cómo influyen en la motivación que comunica el gerente?
- ¿Será más o menos importante la ética moral en los negocios del futuro? ¿Por qué?
- ¿Por qué son importantes los cambios políticos para el gerente empresarial?
- ¿Cuáles son los tres objetivos académicos que facilitarán la entrada del estudiante en el mundo de los negocios?

BREVE VOCABULARIO UTIL

aprendizaje de toda la vida (m) *lifelong learning*
autómata (m) *robot*
consejero/a *adviser*
despoblación foresta *deforestation*
en vías de desarrollo *developing*
Indice General de la Calidad de Vida *Physical Quality of Life Index (PQLI)*
maduración constante *constant growth*
nave espacial: La Tierra (f) *Spaceship Earth*
perspicacia *vision, forward thinking, insight*
planificación estratégica *strategic planning, contingency planning*
prójimo *fellow human being, neighbor*

LECTURA COMERCIAL

Preparación del gerente para el comercio internacional

Para tener éxito en el mundo de los negocios del futuro, el gerente tendrá que adaptarse a un ambiente caracterizado por cambios continuos. Este ambiente incluirá no solamente los aspectos económicos sino también los demográficos, sociales y políticos del planeta. Unos investigadores utilizan el PNB para indicar el desarrollo de un país, y otros emplean el término Indice General de la Calidad de Vida (Physical Quality of Life Index, or PQLI, en inglés) para reflejarlo. Este índice incluye medidas del éxito de los hospitales y otros servicios educativos y sociales que demuestran la distribución del desarrollo.

El comercio internacional será aun más importante bajo el nuevo concepto global de la «nave espacial: La Tierra» y la formación de empresarios mundiales tendrá nuevas direcciones profesionales y nuevas dimensiones internacionales.

Las distintas épocas históricas de los últimos siglos reflejan los cambios importantes de los diferentes sectores económicos. En el siglo XIX, el sector agrícola fue el más importante con el mayor número de empleados. A partir del siglo XX, el sector manufacturero ha dominado la economía y ha proporcionado una gran variedad de trabajos a los ciudadanos a la vez que ha fomentado la creación de sindicatos laborales. Ahora, mientras los países desarrollados están entrando en un período post-industrial, no se experimenta una reducción en la producción manufacturera, pero sí un descenso en la mano de obra necesaria para este tipo de actividad económica. Actualmente hay más gente que se dedica a los servicios. En EE.UU., por ejemplo, la sociedad industrial se ha transformado durante las últimas décadas en una de información, datos y servicios debido a la creciente inversión del consumidor en alojamiento, transporte, recreación, educación y comunicación.

La administración de una empresa dedicada a los servicios requiere una modificación completa en el nivel del trato personal de la gente en comparación con el de una compañía manufacturera. Mientras la producción de maquinaria especializada se ha basado tradicionalmente en la idea del producto y en los deseos y necesidades del productor, los servicios se concentran más bien en los del consumidor. El empresario actual tiene que pensar más en la satisfacción de los consumidores y no tanto en la producción y oferta de bienes o servicios.

Además de una nueva orientación hacia una economía basada en los servicios, los nuevos avances tecnológicos empiezan a eliminar la mecanización y se prevé que el resultado será la automatización mediante la computadora y el robot (el autómata). Esta automatización exigirá más capacitación por parte de todos los empleados, sean oficinistas técnicos u obreros. Además, reducirá el número de empleados y así el poder colectivo debido a la declaración de huelgas y paros de trabajo. También se observará una tendencia a reducir la clase media tradicional y a crear dos divisiones socio-económicas distintas: la clase ociosa y la clase trabajadora. Habrá que tener cuidado, en el caso de EE.UU., de que la clase trabajadora no conste únicamente de jóvenes, minorías étnicas, padres solteros o residentes de ciertos barrios, para no aislarlos de la economía.

Otro cambio económico al que habrá que enfrentarse es la crisis deudora internacional. Es de esperar que los países subdesarrollados y aquéllos en vías de desarrollo puedan llevar a cabo una política de austeridad, mientras procuran realizar metas razonables de desarrollo, y esto sin dañar la economía ni las exportaciones de otros países. Las naciones desarrolladas deberán decidirse a ayudar a los países menos desarrollados debido a las oportunidades mercantiles que éstas ofrecen y para su propia seguridad nacional.

El dólar estadounidense probablemente seguirá siendo la divisa internacional dominante y habrá menos posibilidad de que el oro vuelva a recuperar su importancia anterior en un futuro próximo. En cambio, con respecto a la financiación, el Japón ya ha sustituido a EE.UU. como el principal proveedor de capital internacional. En estas nuevas circunstancias, un país que quiera mantener su balanza de pagos tendrá que exportar lo suficiente para pagar lo que necesite importar de otros países. Los gerentes nacionales tendrán que conocer a fondo a los consumidores de otros países y a sus líderes comerciales y gubernamentales.

Además de los cambios en la economía internacional, el planeta tiene que enfrentarse al problema moral y social de la escasez de alimentos, energía y otros recursos naturales. Los esfuerzos cooperativos deberán hacer frente a las dificultades económicas, éticas y ecológicas y deberán reemplazar el uso de la fuerza militar para lograr una solución razonable en el mundo político global.

El Acuerdo General sobre Aranceles Aduaneros y Comercio (AGAAC o GATT) y el FMI han procurado fomentar la cooperación financiera internacional en los últimos cincuenta años. La política del FMI ha reducido el nacionalismo unilateral y las barreras a los pagos comerciales internacionales. Además, ha provisto una reserva de fondos para los países deficitarios. Una continuación de su éxito ayudará en el mantenimiento de mercados internacionales. El AGAAC ha luchado contra la política comercial restrictiva que puede limitar el comercio mundial. Mediante su código mercantil y las negociaciones sobre aranceles multilaterales, ha logrado reducir el proteccionismo. El futuro de esta organización no está muy claro debido a la inseguridad de la política de cooperación internacional.

Otros aspectos de cambio que habrá que tener en cuenta son las estadísticas demográficas y las fronteras políticas. Europa Occidental ha tenido hasta ahora el mercado más concentrado con un centro estratégico de operaciones y un acceso directo a los mayores mercados del mundo. Los acontecimientos inesperados en Europa Oriental a finales de 1989 tendrán una gran influencia en las decisiones económicas de la década de los 90.

Los cambios políticos causan la migración, o sea, el traslado de gente de un lugar a otro o un cambio permanente de residencia. En algunos casos los movimientos migratorios son nacionales (dentro de un país) y en otros son emigraciones internacionales (de un país a otro). Pueden ser voluntarias o forzadas. Muchos trabajadores se trasladan de un centro manufacturero en decadencia a otro de servicios con más posibilidades laborales, aunque muchas veces con salarios reducidos o con cambios de oficio. Estas migraciones empiezan a influir demográficamente en los EE.UU., el cual ha experimentado en los últimos años un gran aumento en el número de grupos hispánicos y asiáticos que se han establecido en el país.

Otra circunstancia nueva en el mundo del futuro serán los cambios de valores sociales, la tecnología, las aplicaciones económicas y la infraestructura socio-política y material de cada país o región. Por ejemplo, dentro de los EE.UU., es posible que el viejo espíritu emprendedor de la «ética laboral» desaparezca y que se reemplace por la «estética laboral». Conforme con esta nueva ética de la estética, el empresario estadounidense tendrá que motivar a los trabajadores menos con el dinero o el status y más con el reconocimiento de la «maduración perpetua», del aprendizaje de toda la vida y del cumplimiento del potencial del empleado.

Otra consecuencia de los nuevos valores que se están imponiendo en el mundo actual es la necesidad de poner límites ecológicos a los abusos industriales y tecnológicos. Muchos países empiezan a insistir en la importancia de controlar la contaminación del medio ambiente—del aire, del agua y de la flora y la fauna. Algunas organizaciones como las Naciones Unidas han procurado hacer frente a este grave problema

Limpiando un derrame de petróleo en una playa de California. ¿Cuál es el precio del progreso?

mundial. No cabe duda de que esta preocupación por salvar el planeta será aún más urgente en el futuro, como se refleja en los costosos controles impuestos a las empresas petroleras a causa del derrame del petróleo en las aguas costeñas de EE.UU.

En todo caso, las cuestiones de la ética moral en los negocios y en las estrategias empresariales tendrán más importancia que antes. Los gerentes o algún grupo oficial tendrán que establecer el procedimiento para asegurar estas decisiones morales. ¿Cuál es la ética moral que se utiliza para tomar decisiones? ¿Se basará esta nueva ética gerencial en los valores personales y culturales de la gente? ¿De qué cultura? Cuando se toman decisiones, ¿se consideran las obligaciones de fidelidad, justicia, promesas y el no querer explotar o perjudicar a otros? ¿Cuál de las obligaciones es la más importante? ¿En qué ideales morales de los empleados influirán las decisiones gerenciales: la tolerancia, la compasión, la paz, el respeto hacia el prójimo? ¿Cuál es el ideal más elevado, del que resultará el mayor bien para el mayor número de personas? ¿Cuáles serán las consecuencias de las decisiones y qué beneficios o daños pueden resultar de tomar ciertas decisiones? ¿Cuáles son las diferencias culturales que influyen en los valores? (Logan & Bell, 1988)

El último aspecto que el gerente del futuro tendrá que tomar en cuenta es la situación política de los países con los cuales comercia su empresa. A veces hará falta intervenir económicamente para proteger el medio ambiente de los desechos tóxicos, de la despoblación forestal o de otras formas de contaminación. ¿Se tomarán decisiones con un impacto a corto plazo o a largo plazo? Las decisiones estratégicas a largo plazo serán más difíciles para el gerente internacional debido a la influencia de los cambios políticos en los negocios. Los bienes y la tecnología estadounidenses tendrán un precio tanto económico como político. Los políticos estadounidenses tendrán que darse cuenta de la importancia del comercio internacional para el futuro. En realidad, sería mejor que hubiera menos cambios para que el empresario pudiera hacer más planes a largo plazo. Pero el futuro se perfila aún más cambiante e innovador.

Con respecto a las relaciones mundiales entre los países del hemisferio norte y los del sur, será posible que haya aun más diferencias económicas que antes. Los países subdesarrollados del sur se interesarán más en intensificar el ritmo de su desarrollo económico. Habrá varias maneras para lograrlo:

1. Continuar la cooperación internacional y forzar a que las naciones desarrolladas cedan una mayor porción de su control económico a las menos desarrolladas y que compartan sus recursos y tecnología. El resultado de esto será un nivel de vida más bajo para los países desarrollados pero quizás más alto para los subdesarrollados.

2. Provocar una confrontación entre los desarrollados y los subdesarrollados para que se disputen la distribución de los recursos y la tecnología. En este caso habrá conflictos, quizás violentos, y una reducción del volumen del comercio internacional.
3. Aislar a cada país, dejando que todos busquen sus propias soluciones económicas al problema de los recursos limitados del planeta. En este caso habría menos actividad internacional y menos desarrollo.

La orientación Occidente-Oriente ha tenido hasta recientemente más que ver con los asuntos políticos estratégicos que con las cuestiones económicas. Los eventos al comienzo de la década de los noventa en la URSS y en sus países satélites y en Nicaragua, debido a la incapacidad productiva de las economías centralizadas, abrirán más las posibilidades de un mercado internacional. Los países de Europa Oriental podrán ser más competitivos en el futuro. También es muy posible que haya orientaciones completamente inesperadas entre naciones, las cuales representarán alianzas económicas y políticas completamente nuevas. El gerente internacional del futuro tendrá que considerar todos estos factores para tomar las decisiones más idóneas.

Estos cambios en la sociedad internacional requieren que los programas universitarios preparen al gerente del futuro y que hagan cambios necesarios en su formación profesional para facilitar su funcionamiento eficaz en el nuevo mundo internacional de los negocios. Entre ellos deben incluirse:

1. **Perspicacia.** Los programas de estudio tendrán que adaptar sus métodos y contenido a las circunstancias para que sus graduados puedan tomar decisiones estratégicas con una conciencia global del planeta, es decir, con una perspectiva más amplia y profunda.
2. **Integración de las asignaturas académicas.** Los estudiantes de administración de negocios deberán saber combinar la contabilidad, el marketing, las finanzas, etc., con el estudio de las lenguas y culturas de sus clientes.
3. **Habilidades interpersonales y comunicativas.** Los programas de estudios universitarios tendrán que enseñar a sus estudiantes a comprender las necesidades del consumidor, a ser suficientemente flexibles para la satisfacción del cliente, a operar como miembros de un equipo, a saber motivar o guiar a otros y a negociar con una conciencia de las diferencias culturales, con flexibilidad y de una manera abierta.

En cuanto a las habilidades comunicativas propiamente dichas, será recomendable que el gerente del futuro sepa expresarse oralmente y por escrito no sólo en su propio idioma sino también en el de sus clientes o colegas. El tener únicamente una habilidad lingüística no basta para comunicarse eficazmente con una persona de otra cultura. Hay que conocer y comprender (1) su historia, literatura y ciencias; (2) la psicología colectiva e individual; (3) la sociología, antropología y geografía de la región considerada; y (4) la manifestación de estos aspectos culturales en las prácticas sociales y comerciales. Es decir, se necesita una plena conciencia transcultural.

Por otra parte, el programa o la enseñanza académica que instruya a los estudiantes futuros en los distintos aspectos del mundo internacional de los negocios, preparará a sus graduados para participar en actividades profesionales. Jeffrey Arpan en su texto *International Business* menciona las siguientes posibilidades:

1. La contabilidad financiera, de gestión o fiscal;
2. Las finanzas bancarias, las acciones y los valores, los seguros, las iniciativas en la adquisición de capital, la reducción de riesgo o la planificación fiscal;
3. El marketing con el diseño del producto, la publicidad, la promoción, el embalaje, los canales de distribución, la estructuración de precios o la investigación y la planificación;
4. La compra de equipo y materiales;
5. La producción en cargos de ingeniero, supervisor o gerente de producción, planificador de producción;
6. La logística de la coordinación del medio, del costo y de la documentación del flete;
7. El personal: su contratación, adiestramiento, evaluación, las relaciones laborales como el pago, la motivación, el ascenso y la asignación departamental de los empleados;
8. La planificación estratégica: evaluación del riesgo y los beneficios de las decisiones internacionales que requieren una perspectiva verdaderamente global;
9. La administración gerencial en la cual se combinan las habilidades técnicas y la perspectiva internacional de todas las áreas de operación de una empresa; y
10. Otros cargos de negocios internacionales tales como el de abogado internacional, el de consultor o el de consejero técnico.

En todos los oficios mencionados se requerirá una preparación sólida, basada en experiencias transculturales; una formación general, universitaria (graduada y posgraduada); una formación práctica en un trabajo gerencial o pre-gerencial. Al mismo tiempo, en el plano personal será un requisito esencial el hábito de la lectura activa y constante y el saber escuchar atentamente a otros. También será importante visitar otros países y mantenerse bien informado de eventos tanto nacionales como internacionales. Los frutos del éxito del futuro prometen ser tanto humanitarios como financieros.

ACTIVIDADES

A. **¿Qué sabe Ud. de los negocios?** Vuelva Ud. a las preguntas de orientación que se hicieron al principio del capítulo y ahora contéstelas en oraciones completas en español.

B. **¿Qué recuerda Ud.?** Indique si las siguientes declaraciones son verdaderas o falsas y explique por qué.

1. Los valores personales o culturales influyen muy poco en las estructuras políticas.
2. El concepto global requiere que el gerente de empresas tenga nuevas perspectivas.
3. El robot reduce el número de funcionarios de oficina y la computadora sustituye al obrero.
4. Los países deudores deben consumir menos y exportar más.
5. El AGAAC ha ayudado con los pagos internacionales y el FMI con las políticas comerciales restrictivas internacionales.
6. Europa Occidental tiene sus mercados centralizados.
7. El tráfico de esclavos negros de Africa a las Américas fue un ejemplo de la migración voluntaria.
8. Las obligaciones morales incluyen la tolerancia, la compasión y el respeto hacia el prójimo.
9. En el marketing de servicios, más que en el sector manufacturero, el gerente empresarial tendrá que preocuparse más por el cliente y su satisfacción.

C. **Exploración de sus conocimientos y opiniones personales.** Haga los siguientes ejercicios, usando sus propios conocimientos y opiniones personales.

1. ¿Qué cambios ha habido en el enfoque de los sectores económicos desde el siglo XVIII hasta la actualidad?
2. ¿Qué influencia podrá tener la automatización en la sociedad?
3. ¿Cómo se podrá resolver la crisis deudora internacional? ¿Cuáles son algunas de las dificultades para su resolución?
4. Se han mencionado tres alternativas para mejorar las relaciones entre los países del hemisferio norte y los del sur. ¿Cuál prefiere Ud.? ¿Por qué?
5. ¿Cuáles son y serán las principales carreras en el mundo internacional de los negocios? ¿Cuál/cuáles le interesa/n más a Ud.? ¿Por qué?

6. El Producto Nacional Bruto (PNB) mide el crecimiento económico de la producción de un país. Busque el significado del Indice General de la Calidad de Vida (PQLI) y sus características. ¿Qué factores determinan el PNB y el el Indice General de la Calidad de Vida? ¿Son iguales los términos «crecimiento» y «desarrollo»?
7. ¿Cómo se relacionan los dichos al principio del capítulo con los temas tratados?

EJERCICIOS DE VOCABULARIO

Si hace falta para completar estos ejercicios, consulte la Lectura Comercial o la lista de vocabulario al final del capítulo.

A. Traduzca estos términos al español y explique su significado.

1. Spaceship Earth
2. migration
3. purchasing power
4. leisure class
5. oil spill
6. market forces
7. commonwealth
8. strategic planning
9. forward thinking
10. international lawyer

B. Dé algunos sinónimos o explicaciones de las siguientes palabras.

1. habilidades interpersonales
2. automatización
3. austeridad
4. divisa
5. desecho tóxico
6. asignatura
7. lectura
8. conducta
9. consejero
10. aprendizaje de toda la vida

C. Explique de qué manera están relacionadas las siguientes palabras.

1. oficinista/obrero
2. regulaciones/deregulaciones
3. ocioso/trabajador
4. pacífico/belicoso
5. forzado/libre
6. internas/externas
7. dominación/cooperación
8. desarrollado/subdesarrollado
9. libertad/obligación
10. espontáneo /estratégico

D. ¿Qué palabras asocia Ud. con los siguientes vocablos?

1. compasión
2. justicia
3. fidelidad
4. promesas
5. confrontación
6. consentimiento
7. estética laboral
8. prójimo

E. Llene los espacios con la palabra más apropiada de la lista.

interpersonales	perspicacia	comunicativas
motivar	flexible	integrar
equipo	culturas	negociar

El gerente internacional exitoso del futuro debe tener la ________, la habilidad de ________ los conocimientos de varias asignaturas académicas y muchas habilidades ________ y ________. Será ________ en lograr la satisfacción de las necesidades del cliente, y a la vez sabrá ________ a sus empleados y operar como miembro de un ________ con la habilidad para ________ con representantes de otras ________.

F. Complete las siguientes oraciones en sus propias palabras.

1. La inmigración es...
2. El proteccionismo mundial es...
3. Europa es un área comercial que...
4. Los aumentos de población anticipados sugieren que...
5. Es importante saber comunicarse eficazmente en su propio idioma y el de sus clientes porque...

G. Traduzca las siguientes oraciones al español.

1. The preparation of an international manager will need to be changed for operating in the global village.
2. A service-based economy requires fewer employees than a manufacturing economy as well as fewer direct controls over their performance.
3. The international movement of people for purposes of work, tourism, education, or business is on the increase, and migration from region to region is an important part of it.
4. It is predicted that constant personal growth and fulfillment of potential will eventually replace money and social status as the keys to motivation.
5. The failure of strategic planning to control the contamination of vital resources is a managerial as well as an ethical problem for business.

UNA VISTA PANORAMICA DE PUERTO RICO

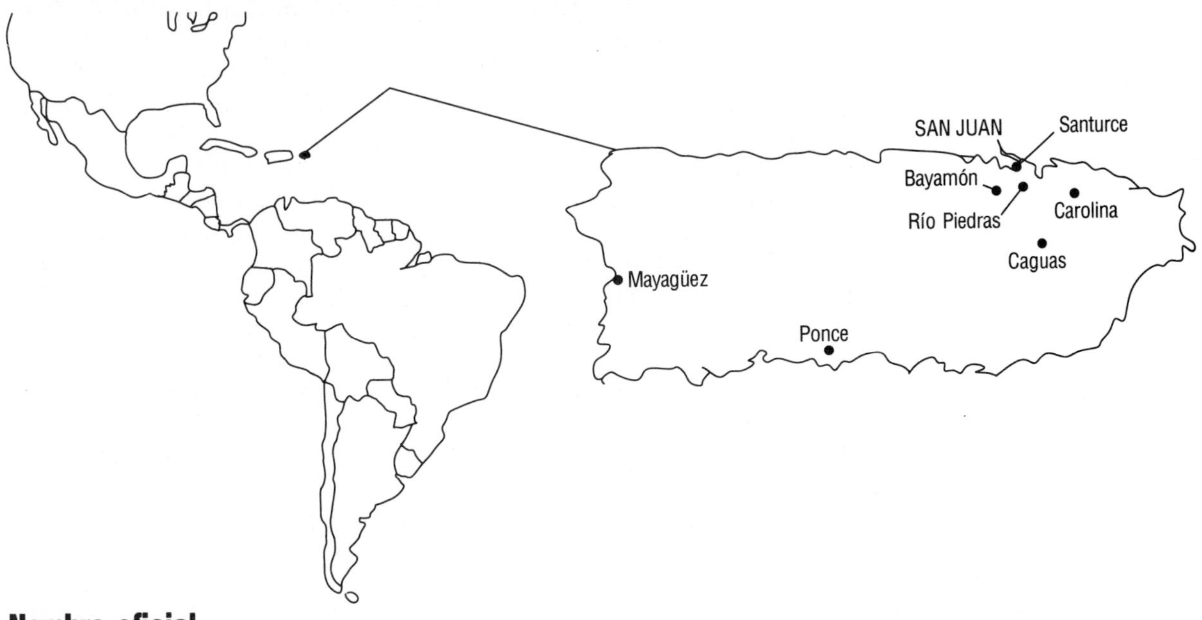

Nombre oficial

Estado Libre Asociado de Puerto Rico

Geografía

Tamaño: 9.104 kilómetros cuadrados, el tamaño de las estados de Rhode Island y Delaware combinados. **Capital**: San Juan (con 428.900 habitantes). **Ciudades principales**: Bayamón, Carolina, Caguas, Mayagüez, Santurce, Río Piedras.

Demografía

Población: Puertorriqueños, 3,5 millones en 1990, con proyecciones de cuatro millones en el año 2000. **Población urbana/rural**: 71% urbana, 29% rural. **Grupos étnicos**: Blanco europeo, 80%; negro, 20%. **Agrupación por edad**: 0–14, 32%; 15–29, 27%; 30–44, 18%; 45–59, 12%; más de 60, 11%. **Lenguas**: Español, inglés (ambas oficiales). **Analfabetismo**: 11%.

Gobierno

Estado libre asociado de los EE.UU., con dos cámaras legislativas, un gobernador elegido; tiene representantes en el Congreso de los EE.UU. pero no pueden votar.

Economía y comercio

Divisa: El dólar estadounidense ($). **Producto Nacional Bruto (PNB en $EE.UU.)**: $16 mil millones. **PNB per cápita (en $EE.UU.)**: $6.000. **Tasa media de inflación anual 1980–1986**: 4,4%. **Recursos naturales**: Clima para el turismo, tierra, arcilla, caliza, grava, sal, arena, cobalto, níquel. **Agricultura**: 2% del PIB, 4% de la mano de obra. Leche, aves de corral, huevos, ganado vacuno, caña de azúcar, café, tabaco, bananas y plátanos, piñas y otras frutas. **Industria**: 41% del PIB, 19% del la mano de obra. Minería de piedra, arena, grava y caliza. **Servicios**: 57% del PIB, 77% de la mano de obra. **Exportaciones**: Productos químicos, petróleo crudo y sus derivados, productos metálicos y maquinaria, comida, bebidas alcohólicas, textiles. **Mercados**: EE.UU., 61%; Japón, 9%; Ecuador, 4%; Venezuela, 3%. **Importaciones**: Petróleo crudo y productos de petróleo, productos químicos, alimento, automóviles, textiles. **Transportes**: Carreteras (9.355 km, 86% pavimentados), ferrocarriles (96 kilómetros) y ocho aeropuertos. Puertos principales: San Juan, Ponce, Mayagüez. **Comunicaciones**: Cinco periódicos, un radio por cada dos personas, un televisor por cada cuatro personas y un teléfono por cada cuatro personas.

LA ACTUALIDAD ECONOMICA PUERTORRIQUEÑA

Puerto Rico fue cedido por España a los EE.UU. en 1898 como parte del Tratado de París que puso fin a la guerra entre ambas naciones. Económicamente se ha transformado de una sociedad agrícola en una más comercialmente diversificada. A partir de los años cuarenta empezó a industrializarse gracias a la famosa *Operation Bootstrap*, emprendida por EE.UU. desde 1947 hasta los años setenta. Durante esa época, Puerto Rico llegó a ser «El escaparate del Caribe». A pesar del enorme desarrollo económico hasta 1982, el progreso material no mejoró mucho el nivel de vida de la mayoría de la población isleña. Tampoco ha reducido los niveles de desigualdad social o de ingresos personales entre Puerto Rico y Estados Unidos. *Operation Bootstrap* ha creado un sector manufacturero orientado hacia la exportación, pero con dueños externos. En vez de producir para el mercado local, la industria puertorriqueña, tanto su mano de obra como el poco capital que tiene, está al servicio de empresas extranjeras, sobre todo estadounidenses. Por eso hay una brecha cada vez más ancha entre el PNB y el PIB.

Además de estas contradicciones socio-económicas, hay la cuestión del «status» político de Puerto Rico respecto a los EE.UU. Aunque los puertorriqueños tienen una autonomía local, mucha ayuda económica federal de EE.UU. y una exención de los impuestos estadounidenses sobre la renta personal, ellos tienen que obedecer las leyes promulgadas por el Congreso estadounidense en el cual sus representantes no tienen voto. Las opciones que se han considerado respecto al tema de su relación con EE.UU. son tres: (1) Incorporarse como un nuevo estado de los EE.UU., en cuyo caso perdería su identidad nacional que combina lo africano, lo indio (taino) y lo hispánico. Sería, además, el estado más pobre de los EE.UU., con un promedio de ingreso para la familia inferior a la tercera parte del estadounidense; (2) Proponer su independencia, lo cual tiene un atractivo sentimental para muchos puertorriqueños a pesar de que sería económicamente difícil por su dependencia de la economía de EE.UU. (3) Continuar con una condición de Estado Libre Asociado con la misma dependencia o posiblemente más autonomía. El futuro económico puertorriqueño dependerá de muchos factores pero, en todo caso, continuará existiendo una relación muy fuerte con los Estados Unidos.

UNA VISTA PANORAMICA DE LOS ESTADOS UNIDOS

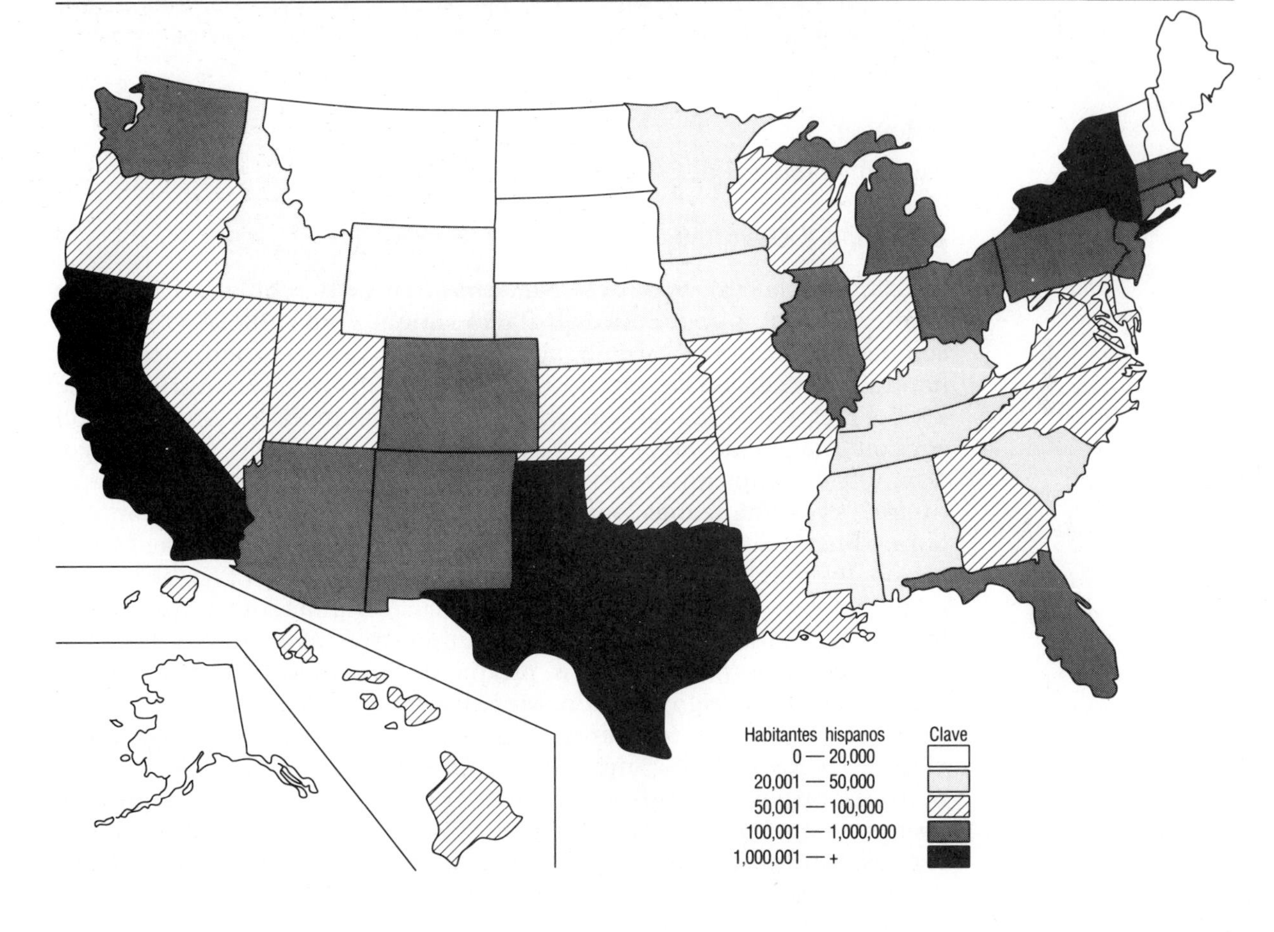

Nombre oficial

Los Estados Unidos de América

Geografía

Tamaño: 9,4 millones de kilómetros cuadrados. **Capital**: Washington, D.C. (con 626.000 habitantes). **Ciudades principales**: Nueva York, Los Angeles, Chicago, Houston, Filadelfia, San Diego, Detroit, Dallas, San Antonio, Atlanta, Miami, Boston y San Francisco.

Demografía

Población: Estadounidenses, 250 millones en 1990, con proyecciones de 275 millones en el año 2000. **Población urbana/rural**: 74% urbana, 26% rural. **Grupos étnicos**: Blanco europeo (no hispano), 79%; negro, 12%; hispano, 8% (62% mexicano, 13% puertorriqueño, 5% cubano, 12% centro- y sudamericano, 8% otro); oriental, 0,5%; indio, 0,5%. **Agrupación por edad**: 0–14, 22%; 15–19, 25%; 30–44, 22%; 45–59, 14%; más de 60, 17%. **Lenguas**: Inglés, español en muchas ciudades y varios estados. **Analfabetismo**: 1%.

Gobierno

República federal de 50 estados y un distrito federal.

Economía y comercio

Divisa: El dólar ($). **Producto Nacional Bruto:** $4,5 billones. **PNB per cápita:** $18.300. **Tasa media de inflación anual 1980–1986:** 4,4%. **Recursos naturales:** Clima variado, agua, madera, pesca, carbón, hierro, gas natural, petróleo, cobre, oro, fosfatos, cinc, azufre, potasio. **Agricultura:** 2% del PIB, 4% de la mano de obra; es el líder mundial en la producción agrícola, en ganado vacuno, leche, maíz, soja, cerdo, pollo, huevos, algodón, tabaco, papas, pavo, trigo, naranjas, tomates, arroz, cacahuates (maní), uvas, manzanas. **Industria:** 27% del PIB, 20% de la mano de obra. Minería de petróleo, gas natural, carbón, cobre, arcilla, oro, hierro, plomo, fosfatos, arena; construcción. **Servicios:** 81% del PIB, 76% de la mano de obra. **Exportaciones:** Maquinaria, computadoras, maquinaria industrial, instrumentos científicos, equipo telefónico, equipo de transporte, medicinas, plástico, autos, productos elaborados y productos agrícolas (maíz, soja, trigo), carbón. **Mercados:** Canadá, 22%; Europa, 21%; Japón, 13%; México, 6%; otros de interés son Hispanoamérica sin México, 3%; URSS, .006%; otros países, 26%. **Importaciones:** Minerales, petróleo, radios, estéreos, televisores, transistores, equipo fotográfico, coches, camiones, ropa, zapatos, hierro, acero, papel, papel de periódico, textiles, café, pescado y mariscos. **Transportes:** Carreteras (6,2 millones de kilómetros, 88% pavimentados), ferrocarriles (270 mil kilómetros) y muchísimos puertos marítimos y aeropuertos nacionales e internacionales. **Comunicaciones**: 1.646 periódicos diarios, dos radios por cada persona, un televisor por cada dos personas y un teléfono por cada dos personas.

LA ACTUALIDAD ECONOMICA ESTADOUNIDENSE

Sin duda alguna, Estados Unidos ha sido el líder económico del mundo desde los comienzos del siglo XX y ha mantenido este nivel con poca competencia exterior hasta mediados de los años setenta. A partir de esa década, varias entidades nacionales e internacionales, como la CEE, el Japón, Corea, Taiwán y otros países industrializados, empezaron a poner a prueba la dominación económica estadounidense con su nueva capacidad productora. Este debilitamiento del predominio económico del país se debe a varios factores, pero ante todo a (1) la erosión de una base industrial productora nacional; (2) los altibajos radicales e inestables de los mercados financieros, particularmente de la bolsa en Nueva York; (3) la competencia por parte de otros países para obtener recursos naturales y nuevos mercados; y (4) una desmoralización general de la población causada tanto por la discriminación racial y sexual y la corrupción y los abusos políticos y económicos (Watergate, Vietnam, Wall Street) como por la creciente alza del costo de vida y la falta de ciertos tipos de trabajos necesarios (los de producción) y bien remunerados. Todo esto, en combinación con (5) los precios inestables de la energía, (6) la escasez de capital, (7) las amenazas ecológicas presentadas por el sector industrial, (8) el crecimiento económico nacional menos rápido y (9) las necesidades materiales, ha tenido un efecto notable sobre la actitud y realidad actuales de los estadounidenses.

Al mismo tiempo, los EE.UU. tiene deudas gemelas. En primer lugar, ha llegado a ser la nación deudora más grande del mundo. Su déficit en la balanza de pagos ha crecido geométricamente en los últimos años y parece que el país o no quiere o no puede reducirlo. En este sentido, su situación es bastante parecida a la de los países hispanoamericanos como Argentina, Brasil y México que han acumulado una deuda enorme en los últimos diez años. Los inversionistas extranjeros, especialmente los europeos y los japoneses, han depositado más dinero en los bancos estadounidenses, han comprado más valores y acciones norteamericanos y han hecho más inversiones directas en las fábricas y bienes raíces de EE.UU. que lo que han hecho los estadounidenses en el extranjero.

La segunda deuda es el déficit comercial. Las empresas estadounidenses pierden dinero y mano de obra frente a sus competidores extranjeros. La pérdida de ganancias y de trabajos intensifica los clamores por el proteccionismo. La inversión de capital extranjero en EE.UU., a su vez, limita el desarrollo y la creación de empleo en otros países, formando así un círculo vicioso que a la vez limita sus propias exportaciones y trae más dinero a EE.UU. No se sabe hasta qué punto los acreedores extranjeros quieren sacar los beneficios de sus inversiones en EE.UU. y volver a invertirlos en otros mercados. Las posibles soluciones para solventar la deuda estadounidense incluyen las siguientes: (1) vender sus activos, (2) consumir menos de lo que se produce, (3) negarse a reconocer sus deudas. La primera ya es una realidad. Por ejemplo, los inversionistas extranjeros compraron 42 millones de activos estadounidenses en 1988, un alza de más del 16% sobre 1987. La segunda alternativa, la reducción de gastos excesivos y un aumento considerable de los ahorros personales, ayudaría a una nación que ahorra mucho menos que otras. El estadounidense típico ahorra muy poco de su ingreso anual. La última solución crearía un período de inflación enorme y una tensión nerviosa tanto en la base de la sociedad estadounidense como en el mundo entero. Para tomar decisiones difíciles, es importante que los gerentes analicen bien las alternativas. La economía estadounidense del futuro requerirá que el gobierno y el pueblo estudien las perspectivas a largo plazo y dentro de un contexto global que rechaza una solución rápida y exclusivamente política.

ACTIVIDAD

¿Qué sabe Ud. de Puerto Rico y de los EE.UU.? Haga los siguientes ejercicios.

1. ¿Cuál es la relación geográfica entre Puerto Rico y los EE.UU.? ¿Cuáles son los países vecinos de Puerto Rico? ¿y de los EE.UU.?
2. Compare la demografía de ambos países. ¿Cuál es la suma de la población hispana en EE.UU. y en Puerto Rico?
3. ¿Cuáles son los mercados principales de EE.UU. y de Puerto Rico?
4. ¿Cuáles son las importaciones de los EE.UU. y Puerto Rico?
5. ¿Qué efecto ha tenido el desarrollo económico en el nivel de vida de los puertorriqueños?
6. ¿Cuáles son las dos principales deudas económicas estadounidenses? ¿Cuáles han sido sus consecuencias? ¿Qué recomendaría Ud. para empezar a resolver la situación de la deuda externa?
7. Describa los posibles resultados sociales para Puerto Rico de optar por cada una de las tres estructuras políticas posibles. ¿Cómo reaccionarían el gobierno y el pueblo de los EE.UU. en cada caso?

8. ¿Cómo han cambiado los datos presentados para cada país bajo la categoría de ECONOMIA Y COMERCIO? Búsquelos en un libro de consulta y póngalos más al día.

LECTURA CULTURAL

La presencia hispánica en los Estados Unidos

En 1990 se calcula que la población hispánica estadounidense alcanzará oficialmente unos viente millones de habitantes, igualando a la de Venezuela. Esto supera a todos los países hispánicos del mundo menos México (80 millones), España (39 millones), Argentina (31 millones), Colombia (31 millones) y Perú (22 millones). Se calcula que los hispanos llegarán a ser el grupo étnico estadounidense más numeroso en el próximo siglo debido a los altos índices de natalidad. El uso de la palabra «Hispanic» es impreciso y es algo que algunos hispanos consideran discriminatorio. Prefieren otros términos más precisos para reflejar sus distintos orígenes étnicos como, por ejemplo, «mexicano», «chicano» o «méxiamericano».

En el pasado, los españoles que vivían en Nuevo México adoptaron el término «hispano» para diferenciarse de los mexicanos. Este es un vocablo que rechaza mucho de la población hispanoparlante de los EE.UU. Los puertorriqueños que han vivido en Nueva York adoptaron el término «latino» para evitar el estereotipo negativo que se les aplicó porque hablaban español. Pero se convirtió en un concepto peyorativo estadounidense que se extendió para incluir a los mexicanos que vivían en el suroeste del país. Los cubanos han sufrido el mismo prejuicio pero no se les ha estereotipado tanto como a los otros grupos porque son los más recientes en producir un efecto en el país y muchos son profesionales y técnicos. En cualquier caso, sería mejor que los gerentes estadounidenses se refirieran a los hispanos nacidos en EE.UU. usando la terminología preferida por éstos.

Los mexicanos representan el grupo más grande de hispanos en los EE.UU. Siempre han vivido principalmente en lo que actualmente es el suroeste del país. Hoy en día muchos obreros mexicanos cruzan legal e ilegalmente la frontera entre los EE.UU. y México en busca de trabajo y una vida mejor. La inmigración ilegal ha preocupado mucho al gobierno estadounidense recientemente, hasta tal punto que éste ha discutido la posibilidad de hacer una zanja entre los dos países (por ejemplo, en San Diego) para reducir el ingreso de indocumentados.

El segundo grupo más grande de hispanos en EE.UU. es el puertorriqueño. Debido a su ciudadanía estadounidense desde 1917, los puertorriqueños pueden entrar y salir fácil y legalmente de los EE.UU. sin documentos. En el siglo XX se han levantado varios censos del número de puertorriqueños residentes. En 1920 hubo 12.000; en 1930, 53.000; en 1944, 90.000 y en 1950, 250.000, casi todos en la ciudad de Nueva York. Al llegar los años 80, también había puertorriqueños en Chicago, Los Angeles, Hartford, Miami, Filadelfia, en las ciudades de Nueva Jersey y en otras ciudades industrializadas. Muchos se han casado con personas de otros grupos de hispanos por todas partes del país o se han integrado completamente en las más tradicionales sociedades étnicas estadounidenses.

El tercer grupo más grande de hispanos en EE.UU. son los cubanos. Aunque Cuba fue cedida a los EE.UU. en 1898—con Puerto Rico, las Islas Filipinas y Guam—consiguió su independencia en 1902. Las primeras inmigraciones cubanas a los EE.UU. fueron lentas y por motivos económicos. La población cubana en EE.UU. se traza de la siguiente manera: en 1930, 19.000; en 1960, 79.000; luego, debido a la Revolución Cubana, 273.000 en 1973; y con más crecimiento de población, después de la primera, segunda y tercera oleadas de marielitos (grupos de refugiados cubanos en la última década) unos 800.000. Hoy hay casi un millón de cubanos en EE.UU. Miami ha sido adoptada como su «ciudad materna», incluso tiene un barrio que se llama «la Pequeña Habana».

A pesar de esta extensión demográfica, los hispanos de EE.UU. no han sido tratados de modo igual por la sociedad estadounidense ya establecida anteriormente. A los cubanos que emigraron antes de 1980, y por su condición socio-económica y racial, se les mostró más respeto. Hacia los marielitos y otros grupos de hispanos, la sociedad estadounidense ha demostrado más recelo y a veces cierta actitud despectiva, como había ocurrido antes con otros recién llegados al país—los irlandeses, italianos, polacos, etc.

Este tratamiento desigual y discriminatorio contra los hispanos por parte de algunos sectores del país se basa tanto en la inseguridad política y económica como en cierto racismo e insensibilidad y desconocimiento de su modo de pensar y vivir. Esta actitud anti-hispana se ha intensificado hacia Centroamérica a causa de las guerras civiles, la política del bloqueo económico hacia Centroamérica y la depresión inevitable (causada en gran parte por los EE.UU.) en las economías de esa región.

Las nuevas inmigraciones legales e ilegales a los EE.UU. traen nuevas oportunidades y nuevos problemas para los hispanos y los estadounidenses. No obstante esto, es obvio que la población hispana de EE.UU. está creciendo más rápidamente que la de cualquier otro grupo étnico. Hay más oportunidad para que los inmigrantes de habla española mantengan su lengua y cultura y su contacto personal entre familiares y amigos, debido al transporte rápido y las telecomunicaciones modernas. Esas circunstancias producen las siguientes situaciones:

1. Muchos hispanos quieren conservar con orgullo sus orígenes étnicos: lo puertorriqueño, lo cubano, lo mexicano, lo hondureño, lo panameño, etc. En este sentido, se han

resistido a la idea del crisol estadounidense y son más partidarios del concepto del «mosaico».

2. Muchos hispanos siguen comunicándose en español frecuentemente, lo cual implica que este idioma puede alcanzar una fuerza social, cultural y económica bastante fuerte en el futuro.
3. La enseñanza bilingüe en las escuelas primarias combina el uso del español y del inglés, lo cual puede ser algo práctico y necesario, especialmente para los niños recién llegados al país que comienzan sus estudios por primera vez.

La meta para los EE.UU. podría ser el establecimiento de una nueva confluencia de culturas, especialmente con la hispánica. Según Octavio Paz, el famoso filósofo y poeta mexicano, los Estados Unidos tiene la oportunidad de ser la primera democracia auténticamente multi-racial en la historia del mundo.

A. ¿QUE SABE UD. DE LA CULTURA?

1. ¿Por qué es difícil precisar el número exacto de hispanos en los EE.UU.? ¿Todos los hispanos hablan español? ¿Tienen las mismas raíces culturales? Explique.
2. Se dice que EE.UU. es un país donde el español es el segundo idioma más importante. ¿Qué opina Ud.?
3. Comente Ud. sobre las diferencias en las inmigraciones a los EE.UU. de los mexicanos, los puertorriqueños, los cubanos, los salvadoreños y de otros grupos de hispanos.
4. ¿A qué se debe la tendencia de los inmigrantes hispanos de seguir hablando español en EE.UU.? ¿Qué ocurrió con las diferentes lenguas que hablaban los inmigrantes de Europa del siglo XIX y de la primera mitad del siglo XX?
5. ¿Qué es la enseñanza bilingüe? ¿Cómo mediría Ud. los beneficios de esta enseñanza en la economía estadounidense?
6. Según Octavio Paz, ¿cuál es una realidad posible para los EE.UU.? ¿Qué opina Ud. de esta posibilidad?

B. ASIMILADOR CULTURAL

Lea lo siguiente y conteste las preguntas que están a continuación.

Frank Joiner, el Director de Personal de Monroe & Monroe, Inc., una compañía farmacéutica estadounidense, entrevista a una aspirante para un puesto de ventas para su mercado hispánico en Nueva York. Joiner aprendió a hablar español con profesores puertorriqueños en la universidad e hizo una práctica profesional con Monroe & Monroe en San Juan, al final de su carrera universitaria. Luego, Monroe & Monroe le ofreció un puesto permanente en Nueva York, donde lleva quince años trabajando con la comunidad puertorriqueña.

La entrevistada se llama Anita Estévez, natural de Santa Fe, Nuevo México, y es de una vieja familia española de la clase alta. Acaba de recibir su título universitario en New York University. Joiner, que no había estudiado con cuidado el currículum vitae de la candidata, la saluda y le pregunta:

— Pues, bien, señorita Estévez, ¿de qué parte de Puerto Rico es Ud.? Estévez vacila un momento antes de contestarle...

PREGUNTAS

1. ¿Cuál es el problema del gerente? ¿Cómo han influído las experiencias del gerente en su conducta?
2. ¿Qué le va a contestar la Srta. Estévez a su pregunta? ¿Qué estará pensando ella en este primer momento de la entrevista?
3. ¿Qué conocimientos y experiencias transculturales le recomendaría Ud. a Frank Joiner?
4. ¿Qué experiencias culturales va a necesitar Anita Estévez para tener éxito en Nueva York si le ofrecen el puesto de vendedora y ella lo acepta?

SINTESIS COMERCIAL Y CULTURAL

ACTIVIDADES COMUNICATIVAS

A. **Al teléfono.** Haga las siguientes llamadas telefónicas a otro/a estudiante de la clase. Cada persona deberá tomar un papel activo en la conversación.

1. Usted es el/la Director/a de Personal de una empresa ubicada en la Florida. Llame al/a la presidente/a de la empresa para convencerle de la importancia de empezar a contratar un mayor número de inmigrantes de la Cuenca del Caribe. Primero discuta Ud. un poco el fenómeno de la inmigración. Luego trate de relacionarla con el desarrollo social y comercial en términos generales y mencione las oportunidades que esto representa para la empresa. El/la presidente/a habla de la vulnerabilidad que significa esta política debido a las cuotas y las actitudes hacia la inmigración en EE.UU.
2. Ud. es el/la presidente/a de una empresa farmacéutica acusada de contaminar el aire y el agua con sus desechos tóxicos. Hable Ud. con su director/a de finanzas sobre las siguientes posibilidades:

a. tomar medidas preventivas para reducir el riesgo en el futuro,
b. asegurarse contra el riesgo con una compañía de seguros,
c. no hacer nada para prevenir que se repita la situación.

Su director/a de finanzas se preocupa por los costos de la primera alternativa; Ud. se preocupa en general por las consecuencias a largo plazo.

3. Ud. es el/la jefe/a de producción de una compañía que fabrica máquinas de transporte en Ponce. Hable con el capataz acerca de la posible automatización del proceso manufacturero. Mencione la eficiencia y la reducción de costos que ofrecen los robots. El capataz, por el contrario, defiende la importancia de conservar los trabajos de los obreros.

B. Situaciones para dramatizar. Lea las siguientes situaciones y después haga el papel en español con otro/s estudiante/s, usando el supuesto como punto de partida. Cada persona deberá tomar un papel activo en la dramatización.

1. You are an American at a convention for managers in Miami. You and a Cuban-American colleague discuss the transition from an industrial society to one of services, each giving his/her point of view from a cultural perspective. Include the following topics:
a. need for fewer employees,
b. desire for more flexibility with working hours,
c. the intimate nature of service companies devoted to working closely with customers,
d. reduction in bureaucracy,
e. less hassle with unions.

2. At a luncheon meeting for upper level management personnel, you and several colleagues are discussing the difficulty involved with investments for Caribbean operations. Explain how, from your point of view, the threat of military involvement by the U.S. government endangers the development of the trust and cooperation you are seeking, and how you favor a gentler, kinder policy. Some of your colleagues agree with you, while others favor military involvement where necessary to protect American interests.

C. Ud. es el/la intérprete.

La Sra. Schultz de Miami y el señor Echeverría, de Arecibo, son gerentes de dos diferentes empresas multinacionales en Illinois, pero con sucursales en varios países sudamericanos. Discuten las dificultades de dirigir una empresa bajo las nuevas condiciones mundiales.

Haga Ud. el papel de intérprete entre estos dos individuos. Traduzca del inglés al español y del español al inglés, sin mirar el texto, el diálogo que leerán otros dos estudiantes en voz alta. Ellos harán una pausa después de cada vírgula para permitir su traducción. Acuérdense todos de usar un tono de diálogo natural.

SR. SCHULTZ It is becoming more and more difficult to manage a company because of the changing global economy./ We've got to adjust to the economic realities that are forcing us to become part of a transnational system.

INTERPRETE ______________________________

SR. ECHEVERRIA Sí, y todo eso a pesar de que los países parecen hacerse cada día más nacionalistas y más proteccionistas.

INTERPRETE ______________________________

SRA. SCHULTZ But there is no other choice./ We must be efficient and economical./ It's important to close the gap between an integrated world economy/ and a confrontational world political scene.

INTERPRETE ______________________________

SR. ECHEVERRIA Sí, para hacerlo bien, nos hacen falta la perspicacia para prever los resultados de nuestras decisiones,/ la habilidad para integrar los conocimientos académicos y prácticos/ y la capacidad para guiar a otros y comunicar eficazmente sus ideas a todo el mundo./ ¡Sufro de una tensión nerviosa constante!

INTERPRETE ______________________________

SRA. SCHULTZ That's for sure!/ And don't forget the need to consider the ethical consequences and humanitarian considerations./ It's so fortunate that our company/ has facilitated frequent interaction among those of us from different regions and cultural areas./ It has allowed us to increase our mutual respect and deepen our cross-cultural understanding.

INTERPRETE ______________________________

D. Caso práctico. Lea el caso y haga el ejercicio a continuación.

Ud. acaba de completar un curso de español comercial en el cual ha estudiado diversos temas fundamentales del mundo de los negocios, tanto nacionales como internacionales. También ha estudiado mucha terminología comercial en lengua española y diversos aspectos de los contextos culturales hispánicos. Ud. está solicitando un puesto en una compañía que mantiene relaciones comerciales con muchos países hispanoparlantes. El/la director/a de personal de esta empresa (el/la profesor/a de la clase), hará una entrevista con Ud. (y con cada estudiante de la clase) individualmente en español para determinar:

1. sus conocimientos comerciales
2. sus habilidades lingüísticas
3. su sensibilidad transcultural

Ud. y su director/a de personal deben ponerse de acuerdo de antemano acerca de las descripciones de los puestos de trabajo que se podrían incluir en su entrevista.

(Nota: Antes de hacer la entrevista, prepárese según la información presentada en el Apéndice E.)

VOCABULARIO

agente expedidor (m/f) *freight forwarder*
altibajos *ups and downs of fortune*
automatización *automation*
censo *census*
conciencia transcultural *cross-cultural awareness*
contabilidad financiera *financial accounting*
_____ **de gestión** *managerial accounting*
_____ **fiscal** *tax accounting*
crisol (m) *melting pot*
Cuenca del Caribe *Caribbean Basin*
cumplimiento del potencial *fulfillment of potential*
deregulación *deregulation*
derrame de aceite o de petróleo (m) *oil spill*
desecho tóxico *toxic waste*
deudas gemelas *twin deficits*
deudor/a (n/adj.) *debtor*
escaparate (m) *showcase*
estado libre asociado *commonwealth*
estética laboral *work aesthetic, attractiveness of work environment*
ética laboral *work ethic*
impuesto sobre la renta personal *personal income tax*
Indice General de la Calidad de Vida (m) *Physical Quality of Life Index (PQLI)*
indocumentado/a *illegal alien*
levantar el censo *to take the census*
maduración constante o perpetua *constant growth*
ocioso *leisurely, idle*
oficinista (m/f) *office worker*
pago de transferencia *transfer payment*
país deudor (m) *debtor nation*
poner a prueba *to put to the test*
sanidad pública *public health*
sufrir de una tensión nerviosa *to be under stress*
tipo fijo de cambio *fixed rate, pegged rate of exchange*
_____ **flotante de cambio** *floating rate of exchange*
zanja *ditch*

APPENDICES

A Clave para los ejercicios de vocabulario titulados «*Llene los espacios con la palabra más apropiada de la lista*» (capítulos 1–13).

B Siglas y acrónimos (Abbreviations and Acronyms)

C Los sistemas de pesas, medidas y temperatura

D Asociaciones y empresas comerciales o educacionales

E La entrevista de trabajo

F Los Exámenes de Español Comercial de la Cámara de Comercio e Industria de Madrid

G Bibliografía

VOCABULARIO

Español > inglés
Inglés > español

APENDICE A

Clave para los ejercicios de vocabulario titulados «*Llene los espacios con la palabra más apropiada de la lista*» (Capitulos 1–13)

Capítulo 1 (pág. 17):
sociedades, negocios, responsabilidad, disponibilidad, acciones, bonos, socios, junta directiva, empresa

Capítulo 2 (pág. 35):
clave, éxito, realizarlo, plazo, ventaja, investigación y desarrollo, bajo mando, lleven a cabo

Capítulo 3 (pág. 56):
cuentacorrentista, cuenta, banco, estado de cuentas, debe, haber, saldo, cheques, depósito

Capítulo 4 (pág. 76):
corredor, inmuebles, alquiler, requisitos, mensualidad, pagadera, terreno, pago inicial

Capítulo 5 (pág. 97):
comunicación, computación, equipo, negocios, personal, adiestramiento, máquina de escribir, calculadora

Capítulo 6 (pág. 116):
huelga, convenio, piquetes laborales, demoras, huelga secundaria, despedir, mediador, sabotaje

Capítulo 7 (pág. 136):
costo-beneficio, fabricar, política de compras, materiales, recuento, existencia, almacenaje, calidad, mejoramiento de trabajo

Capítulo 8 (pág. 159):
promover, marca, consumidor, medios de difusión, anuncio, carteleras, venta en masa, catálogos, televisión

Capítulo 9 (pág. 180):
gerente, comercializar, volumen, investigación y desarrollo, costos fijos, distribución, mercado

Capítulo 10 (pág. 202):
bonos, acciones, inversionista, interés, dividendos, garantizado, preferida, comuún, cartera

Capítulo 11 (pág. 223):
competidores, consultora, consulado, comercialización, transculturales, guías, caciquismo, agitación política, licencia

Capítulo 12 (pág. 247):
cotización de precios, carta de pedido, licencia de importación, mercancías, conocimiento de embarque, comestibles, certificado sanitario

Capítulo 13 (pág. 270):
perspicacia, integrar, interpersonales, comunicativas, flexible, motivar, equipo, negociar, culturas

APENDICE B

Siglas y Acrónimos (Abbreviations and Acronyms)

A continuación se encuentran las siglas o acrónimos que aparecen en español en este libro. Se dan su significado en español y, cuando sea posible, sus traducciones correspondientes en inglés.

Sigla	Significado	Acronym	Meaning
AGAAC	Acuerdo General Sobre Aranceles Aduaneros y Comercio	GATT	General Agreement on Tariffs and Trade
APO	Administración por Objetivos	MBO	Management by Objectives
BID	Banco Interamericano de Desarrollo	IDB	Interamerican Development Bank
CAEM	Consejo de Asistencia Económica Mutua	COMECON	Council for Mutual Economic Assistance
CEE	Comunidad Económica Europea	EEC	European Economic Community
C.F.	Costo y flete	C.F.	Cost and Freight
CMC	Comunidad y Mercado del Caribe	CARICOM	Caribbean Common Market
C.S.F.	Costo, seguro y flete	C.I.F.	Cost, Insurance, and Freight
EE.UU.	Estados Unidos	U.S.A.	United States of America
ENTEL	Empresa Nacional de Telecomunicaciones (Argentina)		National Telecommunications Company (Argentina)
F.A.B.	Franco a bordo	F.O.B.	Free on Board
FMI	Fondo Monetario Internacional	IMF	International Monetary Fund
I.V.A.	Impuesto sobre el Valor Añadido	V.A.T.	Value Added Tax
	Indice General de la Calidad de Vida	P.Q.L.I.	Physical Quality of Life Index
L.A.B.	Libre a bordo	F.O.B.	Free on Board

Sigla	Significado	Acronym	Meaning
MCCA	Mercado Común Centroamericano	CACM	Central American Common Market
MCE	Mercado Común Europeo	EEC	European Common Market
OPEP	Organización de los Países Exportadores de Petróleo	OPEC	Organization of the Petroleum Exporting Countries
PIB	Producto Interior Bruto	GDP	Gross Domestic Product
PNB	Producto Nacional Bruto	GNP	Gross National Product
PSB	Producto Social Bruto	GDP	Gross Domestic Product
RENFE	Red Nacional de Ferrocarriles Españoles		Spain's national railway system
S.A.	Sociedad Anónima	Inc.	Incorporated
S.C.	Sociedad Comanditaria o en Comandita		Silent Partnership
SEAT	Sociedad Española de Automóviles de Turismo		Spain's national car company
S. en N.C.	Sociedad en Nombre Colectivo		Partnership
S.R.L.	Sociedad de Responsabilidad Limitada	Ltd.	Limited Liability Company
URSS	Unión de Repúblicas Socialistas Soviéticas	USSR	Union of the Soviet Socialist Republics

APENDICE C

Los sistemas de pesas, medidas, y temperatura

En el mundo comercial hispánico se usan sistemas de pesas, medidas y temperaturas diferentes de los Estados Unidos. Con respecto a las medidas y las pesas, se utiliza el sistema métrico y en cuanto a la temperatura se sirve de la escala centígrada. A continuación se dan los sistemas de pesas, medidas, y temperatura usados en los países de habla española y sus equivalentes y fórmulas estadounidenses.

Tabla de medidas métricas y sus equivalentes estadounidenses

Tipo de medida	Sigla	Nomenclatura estadounidense	Equivalente estadounidense
a) De longitud		**Linear**	
milímetro	(mm)	millimeter	1 mm = 0.03937 inch
centímetro	(cm)	centimeter	1 cm = 0.39370 inch
metro	(m)	meter	1 m = 39.37 inches
kilómetro	(km)	kilometer	1 km = 1,094 yards or 0.6214 mile
b) De superficie		**Area**	
metro cuadrado	(m^2)	square meter	1 m^2 = 1.196 square yards
área	(a)	are	1 a = 119.6 square yards
hectárea	(ha)	hectare	1 ha = 2.471 acres
c) De volumen		**Volume**	
metro cúbico	(m^3)	cubic meter	1 m^3 = 35.315 cubic feet
d) De capacidad		**Capacity**	
mililitro	(ml)	millileter	1 ml = 0.0338 fluid ounce
litro	(l)	liter	1 l = 1.057 quarts
e) De peso		**Weight**	
gramo	(g)	gram	1 g = 0.035 ounce
kilogramo	(kg)	kilogram	1 kg = 2.205 pounds
quintal	(q)	hundredweight	1 q = 220.460 pounds
tonelada métrica	(t)	metric ton	1 t = 2,204.5600 pounds

Tabla de pesas y medidas estadounidenses y sus equivalentes métricos

U.S. Measurement	Abbreviation	Nomenclatura en español	Equivalente métrico
a) Linear		**De longitud**	
inch	(in.)	pulgada	1 in. = 2,540 cm
foot	(ft.)	pie	1 ft. = 30,480 cm
yard	(yd.)	yarda	1 yd. = 91,440 cm
mile	(mi.)	milla	1 mi. = 1.609,000 m
b) Area		**De superficie**	
square inch	(sq. in.)	pulgada cuadrada	1 sq. in. = 6,451 cm^2
square foot	(sq. ft.)	pie cuadrado	1 sq. ft. = 929,000 cm^2
square yard	(sq. yd.)	yarda cuadrada	1 sq. yd. = 0,836 cm^2
square mile	(sq. mi.)	milla cuadrada	1 sq. mi. = 2,590 km^2
acre		acre	0,405 hectáreas
c) Volume		**De volumen**	
cubic inch	(cu. in.)	pulgada cúbica	1 cu. in. = 16,387 cm^3
cubic foot	(cu. ft.)	pie cúbico	1 cu. ft. = 2,832 cm^3
cubic yard	(cu. yd.)	yarda cúbica	1 cu. yd. = 0,765 cm^3
d) Capacity		**De capacidad**	
1. Liquid		Líquido	
liquid gill	(gi.)	cuarto de pinta	1 gi. = 0,118 litro (1)
liquid pint	(pt.)	pinta líquida	0,473 l
liquid quart	(qt.)	cuarto	0,946 l
gallon	(gal.)	galón	3,785 l
2. Dry		Arido	
dry pint		pinta árida	0,550 l
dry quart		cuarto árido	1,101 l
peck			8,811 l
bushel		bushel, fanega	35,239 l
e) Weight		**De peso**	
grain	(gr.)	grano	1 gr. = 0,0648 g
dram	(dr.)	dracma	1 dr. = 1,7718 g
ounce	(oz.)	onza	1 oz. = 28,3495 g
pound	(lb.)	libra	1 lb. = 453,6000 g
hundredweight	(cwt.)	quintal	1 cwt. = 50,8200 kg

U.S. Measurement	Abbreviation	Nomenclatura en español	Equivalente métrico
long ton	(l.t.)	tonelada larga	1 l.t. = 1.016,0440 kg
short ton	(s.t.)	tonelada corta	1 s.t. = 907,1800 kg

f) Large Numbers (nomenclatures and numeric equivalences)

U.S.	Number of zeros	Generally expressed in Spanish as
million	6	(un) millón
billion	9	mil millones
trillion	12	(un) billón (o millón de millones)
quadrillion	15	mil billones
quintillion	18	(un) trillón

Temperaturas y sus equivalentes

Temperatura	Centígrado	Fahrenheit
Punto de Congelación	0°C	32°F
Punto de ebullición	100°C	212°F

*Para convertir de Fahrenheit a centígrados se usa la siguiente fórmula: (F° − 32°) × 5/9 = C°

**Para convertir de centígrados a Fahrenheit se usa la siguiente fórmula: (C° × 9/5) + 32° = F°

Temperaturas medianas de ciudades del mundo hispánico

Ciudad	enero	abril	julio	octubre
Bogotá	15°C (60°F)	12°C (62°F)	15°C (60°F)	16°C (60°F)
Buenos Aires	24°C (75°F)	18°C (65°F)	10°C (50°F)	16°C (60°F)
Caracas	20°C (68°F)	22°C (72°F)	21°C (70°F)	23°C (73°F)
Madrid	6°C (42°F)	13°C (55°F)	27°C (80°F)	16°C (60°F)
México, D.F.	13°C (55°F)	21°C (70°F)	21°C (70°F)	18°C (65°F)
San Juan	24°C (75°F)	27°C (80°F)	29°C (85°F)	29°C (84°F)

APENDICE D

Asociaciones y empresas comerciales o educacionales

A continuación se encuentra una lista de algunas asociaciones y compañías comerciales o educacionales que pueden proporcionar más información acerca del mundo comercial y la enseñanza de clases de negocios en español. Se dan la dirección y el teléfono de cada una de estas organizaciones y se indica, mediante los acrónimos siguientes y entre paréntesis al final de cada cita, el tipo de información que proporciona (N = negocios, C = Carreras, LE = Lenguas extranjeras, MI = materiales de instrucción, CI = comunicación).

American Association of Teachers of Spanish and Portuguese
Ronald Cere, Career Education Service
Eastern Michigan University
Ypsilanti, MI 48197

American Council on the Teaching of Foreign Languages
6 Executive Plaza
Yonkers, N.Y. 10701-16801
(914) 963-8830
(LE, CI, MI)

American Accounting Association
5717 Bessie Dr.
Sarasota, FL 34233
(813) 921-7747
(N, C)

American Finance Association
Grad. Schl. of Bus. Adm.
New York University
100 Trinity Place
New York, N.Y. 10006
(212) 285-6168
(N, C)

American Management Association
135 W. 50th Street
New York, N.Y. 10020
(212) 586-8100
(N, C)

American Marketing Association
250 S. Wacker Dr., Suite 200
Chicago, Illinois 60606
(312) 648-8538
(N, C)

Academy of International Business
A.B. Freeman School of Business
Tulane University
New Orleans, Louisiana 70118
(504) 865-5563
(N, C, CI)

ERIC Clearinghouse of Applied Linguistics
Center for Applied Linguistics
1118 2nd Street, N.W.
Washington, D.C. 20037
(202) 429-9551
(LE, CI, MI)

The French & Spanish Book Corp.
115 Fifth Avenue
New York, N.Y. 10014
(212) 673-7400
(N, LE, CI, MI)

National Textbook Company
4255 Touhy Ave.
Lincolnwood, Illinois 60646-1975
(708) 679-5500
(N, LE, CI, MI)

The Project for International Communications Skills
The University of Iowa
266 International Center
Iowa City, Iowa 52242
(319) 335-2335
(LE, CI, MI)

The Public Relations Society of America
33 Irving Place, 3rd floor
New York, N.Y. 10003
(212) 995-2730
(N, C)

APENDICE E

La entrevista de trabajo

La solicitud de un puesto de trabajo generalmente consiste en tres elementos coordinados: la carta de solicitud, el currículum vitae que acompaña la carta y la entrevista personal. La carta y el currículum vitae sirven para conseguir una entrevista. Es decir, su función es despertar el interés del posible empleador. Pero el elemento decisivo para el aspirante suele ser la entrevista personal.

Para tener éxito en la entrevista, hace falta que el candidato se prepare bien de antemano. Primero, necesita informarse sobre el puesto particular que solicita (las habilidades y responsabilidades que requiere) y sobre la empresa y la industria dentro de la cual opera. Si es posible, es recomendable que el aspirante también busque datos sobre el departamento donde trabajará y sobre la persona que dirige tal departamento. Segundo, es importante ensayar o dramatizar la entrevista con alguien, para practicar y pulir la presentación personal. Informándose y preparándose de este modo, el candidato se sentirá más confiado al contestar las preguntas que se le van a hacer.

Es importante recordar lo siguiente. Le entrevista es una calle de doble sentido. El entrevistado también es entrevistador que solicita información. No sólo contesta preguntas, sino que también las hace. Es esencial proyectarse de modo natural y tomar un papel activo en la entrevista, manteniendo así el control de la situación. Aunque parezca un detalle, la manera de vestirse puede tener un impacto irrevocable en un primer encuentro puesto que también le comunica información al entrevistador—sobre si el aspirante es formal, limpio y atento a los detalles, o no. Es crucial intentar establecer cuanto antes una simpatía con el entrevistador, iniciando el encuentro (si éste lo permite) con unos primeros minutos de conversación cortés. En algunas culturas, como la occidental, se recomienda mantener un buen contacto visual (pero natural) con el entrevistador para así demostrar interés. El candidato desea proyectar su confianza y ambición sin llegar a la arrogancia. También quiere expresar sus ideas clara y concisamente en un lenguaje animado, haciendo resaltar así sus atributos personales y profesionales. Hace falta concentrarse y escuchar atentamente.

Es importantísimo llegar puntualmente a la hora convenida para la entrevista. Llegar tarde causa una malísima impresión. Durante la entrevista siempre es aconsejable evitar las preguntas obvias, los chistes que pueden ofender, el argot y las palabrotas. También es perjudicial usar un trato demasiado familiar («Pues, Marta . . . Pues, Tito») hasta que se aclare sin lugar a dudas que ése es el trato que prefiere el entrevistador. El aspirante no quiere dar la idea de haber memorizado sus respuestas a las preguntas. Tampoco hay que disculparse por la preparación profesional que se tiene y no es de ningún beneficio criticar a empleadores pasados. Es recomendable que el candidato evite narrativas extensas (una «novela») sobre su vida pues, como en las fiestas, todo el mundo se aburre con la persona que siempre tiene la palabra. Por último, en un primer encuentro no hay que concentrarse demasiado sobre el sueldo y los beneficios porque todo esto es prematuro hasta que se le ofrezca el puesto de trabajo. Lo que le interesa al entrevistador es lo que el aspirante puede contribuir a la empresa, no lo que la empresa puede hacer por él o ella.

Lo importante es dejar al entrevistador con la clara impresión de que Ud. es la major persona para el puesto. Ud. lo quiere convencer de modo natural, lógico y articulado que será ventajoso para la empresa contratarlo a Ud. y no a otro. Aunque idealmente la entrevista debe desarrollarse como una especie de conversación, no una inquisición, tenga presente que en cualquier momento puede haber preguntas que le hagan sentirse incómodo. Ud. tendrá que contestarlas de algún modo, incluso si su respuesta es rehusar contestarlas con diplomacia. A continuación se dan ejemplos del tipo de preguntas que suelen hacerse en una entrevista de trabajo.

Preguntas que frecuentemente hacen los entrevistadores

1. ¿Qué preparación tiene Ud. para este trabajo?
   a. ¿Por qué/cómo escogió la carrera universitaria que cursó?
   b. Las notas que recibió en la universidad, ¿son un buen indicio de sus logros y su capacidad?
   c. ¿Cuáles fueron sus éxitos universitarios más importantes?

2. ¿Por qué quiere trabajar para esta compañía?
   a. ¿Qué sabe Ud. de nuestra compañía?
   b. ¿Qué sabe del puesto que solicita con nosotros?

3. ¿Qué elementos lo distinguen de los otros aspirantes para este puesto?
   a. ¿Cuáles son sus atributos y sus lados débiles?
   b. ¿Cómo lo describiría a Ud. un amigo o un jefe?
   c. ¿Le gusta trabajar con otros?

4. Describa al mejor/peor jefe que ha tenido.
   a. ¿Cómo describiría Ud. a su jefe ideal?

5. ¿Qué experiencia tiene?
   a. ¿Dónde ha trabajado anteriormente?
   b. ¿Cuáles fueron sus principales responsabilidades?
   c. ¿Qué ha aprendido de sus trabajos anteriores?
   d. ¿Cuál ha sido el mejor/peor trabajo que ha tenido? ¿Por qué?

6. ¿Cuál ha sido el mayor reto o problema al que Ud. se ha enfrentado en el trabajo? ¿Por qué? ¿Qué solución halló Ud. para el problema?

6. ¿Qué salario pide Ud.?
   a. ¿Qué salario le gustaría ganar en dos/cinco años?
7. ¿Qué puede aportar Ud. a nuestra empresa?
8. ¿Cuáles son sus metas profesionales?
   a. ¿Cómo piensa realizarlas?
9. ¿Por qué deberíamos contratarlo/la a Ud.?
10. ¿En qué otros lugares se está entrevistando?

Preguntas que frecuentemente hacen los entrevistados

1. ¿Qué tipo de persona buscan para este puesto?
2. ¿Me puede explicar algo más sobre las responsabilidades de este puesto?
   a. ¿Cuáles serían las responsabilidades más importantes?
   b. ¿Cuál es la responsabilidad primaria de este departamento?
3. ¿Hay un período o programa de adiestramiento para este puesto?
4. ¿Cuáles son las metas del departamento/división/empresa para el año entrante? ¿Para los próximos cinco años?
   a. ¿Cuál es el principal objetivo en el departamento en este momento?
   b. ¿Hay algún problema que intentan solucionar? ¿Qué papel tendría yo en la solución de este problema?
5. ¿Quién sería mi jefe?
6. ¿Con quiénes trabajaría yo en este puesto?
7. ¿Dónde trabajaría yo y con qué equipo y accesorios?
8. ¿Cómo es el horario de trabajo?
9. ¿Cómo se evaluará mi trabajo?
10. ¿Qué posibilidades de crecimiento y ascenso hay en este puesto?
11. ¿Se espera que uno sea miembro de alguna organización profesional?
12. ¿Cuándo se comunicarán Uds. conmigo sobre los resultados de mi solicitud?

Después de la entrevista, es recomendable siempre escribir una carta de agradecimiento por la entrevista. Esta le da al aspirante una oportunidad más de fijar su personalidad y talentos en la mente del entrevistador. Si le parece al aspirante que de veras no le conviene el puesto, es mejor ser honesto y admitirlo cortésmente, agradeciéndole al entrevistador su atención.

APENDICE F

Exámenes de Español Comercial para Extranjeros de la Cámara de Comercio e Industria de Madrid

La Cámara de Comercio e Industria de Madrid, en colaboración con la Escuela Oficial de Idiomas de Madrid, patrocina anualmente sus exámenes de español comercial para extranjeros

> con la idea de fomentar el estudio del español como idioma comercial, de tal forma que las empresas interesadas en negociar con los diferentes países de habla hispana puedan disponer de un personal apto para comunicarse adecuadamente dentro del mundo mercantil internacional.

Los exámenes se ofrecen a dos niveles:

1. *Certificado de Español Comercial* para los estudiantes de nivel intermedio. «El objetivo...es el de acreditar que el alumno tiene suficiente conocimiento de la Lengua Española, hablada y escrita, especialmente en el área comercial e industrial».
2. *Diploma de Español Comercial* para los estudiantes avanzados. «El objetivo...es el de acreditar que el alumno tiene un buen dominio de las materias del programa, además de los conocimientos propios del Certificado de Español Comercial».

La principal diferencia entre los dos exámenes es que el certificado se dedica más al conocimiento general de lengua y gramática españolas, mientras que el diploma requiere mucha más preparación en el área económica y comercial.

El examen del Certificado de Español Comercial tiene dos partes, una escrita y otra oral. Según el folleto informativo (1989-1990) de la Cámara de Comercio e Industria de Madrid, la prueba escrita dura 2 horas y 20 minutos y consta de lo siguiente:

1. Dictado (125 palabras / 30 minutos)
2. Redacción de una carta u otro escrito sencillo de carácter administrativo-comercial (30 minutos)
3. Ejercicio práctico de conocimientos lingüísticos en general y terminología comercial (40 minutos)
4. Responder a preguntas sencillas sobre un texto de carácter comercial y resumen escrito de dicho texto (40 minutos)

La prueba oral dura 20 minutos y consta de:

1. Una entrevista con el tribunal sobre la lectura de un texto relacionado con el mundo de los negocios (10 minutos)

2. La traducción de un texto breve de carácter comercial (10 minutos)

El examen del Diploma de Español Comercial también tiene dos partes. La prueba escrita dura 2 horas y 30 minutos y consta de lo siguiente:

1. Dictado de un texto económico o comercial (250 palabras / 40 minutos)
2. Redacción de una carta de negocios u otro escrito oficial o comercial (40 minutos)
3. Responder a 15 preguntas relacionadas con conocimientos teóricos o prácticos del mundo de los negocios (40 minutos)
4. Redacción sobre un tema basado en la realidad socio-económica del país [España] (30 minutos)

La prueba oral dura 45 minutos y consta de:

1. Responder a preguntas sobre la actualidad socio-económica de España y/o de otro país de habla española (15 minutos)
2. Síntesis y comentario de un texto de carácter económico (15 minutos)
3. Traducción de un texto breve de carácter económico o comercial (15 minutos)

En 1989–1990, los exámenes se convocaron en noviembre, junio y julio. Sin embargo, este horario es flexible y un Centro Colaborador (una universidad estadounidense) puede proponer otras fechas. El examen del Certificado costó 6.000 pesetas y el del Diploma, 7.000 pesetas. El importe de los derechos no se reembolsa en ningún caso. La Cámara de Comercio e Industria de Madrid también organiza por 30.000 mil pesetas por asistente unos cursos en junio y julio que sirven de preparación para estos exámenes.

Para informarse más sobre los exámenes y cursos, se puede escribir directamente a:

Sr. José Díez Clavero
El Secretario
Cámara de Comercio e Industria de Madrid
Calle Huertas, 13, 3.º
28012 Madrid

o llamar al número 429-3193 (Ext. 257 y 208).

APENDICE G

BIBLIOGRAFIA

GENERAL

1. COMERCIAL

AGUIRRE, BLANCA Y CONSUELO HERNANDEZ. *Curso de español comercial*. Madrid: Sociedad Española de Librería, S.A., 1987.

CERE, RONALD. "Going International in the Business World: A Special Purpose Course in Spanish." *Dimension*. Columbia, SC: SCOLT, 1987, pp. 129–143.

———. "Instructional Resources and Materials for Business Spanish Courses." Proceedings of the EMU Conference on Spanish for Bilingual Careers in Business. 18–20 March, 1982. Ypsilanti, Michigan: Eastern Michigan Univ., 1982 (In ERIC ED 224 298, pp. 304–335).

DAVIS, STANLEY M. *Comparative Management. Organizational and Cultural Perspectives*. Englewood Cliffs: Prentice-Hall, 1971.

ESCRIBANO BELLIDO, CARLOS. *El abogado en casa*. Barcelona: Editorial De Vecchi, S.A. 1986.

GOMEZ-QUINTERO, ELA AND MARIA E. PEREZ. *Al día en los negocios: Hablemos*. New York: Random House, Inc., 1984.

KENNEDY, GAVIN. *Doing Business Abroad*. New York: Simon & Schuster, 1985.

KOONTZ, HAROLD AND ROBERT M. FULMER. *A Practical Introduction to Business*. 4th ed. Homewood, IL: Richard D. Irwin, Inc., 1984.

KORTH, CHRISTOPHER M. *International Business: Environment and Management*. 2nd ed. Englewood Cliffs: Prentice-Hall, 1985.

LERNER, JOEL J. *Introduction to Business Organization and Management*. New York: McGraw-Hill, 1982.

———. *Theory and Problems of Introduction to Business*. New York: McGraw-Hill, 1976.

Manual del exportador. 2ª ed. Santo Domingo, República Dominicana: Centro Dominicano de Promoción de Exportaciones, 1989.

PORTER, LYMAN W. AND LAWRENCE E. MCKIBBIN. *Management Education and Development: Drift or Thrust into the 21st Century*. New York: McGraw-Hill, 1988.

ROBINSON, RICHARD D. *International Business Management. A Guide to Decision Making*. 2nd ed. Hinsdale, IL: The Dryden Press, 1978.

RODRIGUEZ DE ROQUE, CARMEN, ET. AL. *Principios de comercio. Fundamentos matemáticos*. Cincinnati: South-Western Publishing Co., 1975.

SPENCER, SAMIA. *Foreign Language and International Trade: A Global Perspective*. Athens, GA: University of Georgia Press, 1987.

SWANSON, GERALD. *The Hyperinflation Survival Guide: Strategies for American Businesses*. Willoughby: Figgie International, 1989.

TERPSTRA, VERN. *International Dimensions of Marketing*. 2nd ed. Boston: PWS-Kent Publishing Co., 1989.

WHITE, ROLF B. *The Great Business Quotations*. New York: Dell Publishing Co., Inc., 1986.

2. GEOGRAFIA, ECONOMIA, POLITICA Y CULTURA

ALEXANDER, JOHN W. AND LAY JAMES GIBSON. *Economic Geography*. 2nd ed. Englewood Cliffs: Prentice-Hall, 1979.

CERE, RONALD. "A New Dimension for International and Professional Studies: Foreign Language Intercultural Courses (FLICS)." *The Canadian Modern Language Review*. 44 (January 1988), 316–333.

Countries of the World and Their Leaders. Yearbook. 1988. Detroit: Gale Research Co., 1988.

DEVINE, ELIZABETH AND NANCY L. BRIGANTI. *The Traveler's Guide to Latin American Customs & Manners*. New York: St. Martin's Press, 1988.

DOYLE, MICHAEL SCOTT. "Language and Business: Linking Educational Resources." *Hispanic Business: The Link between the Americas and the Caribbean*. San Juan: University of Puerto Rico, 1987, 3–16.

GLUSKI, JERZEY. *Proverbs: A Comparative Book of English, French, German, Italian, Spanish, and Russian Proverbs with a Latin Appendix*. Amsterdam: Elsevier Publishing Co., 1971.

GOODWIN, PAUL B., JR. *Global Studies: Latin America*. 3rd ed. Guilford, CT: The Dushkin Publishing Group, Inc., 1988.

GORDEN, RAYMOND. *Living in Latin America*. Skokie, IL: National Textbook, 1974.

HARRIS, PHILIP AND ROBERT T. MORAN. *Managing Cultural Differences*. Houston: Gulf Publishing Division, 1987.

Informe sobre el desarrollo mundial 1989. Washington, D.C.: Banco Internacional de Reconstrucción y Fomento / Banco Mundial, 1989.

LOTITO, BARBARA. *Entre Nosotros: Communicating with the Hispanic Client*. New York: Newbury House, 1988.

1988 Britannica Book of the Year. Chicago: Encyclopedia Britannica, Inc., 1988.

"Profile of Key Labor Regulations in Nine Latin American Countries." *Business Latin America*. 22 (May, 1989), 156–157.

SIMON, PAUL. *The Tongue-Tied American: Confronting the Foreign Language Crisis*. New York: Continuum, 1980.

TERPSTRA, VERN. *The Cultural Environment of International Business*. Cincinnati: South-Western Publishing Co., 1978.

The World Almanac and Book of Facts. New York: Pharos Books, 1989.
Worldmark Encyclopedia of the Nations. America. New York: Worldmark Press, Ltd., 1984. Vol. IV.

CAPITULOS PRELIMINAR-XIII

CAPITULO PRELIMINAR LA ECONOMIA Y EL COMERCIO

HARRISON, LAWRENCE E. *Underdevelopment is a State of Mind: The Latin American Case*. Boston: University Press of America, 1985.
HAYS, RICHARD D., CHRISTOPHER M. KORTH, AND MANUCHER ROUDIANIA. *Comercio internacional: Introducción al mundo de la empresa multinacional*. Englewood Cliffs: Editorial Prentice-Hall Internacional, 1974.
SHAPIRO, HAROLD T., ADVISER, AND GEORGE G. DAWSON. *Applied Economics*. Colorado Springs: Junior Achievement, 1987.
TAMAMES, RAMON. *Introducción a la economía española*. 16ª ed. Madrid: Alianza Editorial, 1986.

CAPITULO I LA EMPRESA

CHAPRON, JEAN ET PIERRE CORBIN. *L'Espagnol Economique et Commerciale*. Paris: Presses Pocket, 1981.
GLOS, RAYMOND E., RICHARD D. STEALE Y JAMES R. LOWRY. *La empresa y su medio*. Trad. Juan Benítez Collado y Gloria María Elizondo García. Cincinnati: South-Western Publishing Co., 1983.
HERNANDEZ ESPINOSA, JOSE LUIS. *Práctica mercantil y documentación*. Cincinnati: South-Western Publishing Co., 1982.
KLEE, JOSEPH. *La dirección de empresas medianas y pequeñas*. 3ª ed. Trad. Conrad Nielli Sureda. México, D.F.: Editora Mexicana, 1985.
LITKA, MICHAEL. *International Dimensions of the Legal Environment of Business*. Boston: PWS-Kent Publishing Co., 1989.
RAMIREZ VALENZUELA, ALEJANDRO. *Derecho mercantil y documentación*. México, D.F.: Editora Nacional, 1978.
RODRIGUEZ, LEONARDO. *Planificación, organización y dirección de la pequeña empresa*. Cincinnati: South-Western Publishing Co., 1980.

CAPITULO 2 LA GERENCIA

GRIFFIN, RICKY W. *Management*. Boston: Houghton Mifflin Co., 1984.
GRUNWALD, JOSEPH. "Maquiladora Sector Grows, but Could Help Mexico Economy More." *The San Diego Union*, 27 August 1989, C5.
JENSEN, RONALD W. "Mexican Reform Sparks Confusion." *The Tribune* [San Diego], 30 June 1989, AA1–AA2.

LINDQUIST, DIANE. "Maquiladoras Draw Pilgrimage of Youth." *The San Diego Union*, 28 August 1989, A1, A12–A13.

"Mexico's Open Door to Foreign Investment." *The San Diego Union*, 25 June 1989, C7.

CAPITULO 3 LA BANCA Y LA CONTABILIDAD

AL HASHIM, DHIA D. AND JEFFREY S. ARPAN. *International Dimensions of Accounting*. 2nd ed. Boston: PWS-Kent Publishing Co., 1988.

CASHIN, JAMES A. AND JOEL J. LERNER. *Accounting I and II*. 2nd ed. New York: McGraw-Hill, 1980.

CHILSON, DANIEL G. "El Salvador S&Ls are Coping." *Bottomline*, 2 (1985), 10–13.

GLYNN, LENNY. "The New Latin Beat in Investment Banking." *Institution Investor*, 21, 10 (Oct. 1987), 322–332.

GRAY, S. J., ET. AL. *International Financial Reporting. A Comparative International Survey of Accounting Requirements and Practices in Thirty Countries*. New York: St. Martin's Press, 1984.

MONCARZ, RAUL. *Moneda y banca*. Cincinnati: South-Western Publishing Co., 1982.

PLANSKY, MICHAEL. "Accounting Practices in Five Latin American Countries." *The Magazine for Financial Executives*. I, no. 4 (Apr. 1985), 10–13.

RAMIREZ VALENZUELA, ALEJANDRO. *Contabilidad comercial*. México, D. F.: Editorial Limusa, 1979.

CAPITULO 4 EL TERRENO, LOCAL Y EQUIPO

DAVISON, PHIL. "Cost of War Takes Toll on Nicaragua." *The San Diego Union*, 22 January 1989, A1 and A17.

FERNANDEZ-ARAMBURU, JOSE M. *Todo sobre alquileres de pisos, locales de negocios y locales industriales*. Barcelona: Editorial De Vecchi, S.A., 1990.

TEAM DE ECONOMISTAS DVE. *Los contratos para las empresas: Ejemplos prácticos comentados*. Barcelona: Editorial De Vecchi, S.A., 1989.

CAPITULO 5 LA OFICINA

CONDON, JOHN C. AND GEORGE RENWICK, EDS. *Interact: Guidelines for Mexicans and North Americans*. Chicago: Intercultural Press, 1980.

DAVISON, PHIL. "Cost of War Takes Toll on Nicaragua." *The San Diego Union*, 22 January 1989, A1 and A17.

DIAZ ZAYAS, CARMEN E., TRAD. *Técnicas secretariales y procedimientos de oficina*. Glenview, IL: Scott Foresman & Co., 1978. (*Secretarial Office Procedures*, by Meehan, Oliverio and Pasework.)

"Especial ofimática: El ejecutivo portátil." *Actualidad económica*, 1589 (28 de noviembre al 4 de diciembre de 1988), 60–86.
GREEN, JERALD B. *A Gesture Inventory for the Teaching of Spanish.* Philadelphia: Chilton Books, 1968.
KALLOWS, NORMAN AND B. LEWIS KEELING. *Administrative Office Management.* 9th ed. Cincinnati: South-Western Publishing Co., 1988.
MOODY, JOHN. "Nicaragua: Decade of Despair." *Time*, 24 July 1989, C7.
MOLINA, ERMILO, TRAD. *La mujer ejecutivo*. México, D. F.: Editorial Diana, 1987. (*Taking Stock* by Sharie Crain and Philip T. Drotning.)
RAY, CHARLES AND JANET PALMER. *Office Automation: A Systems Approach*. Cincinnati: South-Western Publishing Co., 1987.
SKARE, LEIF H. *¿Quiere Ud. organizar su empresa?* Barcelona: Editorial Sopena, 1979.

CAPITULO 6 EL PERSONAL Y LAS RELACIONES PUBLICAS

DAVIS, GEORGE AND GREGG WATSON. *Black Life in Corporate America: Swimming in the Mainstream*. Garden City, NY: Anchor Books, 1985.
PRAT GABALLI, PEDRO. *Teoría y técnica de la organización empresarial*. México, D.F.: Editora Mexicana, 1985.
REYES PONCE, AGUSTIN. *Administración de personal: Sueldos y salarios*. México, D.F.: Editorial Limusa, 1980.
VASSEUR WALLS, ALFONSO, TRAD. *Administración de los recursos humanos y personal*. México, D.F.: Compañía Editorial Continental, 1985. (*Personnel/Human Resource Management*, Herbert G. Heneman, Donald P. Schwab, John A. Fossom, and Lee D. Dyer.)

CAPITULO 7 LOS BIENES Y SERVICIOS

ADLER, DONALD H. "Managing Productivity for Enterprises in Developing Countries," *Industrial Management*, 28, 3 (May-June, 1986), 21–23.
JENKINS, RHYS. *Transnational Corporations and Industry Transformation*. New York: St. Martin's Press, 1986.
RODRIGUEZ, LEONARDO. *Contabilidad administrativa*. Cincinnati: South-Western Publishing Co., 1983.
TEITEL, SIMON. "Technology Creation In Semi-Industrial Economies." *Journal of Development Economics*. 16 (1984), 39–61.

CAPITULO 8 MARKETING I

CZINKOTA, MICHAEL R., AND ILKKA A. RONKAINEN. *International Marketing*. Hinsdale, IL: The Dryden Press, 1988.
GARCIA, GUY D. "Peru: Lurching toward Anarchy." *Time*, 27 March 1989, 54.

KURTZ, DAVID L., AND LOUIS E. BOONE. *Marketing*. 3rd ed. Hinsdale, IL: The Dryden Press, 1981.
MCCARTHY, E. JEROME AND WILLIAM D. PERREAULT, JR. *Basic Marketing: A Managerial Approach*. 8th ed. Homewood, IL: Richard D. Irwin, Inc., 1984.
"Peru Army Kills 50 Guerrillas in Amazon Jungle." *The Tribune* [San Diego], 19 June 1989, A4.
RICKS, DAVID A. *Big Business Blunders: Mistakes in Multinational Marketing*. Homewood, IL: Dow-Jones-Irwin, 1983.

CAPITULO 9 MARKETING II

BOUVIER, VIRGINIA MARIE. *Alliance or Compliance: Implications of the Chilean Experience for the Catholic Church in Latin America*. Syracuse, NY: Maxwell School of Citizenship & Public Affairs, 1983.
LOVEMAN, BRIAN. *Chile: The Legacy of Hispanic Capitalism*. New York: Oxford University Press, 1979.
MAMALAKIS, MARKOS J. *The Growth and Structure of the Chilean Economy: From Independence to Allende*. New Haven: Yale University Press, 1976.
RECTOR, JOHN LAWRENCE. "Merchants, Trade, and Commercial Policy in Chile: 1810–1840." *Dissertation Abstracts*. Ann Arbor: University of Michigan Press, 1976.
REETHOF, WALTER G. *La gerencia de ventas*. Cincinnati: South-Western Publishing Co., 1981.

CAPITULO 10 LAS FINANZAS

"Comparative Corporate Tax Rates: Mexico and South America." *Business Latin America*, 24 April 1989, 124–125.
GITMAN, LAWRENCE J. *Principals of Managerial Finance*. 4th ed. New York: Harper & Row, 1985.
"The 1989 Business Outlook: South America and Mexico." *Business Latin America*, 16 January 1989, 12–15.

CAPITULO 11 LA PENETRACION DEL MERCADO INTERNACIONAL

AXTELL, ROGER E. *Do's and Don'ts Around the World*. Elmsford, NY: The Benjamin Co., 1985.
COPELAND, LENNIE AND LEWIS GRIGGS. *Going International*. New York: Random House, 1985.
CROWTHER, GEOFF. *South America on a Shoestring, including Mexico and Central America*. Berkeley, CA: Lonely Planet Publications, 1981.
MOTHERSHEAD, ALICE BONZI. *Dining Customs Around the World*. Garrett Park, MD: Garrett Park Press, 1982.

RICKS, DAVID A., MARILYN Y. FU, AND JEFFREY S. ARPAN. *International Business Blunders*. Columbus, OH: Grid, 1974.

WALKER, JANE. *Business Traveller's Handbook. A Guide to Latin America*. New York: Facts-On-File, 1981.

CAPITULO 12 LA IMPORTACION Y LA EXPORTACION

"Comparative Corporate Tax Rates: Central America and the Caribbean." *Business Latin America*, 1 May 1989, 132–133.

FARMER, RICHARD N. "Procedimientos a seguir en las operaciones de exportación e importación." *Comercio internacional: Introducción al mundo de la empresa internacional*. Trad. Florencio Rodel. Bogotá: Editorial Prentice-Hall Internacional, 1974, pp. 338–347.

"Latin America's Export Rules at a Glance." *Business Latin America*, 15 May 1989, 148–149.

CAPITULO 13 PERSPECTIVAS PARA EL FUTURO

ABALOS, DAVID T. *Latinos in the United States*. Notre Dame: University of Notre Dame Press, 1986.

ARPAN, JEFFREY S. *International Business*. Lincolnwood, IL: VGM Career Horizons, 1989.

BRANDT, WILLY, Chairman of Independent Commission on International Development Issues. *North-South: A Program for Survival*. Cambridge, MA: MIT Press, 1986.

CARROLL, DAVID J. *Dependency and Social Mobilization in Puerto Rico: A Longitudinal Case Study*. Columbia, S.C.: University of South Carolina Press, 1987. (M.A. Thesis)

DIDSBURY, HOWARD F., ED. *The Global Economy: Today, Tomorrow and the Transition*. Bethesda, MD: World Future Society, 1985.

DOWTY, ALAN. *Closed Borders: The Contemporary Assault on Freedom of Movement*. New Haven: Yale University Press, 1987.

LOGAN, JOHN E. AND DAVID A. BELL. "Business Ethics and Corporate Strategy." Topics from a seminar at Pontificia Universidad Católica Madre y Maestra. Dominican Republic, 1988.

MOORE, JOAN AND HARRY PACHON. *Hispanics in the United States*. Englewood Cliffs: Prentice-Hall, 1985.

PASTOR, ROBERT A., ED. *Migration and Development in the Caribbean: The Unexplored Connection*. Boulder: Westview, 1985.

PIRAGES, DENNIS. *Global Technopolitics: The International Politics of Technology and Resources*. Pacific Grove, CA: Brooks/Cole Publishing Co., 1989.

WEYR, THOMAS. *Hispanic U.S.A.: Breaking the Melting Pot*. New York: Harper & Row, 1988.

YAMPEY, NASIM. *Migración y transculturación: Enfoque psicosocial y psicoanalítico*. Buenos Aires: Editorial Galerna, 1982.

DICCIONARIOS

BERNARD, Y. y J. C. COLLI. *Diccionario económico y financiero*. 4ª ed. Trad. José María Suárez. Madrid: Asociación para el Progreso de la Dirección, 1985.

DAVIDS, LEWIS E. *Instant Business Dictionary*. Little Falls, NJ: Career Publishing, Inc., 1981.

FRYER, T. BRUCE AND HUGO FARIA. *Talking Business in Spanish*. New York: Barron's Educational Series, 1987.

GARCIA DIAZ, RAFAEL. *Diccionario técnico inglés-español*. México, D.F.: Editorial Limusa, 1985.

Larousse gran diccionario español-inglés, inglés-español. México, D.F.: Ediciones Larousse, 1984.

McGraw-Hill Dictionary of Modern Economics. 3rd ed. New York: McGraw-Hill, Inc., 1983.

PRAT GABALLI, P. *Diccionario de términos comerciales. Inglés. Americano. Español*. Barcelona: Editorial Hispano Europeo, 1963.

Real Academia Española. *Diccionario de la lengua española*. 20ª ed. Madrid: Editorial Espasa-Calpe, S.A., 1984.

REYES OROZCO, CARLOS. *Spanish-English/English-Spanish Dictionary*. Oxford, England: Pergamon Press, 1986.

ROBB, LOUIS A. *Dictionary of Modern Business, Spanish-English and English-Spanish*. Washington, D.C.: Andersen Kramer Associates, 1960.

ROSENBERG, JERRY W. *Dictionary of Business and Management*. New York: John Wiley & Sons, 1978.

SUAREZ SUAREZ, ANDRES S. ET. AL. *Diccionario económico de la empresa*. 2ª ed. Madrid: Pirámide, 1979.

Simon and Schuster's International Dictionary. English-Spanish, Spanish-English. New York: Simon & Schuster, Inc., 1973.

TAMAMES, RAMON. *Diccionario de Economía*. 4ª ed. Madrid: Alianza Editorial, S.A., 1989.

FOREIGN LANGUAGES AND CAREERS

BOURGOING, EDWARD. *Foreign Languages and Your Career*. 3rd ed. Washington, DC: Columbia Language Services, 1984.

CERE, RONALD. *Career Education and Handbook*. Ypsilanti, MI: AATSP, 1990–1991.

EDWARDS, E.W. *Exploring Careers Using Foreign Languages*. New York: Posen, 1986.

HUEBENER, THEODORE. *Opportunities in Foreign Language Careers*, 1964; rpt. Lincolnwood, IL: National Textbook Co., 1983.

KOCHER, ERIC. *International Jobs: Where They Are and How to Get There*. 3rd ed. Reading, MA: Addison-Wesley, 1989.

SHERIF, JUNE L. *Careers in Foreign Language and Handbook* 1966; rpt. New York: Regents Publishing Co., 1975.

VOCABULARIO Español—Inglés

A

a bordo *on board*
a corto (largo, medio) plazo *in the short (long, medium) term or run*
a raíz de *as a result of*
abastecedor/a *supplier*
abarcar *to encompass, include*
abastecer *to supply*
abrochador (*m*) *stapler*
aburguesamiento *adoption of a bourgeois way of life*
acción *share, stock*
_____ **común** *common stock*
_____ **cotizada en menos de un dólar** *penny stock*
_____ **ordinaria** *common stock*
_____ **preferente** *preferred stock*
_____ **preferida** *preferred stock*
_____ **prioritaria** *preferred stock*
_____ **privilegiada** *preferred stock*
accionista (*m/f*) *shareholder, stockholder*
aceite (*m*) *oil*
_____ **crudo** *crude oil*
_____ **de oliva** *olive oil*
_____ **liviano** *light oil*
_____ **pesado** *heavy oil*
aceituna *olive*
acero *steel*
acertado *right, correct*
acoso sexual *sexual harassment*
acreedor/a *creditor*
activo *asset, assets*
_____ **circulante** *current asset*
acudir *to go*
Acuerdo General sobre Aranceles y Comercio *General Agreement on Tariffs and Trade*
adiestramiento *training*
adiestrar *to train*
adjudicación de beneficios *awarding of percentage of investment earnings*
administración *administration, management*
_____ **del riesgo** *risk management*
_____ **por objetivos** *Management by Objectives*
administrador/a *manager*
aduana *customs*
aeródromo *airfield*
agencia de publicidad o publicitaria *advertising agency*
agente *agent*
_____ **de subasta (*m/f*)** *auction agent*
_____ **expedidor** *freight forwarder*
_____ **de ventas** *sales agent*
agitación política *political unrest*
agotamiento *depletion*
agotar *to deplete*
agrícola (*adj, f form invariable*) *agricultural*
agropecuario (*adj*) *related to farming and livestock raising*
aguinaldo *Christmas bonus*
ahijado/a *godchild*
ahorrar *to save*
ahorros *savings*
aislamiento *isolation*
al portador *to the bearer*
algodón (*m*) *cotton*
alimento *food, foodstuff*
almacén (*m*) *store, warehouse*
_____ **general** *general store, department store*
almacenaje (*m*) *storage*
almacenamiento *storage*
almacenar *to store*
almacenes generales *department store*
alquilar *to rent*
alquiler (*m*) *rent*
altibajos *ups and downs (of fortune)*
alto mando *upper managment*
ambiente (*m*) *environment (surroundings)*
amortización *amortization, paying off*
amparar *to protect, cover, shelter*
analfabetismo *illiteracy*
análisis de costo-beneficio (*m*) *cost-benefit analysis*
anfitrión/a *host/hostess*
anticuado *obsolete*
antimonio *antimony*
anuncio *advertisement*
aparato electrodoméstico *household electrical appliance*
aplazar *to postpone*
aportación *contribution*
aportar *to contribute, furnish*
_____ **fondos** *to finance*
aprendizaje de toda la vida (*m*) *life-long learning*
apurado *hard pressed, difficult, awkward*
arancel (*m*) *tariff, duty*
_____ **aduanero** *customs duty*
arancelario *tariff-related*
árbitro (*m*) *arbiter*
arcilla *clay*
archivar *to file*
archivo *filing cabinet*
arena *sand*
arreglo *arrangement, agreement*
arrendamiento *lease, rent*
arrendar *to lease, rent*

arrendatario/a *lessee, tenant*
arriesgar *to risk*
artículos de primera necesidad *basic commodities or necessities*
ascenso *promotion*
asentar (ie) *to note, enter*
asesor/a *consultant, advisor*
asesoramiento *advising*
asiento *entry*
asignatura *assignment, subject*
asistente de práctica (m/f) *student intern*
asunto *theme, subject*
auditoría *auditing*
aumentar *to increase*
aumento *salary raise*
auricular (m) *telephone receiver*
ausentismo *absenteeism*
autofinanciación *self-financing*
autómata (m) *robot*
automatización *automation*
autopista de peaje *toll road*
autosuficiencia *self-sufficiency*
autosuficiente *self-sufficient*
auxilio de cesantía *severance indemnity*
avería *damage, breakdown*
averiado *damaged, broken down*
ayuntamiento *town council, town hall*
azufre (m) *sulfur*

B

bajo mando *first-line management*
balance *balance*
_____ **de comprobación (m)** *trial balance*
_____ **general** *balance sheet*
balanza *balance*
_____ **comercial** *balance of trade*
_____ **de pagos** *balance of payments*
banca *banking (the banking industry)*
bancario/a *bank employee; (adj) banking*
banco *bank*
_____ **avisador** *advising or notifying bank*
_____ **emisor** *issuing bank, bank of issue*
banquero/a *banker*
barbarie (f) *barbarism*
barril (m) *barrel*
bebida *beverage*
beca de matrícula *tuition scholarship*
beneficiario/a *beneficiary*
beneficio/a (adj) *profit, benefit*
benéfico *charitable*
bienes (m) *goods*
_____ **acabados** *finished goods*
_____ **de abastecimiento** *supplies*
_____ **de capital** *capital goods*
_____ **de consumo** *consumer goods*
_____ **de equipo** *capital goods*
_____ **duraderos** *durable goods*
_____ **especiales o de lujo** *specialty or luxury goods*
_____ **industriales** *industrial goods*
_____ **inmuebles** *real estate*
_____ **raíces** *real estate*
_____ **semiacabados** *unfinished goods*
bienestar (m) *well-being*
billete de banco (m) *bank note*
boicot (m) *boycott*
bolsa *exchange (stock, commodities, futures)*
_____ **alcista** *bull market, rising market*
_____ **bajista** *bear market, falling market*
_____ **de comercio** *stock exchange, stock market*
_____ **de valores** *stock market, securities exchange*
bombero *fireman*
bonaerense (s, adj) *pertaining to Buenos Aires, Argentina, or citizen of that city*
bono *bond*
_____ **de ahorro** *savings bond*
_____ **del estado** *government bond, treasury bond*
_____ **de sociedad anónima o de corporación** *corporate bond*
bosque (m) *forest*
brecha *gap*
bregar *to struggle*
buey (m) *ox*
buque de transporte (m) *transport ship*
bursátil (adj) *relating to stock exchange or securities market*

C

cabildero (m) *lobbyist*
cabildo *town council*
cabotaje (m) *coastal traffic, cabotage*
_____ **de petroleros** *oil cabotage*
cabra *goat*
cacahuate (m) *peanut*
cacao *cocoa, chocolate*
caciquismo *political bossism*
cadena *chain*
caja *cash register, box*
_____ **de ahorros** *savings bank, savings and loan*
_____ **de seguridad** *safety deposit box*
_____ **fuerte** *safe*
cajero/a *cashier*
cajón (m) *drawer*
calculadora *calculator*
calidad *quality*
caliza *limestone*

calzado *footwear*
cámara de comercio *chamber of commerce*
camarón (*m*) *shrimp*
cambio *exchange*
_____ **de divisas** *exchange rate*
_____ **negro** *black market exchange*
camión (*m*) *truck*
camioneta *van, pickup truck*
campaña *campaign*
cantidad *quantity*
caña de azúcar *sugar cane*
caolín (*m*) *kaolin*
capacidad para competir *competitiveness*
capacitación *training*
capacitar *to train*
capataz (*m*) *foreman*
capital (*m*) *capital*
_____ **social** *capital stock*
_____ **y reservas o patrimonio** *owner's equity*
carbón (*m*) *coal*
cardamomo *cardamom (plant)*
carga *cargo, load, tax*
_____ **social** *social contribution*
cargador/a *loader*
cargo *job, post, position*
carne de res (*f*) *beef*
cárnico *related to meat*
carpeta *folder*
carretera *highway*
carretilla *handcart (used by street vendors)*
carta de crédito *letter of credit*
_____ **irrevocable** *irrevocable letter of credit*
_____ **irrevocable y confirmada** *confirmed irrevocable letter of credit*
_____ **revocable** *revocable letter of credit*
carta de pedido *order*
carta de porte (terrestre) *freight bill, railway bill, bill of lading*
cartelera *billboard*
cartera de acciones *stock portfolio*
casa matriz *home or main office*
catálogo *catalog*
caucho *rubber*
caudal (*m*) *wealth*
Cayo Hueso *Key West (Florida)*
cebolla *onion*
censo *census*
centavo *cent*
centro comercial *shopping center*
cera *wax*
cerdo *pig, pork*
certificado de origen *proof of origin*
_____ **sanitario** *health certificate*
cesión registrada *recorded transfer of securities*
cianuro *cyanide*
cierre (*m*) *shut-down*
cifra *number, figure, code*
cigarrillo *cigarette*
cinc (*m*) *zinc*
circulante (*adj*) *current*
circular (*f*) *form letter*
cita *appointment*
ciudadano/a *citizen*
clave (*f*) *key, important element*
cobertura *coverage*
cobrar *to charge, collect, cash*
cobre (*m*) *copper*
código *code (i.e., of laws)*
colocación *placement*
comercialización *marketing, selling*
comercializar *to commercialize, market, sell*
comerciante (*m/f*) *merchant*
_____ **al por mayor** *wholesaler*
_____ **al por menor** *retailer*
comerciar *to trade*
comercio *business, commerce, trade*
comestible (*m*) *food*
comisaría *territory governed by a commissioner*
comisión *commission*
comisionista (*m/f*) *commision merchant or agent*
compadrazgo *relationship of being a godparent*
comparecer *to appear, make an appearance (e.g., in court)*
competencia *competition*
competidor/a *competitor*
compra *buying, purchasing*
_____ **especulativa** *speculative buying*
_____ **futura** *forward buying*
_____ **inmediata** *hand-to-hand buying*
_____ **por contrato** *contract buying*
_____ **por cotización sellada** *auction buying*
_____ **recíproca** *reciprocal buying*
comprador/a *buyer*
compraventa *buying and selling*
computadora *computer*
comunicación sumergida *gossip*
concertar (ie) una cita *to make an appointment*
concesión *franchise*
conciencia transcultural *cross-cultural awareness*
conciliador/a *conciliator*
conducta en la compra *buying behavior*
conferencia *lecture, conference*
confiar(en) *to trust*
confluencia *confluence, merging*
conjunto (*adj*) *joint*
conocimiento de embarque *bill of lading*
consejero/a *adviser*
consentimiento *consent*
conserje (*m*) *janitor*
consorcio *consortium*
constar de *to be composed of*
consulado *consulate*

consultor/a *consultant*
consumidor/a *consumer*
_____ **presunto/a** *potential customer*
consumo *consumption*
contabilidad *accounting*
_____ **de costos** *cost accounting*
_____ **de gestión** *managerial accounting*
_____ **de impuestos** *tax accounting*
_____ **de presupuestos** *budget accounting*
_____ **de sistemas** *systems accounting*
_____ **financiera** *financial accounting*
_____ **fiscal** *tax accounting*
_____ **general** *general accounting*
contable (*m/f*) o contador/a *accountant*
_____ **fiscal** *tax accountant, government accountant*
_____ **público titulado** *certified public accountant*
contador/a (*adj*) *accountant*
contaduría (*s*) *accounting*
contestador automático *answering machine*
contingente (*m*) *import cuota*
contraer *to incur, enter into an obligation*
contrapeso *counterweight, counterbalance*
contratante (*m/f*) *party entering into a contract*
contratar *to hire*
contratiempo *setback, difficulty*
contrato *contract*
control de calidad *quality control*
_____ **de equipo** *equipment control*
_____ **de fabricación** *production control*
_____ **de flujo** *flow control*
_____ **de inventario** *inventory control*
_____ **de materiales** *materials control*
_____ **de orden** *order control*
_____ **de riesgo** *risk management*
controlar *to monitor, control*
convenio *agreement*
convenir (ie) *to enter into an agreement, to suit*
conversión (capitalización) de deuda *debt-equity swaps*
coque (*m*) *coke (form of coal)*
corredor/a *broker*
_____ **de acciones o de bolsa** *stockbroker*
_____ **de bienes raíces** *real-estate broker*
correo *mail*
_____ **auditivo** *voice mail*
_____ **electrónico** *electronic mail*
corsario corporativo *corporate raider*
corto plazo *short term*
cosechar *to harvest*
costo *cost*
_____ **beneficio** *cost-benefit*
_____ **de ventas** *cost of goods sold*
_____ **fijo** *fixed cost*
_____ **seguro y flete** *cost, insurance, and freight (C.I.F.)*
_____ **variable** *variable cost*
_____ **y flete** *cost and freight (C.F.)*
cotización de precios *price quote*
cotizar *to quote (a price)*
crediticio (*adj*) *credit*
crédito comercial *commercial credit*
criar *to raise (e.g. livestock)*
crisol (*m*) *melting pot*
Cuenca del Caribe *Caribbean Basin*
cuenta *account, bill*
_____ **conjunta** *joint account*
_____ **corriente** *checking account*
_____ **de ahorros** *savings account*
_____ **de anticipos** *advance account*
_____ **de luz** *light bill*
_____ **de teléfono** *telephone bill*
_____ **mancomunada** *joint account*
_____ **por cobrar** *account receivable*
_____ **por pagar** *account payable*
cuentacorrentista (*m/f*) *current account holder*
cuentas de luz y teléfono *electric and telephone bills*
cuero *leather*
cultivable *cultivatable, arable*
cultivo *crop*
cumplidor/a *dependable, reliable*
cumplimiento *fulfillment*
_____ **del potencial** *fulfillment of potential*
cuota *quota*
cupo *quota, capacity*
currículum vitae (*m*) *vita, résumé*
custodia *safekeeping, preservation*

CH

chantaje (*m*) *blackmail*
chaqueta vaquero *cowboy jacket, denim jacket*
chascar(se) la lengua *to click one's tongue*
cheque (*m*) *check*
_____ **al portador** *check to the bearer*
_____ **bancario** *bank check, cashier's check*
_____ **de administración** *cashier's check*
_____ **en descubierto o sin fondos** *overdrawn check (NSF: Insufficient funds)*
_____ **nominativo** *check*

made out to a designated payee
chisme (*m*) *gossip*
chismear *to gossip*

D

daños *damages*
dato *fact, piece of information, datum*
de categoría (*adj*) *quality, luxury*
de entrada *from the outset, from the beginning*
de gran volumen *bulky, bulk*
debe (*m*) *debt, debit, liability*
débito *debit*
decisión obligatoria *binding decision*
declaración de aduana *customs declaration*
____ **de exportación** *export declaration*
____ **de importación** *import declaration*
____ **de impuestos** *income tax return*
declararse en huelga *to strike*
defectuoso *defective*
déficit (*m*) *deficit*
demandar *to sue*
demodado *outdated*
demografía *demography, demographics*
demora *delay*
depositante (*m/f*) *depositor*
depositar *to deposit*
depósito a la demanda *demand deposit*
____ **a la vista** *demand deposit*
____ **a plazo fijo** *time deposit*
depreciación *depreciation*
____ **lineal** *straight-line depreciation*
derechista (*m/f*) *rightist*
derecho *right, law*
____ **arancelario** *customs duty*
____ **de patente** *patent royalty*
____ **mercantil** *business law*
derecho *ad valorem* sobre importaciones *tax on value of imports*
deregulación *deregulation*
derrame de aceite o de petróleo (*m*) *oil spill*
derrumbar *to tear down, demolish*
desarrollado *developed*
desarrollar *to develop*
desarrollo *development*
descuento *discount*
____ **por promoción** *promotion allowance*
____ **por pronto o presto pago** *discount for prompt payment*
____ **sobre cantidad** *volume discount*
desecho tóxico *toxic waste*
desempeñar *to perform, carry out*
desempeño *performance, fulfillment, a carrying out of (duties)*
desempleo *unemployment*
desgastar(se) *to wear out, deplete*
desgaste(*m*) *deterioration, damage, depletion*
despachar *to finish, send*
despedir *to fire, dismiss*
desperdicio *waste*
despoblación forestal *deforestation*
destacar *to stand out, highlight, emphasize*
desventaja *disadvantage*
desviar *to divert*
detallista (*m/f*) *retailer*
____ **sin almacén** *non-store retailer*
deuda *debt*
deudas gemelas *twin deficits*
deudor/a (*adj/n*) *debtor, debit-related*
devengar *to yield, earn (interest)*
devolución *repayment, refund, allowance*
diamante (*m*) *diamond*
diario *book of original entry, general journal*
dicho *saying, proverb, adage*
diferido (*adj*) *deferred*
dirección *management, board of directors, direction*
directiva *guideline*
directivo (*n*) *director, board member* (*adj:* managerial)
director/a de personal *personnel director*
diseño *design*
disponibilidad *availability*
dividendo *dividend*
____ **diferido** *deferred dividend*
divisa *foreign currency*
documentación *documentation, papers*
documento *document, note*
____ **de embarque** *shipping document*
____ **por pagar** *note payable*
don de gentes *ability to get along with people*
donativo *donation*
dos tercios *two thirds*
drenaje (*m*) *drainage*
dueño/a *owner*
durazno *peach*

E

economía *economy, economics*
____ **política** *political economy*
economías de escala *economies of scale*
ecuación *equation*
edificio *building*

educación *manners, upbringing; schooling, education (in Latin America)*
efecto *document, note, paper*
_____**s comerciales** *commercial paper, document*
_____**s a cobrar** *notes receivable*
_____**s a pagar** *notes payable*
_____**s de escritorio** *desk set, stationery*
eficacia *efficiency*
egreso *expenditure, outlay, disbursement*
eje (m) *axis*
ejecución del trabajo *performance*
ejercicio *accounting period*
elaboración *manufacturing, processing*
elaborar *to manufacture, process*
embajada *embassy*
embalaje (m) *packing, packaging*
embarazo *embarrassment, pregnancy*
embarque (m) *shipment*
emigración *emigration*
emisión de acciones *issue of a security, stock, or bond; equity financing*
emisor/a *sender*
emitir *to issue*
empleado/a *worker, employee*
emprender *to undertake, begin, do*
empresa *business, company, firm, going concern*
_____ **colectiva** *partnership*
_____ **de colocación o de empleo** *job placement agency*
_____ **estatal** *state-controlled company*
_____ **individual** *sole proprietorship*
_____ **mediana** *mid-size company*
_____ **mercantil** *commercial company*
_____ **mixta** *company controlled by government and private enterprise*
_____ **naviera** *shipping company*
_____ **pequeña** *small business*
_____ **privada** *private company*
_____ **productora** *manufacturer*
_____ **pública** *public company*
empresarial *managerial*
empresario/a *employer, manager*
empréstito *loan*
en vías de desarrollo *developing (nation)*
enajenador *alienating*
encargo *order (commercial)*
encuesta *survey*
enchufe (m) *"pull", influence*
en descubierto *insufficient*
endeudado (adj) *indebted*
endosante (m/f) *endorser*
endosar *to endorse*
endosatario/a *endorsee*
en existencia *in stock*
engrapador/a *stapler*
engrapamiento *stapling*
enlatado *canned*
ensamblaje (m) *assembly*
ensamblar *to assemble*
ensamble (m) *assembly*
ensayo *test, trial*
enseres (m) *tools, equipment*
entablar *to establish, begin, strike up (a conversation)*
enterarse de *to find out about*
entrega *delivery*
entrevista *interview*
entrevistar *to interview*
en ultramar *abroad*
equilibrio *balance*
equipo *equipment, team*
escala *scale*
escaparate (m) *showcase*
escasez (f) *scarcity, shortage*
esmeralda *emerald*
espacial *spatial, space-related*
espato flúor, flourita *fluorite*
esquematización *diagram*
esquirol (m) *strike breaker, scab*
estación de trabajo *work station*
estadística *statistics*
estado *statement, status*
_____ **civil** *marital status*
_____ **contable** *accounting statement*
_____ **de cuenta** *statement of account*
_____ **de pérdidas y ganancias** *profit and loss statement*
_____ **financiero** *financial statement*
_____ **libre asociado** *commonwealth*
_____ **soberano** *sovereign state*
estadounidense (adj) *American, United States; (n) United States citizen, American*
estancia *stay*
estándar (m) *standard*
estante (m) *bookshelf, rack*
estaño *tin*
estar al tanto *to be up to date*
estar de moda *to be in fashion*
estatal (adj) *government-run, state-owned*
estética laboral *work aesthetic, attractiveness of work environment*
estraperlo *black market*
estrategia *strategy*
estructuración de precios *pricing*
etapa *step, stage*
ética laboral *work ethic*
excedente (m) *surplus*
exención *exemption*
existencia *stock, inventory*
éxito *success*
exportación *export, exporting*
exportador/a *exporter*
exportar *to export*

exposición *exhibit*
extranjero/a *foreigner* (*adj:* foreign)

F

fabricación *manufacturing*
fabricante (*m/f*) *manufacturer*
fabricar *to make, manufacture, produce*
factura *invoice*
_____ **consular** *consular invoice*
facturación *billing*
falta garrafal *blunder, howler, horrendous mistake*
fastidiarse *to become annoyed, to get fed up*
fábrica *factory*
Fax (*m*) *FAX, facsimile machine*
fecha *date*
fecha de entrega *delivery date*
_____ **de vencimiento** *due or maturity date*
feria comercial *trade fair*
ferretero/a *hardware dealer*
ferrocarril (*m*) *railroad*
ferroso *iron-related*
ferroviario *related to the railroad*
fiabilidad *reliability*
fiable *reliable*
fianza *downpayment, deposit*
fiarse *to trust*
fibra óptica *fiber optics*
fidelidad *faithfulness, loyalty*
fijo *fixed*
filial (*f*) *subsidiary*
financiación *financing*
_____ **externa** *external financing*
_____ **por medio de obligaciones** *debt financing*
financiamiento *financing*
financiar *to finance*
financiero *financial*
finanzas *finance*
fletador/a *freighter, charterer, shipper*
_____ **aéreo** *air shipper*
_____ **fluvial** *inland water shipper*
_____ **marítimo** *maritime or sea shipper*
fletamento (fletamiento) *freight (cargo or price of shipment)*
fletante (*m/f*) *charterer, affreighter, owner of a transport*
fletar *to charter, hire*
flete (*m*) *freight, freightage, transportation charge, cargo*
flete (pagado hasta el) punto de destino *F.O.B. delivered*
flor (*f*) *flower*
flujo *flow*
fluvial (*adj*) *fluvial, river-related*
folleto *pamphlet*
fomentar *to foster, encourage, promote*
fomento *development, promotion*
_____ **de ventas** *sales promotion*
fondo *fund*
Fondo Monetario Internacional (FMI) *International Monetary Fund (IMF)*
formación *formation, education*
formulario *printed form, slip (of paper)*
fotocopiadora *photocopier, copy machine*
fracaso *failure*
franco a bordo *free on board (FOB)*
franco al costado del buque *free alongside ship (F.A.S.)*
franquicia *franchise*
frigorífico *meat-packing plant*
frijol (*m*) *bean, kidney bean*
fruta *fruit*
fuerza laboral *work force*
funcionario/a *staff member, employee, office worker, official*
fusión de empresas *merger*

G

gama *spectrum, range*
ganadería *cattle raising*
ganado mayor *cattle, horses, mules*
_____ **menor** *sheep, goats, pigs*
ganancia *earning, income, profit*
ganar *to earn*
garantía subsidiaria, prendaria o de colateral *collateral guaranty or security*
gastar *to spend*
gasto *expense*
gastos de administración *administrative expenses*
_____ **de operación** *operating expenses*
_____ **por anticipado** *prepaid expenses*
_____ **prepagados** *prepaid expenses*
gauchesco *related to gauchos (Argentine cowboys)*
género *good, merchandise*
gerencia *management*
gerencial *managerial*
gerente (*m/f*) *manager*
_____ **de compras** *purchasing manager or director*
gestión *step, measure, management*
_____ **manufacturera** *production management*
gesto *gesture*
gestor/a *manager, business representative*
girado/a *drawee*
girador/a *drawer of check or draft*
girar *to draw or issue*
giro *draft*

_____ **a la vista** *sight draft*
_____ **a plazo** *time draft*
goma elástica *rubber band*
gráfico (*n*) *graphic*
gran almacén *department store*
granel (a granel) *in large volume, quantity, bulk*
granjero/a *farmer*
grano *grain*
grapa *staple*
grapador/a *stapler*
gratuito *free*
grava *gravel*
grupo colectivo *bargaining group*
guía (*m/f*) *guide*
_____ **aérea** *air waybill*
guiar *to guide*
guisante (*m*) *pea*

H

haber (*m*) *credit, assets*
habilidad *skill, ability*
_____ **interpersonal** *interpersonal skill, people skill*
hacendado/a *landowner*
hacer constar *to point out, indicate*
hacer cumplir *to enforce*
hacer gestiones *to take steps or measures*
hacienda *property, fortune, possessions*
harina *flour*
_____ **de pescado** *fishmeal*
herida *wound*
herramienta *tool*
hierro *iron*
hilo *gist, thread*
hiperinflación *hyperinflation*
hipotecario (*adj*) *mortgage-related*
hoja de cálculo *spread sheet*
_____ **de ruta** *route sheet, way bill*
horario *schedule*
horas extra o extraordinarias *overtime*
hortaliza *vegetable*
hostelería *hotel business management*
hucha *money box, piggy bank*
huelga *strike*
_____ **patronal (*m*)** *lockout*
huelguista (*m/f*) *striker*

I

idóneo *suitable, competent*
ilimitado *unlimited*
importación *import, importing*
importador/a *importer*
importar *to import*
importe (*m*) *amount, price, cost*
impositivo *tax-related*
imprescindible *indispensable*
impreso *printed matter*
impresora *printer*
_____ **de laser** *laser printer*
_____ **de matriz de puntos o matricial** *dot matrix printer*
imprevisto *unforeseen*
impuesto *tax*
_____ **sobre el valor añadido (I.V.A.)** *value-added tax (V.A.T.)*
_____ **sobre la renta personal** *personal income tax*
incendio *fire*
incentivo *incentive*
inculcar *to instill*
indemnización por antigüedad *indemnity for years of service*
_____ **por despido** *severance pay*
indemnizar *to compensate*
indicación *note, instruction*
índice *rate*
_____ **de crecimiento (*m*)** *growth rate*
_____ **de natalidad (*m*)** *birth rate*
_____ **de paro** *unemployment rate*
indocumentado/a *illegal alien*
industria *industry*
inflación *inflation*
informática (*adj*) *related to computers, (n) computer science*
informe (*m*) *report*
ingeniería *engineering*
ingeniero/a *engineer*
ingreso *income, revenue*
_____ **neto** *net income*
Iniciativa de la Cuenca del Caribe *Caribbean Basin Initiative*
inmueble (*m*) *real estate; a building*
inquilino/a *tenant*
inscrito *inscribed, written*
Instituto de Fomento Industrial *Institute for Industrial Development*
integrar *to integrate*
intereses periódicos acumulados *periodic accrued interest*
intermediario/a *intermediary, middleman*
interventor/a *comptroller, auditor*
inventario *inventory*
inversión *investment*
inversionista (*m/f*) *investor; (adj) investment, investing*
inversor/a *investor*
invertir (ie) *to invest*
investigación y desarrollo *research and development*
ir al grano *to get down to business*
Islas Antillas *West Indies, Antilles*
izquierdista (*m/f*) *leftist*

J

jactarse *to boast*
jefe/a de mercado *market manager*

jerga *jargon*
jornal (*m*) *day's wages*
joyería *jewelry, jewelry store*
jubilación *retirement*
juego de colores *color combination*
juicio por faltas *grievance procedure*
junta directiva o de directores / consejo directivo *board of directors*
jurídico *juridical, legal*

L

laboral (*adj*) *work-related*
labrador/a *farm worker, farmer*
lana *wool*
lanzamiento *launching*
largo plazo *long term*
lastimar *to injure, hurt*
latifundio *large landed estate*
laudo *decision, finding*
legislatura *legislature*
lema (*m*) *slogan, motto*
lencerías *linens*
lenguaje (*m*) *language style or jargon*
leña *wood*
letra de cambio *bill of exchange*
letrero *sign*
_____ **luminoso o de neón** *neon sign*
levantar el censo *to take the census*
ley arancelaria *custom law*
_____ **mercantil** *business law*
librado/a *drawee*
librador/a *drawer*
librar *to draw or issue*
libre *free*
_____ **a bordo** *free on board (F.O.B.)*
_____ **al costado del buque** *free alongside ship (F.A.S.)*
_____ **comercio** *free trade*
libro mayor *ledger*
licencia *license, licensing*
_____ **de exportación** *export permit*
_____ **de importación** *import permit*
licenciar *to license*
líder (*m*) *leader*
liderazgo *leadership*
liga *rubber band*
lignito *lignite*
limitado *limited*
línea de montaje *assembly line*
liquidación *liquidation, dissolution*
liquidar *to settle, liquidate*
lista negra *black list*
local (*m*) *locale, establishment, location*
logística *logistics*
logro *achievement, accomplishment*
lucir *to look, shine*
lucrativo *profitable*
lucro *gain, profit*
lujo *luxury*

Ll

llanura *plain*
llegada tardía *lateness*
llevar a cabo *to carry out, conclude*

M

madera *wood, lumber*
maduración constante o perpetua *constant growth*
magnesio *magnesium*
maletín (*m*) *briefcase*
malogrado *ill-fated, failed*
mancomunado (*adj*) *joint*
mandato judicial *injunction*
mando *management*
manganeso *manganese*
maní (*m*) *peanut*
mano de obra *labor, work force*
mantenimiento del equipo *equipment maintenance*
maquiladora *assembly plant, in-bond plant*
máquina de coser *sewing machine*
_____ **de escribir** *typewriter*
maquinaria *machinery*
_____ **liviana** *light machinery*
_____ **pesada** *heavy machinery*
marca *brand*
_____ **comercial** *trademark*
_____ **de fábrica** *trademark*
_____ **registrada** *registered trademark*
margen de beneficio (*m*) *profit margin*
marisco *seafood, shellfish*
marítimo (*adj*) *maritime, sea*
mármol (*m*) *marble*
martillo *hammer*
materia prima *raw material*
mayorista (*m/f*) *wholesaler*
_____ **de estanterías** *rack jobber*
_____ **sin almacén** *truck wholesaler*
mediador/a *mediator*
medida *measurement*
medio *means, medium*
_____ **ambiente** *environment*
_____ **de difusión o difusivo** *advertising medium*
_____ **de distribución** *means of distribution*
_____ **de transporte** *means of transportation*
_____ **mando** *middle management*
_____ **publicitario** *advertising means*
medir (i) *to measure*
mejora *improvement*

melocotón (*m*) *peach*
mensual *monthly*
mensualidad (*f*) *monthly payment, rent*
mercadeo *marketing*
mercado *market*
_____ **al contado** *cash market*
_____ **ambulante** *traveling market*
_____ **común** *common market*
_____ **de descuentos** *discount store*
_____ **negro o de contrabando** *black market*
_____ **señalado** *target market*
mercadológico (*adj*) *related to marketing*
mercancía *article, good, merchandise*
mercancías de gran volumen *bulk material*
mercurio *mercury*
meta *goal, objective*
método lineal *straight-line method (depreciation)*
mezcla de productos *product mix*
migración *migration*
mineral de hierro (*m*) *iron ore*
minería *mining*
minero (*adj*) *mining*
Ministro de Relaciones Exteriores *Secretary of State*
minorista (*m/f*) *retailer*
miseria *misery, dire poverty*
mobiliaro y equipo *furniture and fixtures*
molibdeno *molybdenum (metal)*
moneda *coin, national currency*
montar *to set up*
mordida *bribe*
moroso (*adj*) *late*
mostrador para ensalada (*m*) *salad bar*
mueble (*m*) *furniture*
muestra *sample*

N

Naciones Unidas *United Nations*
narcotráfico *drug traffic, trade*
nave (*f*) *ship*
nave espacial: la Tierra *Spaceship Earth*
naviero/a *ship owner*
negociante (*m/f*) *business person*
negociar *to bargain, negotiate*
negocio *business*
_____ **en participación** *joint venture*
níquel (*m*) *nickel (metal)*
nivel de vida (*m*) *standard of living*
nombramiento *appointment (to a position)*
nómina *payroll*
nominativo (*adj*) *bearing a person's name, registered (bond)*

O

obligación *liability, debt, bond*
_____ **contributaria** *tax liability*
_____ **corporativa** *corporate bond, debt financing*
obligatorio *obligatory, binding*
obrero/a *worker, blue collar worker, laborer*
obsoleto (*adj*) *obsolete*
ocioso *leisurely, idle*
oferta y demanda *supply and demand*
oficina *office*
oficinista (*m/f*) *office worker*
oleoducto *pipeline*
OPEP (Organización de Países Exportadores de Petróleo) *OPEC (Organization of Petroleum Exporting Countries)*
orden (*m*) *order, arrangement of things*
orden (*f*) *command, order for merchandise*
orden de pago (*m*) *order to pay*
ordenación *ordering, arranging, collating*
ordenador (*m*) *computer (Spain)*
organigrama (*m*) *organizational chart*
originario *originating in, coming from*
oro *gold*
otorgar *to give, grant*

P

padrino/a *godfather, godmother*
pagadero *payable*
pagar *to pay*
pagaré (*m*) *promissory note (I.O.U.)*
pago *pay, payment*
_____ **contra entrega** *cash on delivery (C.O.D.)*
_____ **inicial** *downpayment, deposit*
_____ **por anticipado** *payment in advance, downpayment*
país deudor *debtor nation, country with a balance of debt problem*
palanca *"pull," influence*
pantalón vaquero *blue jeans*
pantalla *TV or movie screen*

papel de cartón (*m*) *cardboard*
papeleo *paperwork, red tape*
paralenguaje (*m*) *paralanguage (gestures, tone of voice, posture)*
paro *unemployment, work stoppage*
participación *share, investment (e.g. by stockholders)*
particular (*adj*) *private, individual*
partida doble *double-sided entry (accounting)*
partidario/a *supporter*
pasarse de moda *to go out of style or fashion*
pasivo *liability, liabilities*
_____ **circulante** *current liabilities*
_____ **fijo** *fixed liabilities*
patata *potato*
patria chica *one's home town, county or state*
patrimonio *wealth, estate*
patrocinar *to sponsor*
patrón (*m*) *owner, boss, sponsor, pattern, guideline*
pauta *model, guideline*
pavimentado *paved*
pavo *turkey*
pedido *order, purchase order*
pedir prestado *to borrow*
penetración del mercado *market penetration*
pérdida *loss*
pericia *expertise*
perito *expert*
período de entrega *delivery time*
perjudicado *injured, damaged, jeopardized*
perjudicar *to damage, injure, jeopardize*
perjudicial *prejudicial, harmful, detrimental*
permutar *to exchange, barter, swap*
personal (*m*) *personnel*
perspicacia *vision, insight, forward thinking*
pesca *fishing, fishery*
pesquero *related to fishing*
petróleo *petroleum*
petrolero *oil-related*
piedra caliza *limestone*
piel (*f*) *skin*
pieza de repuesto *spare part*
piña *pineapple*
piquete laboral (*m*) *picket line*
pirita *pyrite*
piropo *flirtatious remark*
planeación *planning*
planificación *planning*
_____ **estratégica** *strategic or contingency planning*
planta baja *ground floor (at street level)*
_____ **manufacturera** *manufacturing plant*
plata *silver*
plátano *banana, plantain*
plaza *locale, location, place, town, city, market*
plazo *time period, deadline*
_____ **de devolución** *repayment or refund period*
plomo *lead*
plusvalía *gain in value, appreciation*
población *population*
polémico *controversial*
política de compras *purchasing policy*
poner a prueba *to test*
_____ **a riesgo** *to put at risk*
_____ **en limpio** *to type, to make a fair copy of a writing*
_____ **en marcha** *to begin, start*
porcentaje (*m*) *percentage*
pormenor (*m*) *detail*
portador/a *bearer*
portavoz (*m*) *spokesperson*
portátil *portable*
postergar *to postpone*
postura del cuerpo *body posture*
potasa *potash*
pozo *well*
práctica *internship, business practice*
precio *price*
_____ **de catálogo** *list price*
_____ **de mercado** *market price*
precisar *to specify*
prenda *security, pledge*
prendario (*adj*) *guaranteed*
prensa *the press*
preparativo *preparation, plan*
presilla *paper clip*
prestador/a *lender*
prestamista (*m/f*) *lender*
préstamo *loan*
_____ **a sola firma** *signature loan, unsecured loan*
_____ **garantizado** *secured loan*
_____ **hipotecario** *mortgage loan*
_____ **no garantizado** *unsecured loan*
_____ **prendario** *secured loan*
_____ **sin caución** *unsecured loan*
prestar *to lend*
prestatario/a *borrower*
presunto (*adj*) *presumed, anticipated, expected*
presupuestario (*adj*) *budget, budgetary*
presupuesto *budget*
prima *bonus, premium*
_____ **por trabajo fuera de turno** *shift premium*
principal (*m*) *principal, capital*
privatizar *to privatize*
procedimiento para tomar decisiones morales *moral decision-making*
procesador de textos o de palabras (*m*) *word processor*

procesamiento de datos *data processing*
proceso analítico *analytic process*
_____ **de ensamble o ensamblaje** *assembly process*
_____ **de fabricación** *manufacturing process*
_____ **extractivo** *extractive process*
_____ **sintético** *synthetic process*
producción continua *continuous production*
_____ **en masa o en serie** *mass production*
_____ **estándar** *standard production*
_____ **intermitente** *intermittent production*
_____ **ordenada o en pequeños lotes** *small-batch production*
_____ **por carácter** *character of production*
_____ **por duración** *time of production*
_____ **por naturaleza** *nature of production*
productividad *productivity*
Producto Interior Bruto (PIB) *Gross Domestic Product (GDP)*
Producto Nacional Bruto (PNB) *Gross National Product (GNP)*
Producto Social Bruto (PSB) *Gross National Product as measured in socialist countries*
programación *scheduling*
prójimo *fellow human being, neighbor*
promesa *promise*
promoción de ventas *sales promotion*
promover *to promote (a product or service)*
pronosticar *to forecast*
propietario/a *owner*
proporcionar *to provide*
propósito *purpose, objective, goal*
propuesta *proposal*
prorrogar *to delay, reschedule*
próspero *prosperous*
proteccionismo *protectionism*
proveedor/a *financial backer, supplier*
_____ **directo** *drop shipper (desk jobber)*
proveer *to provide, supply*
prueba *proof, test, trial*
psicográfico *psychographic (referring to individual characteristics)*
publicidad *publicity, advertising*
pueblo global *global village*
puerto *port*
puesto *job, position*
punto de embarque *loading point*
_____ **de entrega** *delivery point*
puro *cigar*

Q

quehacer (*m*) *task, duty*
quejarse *to complain*

R

rama *branch*
razón (*f*) *ratio, reason*
_____ **social (*f*)** *company name*
realizar *to accomplish, carry out, perform*
rebaja *discount*
_____ **al comprador** *rebate to consumer*
_____ **al revendedor** *trade discount*
rebajar *to lower, mark down*
recepcionista (*m/f*) *receptionist*
receptor *receiver, telephone receiver*
recesión *recession*
recibo *receipt*
reclutamiento *recruitment*
reclutar *to recruit*
recompensa *compensation*
recompensar *to reward, compensate*
recopilación de datos *compilation of data, data summary*
recreo *recreation*
recuento *count*
recurso *resource*
_____ **natural** *natural resource*
red (*f*) *network*
_____ **de comunicación** *communications network*
redactar *to edit, write*
reembolso *reimbursement, repayment*
reexportación *re-export*
refinamiento de azúcar *sugar refining*
_____ **de petróleo** *oil refining*
reforma agraria *land reform*
refresco *soft drink, soda*
regatear *to haggle, bargain, barter*
regateo *barter, bargaining*
registrar *to record, search*
Registro Público de Comercio *Public Business Register*
reglamento *rule, regulation*
rehén (*m*) *hostage*
rehusar *to refuse*
reintegro *reimbursement, repayment*
relaciones públicas *public relations*
remolacha *beet*

_____ **azucarera** *sugar beet*
remuneración *remuneration, reimbursement, payment*
renacuajo *tadpole*
renglón (*m*) *line (of products)*
renovar(se) *to renew*
renta *income, revenue, rent*
rentabilidad *profitability*
rentable *profitable*
renuevo *renewal*
repagar *to repay*
reparación *repair*
reparar *to repair*
reparativo *reparable, repair-related*
reparto *delivery*
representante de fábrica (*m/f*) *manufacturer's agent*
_____ **sindical (*m/f*)** *union representative*
reprografía *reprography, xeroxing, photocopying, reproduction of documents*
requisito *requirement*
rescate (*m*) *salvage (in reference to "salvage value")*
respaldado *backed, supported, guaranteed*
respaldar *to support, guarantee, back up*
responsabilidad del productor *product liability*
_____ **social** *company liability*
retirar *to withdraw*
reubicación *relocation*
reventa *resale*
revisar *to review*
revisión *inspection, check*
riesgo *risk*
riquísimo *absolutely delicious*
ruta *routing*

S

sabor (*m*) *taste*
sabotaje (*m*) *sabotage*
salario *wage (hourly)*
saldar *to settle, to pay off the balance, liquidate*
saldo *balance*
_____ **desfavorable** *trade deficit, unfavorable balance of trade*
_____ **negativo** *negative balance, deficit*
sancionar *to sanction, punish*
sangriento *bloody*
sanidad pública *public health*
sede central (*f*) *home office*
seguridad *safety*
seguro *insurance*
_____ **contra accidente** *accident insurance*
_____ **contra incendio** *fire insurance*
_____ **de automóvil** *car insurance*
_____ **de falta de cumplimiento** *non-compliance insurance (surety)*
_____ **de responsabilidad civil** *liability insurance*
_____ **de salud** *health insurance*
_____ **de vida** *life insurance*
sembrar *to sow, to plant*
semilla *seed*
_____ **oleaginosa** *oilseed*
sensibilidad *sensitivity*
sequía *drought*
servicio *service*
siderurgia *siderurgy, iron and steel industry*
sigla *abbreviation*
sindical *union-related*
sindicato *union*
siniestro *accident, catastrophe*
sistema (*m*) *system*
soborno *bribe*
sobre (*m*) *envelope*
sociedad *business, company, firm*
_____ **anónima** *corporation*
_____ **colectiva o en nombre colectivo** *(joint) partnership*
_____ **comanditaria o en comandita** *silent partnership*
_____ **de capital** *capital company*
_____ **de responsabilidad limitada** *limited liability company*
_____ **mercantil** *commercial or trading company*
socio/a *partner*
_____ **activo/a o colectivo/a** *active partner*
_____ **comanditario/a** *silent partner*
soja *soy bean*
soler (ue) *to be used to doing, to do frequently*
solicitante (*m/f*) *applicant*
solicitar *to apply for*
solicitud (*f*) *application*
solidario (*adj*) *joint*
solvencia *solvency*
solventar *to settle (e.g. a debt)*
solvente *solvent*
sondeo *opinion poll*
sorgo *sorghum*
soya *soy bean*
subasta *auction*
subdesarrollado *underdeveloped*
subempleo *underemployment*
subvencionar *to subsidize*
sucursal (*f*) *branch, subsidiary*
_____ **fuera del país** *foreign branch*
_____ **ultramar** *overseas branch*
sueldo *salary (weekly or monthly)*
suelo *rock-bottom price*
sufrir de una tensión nerviosa o del estrés *to be under stress, to be stressed out*
suma *sum, total*
suministro *supply*
superar *to surpass, exceed*
supuesto *hypothesis, hypothetical situation*

surtido *assortment, selection*
sustraer *to subtract*

T

tablero de anuncios *bulletin board*
tablón de anuncios (*m*) *bulletin board*
tabú (*m*) *taboo*
taller (*m*) *shop, workshop*
tarifa *tariff, rate, fare*
_____ **por menos de un vagón completo** *less than carload on train (l.c.l.)*
tarjeta *slip, card*
_____ **de negocios** *business card*
tasa *rate*
_____ **de cambio** *rate of exchange*
_____ **de crecimiento** *rate of increase*
_____ **de inflación** *rate of inflation*
_____ **de interés** *rate of interest*
_____ **de rendimiento** *rate of return (on investment)*
_____ **media de inflación** *average rate of inflation*
técnica de caso *case study technique*
_____ **de discusión en grupos** *group dicussion technique or method*
_____ **de incidente** *situation technique*
_____ **de simulación** *simulation technique*
tecnología *technology*
techo *ceiling price*
tejido *textile*
telecomunicativo (*adj*) *telecommunication*
teleconmutador/a *telecommuter*
telefax (*m*) *FAX, facsimile machine*
televisión por cable *cable television*
tenaz *stubborn*
tempestad *storm*
tenedor/a *holder, bearer*
terremoto *earthquake*
terreno *land, property*
tesorería *treasury*
testamento *will*
tiburón (corporativo) *corporate raider*
tipo *rate*
_____ **de cambio** *exchange rate, rate of exchange*
_____ **fijo de cambio** *fixed rate, pegged rate of exchange*
_____ **flotante de cambio** *floating rate of exchange*
título *bond, security*
_____ **de crédito** *negotiable security*
_____ **de valores** *security*
toalla *towel*
tomar prestado *to borrow*
tornillo *screw*
traba *hindrance, obstacle, impediment*
trabajo a destajo *piecework*
_____ **manual** *manual labor*
traductor/a *translator*
tramitar *to negotiate, transact*
trámite (*m*) *step, procedure*
transacción *transaction*
transbordador (*m*) *ferry*
transcultural (*adj*) *cross-cultural*
transferencia (pago de transferencia) *transfer payment*
transmisión de tecnología *technology transfer*
transporte (*m*) *transportation*
transportista (*m/f*) *carrier*
_____ **por contrato** *contract carrier*
_____ **privado** *private carrier*
_____ **público** *common carrier*
trasbordo *transfer*
trasladarse *to move, transfer*
traslado *move (as in a job transfer)*
traspaso *transfer (of title to property)*
trato *treatment, manner of dealing with*
trayecto corto *short haul or run*
_____ **largo** *long haul or run*
trigo *wheat*
trueque (*m*) *exchange, barter*
tungsteno *tungsten*
turismo *tourism*
turno diurno *day shift*
_____ **nocturno** *night shift*
tutearse *to use the familiar form of address*
tuteo *the familiar form of address*

U

ubicarse *to be located*
ultramarino (*adj*) *overseas, offshore*
uranio *uranium*
usuario/a *user*
utilidad *profit, utility*
_____ **bruta** *gross profit*
_____ **de operación** *operating profit*
_____ **neta** *net profit*
uva *grape*

V

vacaciones retribuidas *paid vacation*
vagón (*m*) *wagon, passenger or freight car (on a train), coach, carriage*
valor de rescate *salvage value*
valor nominal (*m*) *face or nominal value*

valores (*m*) *securities, bonds, assets, valuables*
_____ **de primera clase o de más alta categoría** *blue-chip stocks*
_____ **no vendidos en la bolsa** *over-the-counter market securities (OTC)*
valla anunciadora *billboard*
vencer *to fall due, mature, be payable (on a certain date)*
vencimiento *maturity, expiration*
vendedor/a *salesperson*
venta al por mayor *wholesaling*
_____ **al por menor** *retailing*
_____ **domiciliaria o por domicilio** *door-to-door sales*
_____ **en masa** *mass selling*
_____ **personal** *person-to-person sales, personal selling*
_____ **por correo** *mail order sales*
_____ **por máquina** *machine vending*
ventaja *advantage*
_____ **absoluta** *absolute advantage*
_____ **comparativa** *comparative advantage*
verdura *vegetable*
vía *way*
vídeo *VCR or videocassette*
vigente (*adj*) *effective, in effect, in force*
vinculación *association, link*
vinicultura *wine growing, wine production*
vírgula *slash*
víveres (*m*) *foodstuff, provisions*
vivienda *housing*

Y

yacimiento *deposit (minerals)*
yeso *gypsum*
yuca *cassava root*

Z

zambo/a *half Indian, half black*
zanja *ditch*
zona de comercio libre *free trade zone*

VOCABULARIO Inglés—Español

A

abbreviation *abreviatura, sigla*
absenteeism *ausentismo*
accident insurance *seguro contra accidente*
accomplish *realizar, lograr*
accomplishment *logro*
account *cuenta*
_____ **payable** *cuenta por pagar*
_____ **receivable** *cuenta por cobrar*
accountant *contable (m/f), contador/a*
accounting *contabilidad, contaduría, contable (adj)*
_____ **period** *ejercicio*
_____ **statement** *estado contable*
achievement *logro*
active partner *socio activo o colectivo*
administrative expenses *gastos de administración*
advance account *cuenta de anticipos*
advantage *ventaja*
advertisement *anuncio*
advertising *publicidad*
_____ **agency** *agencia de publicidad o publicitaria*
_____ **medium** *medio de difusión o difusivo o publicitario*
adviser *asesor/a, consejero/a*
advising *asesoramiento*
_____ **or notifying bank** *banco avisador*
agreement *convenio, acuerdo*
agricultural *agrícola (adj/fem. form constant)*
air shipper *fletador aéreo*
air waybill *guía aérea*
airfield *aeródromo*
airport *aeropuerto*
amortize *amortizar*
amount *cantidad, importe (m)*
answering machine *contestador automático*
antimony *antimonio*
applicant *solicitante (m/f), aspirante (m/f), candidato/a*
application *solicitud (f)*
apply for *solicitar*
appointment *cita, nombramiento*
arable *cultivable*
arbiter *árbitro (m)*
assemble *ensamblar, montar, armar*
assembly *ensamblaje (m), ensamble (m), montaje (m)*
_____ **line** *línea de ensamblaje o montaje*
_____ **plant, in-bond plant** *maquiladora*
asset, assets *valor (m), valores, activo, haber (m)*
assignment *tarea, asignatura*
assortment, selection *surtido*
attractiveness of work environment *estética laboral*
auction *subasta, remate (m)*
_____ **buying** *compra por cotización sellada*
audit, auditing *auditoría*
auditor *interventor (m), contralor (m), revisor (m)*
availability *disponibilidad*
average rate of inflation *tasa media de inflación*
awarding of percentage of investment earnings *adjudicación de beneficios*

B

back *respaldar, garantizar, avalar, apoyar*
backed *respaldado, garantizado, avalado, apoyado, asegurado*
balance (bank, accounting) *balance (m), balanza, saldo*
_____ **of payments** *balanza de pagos*
_____ **of trade** *balanza comercial*
bank (the building) *banco*
_____ **check** *cheque bancario*
_____ **employee** *bancario/a*
_____ **note** *billete de banco (m), pagaré (m)*
banker *banquero/a*
banking (the industry) *banca, bancario (adj)*
bargain *(n) ganga; (v) negociar, regatear*
bargaining group *grupo colectivo*
barrel *barril (m)*
barter *(n) trueque (m), permuta, regateo; (v) trocar, cambiar, permutar, regatear*
basic commodities or necessities *artículos de primera necesidad*
be in fashion *estar de moda*
bean, kidney bean *frijol (m)*
bear market *bolsa bajista*
bearer *portador/a, tenedor/a*
bearing a person's name, registered (bond) *nominativo (adj)*
beet *remolacha, betabel (m)*
beneficiary *beneficiario/a*
benefit *beneficio*
beverage *bebida*
bid *(n) licitación; (v) licitar*
bill of exchange *letra de cambio*
_____ **of lading** *conocimiento de embarque*
billboard *cartelera, valla (anunciadora)*
billing *facturación*

binding decision *decisión obligatoria*
birth rate *índice de natalidad (m)*
blacklist *lista negra*
_____ **market** *estraperlo, mercado negro o de contrabando*
_____ **market exchange** *cambio negro o de estraperlo*
blue-chip stocks *valores de primera clase o de más alta categoría*
blue-collar worker *obrero/a*
blunder *falta garrafal*
board of directors *dirección, junta directiva o de directores, consejo, directivo*
body language *paralenguaje (m)*
bond *bono, título, obligación*
bonus *prima, gratificación, beneficio, aguinaldo*
book of original entry *diario*
bookshelf *estante (m)*
borrow *pedir o tomar prestado*
borrower *prestatario/a, mutuario/a, mutuatario/a*
boss *jefe/a, epresario, patrón (m)*
boycott *boicot (m)*
branch *rama, sucursal (f), filial (f)*
brand *marca*
bribe *soborno, mordida*
briefcase *maletín (m), portafolio, cartapacio*
broker *corredor/a*
budget *presupuesto*
budgetary *presupuestario/a*
building *edificio*
bulk, bulky *de gran volumen, a granel*
bull market *bolsa alcista*
bulletin board *tablón (m) o tablero de anuncios*
business *empresa, negocio, compañía, sociedad, comercio, firma*
_____ **law** *ley o derecho mercantil*
_____ **person** *negociante (m/f), comerciante (m)*
businessman *hombre de negocios*
businesswoman *mujer de negocios*
buyer *comprador/a*
buying *compra*
_____ **and selling** *compraventa*
_____ **behavior** *conducta en la compra*

C

cable television *televisión por cable, cablevisión*
calculator *calculadora*
campaign *campaña*
canned *enlatado*
capacity *capacidad, cupo*
capital (financial) *capital (m)*
_____ **goods** *bienes de capital (m)*
_____ **stock** *capital social (m)*
capital (city) *capital (f)*
car (train) *vagón (m)*
car insurance *seguro de automóvil*
cardboard *papel de cartón (m)*
cargo, load *carga*
Caribbean Basin *Cuenca del Caribe*
_____ **Initiative** *Iniciativa de la Cuenca del Caribe*
carrier *transportista (m)*
case study *técnica de caso*
cash *(n) dinero metálico, dinero en efectivo, cambio, contado; (v) cobrar, cambiar, hacer efectivo*
_____ **market** *mercado al contado*
_____ **on delivery (C.O.D.)** *pago contra entrega*
_____ **register, box** *caja*
cashier's check *cheque bancario o de administración*
cassava root *yuca*
catalog *catálogo*
cattle raising *ganadería*
cattle (horses, mules) *ganado mayor (ganado, caballos, mulas)*
ceiling price *techo, límite máximo*
census *censo*
cent *centavo, céntimo*
certified public accountant *contable público/a titulado/a*
chain *cadena*
chamber of commerce *cámara de comercio*
charge *cobrar, cargar en cuenta*
charitable *benéfico/a*
charter, hire, ship *fletar*
charterer, affreighter, owner of transport *fletante (m/f)*
check *cheque (m)*
_____ **made out to a designated payee** *cheque nominativo*
_____ **made out to the bearer** *cheque al portador*
checking account *cuenta corriente*
chemical *producto químico*
cigar *puro, cigarro*
clay *arcilla*
coal *carbón (m)*
coastal traffic, cabotage *cabotaje (m)*
cocoa *cacao*
code (i.e., of laws) *código*
coin *moneda, dinero metálico, numerario*
coke (form of coal) *coque (m)*
collateral guaranty or security *garantía prendaria, subsidiaria o de colateral*
collating *ordenación*
collect *cobrar*
color combination *juego de colores*
commerce *comercio*
commercial loan *préstamo comercial*
_____ **paper or document** *efecto comercial*

commission merchant or agent *comisionista (m/f)*
common carrier *transportista público*
_____ **market** *mercado común*
_____ **stock** *acción común u ordinaria*
commonwealth *estado libre asociado*
communications network *red de comunicación*
company *compañía, empresa, negocio, sociedad, corporación, firma*
_____ **controlled by government and private enterprise** *empresa mixta*
_____ **liability** *responsabilidad social*
_____ **name** *razón social (f)*
compensate *indemnizar, remunerar*
compensation *indemnización, remuneración, recompensa*
competition *competencia*
competitiveness *capacidad para competir*
competitor *competidor/a, opositor/a*
compilation of data, data summary *recopilación de datos*
comptroller *interventor/a, contralor (m)*
computer *computadora, ordenador (m), informática (adj)*
confirmed irrevocable letter of credit *carta de crédito irrevocable y confirmada*
consortium *consorcio*
constant growth *maduración constante o perpetua*
consular invoice *factura consular*
consulate *consulado*
consultant *consultor/a, asesor/a, consejero/a*
consumer *consumidor/a*
_____ **goods** *bienes de consumo (m)*
consumption *consumo*
contract *contrato*
_____ **buying** *compra por contrato*
_____ **carrier** *transportista por contrato (m)*
contribute, furnish *contribuir, aportar*
contribution *contribución, aportación*
copper *cobre (m)*
corporate *corporativo*
corporate raider *corsario o tiburón corporativo*
_____ **bond** *bono de sociedad anónima o de corporación, obligación*
corporation *sociedad anónima, corporación*
cost *costo, coste (m)*
_____ **and freight (C.F.)** *costo y flete* (C.F.)
_____ **, insurance and freight** *costo, seguro y flete* (C.S.F.)
cost-benefit analysis *análisis de costo-beneficio (m)*
cotton *algodón (m)*
count *recuento*
coverage *seguro, cobertura*
credit *crédito, haber (m), crediticio (adj)*
creditor *acreedor/a*
crop *cosecha, cultivo*
cross-cultural *transcultural*
_____ **awareness** *conciencia transcultural*
crude oil *aceite (m) o petróleo crudo*
currency *divisa, moneda*
current *circulante, corriente*
_____ **account holder** *cuentacorrentista (m/f)*
_____ **assets** *activo circulante o corriente*
_____ **liabilities** *pasivo circulante o corriente*
customs *aduana, costumbres* (f. as in habits)
_____ **duty** *arancel aduanero, derecho arancelario*
_____ **law** *ley arancelaria*
cyanide *cianuro*

D

damaged *averiado/a*
damages *daños*
data processing *procesamiento de datos*
day shift *turno diurno*
day's work, labor *jornada*
_____ **wages** *jornal (m)*
deadline *plazo final, fecha límite*
debit *débito, haber (m)*
debt *deuda*
_____ **equity swap** *conversión (capitalización) de deuda*
_____ **financing** *financiación por medio de obligaciones*
debtor, debit-related *deudor/a*
debtor nation, country with a balance of debt problem *país deudor (m)*
decision, finding *laudo*
defective *defectuoso/a*
deferred dividend *dividendo diferido*
deficit *déficit (m)*
delay *(n) demora, retraso, tardanza; (v) demorar, retrasar, tardar*
delivery *entrega, reparto*
_____ **date** *fecha de entrega*
_____ **point** *punto de entrega*
_____ **time** *tiempo o período de entrega*
demand deposit *depósito a la demanda o a la vista*
demography, demographics *demografía*
demolish *derrumbar*

department store *gran almacén, almacenes generales*
deplete *agotar, desgastar*
depletion *agotamiento, desgaste* (*m*)
deposit (*n*) *depósito, yacimiento* (minerals); (*v*) *depositar*
design *diseño*
desk set, stationery *efectos de escritorio*
detail *detalle, pormenor* (*m*)
develop *desarrollar*
developed *desarrollado*
developing *en vías de desarrollo*
development *desarrollo, acontecimiento* (event)
diagram *diagrama* (*m*), *gráfico, esquema* (*m*)
diamond *diamante* (*m*)
director, board member *directivo/a, vocal* (*m/f*)
disbursement *desembolso*
discount *descuento, rebaja*
_____ **store** *mercado o tienda de descuentos*
disregard *descuido*
distributor *distribuidor/a*
donation *donativo*
door-to-door sales *venta domiciliaria o por domicilio*
dot matrix printer *impresora de matriz de puntos o matricial*
double-sided entry (accounting) *partida doble*
downpayment *pago inicial, depósito, fianza*
draft *giro*
drainage *drenaje* (*m*)
draw *girar, librar*
drawee *girado/a, librado/a*
drawer *cajón* (*m*), *gaveta*
_____ **of check or draft** *girador/a, librador/a*
drop shipper (desk jobber) *proveedor directo*
drought *sequía*
due date *fecha de vencimiento*
durable goods *bienes duraderos*
duty *derecho, arancel* (*m*), *derecho, obligación*

E

earn (interest) *ganar, devengar*
_____ **(money)** *ganar*
earning *ganancia, ingreso, rendimiento, utilidad, beneficio*
earthquake *terremoto*
economics *economía*
economies of scale *economías de escala*
edit *redactar*
effective, in effect, in force *vigente* (*adj*)
electric bill *cuenta de luz*
electronic mail *correo electrónico*
embassy *embajada*
emerald *esmeralda*
employee *empleado /a, funcionario/a*
employer *empleador/a, empresario/a, patrón, amo*
endorse *endosar*
endorsee *endosatario/a*
endorser *endosante* (*m/f*)
enforce *hacer cumplir*
engineer *ingeniero/a*
engineering *ingeniería*
enter (into a ledger, etc.) *asentar* (*ie*)
enter into an agreement, suit *convenir* (*ie*)
entry (accounting) *asiento, anotación*
envelope *sobre* (*m*)
environment *ambiente* (*m*), *medio ambiente*
equipment *equipo*
_____ **maintenance** *mantenimiento del equipo*
equity (owner's) *capital y reservas*
exchange (*n*) *cambio, permuta, trueque* (*m*); (*v*) *cambiar, intercambiar, permutar, trocar*
_____ **rate** *cambio de divisas, tasa o tipo de cambio*
exemption *exención*
exhibit *exposición*
expenditure, outlay *egreso, gasto*
expense *gasto*
expert *perito* (*m*), *experto/a*
expertise *pericia*
expiration *vencimiento*
export *exportación, exportar*
_____ **permit** *licencia de exportación*
exporter *exportador/a*
external financing *financiación externa*
extractive process *proceso extractivo*

F

face or nominal value *valor nominal* (*m*)
fact, piece of information, datum *dato*
factory *fábrica*
failure *fracaso*
faithfulness *fidelidad*
fall due, mature, be payable (on a certain date) *vencer*
familiar form of address, first-name basis *tuteo, tutear* (se)
fare *tarifa*
farm (*n*) *granja, finca;* (*v*) *labrar, cultivar*
_____ **worker** *labrador/a, campesino/a*
farmer *granjero/a*
farming *agrícola (adj/f form constant), agropecuario* (*adj*)

FAX, facsimile machine *fax, telefax* (*m*)
feasibility *viabilidad*
ferry *transbordador* (*m*)
fiber optics *fibra óptica*
file *(n) archivo; (v) archivar*
filing cabinet *archivo*
fill out *rellenar*
finance *(n) finanzas; (v) financiar, aportar fondos*
financial *financiero*
_____ **statement** *estado financiero*
_____ **accounting** *contabilidad financiera*
financing *financiación, financiamiento*
finished goods *bienes acabados* (*m*)
fire *incendio, despedir* (to dismiss somebody)
_____ **insurance** *seguro contra incendio*
firm *firma, empresa, casa, razón social* (*f*)
first-line management *bajo mando*
fiscal year *año fiscal*
fishing, fishery *pesca, pesquero* (*adj*)
fishmeal *harina de pescado*
fixed *fijo* (*adj*)
_____ **cost** *costo fijo*
_____ **liabilities** *pasivo fijo*
_____ **rate, pegged rate of exchange** *tipo fijo de cambio*
floating rate of exchange *tipo flotante de cambio*
flour *harina*
flow *flujo*
_____ **control** *control de flujo* (*m*)
flower *flor* (*f*)
fluorite *espato flúor, fluorita*
fluvial, river-related *fluvial* (*adj*)
folder *carpeta, cartapacio, pliego*
food *comida, comestible* (*m*), *alimento*
foodstuff *provisiones, víveres* (*m*)
footwear *calzado*
forecast *(n) pronóstico; (v) pronosticar*
foreign *extranjero*
_____ **currency** *divisa*
foreigner *extranjero/a*
foreman *capataz* (*m*)
forest *bosque* (*m*)
form, slip (of paper) *formulario, ficha*
_____ **letter** *circular* (*f*)
forward buying *compra futura*
foster *fomentar*
franchise *concesión, franquicia, licencia*
free *gratuito, gratis, libre*
_____ **alongside ship (F.A.S.)** *libre o franco al costado del buque*
_____ **trade** *libre comercio*
_____ **trade zone** *zona de comercio libre*
free on board (F.O.B.) *franco o libre a bordo* (F.A.B. o L.A.B.)
_____ **delivered** *flete pagado hasta el punto de destino*
freight (cargo or price of shipment) *flete* (*m*), *fletamento, fletamiento*
_____ **bill, railway bill, bill of lading** *carta de porte* (terrestre)
_____ **car** *vagón* (*m*)
_____ **forwarder** *agente expedidor* (*m*)
freighter, charterer, shipper *fletador/a, embarcador/a, transportista* (*m*)
fruit *fruta*
fulfillment *cumplimiento*
fund *fondo*
furniture *mueble* (*m*)
_____ **and fixtures** *mobiliario y equipo*

G

gain *ganancia, beneficio, plusvalía, lucro*
General Agrement on Tariffs and Trade (GATT) *Acuerdo General sobre Aranceles y Comercio* (AGAAC)
general journal *diario*
general store *almacén general* (*m*)
global village *pueblo global*
go out of fashion or style *pasarse de moda*
goal *meta, objetivo, fin* (*m*)
goat *cabra*
going concern *empresa, firma o negocio en funcionamiento*
gold *oro*
goods *géneros, mercancías, bienes* (*m*)
govern *gobernar,* (*v*) *regir* (*i*)
government bond *bono del estado*
grain *grano*
grant *(n) beca de estudios; (v) otorgar*
grape *uva*
graphic *gráfico* (*n/adj*)
gravel *grava*
greeting *saludo*
grievance procedure *juicio por faltas*
Gross Domestic Product (GDP) *Producto Interior Bruto* (PIB)
Gross National Product (GNP) *Producto Nacional Bruto* (PNB) *o Producto Social Bruto (PSB)* (en países socialistas)
gross profit *utilidad bruta*
ground floor (at street level) *planta baja*
group discussion technique or method *técnica de discusión en grupos*
guaranteed *garantizado, prendario* (*adj*)

guide *(n) guía (m/f); (v) guiar*
guideline *directiva, pauta, minuta*
gypsum *yeso*

H

haggle *regatear*
hand-to-hand buying *compra inmediata*
hardware dealer *ferretero/a*
harvest *(n) cosecha; (v) cosechar, recoger*
health certificate *certificado sanitario*
_____ **insurance** *seguro de salud*
heavy machinery *maquinaria pesada*
_____ **oil** *aceite pesado, denso o espeso*
highway *carretera*
hindrance *traba*
hire *contratar, emplear*
holder, bearer *portador (m), tenedor/a*
home or main office *casa matriz, sede central (f)*
hotel business management *hostelería*
household electrical appliance *aparato electrodoméstico*
housing *vivienda*
hyperinflation *hiperinflación*

I

illegal alien *indocumentado/a*
import *importación, importar*
_____ **quota** *contingente (m) o cuota de importación*
_____ **permit** *licencia o permiso de importación*
importer *importador/a*
income *ingreso, renta, lucro, ganancia*
_____ **tax return** *declaración de impuestos*
increase *aumentar*
incur, enter into (an obligation) *contraer*
indebted *endeudado (adj)*
indemnity for years of service *indemnización por antigüedad*
industrial goods *bienes industriales (m)*
inflation rate *tasa de inflación*
injunction *mandato judicial*
injure *lastimar, perjudicar, hacer (se) daño*
injury *lesión, daño*
inland water shipper *fletador/a fluvial*
inscribed, written *inscrito*
insurance *seguro*
intermittent production *producción intermitente*
International Monetary Fund (IMF) *Fondo Monetario Internacional* (FMI)
internship *práctica*
interview *(n) entrevista; (v) entrevistar*
inventory *inventario, existencia*
_____ **control** *control de inventario (m)*
invest *invertir (ie)*
investment *inversión*
investor *inversionista (m/f), inversor/a*
invoice *factura*
iron (n) *hierro, ferroso (adj)*
_____ **ore** *mineral de hierro (m)*
irrevocable letter of credit *carta de crédito irrevocable*
issue *emisión, emitir*
_____ **of a security, stock, or bond; equity financing** *emisión de acciones*
issuing bank, bank of issue *banco emisor*

J

jargon *jerga*
jewelry store *joyería*
job, post, position *cargo*
joint *conjunto, mancomunado, solidario (adj)*
_____ **account** *cuenta conjunta o mancomunada*
_____ **partnership** *sociedad en nombre colectivo*
_____ **venture** *negocio en participación*
journal *diario*

K

key element *clave (f)*

L

labor force *mano de obra, fuerza laboral, fuerza de trabajo*
land *terreno*
_____ **reform** *reforma agraria*
landowner *hacendado/a, propietario/a*
laser printer *impresora de laser*
late *moroso (adj), tardío*
lateness *tardanza, llegada tardía*
launching *lanzamiento*
law *ley, derecho*
lead *plomo*
leader *líder (m)*
leadership *liderazgo*
lease *(n) arrendamiento; (v) arrendar (ie)*
leather *cuero*
ledger *libro mayor*

lend *prestar*
lender *prestador/a, prestamista (m/f)*
less than carload on train (l.c.l.) *tarifa por menos de un vagón completo*
lessee, tenant *arrendatario/a*
letter of credit *carta de crédito*
liabilities *pasivo, obligaciones*
liability *obligación, responsabilidad*
_____ **insurance** *seguro de responsabilidad civil*
license, licensing *(n) licencia, permiso; (v) licenciar, permitir*
life insurance *seguro de vida*
life-long learning *aprendizaje de toda la vida (m)*
light machinery *maquinaria liviana*
_____ **oil** *aceite liviano o ligero*
limestone *caliza*
limited liability company *sociedad de responsabilidad limitada*
line of products *renglón (m), surtido*
linens *lencerías*
liquidation, dissolution *liquidación, saldo, disolución*
list price *precio de catálogo*
loader *cargador/a, carguero*
loading point *punto de embarque*
loan *préstamo, empréstito*
lobbyist *cabildero (m)*
locale, establishment, location *local (m), plaza*
locate *ubicar(se), situar(se)*
lockout *cierre patronal (m)*
long haul or run *trayecto largo*
_____ **term** *a largo plazo*
loss *pérdida*
loyalty *lealtad*
lumber *madera*
luxury *lujo*

M

machine vending *venta por máquina*
machinery *maquinaria*
magnesium *magnesio*
mail order sales *venta por correo*
main office *casa matriz, sede central (f)*
management *administración, gerencia, gestión, dirección, mando*
Management by Objectives (MBO) *Administración por Objetivos*
manager *administrador/a, gerente (m/f), gestor/a, director/a*
managerial *administrativo, gerencial, directivo, empresarial*
_____ **accounting** *contabilidad de gestión*
manners, upbringing; schooling, education (in Latin America) *educación*
manufacturer *fabricante, empresa productora*
manufacturer's agent *representante de fábrica (m/f)*
manufacturing *fabricación, manufactura, elaboración*
_____ **plant** *planta manufacturera*
marble *mármol (m)*
marital status *estado civil*
maritime, sea *marítimo (adj)*
_____ **or sea shipper** *fletador marítimo*
mark down *rebajar, reducir*
market *mercado, comercializar*
_____ **manager** *jefe/a de mercado*
_____ **penetration** *penetración del mercado*
_____ **price** *precio de mercado*
marketing *marketing, mercadeo, mercadología, mercadotecnia, comercialización*
mass production *producción en masa o en serie*
_____ **selling** *venta en masa*
materials control *control de materiales (m)*
maturity *vencimiento*
_____ **date** *fecha de vencimiento*
means of distribution *medio de distribución*
_____ **of transportation** *medio de transporte*
measure *medida, gestión, medir (i)*
measurement *medida*
meat-packing plant *frigorífico*
media *medios de comunicación*
mediator *mediador/a*
merchandise *(n) mercancía, mercadería, géneros, efectos; (v) comerciar*
merchant *mercader (m), comerciante (m/f), negociante (m/f)*
mercury *mercurio*
merger *fusión de empresas*
metallurgy *siderurgia*
middle management *medio mando, mando intermedio*
middleman *intermediario/a, revendedor/a, comerciante (m/f)*
mid-size company *empresa mediana*
mid term *a medio plazo*
mining *minería, minero (adj)*
molybdenun (metal) *molibdeno*
money box, piggy bank *hucha, alcancía*
monitor *controlar*
monthly *mensual*
_____ **payment, rent** *mensualidad*

mortgage *(n) hipoteca; (v) hipotecar, gravar; (adj) hipotecario*
_____ **loan** *préstamo hipotecario*
motor vehicle *vehículo a motor*
motto *lema (m), mote (m)*
move *(n) mudanza, traslado; (v) mudar(se), trasladarse*

N

national currency *moneda nacional, divisa*
natural resource *recurso natural*
negotiable securities *títulos de crédito*
negotiate *negociar, tramitar*
neon sign *letrero luminoso o de neón*
net income *ingreso neto*
_____ **profit** *utilidad neta*
network *red (f)*
nickel (metal) *níquel (m)*
night shift *turno nocturno*
non-compliance insurance (surety) *seguro de falta de cumplimiento*
non-store retailer *detallista sin almacén*
note *(n) pagaré (m); (v) anotar, asentar*
_____ **payable** *nota o documento por pagar*
_____ **receivable** *nota o documento por cobrar*
number, figure, code *cifra, clave (f)*

O

obsolete *anticuado, obsoleto*
office *oficina*
_____ **worker** *oficinista (m/f), funcionario/a*
official *oficial (m), funcionario/a*
off-shore branch *sucursal fuera del país (f), sucursal ultramarina*
oil *aceite (m), petróleo; (adj) petrolero*
_____ **refining** *refinamiento de petróleo*
_____ **spill** *derrame de aceite o de petróleo (m)*
oilseed *semilla oleaginosa*
olive *aceituna*
_____ **oil** *aceite de oliva (m)*
on board *a bordo*
operating cost *gasto de operación*
_____ **profit** *utilidad de operación*
opinion poll *sondeo*
order *orden (m:* arrangement; *f:* command, purchase order), *pedido, carta de pedido*
_____ **to pay** *orden de pago (f)*
organizational chart *organigrama (m)*
originating in, coming from *originario de*
output *producción*
overdrawn check (NSF: Insufficient funds) *cheque en descubierto o sin fondos*
overseas *ultramarino*
over-the-counter market securities (OTC) *valores no vendidos en la bolsa, mercado fuera de la cotización oficial*
overtime *horas extra o extraordinarias*
owner *dueño/a, propietario/a, patrón/a*
owner's capital *capital y reservas*
_____ **equity** *capital y reservas*
ox *buey (m)*

P

packing, packaging *embalaje (m)*
paid vacation *vacaciones retribuidas*
pamphlet *folleto*
paper clip *presilla, clip (m)*
paperwork, red tape *papeleo*
paralanguage *paralenguaje (m)*
parent bank *banco central o matriz*
partner *socio*
partnership *sociedad colectiva o en nombre colectivo, empresa colectiva*
party entering into a contract *contratante (m/f)*
patent royalty *derecho de patente*
pattern *patrón (m), pauta*
paved *pavimentado*
pay *(n) pago, pagamento; (v) pagar*
payable *pagadero*
payment in advance *pago por anticipado*
payroll *nómina*
pea *guisante (m), chícharo*
peach *melocotón (m), durazno*
peanut *cacahuate (m), maní (m)*
penny stock *acción cotizada en menos de un dólar*
percentage *porcentaje (m)*
perform, carry out *desempeñar*
performance *desempeño, ejecución del trabajo*
_____ **control** *control de ejecución (m)*
periodic accrued interest *intereses periódicos acumulados*
personal income tax *impuesto sobre la renta personal*
personnel *personal (m)*

person-to-person sales, personal selling *venta personal*
petroleum *petróleo*
photocopier, copy machine *fotocopiadora*
picket line *piquete laboral* (*m*)
pickup truck *camioneta*
piecework *trabajo a destajo*
pig, pork *cerdo*
pineapple *piña*
pipeline *oleoducto*
placement *colocación*
_____ **agency** *agencia o empresa de colocación o de empleo*
plan *plan* (*m*), *preparativo*
planning *planeación, planificación*
plantain *plátano*
pledge, security *prenda*
political bossism *caciquismo*
political unrest *agitación política*
poll (opinion) *sondeo*
population *población*
port *puerto*
portable *portátil*
post, position *puesto, cargo*
postpone *aplazar, postergar*
potash *potasa*
potential customer *consumidor presunto*
poverty *pobreza, miseria*
practice *costumbre* (*f*), *práctica*
preferred stock *acción preferida, preferente, prioritaria, privilegiada*
premium *prima*
preparation *preparativo*
press *prensa*
presumed *presunto* (*adj*)
price *precio, importe* (*m*)
_____ **quote** *cotización de precios*
pricing *estructuración de precios*
principal, capital *principal* (*m*)
print (*n*) *impresión;* (*v*) *imprimir, emitir* (dinero)
printed matter *impreso*
printer *impresora*
private carrier *transportista privado*
_____ **individual** *particular* (*m*)
privatize *privatizar*
processing *procesamiento, elaboración*
product *producto*
_____ **control** *control de fabricación*
_____ **liability** *responsabilidad del productor*
_____ **management** *gestión manufacturera*
_____ **mix** *mezcla de productos*
productivity *productividad*
professional *profesionista* (*m/f*), *profesional* (*m/adj*)
profit (*n*) *beneficio, ganancia, utilidad, renta, lucro;* (*v*) *beneficiar*
_____ **and loss statement** *estado de pérdidas y ganancias*
_____ **margin** *margen de beneficio* (*m*)
_____ **motive** *motivación con fines de lucro*
profitability *rentabilidad*
profitable *beneficioso, rentable, lucrativo*
promissory note (I.O.U.) *pagaré* (*m*)
promote *promover, patrocinar, fomentar, auspiciar, ascender*
promotion *promoción, fomento, ascenso*
_____ **allowance** *descuento por promoción*
proof of origin *certificado de origen*
property *propiedad, terreno, hacienda, patrimonio, caudal* (*m*)
prosperous *próspero*
protect, cover *proteger, amparar*
provide *proveer, proporcionar*
Public Business Register *Registro Público de Comercio*
public health *sanidad pública*
_____ **relations** *relaciones públicas*
publicity *publicidad*
"pull," influence *enchufe* (*m*), *palanca*
purchase, purchasing *compra*
_____ **order** *pedido, orden* (*f*)
purchasing manager or director *gerente* (*m/f*) *o jefe/a de compras*
_____ **policy** *política de compras*
purpose *propósito*
put at risk *poner a riesgo*
pyrite *pirita*

Q

quality control *control de calidad* (*m*)
quota *cuota, cupo, contingente* (*m*)
quote (a price) *cotizar*

R

rack *estante* (*m*)
rack jobber *mayorista de estanterías* (*m/f*)
ragged *harapiento/a, andrajoso/a*
railroad *ferrocarril* (*m*), *ferroviario* (*adj*)
raise *aumento*
range *variedad, gama*
rate *tasa o tipo* (de interés o de cambio de divisa), *índice* (*m*), *tarifa*

_____ **of growth** *índice de crecimiento (m)*
_____ **of increase** *tasa de crecimiento*
_____ **of interest** *tasa de interés*
_____ **of return (on investment)** *tasa de rendimiento*
ratio *proporción, razón (f)*
raw material *materia prima*
real estate *bienes raíces o inmuebles*
_____ **broker** *corredor/a de bienes raíces o inmuebles*
rebate to consumer *rebaja al comprador*
receipt *recibo*
receiver, telephone receiver *receptor (m), auricular (m)*
receptionist *recepcionista (m/f)*
reciprocal buying *compra recíproca*
record *registrar*
recorded transfer of securities *cesión registrada*
recreation *recreo*
recruit *reclutar*
recruitment *reclutamiento*
re-export *reexportación*
refund *devolución*
_____ **period** *plazo de devolución*
registered trademark *marca registrada*
reimbursement *reembolso, reintegro, repago*
reliability *fiabilidad*
reliable *fiable, formal*
relocation *reubicación*
renew *renovar(se)*
renewal *renuevo*
rent *(n) alquiler (m), arrendamiento; (v) alquilar, arrendar*
repair *(n) reparación; (v) reparar*
repayment *reembolso, liquidación, reintegro, pago*
report *informe (m)*
requirement *requisito*
resale *reventa*
reschedule *prorrogar, renegociar una deuda*
research and development *investigación y desarrollo*
resource *recurso*
retailer *detallista (m/f), minorista (m/f), comerciante al por menor (m/f)*
retailing *venta al detalle o al menor*
retirement *jubilación*
revenue *ingreso, renta, ganancia*
review *(n) revisión; (v) revisar*
revocable letter of credit *carta de crédito revocable*
reward *(n) premio; (v) premiar, recompensar*
risk *riesgo*
_____ **factor** *factor riesgo*
_____ **management** *control o administración de riesgo*
robot *autómata (m)*
rock-bottom price *suelo, límite mínimo*
rough draft *borrador (m)*
route sheet (way bill) *hoja de ruta*
routing *ruta, recorrido*
rubber *caucho, goma*
_____ **band** *goma elástica, liga*

S

sabotage *sabotaje (m)*
safe *caja fuerte*
safety deposit box *caja de seguridad*
salary (weekly, monthly or annual) *sueldo*
sales agent *agente de ventas (m/f)*
_____ **promotion** *fomento o promoción de ventas*
salt *sal (f)*
salvage *rescate (m)*
_____ **value** *valor de rescate (m)*
sample *muestra*
sanction *(n) sanción; (v) sancionar*
sand *arena*
save *ahorrar*
savings *ahorros*
_____ **account** *cuenta de ahorros*
_____ **bank, savings and loan** *caja de ahorros*
_____ **bond** *bono de ahorro*
scarcity, shortage *escasez (f)*
schedule *horario; (v) programar*
scheduling *programación*
screen (television, movie, computer) *pantalla*
seafood, shellfish *marisco*
secured loan *préstamo garantizado o prendario*
securities *valores (m), títulos de valores*
_____ **exchange** *bolsa de valores*
seed *semilla*
self-financing *autofinanciación*
sell *vender, comercializar*
seller *vendedor/a*
selling *venta, comercialización*
send *mandar, enviar, remitir, despachar*
sender *remitente (m/f), emisor/a*
set up *montar*
settle (a debt or account) *solventar, liquidar, saldar*
severance *cesantía*
_____ **indemnity** *auxilio de cesantía, indemnización por despido, sueldo de despedida*
sewing machine *máquina de coser*
sexual harassment *acoso sexual*

share *acción, participación*
shareholder *accionista (m/f)*
shelter (*n*) *amparo;* (*v*) *amparar*
shift premium *prima por trabajo fuera de turno*
ship *buque (m), barco, nave (f), vapor (m)*
ship owner *naviero/a*
shipment *embarque (m), envío*
shipping company *empresa naviera*
_____ **document** *documento de embarque*
shop *tienda, almacén (m), taller (m)*
shopping center *centro comercial*
short haul or run *trayecto corto*
_____ **term** *a corto plazo*
showcase *vitrina, escaparate (m)*
shrimp *camarón (m), gamba*
shut-down *cierre (m)*
siderurgy *siderurgia*
sight draft *giro a la vista*
sign *letrero, rótulo*
signature loan *préstamo a sola firma*
silent partner *socio comanditario*
_____ **partnership** *sociedad comanditaria o en comandita*
silver *plata*
simulation technique *técnica de simulación*
situation *supuesto*
_____ **technique** *técnica de incidente*
skill, ability *habilidad, destreza, pericia*
skin *piel (f)*
slogan *lema (m), mote (m)*
small batch production *producción ordenada o en pequeños lotes*
_____ **business** *empresa pequeña*
soft drink, soda *refresco*
sole proprietorship *empresa individual, propiedad de una sola persona*
solvency *solvencia*
sorghum *sorgo*
sovereign state *estado soberano*
soy bean *soja, soya*
Spaceship Earth *nave espacial: la Tierra (f)*
spare part *pieza de repuesto*
specialty or luxury goods *bienes especiales o de lujo (m)*
specify *precisar, especificar*
speculative buying *compra especulativa*
spill *derrame (m);* (*v*) *derramar*
spokesperson *portavoz (m)*
spread sheet *hoja de cálculo*
staff member *funcionario/a*
standard of living *nivel de vida (m)*
standard production *producción estándar*
staple (*n*) *grapa;* (*v*) *engrapar*
stapler *engrapador/a, abrochador (m)*
stapling *engrapamiento*
state or government-run *estatal*
state-controlled company *empresa estatal*
statement of account *estado de cuenta*
statistics *estadística*
stay *estancia*
steel *acero*
step, procedure *trámite (m), gestión*
stock (*n*) *acción, existencia* (in stock: en existencia); (*adj*) *bursátil;* (*v*) *abastecer, proveer*
_____ **exchange** *bolsa (de valores o de comercio)*
_____ **market** *bolsa comercial o de valores*
_____ **portfolio** *cartera de acciones*
stockbroker *corredor/a de acciones o de bolsa*
stockholder *accionista (m/f)*
storage *almacenaje (m), almacenamiento*
straight-line depreciation *depreciación lineal*
_____ **method (depreciation)** *método lineal*
strategy *estrategia*
strike (*n*) *huelga, paro;* (*v*) *ir a la huelga, declararse en huelga*
strike breaker, scab *esquirol (m)*
striker *huelguista (m/f)*
student intern *asistente de práctica (m/f)*
subsidiary *sucursal (f), filial (f)*
subsidize *subvencionar*
subtract *sustraer*
success *éxito*
sue *demandar, procesar, pleitar*
sugar *azúcar (m/f)*
_____ **beet** *remolacha azucarera*
_____ **cane** *caña de azúcar*
_____ **refining** *refinamiento de azúcar*
suitable *idóneo*
sulfur *azufre (m)*
summary *minuta*
supplier *proveedor/a, abastecedor/a, suministrador/a*
supplies *bienes de abastecimiento (m), suministros, abastos*
supply (*n*) *abastecimiento, suministro;* (*v*) *abastecer, suministrar, proveer*
_____ **and demand** *ofterta y demanda*
supporter *partidario/a*
surplus *excedente (m)*
survey *encuesta, sondeo*

T

take steps or measures *hacer gestiones*

take the census *levantar el censo*
tariff *tarifa, arancel* (*m*), *arancelario* (*adj*)
taste *sabor* (*m*)
tax *impuesto, impositivo* (*adj*)
_____ **accountant** *contable fiscal*
_____ **accounting** *contabilidad fiscal*
_____ **liability** *obligación contributaria o impositiva*
team *equipo*
tear down, demolish *derrumbar*
technology *tecnología*
_____ **transfer** *transmisión o transferencia de tecnología*
telecommuter *teleconmutador/a*
telephone bill *cuenta de teléfono*
tenant *inquilino/a*
test (*n*) *prueba;* (*v*) *probar(se), poner a prueba*
theme, subject *tema* (*m*), *asunto*
time deposit *depósito a plazo fijo*
_____ **draft** *giro a plazo*
_____ **period** *plazo*
tin *estaño*
to the bearer *al portador*
toll road *autopista de peaje* (*f*)
tool *herramienta*
tourism *turismo*
toxic waste *desecho tóxico*
trade (*n*) *comercio;* (*v*) *negocio, comerciar, negociar*
_____ **deficit, unfavorable balance of trade** *saldo negativo o desfavorable, balanza comercial negativa*
_____ **discount** *rebaja al revendedor*
_____ **fair** *feria comercial*
trademark *marca comercial o de fábrica, marca registrada*
train (*n*) *ferrocarril, tren;* (*v*) *adiestrar, capacitar, entrenar*
training *adiestramiento, capacitación, entrenamiento*
transact *negociar, tramitar*
transaction *transacción*
transfer (*n*) *traslado, traspaso* (de título de propiedad); trasbordo; trasladar, traspasar, trasbordar
_____ **payment** *transferencia (pago de transferencia)*
translator *traductor/a*
transport ship *buque de transporte* (*m*)
transportation *transporte* (*m*), *acarreo*
traveling market *mercado ambulante*
treasury *tesorería*
_____ **bond** *bono del estado*
treatment, manner of dealing with *trato*
trial balance *balance de comprobación* (*m*)
truck *camión* (*m*)
_____ **wholesaler** *mayorista sin almacén* (*m/f*)
trust (*n*) *confianza;* (*v*) *confiar en, fiarse de*
tuition scholarship *beca de matrícula*
tungsten *tungsteno*
turkey *pavo*
twin deficits *deudas gemelas*
type *escribir a máquina, poner o pasar en limpio*
typewriter *máquina de escribir*

U

underdeveloped *subdesarrollado*
underemployment *subempleo*
undertake *emprender*
unemployment *desempleo, paro*
_____ **rate** *índice de paro* (*m*)
unfinished goods *bienes semiacabados*
union (*n*) *sindicato;* (*adj*) *sindical*
_____ **representative** *representante sindical* (*m/f*)
unsecured loan *préstamo no garantizado o sin caución*
upper management *alto mando*
uranium *uranio*
user *usuario*
utility *utilidad*

V

valuables *valores* (*m*), *artículos de valor*
value-added tax *impuesto sobre el valor añadido o agregado* (I.V.A.)
van, pickup truck *camioneta*
VCR or videocassette *vídeo*
vegetable *vegetal* (*m*), *legumbre* (*f*), *verdura*
voice mail *correo auditivo*
volume discount *descuento sobre cantidad*

W

wage (hourly) *jornal* (*m*), *salario*
warehouse *almacén* (*m*); (*v*) *almacenar*
waste (*n*) *desperdicio;* (*v*) *desperdiciar*
wealth *riqueza, caudal* (*m*), *patrimonio*
wear out *desgastar(se), agotar(se)*

West Indies, Antilles *Islas Antillas*
wheat *trigo*
wholesaler *mayorista (m/f), comerciante al por mayor (m/f)*
wholesaling *venta al por mayor*
will *testamento*
wine growing, wine production *vinicultura*
withdraw *retirar*
wood *madera, leña*
wool *lana*
word processor *procesador de textos o de palabras (m)*
work aesthetic, attractiveness of work environment *estética laboral*
_____ **force** *mano de obra (f), fuerza laboral*
_____ **ethic** *ética laboral*
_____ **station** *estación de trabajo*
work force *mano de obra (f), fuerza laboral*
worker *trabajador/a, obrero/a, empleado/a, operario/a, laboral (adj)*
workshop *taller (m)*

Y

yield (interest) *devengar*

Z

zinc *cinc (m)*

INDICE TEMATICO

MICHAEL SCOTT DOYLE

Michael Scott Doyle (Ph.D., University of Virginia) is Professor of Spanish at San Diego State University where he co-directs the Certificate in Translation Studies Program and directs the Madrid Chamber of Commerce Testing Services. He is a member of the University's International Business Major Committee and teaches Business Spanish for the program. He has conducted workshops in business Spanish nationwide. He is accredited by the American Translators Association in Spanish to English and English to Spanish translation and was a participant in the first NEH Literary Translation Institute at the University of California–Santa Cruz. He has published a translation of Ana María Matute's collection of short stories, *The Heliotrope Wall* (Columbia University Press), and numerous translations, articles and essays in *Fiction, Children's Literature, New Orleans Review, The Malahat Review, Translation Review, Revista de Estudios Hispánicos, Anales de la Literatura Española Contemporánea, Hispania,* and *Latin America in Books,* among others.

T. BRUCE FRYER

T. Bruce Fryer (Ph.D., University of Texas at Austin) is Director of Foreign Language Studies at the University of South Carolina; Associate Professor in the Department of Spanish, Italian, and Portuguese; and Coordinator of the Foreign Language Programs for the Master's in International Business Program (MIBS) in which he has taught Spanish since 1974. He has directed business language workshops for both high school teachers and college/university faculty, most recently through USC's Faculty Development in International Business (FDIB) Workshops. In addition, he has directed MIBS pre-internship study programs in Costa Rica, Mexico, and Colombia. His publications appear in *Hispania, Modern Language Journal,* and *Foreign Language Annals.* He is co-editor of *Dimension,* the publication of the Southern Conference on Language Teaching and co-author of *Talking Business in Spanish,* a reference work of international travel and business topics.

RONALD C. CERE

Ronald C. Cere (Ph.D., New York University) is a Professor in Eastern Michigan University's Language and International Trade Program. He holds a graduate certificate of business administration from N.Y.U. and has taught Business Spanish since 1975. He has published numerous writings and made over fifty presentations nationally and internationally on commercial Spanish and other foreign language subjects, especially cross–cultural communication. Professor Cere has co-chaired EMU's annual conference on *Language and Communication for World Business and the Professions* and is Director of Career Services for the American Association of Teachers of Spanish & Portuguese. He is also a fellow of the International Biographical Center in Cambridge, England, a deputy governor of the American Biographical Institute of Research Associates, and is cited in *Who's Who.*

PHOTO CREDITS

1, Hugh Rogers / Monkmeyer Press. 11, Ulrike Welsch. 22, Urike Welsch. 30, Stuart Cohen/Comstock. 48, Stuart Cohen/Comstock. 71, Beryl Goldberg. 89, Stuart Cohen/Comstock. 110, Illene Perlman/Stock Boston. 128, Carl Frank / Photo Researchers, Inc. 152, Georg Gerster, Comstock. 172, Victor Englebert / Photo Researchers, Inc. 175, Jeff Gilbreath. 186, Diego Goldberg / Sygma. 194, Peter Menzel / Stock Boston. 214, Beryl Goldberg. 237, Paul Conklin / Monkmeyer Press. 255, UN Photo. 260, Steve Skloot / Photo Researchers, Inc. 264, McCarten / Photo Edit.